Stormwater Management

for Sustainable Urban Environments

海绵城市基础设施

雨洪管理手册

Stormwater Management
for Sustainable Urban Environments

海绵城市基础设施
雨洪管理手册

(美) 斯考特·斯蓝尼
(Scott Slaney) / 编
潘潇潇 / 译

广西师范大学出版社
· 桂林 ·
images
Publishing

Contents 目录

前言 … 6

海绵城市雨洪管理与规划 … 9

概述: 雨洪管理基本方法 … 10

最佳管理措施 … 10

低影响开发模式 … 11

补偿技术 … 11

可持续城市排水系统 … 11

水敏性城市设计 … 11

绿色基础设施 … 12

“海绵城市”基础设施 … 12

海绵城市基础设施项目开发的基本程序 … 13

步骤一：借助开发准则和规划文件实施项目 … 14

步骤二：制订预申请雨洪概念规划图 … 14

步骤三：预申请会议 … 14

步骤四（1）：审核和批准概念规划图；配合其他部门和机构的审核 … 14

步骤四（2）：根据有关部门意见对概念规划图进行修改 … 15

步骤五：制订最终的雨洪管理规划图 … 16

步骤六（1）：审核和批准最终的雨洪管理规划图来配合其他部门和机构的审核；颁发许可，收取保证金 … 16

步骤六（2）：根据有关部门的意见对规划图进行修改 … 16

步骤七：设计后期雨洪管理基础设施 … 16

步骤八：后期雨洪管理基础设施的检测和核查 … 17

步骤九：设计和递交完工图 … 17

步骤十：雨洪基础设施的详细目录、追踪和报告 … 17

基础设施的选择和设计方法 … 18

雨水处理能力 … 18

基础设施选择 … 27

基础设施设计方法 … 33

海绵城市基础设施规范 … 45

有效的场地设计措施 … 46

自然资源盘点 … 46

免干扰的自然区、生态敏感区、树木和其他植被进行保护 … 46

减少空地和坡度范围 … 49

减少收进距离和临街土地 … 49

减少车行道的长度和宽度 … 50

减少人行道和私人车道的长度和宽度 … 50

对少数或可替代性死胡同进行利用 … 51

减少停车场的占地面积 … 51

在停车场内营造景观区 … 51

减少建筑物的占地面积 … 52

1 植被过滤带和保护区的坡面漫流 … 52

概述 … 52

标准详图 … 55

可行性标准与设计依据 … 57

设计准则 ··· 60
设计调整 ··· 65

2 不透水表面截离措施 ··· 65
概述 ··· 65
标准详图 ··· 68
可行性标准与设计依据 ··· 69
设计准则 ··· 71
设计调整 ··· 75

3 生物滞留池 ··· 75
概述 ··· 75
标准详图 ··· 78
可行性标准与设计依据 ··· 79
设计准则 ··· 81
材料规格 ··· 92
设计调整 ··· 92
补充 1：水质低洼地 ··· 95
补充 2：城市生物滞留池 ··· 99
补充 3：住宅区雨水花园 ··· 105

4 透水路面 ··· 146
概述 ··· 146
标准详图 ··· 148
可行性标准与设计依据 ··· 149
设计准则 ··· 151
设计调整 ··· 158

5 浅草沟 ··· 172
概述 ··· 172
标准详图 ··· 174
可行性标准与设计依据 ··· 175
设计准则 ··· 177
设计调整 ··· 183

6 渗透措施 ··· 190
概述 ··· 190
标准详图 ··· 192
可行性标准与设计依据 ··· 193
设计准则 ··· 194
设计调整 ··· 199

7 雨水集蓄 ··· 216
概述 ··· 216
可行性标准与设计依据 ··· 219
设计准则 ··· 221
材料规格 ··· 227
设计调整 ··· 228

8 植被屋顶 ··· 258
概述 ··· 258
标准详图 ··· 260
可行性标准与设计依据 ··· 260
设计准则 ··· 261
设计调整 ··· 265

9 过滤措施 ··· 278
概述 ··· 278
标准详图 ··· 280
可行性标准与设计依据 ··· 281
设计准则 ··· 283
设计调整 ··· 288

10 雨水湿地 ··· 296
概述 ··· 296
标准详图 ··· 298
可行性标准与设计依据 ··· 298
设计准则 ··· 302
设计调整 ··· 308

缩略词和术语 ··· 346
参考文献 ··· 347
索引 ··· 350

Preface
前言

斯考特·斯蓝尼
美国景观建筑协会理事

传统城市化模式致使不透水表面以屋顶、公路、道路、停车场的形式急剧增加，这已经是公认的事实。降雨期间，水流快速地从不透水表面流过，然后以超出负荷能力的流速和流量抵达排水点或公共排水系统，结果导致城市暴雨积涝灾害频发。从不透水表面流过的雨水径流携带有城市生活的副产品和大量污染物，会给湖泊、河流、溪流、湿地及城市饮用水源地的水质带来不利影响。另外，不透水表面还阻止了径流渗入土壤，而地下水对宝贵的城市干净饮用水有进行补给的可能性。

另一个公认事实是，人类对化石燃料燃烧产生能量的依赖已然加速了气候变化，致使全球很多区域频繁遭遇强烈风暴或长期干旱等极端恶劣天气。传统城市化进程引发了气候变化，所以我们看到当众多城市正在努力寻找充足的饮用水供给时，而其他一些城市却被受到污染的城市洪水吞没时，并不觉得惊讶。全球的公共政策制定者、房地产开发商、金融机构、景观建筑师、规划师、城市设计师、建筑师、工程师、室内设计师、艺术家和承包商们也正承担起他们在应对传统城市化模式给自然资源带来压力方面的特殊责任。在“新常态”的建设理念下，这些人联合起来，旨在寻求既对环境负责，又具有功能性、经济活跃性和美观性的规划、设计、建造和施工解决方案。

“海绵城市”的建设理念，让城市渗透性路面最大化，路面像海绵一样渗透和吸收多余雨水。通过此种方式，补充地下水，减缓雨水径流从而减少洪灾，与此同时，过滤雨水污染物，改善水质并进行雨水再利用。“海绵城市”旨在通过减少在传统城市化过程中对于水资源的需要而节约水资源，与此同时，改善现有水资源的质量，促进生物多样化以及自然健康的城市生态体系。

《海绵城市基础设施》这本书收录了 27 个项目，这些项目的设计团队一直在努力追求负责任的城市化模式，并将设计关注点放在宝贵的水资源上。这些设计团队均采用多种适合项目场地和环境的“海绵城市”理念，用以打造可持续的城市环境。在具体设计中，部分设计团队侧重使用最佳管理措施构建可持续的城市环境，其他设计团队在项目场地、城市和区域内进行低影响开发干预，用以：(1) 对河流、溪流、湖泊和湿地等生态系统进行保护；(2) 通过恢复自然系统的健康和功能对受损的生态系统进行修复；(3) 对雨水进行管理；(4) 补充地下水。

这些收集到的项目都从不同方面贯彻了“海绵城市”建设理念，并且从不同程度考虑到了地形、地貌、气候、土壤以及城市文化环境的影响。基础研究科学家、应用研究科学家、环保人士、气候学家、生物学家、环境工程师和政策制定者花费了数十年的时间研究出一套技术理论基础，并在此基础上研发出多种“海绵城市”建设理念。本书收录项目所采用的多种技术、措施和方法均建立在过去获得的成果之上。技术理论、实验、应用和测试不断进步让我们了解到很多干预措施均可成功地运用到“海绵城市”建设中。公众与日俱增的环保意识已经让人们领悟到这些技术背后的价值，而这些技术给自然资源、水体、生物多样性和负责任的城市化这一目标带来了重大的利益。人们可以将环境运动中这一重要的技术研发、部署和验证阶段视作“海绵城市 1.0 版本”。

公众对“海绵城市”的喜好程度与兴趣将我们引领至环境运动中的一个重要转折点，这一切与数十年前手机所经历那一幕十分相似。手机技术确实存在，而且已经得到了部分人士的认可和重视，但多数技术由于过于复杂或是不可取而难以实现。随后，智能手机公诸于世，它带给人们的不仅是技术，而且更具设计感。智能手机变得更加美观大方，易于普通人使用和理解。人们不只是“喜欢”，而是“热衷”智能手机。如今的智能手机在人们的日常生活中扮演着不可或缺的角色，不仅能够提高人们的生活质量，而且已经成为整个新兴经济体的催化剂。

那么，目前“海绵城市”运动又会给人们带来怎样一种优于传统城市生活方式的城市生活品质呢？如果人们不只是“喜欢”而是“热衷”“海绵城市”运动带来的这种生活品质，又会发生什么呢？随着技术设计应用的深入，人们认为“海绵城市”建设可以像手机一样不断发展，让人们从“喜欢”到“热衷”，我们称之为“海绵城市 2.0 版本”。在项目场地、城市和区域内采用多种雨洪管理方法的城市化模式带来了一定的经济、环境和社会价值。这种城市化模式对环境不仅有“海绵城市 1.0 版本”的作用，而且还具有以下功能：(1) 对倡导开放空间和生态系统的规划解决方案进行利用；(2) 将低影响开发融入城市基础设施建设，打造绿色基础设施；(3) 为人们打造漂亮的、便于使用的、与当代生活方式相配的空间；(4) 创建促进生物多样性景观，同时为人们打造绝佳的场所。

《海绵城市基础设施》一书中收录的项目仅仅是众多“海绵城市 2.0 版本”理念全球先行项目的一部分。人们都喜欢这类设计美观的环境。这些项目与文化、社会、经济及高效能环境系统整合在一起。它们的建成表明，“海绵城市 2.0 版本”的理念可以成功地应用到各种不同的环境中。

我们希望那些致力于打造负责任城市环境的人士可以从本书中汲取信息和灵感，与我们一同迎接“海绵城市 2.0 版本”理念带来的挑战。

Stormwater Management Methods and Planning

海绵城市雨洪管理与规划

概述：雨洪管理基本方法

目前，很多国家的点源污染已基本得到有效控制，降雨冲刷城市表面（如道路、屋面等）的沉积物和淋洗大气中污染物已成为城市水体污染物的主要因素。在一些发展中国家，随着近年来城市污水处理设施的迅速完善，点源污染已逐步得到有效的控制，而降雨径流带来的面源污染问题正日渐突出。很多城市雨洪资源不仅没有充分利用，还给城市造成很严重的内涝灾害，并引起污水溢出（雨污混流和生活污水溢流）、地表侵蚀、水质污染等环境问题，严重制约了水环境质量的改善。因此，控制和管理城市径流污染将是城市雨洪管理过程中最亟须解决的问题。

在过去的近二十年中，很多国家在城市降雨径流污染控制领域已经制定出较为完善的、适合本国国情的技术法规体系以及控制管理模式，如德国、美国、澳大利亚等国家已经基本实现对城市降雨径流污染的控制。以美国为例，其制定的“最佳管理措施”（BMPs, Best Management Practices）是实现城市降水径流面源控制最为重要的技术与管理体系。BMPs 是一套高效、经济、符合生态学原则的径流控制措施，主要是在法规政策支持下采用工程性（如滞留池、渗透设施、人工湿地、生物过滤和停留系统等）并辅之以非工程性（如土地使用规划、垃圾管理、街道清扫等）的措施来达到控制的目的。

又如在美国和加拿大较为常用的低影响开发模式（LID, Low Impact Development）。这种雨水管理模式与传统的雨水径流管理模式不同，低冲击开发模式尽量通过一系列多样化、小型化、本地化、经济合算的景观设施来控制城市雨水径流的源头污染。它的基本特点是从整个城市系统出发，采取接近自然系统的技术措施，以尽量减少城市发展对环境的影响为目的来进行城市径流污染的控制和管理。

下面是对目前世界范围内较为流行的几种针对城市雨水径流管理模式的简单介绍。

最佳管理措施（BMPs）

最佳管理措施是一套应用于洼地的计划性措施，用以减轻城市化带来的影响，同时设法通过渗透和改善水质的办法来减少释放到受纳水体内的雨水数量。最佳管理措施主要包括延迟和滞留装置、渗透设备和湿地。这些基础措施由结构性设施和非结构性措施两部分组成。

结构性措施是指对雨水进行临时存储和处理的装置。

非结构性措施则是指雨水径流技术处理，通过自然调节减少污染程度。

低影响开发模式 (LID)

低影响开发模式对问题进行综合考虑，设法挽救水循环自然特征的同时，为城市本身增添价值。采用低影响开发模式措施的项目已经做好准备打造一个可以融合多种设计特征的“多功能景观”，而这些设计特征力求模拟土地开发前洼地的渗透和储存功能。下面，我们将对低影响开发模式措施与常规措施之间的主要差异进行介绍。

表 1 / 低影响开发模式措施与常规措施之间的主要差异

低影响开发模式措施	常规措施
尽可能地减少对不透水区的使用，用以减少影响	使用防水盖布，用以实现有效排水
集流时间，尽可能地使土地开发前状况最大化	减少集流时间
容量调节与流量的频率和持续时间	减少容量与流量的频率和持续时间
雨水分离	减少雨水分离（拦截、渗透和储存）
水质改善，渗入储水器	水质下降，渗入承受水体
从源头控制流量，防止向下游水体转移	向下游水体转移

补偿技术

补偿技术试图对大气降水的滞留和渗透进行鼓励，以对流量进行暂时调整和减少径流量为目标，同时减少洪水灾害发生的可能性、提高雨水质量。这一方法的首要原则是：保持土地开发前状况的流量，设法通过减少径流量、洪峰流量和随之减少的城市地区洪水灾害易损性来抵消城市化带来的影响。

可持续城市排水系统 (SUDS)

可持续城市排水系统设计可以改善城市设计和环境风险管理，推动建设环境的改善，并通过小单元流程控制来减少雨水径流。这一方法包括对道路和建筑进行交替布局以尽可能地减少土壤板结的情况、提高土壤的使用率等非结构性措施。

水敏性城市设计 (WSUD)

奥斯瓦尔多曾在他的《雨水管理：谁在这一领域不断创新？》一文中指出，水敏性城市设计的理念意味着“完全改变根据城市对自适应方法的需要进行供水系统调整的逻辑性，减少城市化带来的巨大影响，同时充分发挥景观与城市生活地下水的潜力。”

水敏性城市设计的基本原则如下:

- 对饮用水、废水和雨水进行综合管理;
- 从个体规模到区域规模对城市用水管理进行整合;
- 对可持续城市用水管理、建筑和景观进行整合;
- 对城市用水可持续管理中的结构性措施和非结构性措施进行整合。

绿色基础设施 (GI)

绿色基础设施将生物多样性保护放置在一个更为广阔的政治环境中，在这个环境中，自然保护的主要目标得以实现，并与农业、林业、娱乐和气候变化适应等其他土地使用目标关系密切。城市干预所用的绿色基础设施可以提升雨水的渗透、过滤、蒸腾和蒸发效果，减少热岛效应，打造一个更为良好的气候框架。除了在雨水管理方面发挥作用之外，绿色基础设施还有助于减少洪水和改善空气质量。总而言之，绿色基础设施是一个较为广泛的理念。

“海绵城市”基础设施

“海绵城市”的概念最早出现在西方，随后逐渐在中国流行起来，这一概念将城市比作一块吸水的海绵。本着“用城市资源解决城市问题”的理念，海绵城市以储存雨水为目标：暴雨期间，可以预防洪水；干旱期间，可以释放储水，让城市居民受益。而且，这一概念将有效地缓解城市的缺水问题。

目前有大量研究表明，基础设施的目的在于渗透、蒸腾、拦截和利用雨水（简称径流减少技术），用以对天然植被景观应对降水情况的方式进行模拟。同时，这项措施也对保护受纳水体的物理、化学和生物特性非常有利。显而易见的是，海绵城市的目标与基础设施的功能是一致的。因此，我们决定在众多雨洪管理方法中选择基础设施作为本书的方法论。在本书中，我们将这些措施统称为海绵城市（雨洪管理）基础设施，并为大家呈现关于如何设计场地和雨洪管理基础设施以实现海绵城市目标的详尽信息和出色案例。

本书中所用资料来源于由美国流域保护中心制订的《西弗吉尼亚州的雨洪管理和设计指导手册》，仅供设计人员和开发人员参考。这本手册可以为有关人员提供海绵城市基础设施的设计指导，基础设施将按照西弗吉尼亚州的“小范围城市独立雨水排放系统”（MS4）一般许可对场地内的雨水进行管理。在对其他地区或国家的项目进行规划时，设计人员应当对项目规划是否符合地方许可予以考虑（关于相关法律或法规信息，设计人员可以向地方政府和政府网站寻求帮助）。

海绵城市基础设施项目开发的基本程序

这一程序的成功实施需要地方雨洪管理部门及项目所有者或申请人的协作努力。此程序包含几个步骤：雨洪基础设施规划的准备、提交、审核、批准和后期雨洪基础设施的施工、检测、维护。

图 1 是一张总体流程图，对地方雨洪管理部门的运作流程和项目所有者或申请人进行说明。图片左侧列出了管理部门的活动或行为，右侧列出了项目所有者或申请人的活动和行为。需要注意的是，图 1 中的流程图仅对新开发项目和再开发项目的标准合规性程序进行了说明。个别环节可能会涉及其他规划审核检测程序和优先政策，并可得到类似的结果。地方政府可以对图片所示流程中的个别环节进行调整或修改，从而制订出地方雨洪基础设施项目规划和程序。这部分内容将对图 1 中的各个步骤进行更为详细的介绍。

图 1 / 海绵城市基础设施项目开发的基本程序

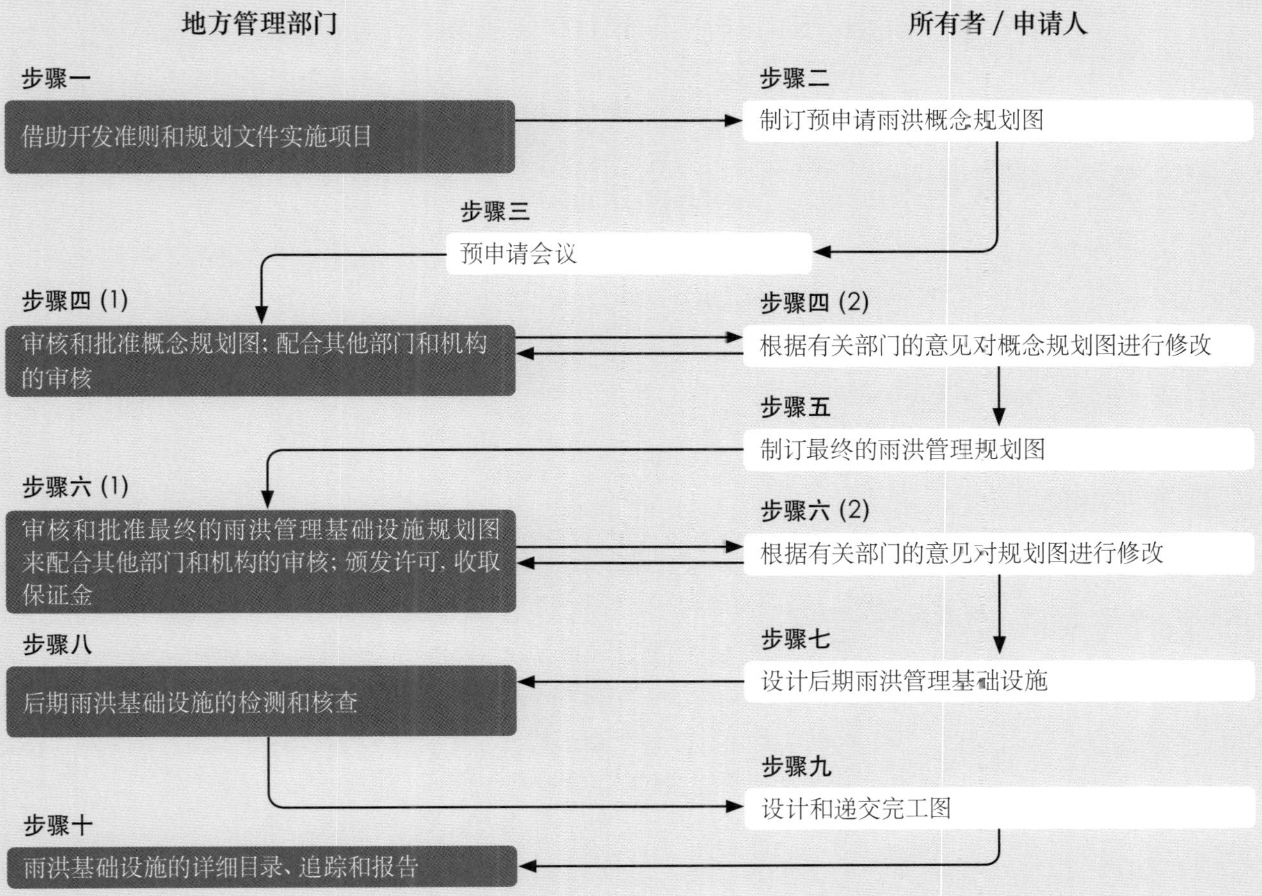

步骤一：借助开发准则和规划文件实施项目

步骤实施者：
地方管理部门。

步骤实施时间：
项目开发初期，规划图递交之前。

步骤介绍：
应当将流域保护规定、场地和街区设计规定转化成地方法规、政策和规划文件，以便这些规定可以成为新开发项目和再开发项目的设计标准。可以将流域保护规定并入地方分区和细分准则，因为这些规定与场地设计、不透水表面的减少、敏感区的保护、树木、植被和土壤相关。可以将场地和街区设计规定并入地方分区和细分准则或是单独的雨水或环境准则。这一步骤是遵照地方许可规定运行雨洪项目的前提。

步骤二：制订预申请雨洪概念规划图

步骤实施者：
面积≥0.4公顷的新开发项目或再开发项目的所有者／申请人和设计人员（包括那些面积<0.4公顷且为开发或出售计划一部分的项目）。

步骤实施时间：
场地规划期间，基础设施和土地配置敲定之前。

步骤介绍：
地方雨洪管理部门可以“对说明如何能够达到效能标准的预申请概念规划图进行审核和批准”。在花费时间和资源准备更为复杂的工程计划和计算之前，概念规划为申请人提供了将基础雨洪设计理念写在纸上的机会。这一步骤有助于地方雨洪管理部门和开发人员避免那些可能在规划图提交之后出现的问题。概念规划图应当包含下面几个方面：

- 对符合流域保护规定的场地设计特征进行显示的图形元素（在步骤一中的地方开发准则部分中有所体现）。图形元素包括一些替代性概念场地设计或其他图形工具，并会对拟建雨洪管理基础设施的常规形式、位置和规模进行显示，而这些基础设施将被用来满足场地和街区设计的效能标准进行展现。雨洪管理基础设施在规划图中以气泡或斑块的形式展现出来，相关人员为设计出可以恰当体现设计容积的气泡或斑块付出了一定的努力。图形元素包括一些替代性概念场地设计或其他图形工具，并会对拟建雨洪管理基础设施的常规形式、位置和规模进行显示，而这些基础设施将被用来进行展现。雨洪管理基础设施在规划图中以气泡或斑块的形式展现出来，相关人员为设计出可以恰当体现设计容积的气泡或斑块付出了一定的努力。

用来对下面几个方面进行说明的叙述和计算元素：

- 地方雨洪管理部门许可中的场地设计激励措施，旨在减少目标处理量（例如，再开发项目、棕地再开发项目、高密度项目、垂直密度项目、混合使用项目和以交通为导向的开发项目）；
- 用以显示目标处理量（采取场地设计激励措施之后）的概念或初步计算与雨洪最佳管理方式和分级；
- 其他叙述元素，这些元素将有助于理解概念规划图是如何遵照地方雨洪管理部门许可规定而制订的，这一项在地方开发准则部分中有所体现。

步骤三：预申请会议

步骤实施者：
地方雨洪管理部门、项目所有者／申请人和设计人员。

步骤实施时间：
在项目所有者／申请人准备步骤二中提出的概念规划图之后不久。如果场地设计和讨论有助于申请人准备概念规划图的话，那么在概念规划图完成之前于办公室或场地内会面商讨对参与方来说可能更加有利。

步骤介绍：
会议旨在对场地合规性问题进行讨论，允许参与方展开建设性互动交流。希望参与方能够在会议上提出高质量的建议和快速的合规性计划。会议上讨论的场地设计问题可以减少目标处理量，实行场地设计激励措施和最为合适的场地雨洪管理基础设施。

步骤四（1）：审核和批准概念规划图；配合其他部门和机构的审核

步骤实施者：
地方雨洪管理部门。

步骤实施时间：
建议认可之后，概念规划图审核的规定时间内。

步骤介绍：
概念规划图的批准意味着有足够的信

息能够证实最终的雨洪管理规划图(详见步骤五)可以达成目标。规划图审核人员将会对图形元素进行审核以确保它们与具体项目设计的合规性电子表格、计算和其他叙述元素一致。

除此之外,此时还应完成其他几个重要的协调性步骤:

• 这项审核应当与道路与排水设施图、地籍测图、供水与排水系统、河漫滩、侵蚀防治与分级和地下水/水源保护等其他内部审核相配合。这是一次审查和解决内部冲突的机会,而这些冲突可能会限制某些措施(包括狭窄的街道、替代性场地布局、停车场材料等场地设计措施)的使用。

• 这项审核还应当与外部审核相配合,特别是那些受制于湿地和溪流许可、其他排放许可、联邦项目要求、大坝防洪安全许可、其他场地必需许可等州或联邦审核的规划图。

步骤四(2):根据有关部门意见对概念规划图进行修改

步骤实施者:

项目所有者/申请人和设计人员。

步骤实施时间:

获取意见之后,如果有的话,从规划图审核人员那里获取意见。

步骤介绍:

设计人员需根据审核人员的意见对概念规划图进行修改。此时的目标是确保有足够的信息可以保证一个完整、合规的最终雨洪管理规划图。概念规划阶段对工程细节和最终计算不予预期。

表 2 / 推荐计算提交程序包

图形元素

- 周边区域示意图
- 对基础设施的位置、规模、后开发排水区及雨水管渠和其他公共设施布局进行展示的平面图
- 各项基础设施的剖面图,并提供关键部位的立面图,用以确保基础设施设计的合理性
- 对与侵蚀和泥砂控制措施相协调的环节进行图形描绘(例如,施工完成时,将转变成永久性基础设施)
- 标准详图和注意事项
- 与雨洪设计、土壤调查、地质、坡度、表面覆盖和其他示意图密切相关

叙述和计算元素

- 封面:项目名称、委托方和计算特性
- 项目设计合规性电子表格的副本或概要
- 拟建基础设施的表格,表格中列出排水区目标处理量2.5厘米拦截量规定容量和规模
- 开发前状况和开发后状况的流域划分,列出行程时间(集流时间)、土地使用情况和土壤情况
- 雨洪管理系统叙述
- 水文情况和水力情况总结
- 列出排水区、曲线数值(CNs)、复流时间和洪峰流量(施工前和施工后)几项内容并对拟建雨洪措施性能进行概述的表格
- 详细的水力计算(出水孔、量水堰、溢洪道等区域的水力计算)
- 水文分析(例如,曲线数值计算表格、措施规模公式和模型实际输出量)
- 其他计算(例如,进水渠规模、排水通道、下游分析、溃坝评估、滤膜规模尺寸、地下水丘分析和结构计算)
- 场地照片(如适用)
- 许可要求清单及项目的合规性(包括雨洪措施、溪流和湿地、河漫滩及流缓冲区施工所需的许可,水源保护许可,大坝防洪安全许可及其他相关许可)
- 支持数据(如适用)
- 土壤测坑和土样;渗透测试结果
- 污染物监测数据
- 地下水高程数据
- 生境评估
- 树种调查
- 受到威胁和濒临灭绝的物种
- 受纳水体分类

有关证明文件

- 维护协议
- 各项基础设施(或基础设施类型)的维护计划
- 提交费用(适用于地方项目)
- 技术人员的认证声明
- 其他许可证明文件(例如湿地、河漫滩)
- 履约保证书(适用于地方项目)

步骤五：制订最终的雨洪管理规划图

步骤实施者：
项目所有者 / 申请人和设计人员。

步骤实施时间：
概念规划图批准之后。

步骤介绍：
最终的雨洪管理规划图将以经过批准的概念规划图为框架进行设计。标准的规划图提交程序包由表 2 中列出的项目组成。应当注意的是，最终雨洪管理规划图时常与分级与排水、侵蚀防治、公共设施和道路规划图等最终规划图相协调或结合。最终，规划图的实际内容由地方项目要求决定；表 2 中的项目为规划图设计指导。

步骤六 (1)：审核和批准最终的雨洪管理规划图来配合其他部门和机构的审核；颁发许可，收取保证金

步骤实施者：
地方雨洪管理部门。

步骤实施时间：
建议认可之后，最终雨洪管理规划图审核的规定时间内。

步骤介绍：
对规划图进行详尽的审核，用以证实规划图符合地方性法规的标准。审核人员应当对设计合规电子表格中提到的信息与规划图中所示的信息匹配与否进行核实。此时，规划图审核人员可以提出规划图批准需要处理的具体意见。最终批准需要与项目的其他内部和外部审核相配合。部分项目还将贴出履约保证书作为最终批准的一项条件。

步骤六 (2)：根据有关部门的意见对规划图进行修改

步骤实施者：
项目所有者 / 申请人和设计人员。

步骤实施时间：
从规划图审核人员那获取意见之后。

步骤介绍：
设计人员需要根据审核人员的意见对规划图进行修改。这一步骤是步骤六 (1) 的迭代步骤。

步骤七：设计后期雨洪管理基础设施

步骤实施者：
项目所有者 / 申请人和场地承建商。

步骤实施时间：
雨洪管理规划图得到最终批准、贴出履约保证书（如地方项目要求）、获得必要许可和批准、根据规划图所示合理施工 / 基础设施安装顺序进行安装之后。

步骤介绍：
应当按照特定的施工顺序进行设计。带有过滤介质的基础设施会向下层土壤渗透积水，承建商应当在分摊排水区达到特定的稳固水平之后立即对那些易受施工泥砂损害的基础设施进行安装。最终的雨洪管理规划图应当与分级、排水、侵蚀和泥砂控制计划相协调，以确保按照正确顺序对永久性雨洪管理基础设施进行安装。通常情况下，能够在确保根据规划图构筑后期基础设施的环节中发挥

作用，对设计人员来说是很有帮助的。

步骤八：后期雨洪管理基础设施的检测和核查

步骤实施者：

地方雨洪管理部门。

步骤实施时间：

应当在安装期间的决定性阶段对后期雨洪管理基础设施进行检测，最终检测将用来核实是否根据规划图或经过批准的场地变化对基础设施进行安装。

步骤介绍：

由于安装不当和施工问题，很多基础设施无法发挥预期的运行效果。检测频率取决于基础设施的类型。配以多种材料、层面、路基施工和多步骤施工顺序的基础设施通常需要多次临时检测。后期基础设施安装期间，检测人员最重要的任务是确保排水区足够稳固，以对后期雨洪管理基础设施进行安装。例如，生物滞留土壤介质的过早安装是基础设施无法发挥预期运行效果的主要原因之一。

步骤九：设计和递交完工图

步骤实施者：

项目所有者 / 申请人，场地承建商和设计人员。

步骤实施时间：

检测人员签字之后立即实施。部分地方许可要求“在项目完工后 90 天之内”递交“完工证明”。

步骤介绍：

基础设施安装完成，并经过检测人员核查之后，申请人的设计顾问即可根据实际场地情况为各项雨洪管理基础设施准备完工图。完工图可以采取“红线”批准设计规划图的形式标记出不一致之处。设计人员也可以证实基础设施达到或超过规划图的技术参数。完工图应当确认下面几项内容：

• 在地役权之内对基础设施进行布置；

• 使用合适的尺寸、规模和材料；

• 进水口、出水口、阶梯竖板、路堤等部位的立面图；

• 每个种植计划上的植被或任何经过批准的替代物；

• 永久性维修通道的位置。

步骤十：雨洪基础设施的详细目录、追踪和报告

步骤实施者：

地方雨洪管理部门。

步骤实施时间：

不间断，基础设施维护、追踪和报告程序的一部分。

步骤介绍：

后期雨洪管理基础设施的正确安装只是其寿命周期的开始。需要进行长期维护和运行以确保基础设施可以持续运转。就这一点而言，西弗吉尼亚州的城市独立雨水排放系统（MS4）一般许可对维护协议基础设施的详细目录、检测、追踪和年度报告进行了规定。表 3 对城市独立雨水排放系统（MS4）一般许可中提到的上述内容进行了概括。设计人员可以借鉴这个表格。

表 3 / 城市独立雨水排放系统一般许可中关于后期雨洪管理基础设施长期追踪、检测和报告内容的概要

主题	简要说明
维护协议	对项目所有者 / 操作者递交维护协议、维护计划和包括维护责任转让在内的恰当证明文件进行详细说明
管理措施的详细目录进而追踪	创建一个详细目录和追踪系统［例如，在规划图审核阶段开始使用地理信息系统（GIS），系统将一直延用到长期维护阶段］。对追踪系统的最小限度内容进行详细说明。追踪包括“源头控制管理措施”以及结构性或非结构性“处理控制措施”
雨洪管理基础设施检测	创建一个长期维护检测和实施程序，包括一个检测日程表（许可周期期间，所有基础设施均应进行至少一次检测），检测报告的内容以及一个实施和应急预案
报告	将被收录到城市独立雨水排放系统年度报告中的基本信息概要

基础设施的选择和设计方法

给定开发项目合适雨洪管理基础设施的选择、定位和设计将以基础设施达到开放项目要求的雨水处理目标和性能目标的能力、影响基础设施适用性和性能的各种场地特征和设计人员评估高效实施策略的专业判断为基础。

雨水处理目标包括（但不仅限于）管控或减少径流量和排放峰值速率、营养盐（总氮——*TN*，总磷——*TP*）等污染物去除率、悬浮固体总量（*TSS*）、病原体、金属、多环芳烃（PAHs）和热影响。这些目标通常是由州或地方许可、关于敏感性水生资源的流域策略制定的或是根据水体的最大日负荷量（TMDLs）进行确定。

这些处理目标的管控或减少标准与性能目标有关。性能目标包括维持开发前场地径流的峰值速率；将特定污染物（例如总磷——*TP*）的年负荷量限定在场地开发前标准或预设标准，每年以磅为单位或是其他能力测定标准进行测量。城市独立雨水排放系统（MS4）一般许可要求的处理目标是对已开发区域的径流量进行管理，而性能目标是对开发前的水文响应机制进行复制。

可实施处理目标和性能目标的具体遵从准则已在地方性法规、州或联邦许可、流域规划（例如最大负荷量流域实施规划）或其他相关的制度性文件中作出明确解释。城市独立雨水排放系统（MS4）一般许可已经对性能目标作出了进一步规定：对 2.5 厘米降雨量产生的径流量进行管控——这里的径流量被称为处理量（*Tv*）。指导性文件可以提供已经符合标准的结构性和非结构性基础设施。

一般情况下，基础设施的目的在于满足一个主要的设计目标。在满足多个处理目标时，选定的基础设施可能会起到一定的效果。但是，为了达成目标，基础设施设计必须将多个目标与规定融合在一起。因此，了解处理目标和可用基础设施的能力对设计人员来说至关重要，这将帮助他们选择和设计出最为有效的基础设施策略。

雨水处理能力

这部分内容可以为设计人员理解各项基础设施的运行模式和改善基础设施能力以达成一个或多个性能目标的各项设计调整提供背景。这部分内容还将对基础设施的处理目标和基本污染物去除途径进行介绍。

基础设施概述

我们将会在下一章节向读者介绍下面几项雨洪管理基础设施。

植被过滤带和保护区的坡面漫流不透水表面截离措施

- 简单截离措施；

- 土壤改良剂简单截离措施；
- 补偿截离措施。

生物滞留池

- 传统生物滞留池；
- 补充 1：水质低洼地；
- 补充 2：城市生物滞留池；
- 补充 3：住宅区雨水花园。

透水路面

- 透水连锁块型混凝土铺面；
- 透水混凝土；
- 排水性沥青；
- 混凝土网格铺面。

浅草沟

- 渗透措施；
- 排水井；
- 下渗沟；
- 渗滤池。

雨水集蓄

- 蓄水池；
- 雨水槽。

绿色屋顶

- 密集型；
- 粗放型。

过滤

- 地表砂滤器；
- 地下砂滤器；
- 边缘砂滤器。

雨水湿地

- 地下砾石湿地；
- 湿地池；
- 多池湿地或水池 / 湿地组合。

径流减少办法

径流减少办法是一个实施结构性和非结构性雨洪管理基础设施的三步式设计过程，可以通过下面三个步骤对土地开发影响和下游水生资源转化问题进行处理。

• 通过尽可能地减少不透水表面和容量分级，保留现有植被，增加森林覆盖面积、自然区域和原状土（特别是那些有益于景观渗透的土壤）来减少径流量的增幅；
• 运用一项或多项通过渗透、蒸腾、延时过滤和水流衰减来减少径流量的基础设施；
• 根据需要增加额外的基础设施，用以处理剩余径流量、排放峰值速率和污染物负荷折减的问题。

径流减少

西弗吉尼亚州的城市独立雨水排放系统（MS4）一般许可要求城市开发引发的径流量增幅问题应当在场地内解决，以便对天然或开发前水文状况进行模拟。在许可合规性一般术语中，开发前水文状况独立于场地特定特征之外，被界定为自然条件。近 90% 的年降水量产生的径流将渗入地下、被植物吸收，或是被浅层地下水输送至溪流和河流。剩余降水量几乎全部变成汇入受纳水体的地表径流。

西弗吉尼亚州降水数据分析表明，年降水量 90% 为 2.5 厘米或更少。因此，基础设施的性能目标是对 2.5 厘米降雨量产生的场地径流量进行管控，以便对天然水文状况进行模拟。对于其他地区的项目，设计人员应当查阅相关的地方数据。随后，我们将对测定 2.5 厘米降雨量产生径流量的计算方法进行介绍，这里的径流量被称为处理量（*Tv*）。

由于土壤和坡度等具体的景观特征决定了路径的设置，而且径流会通过路径离开场地，因此，设计人员必须选择一种与这些特征兼容的基础设施策略，以便对那些开发前途径进行模拟。在有透水性土壤的区域，基础设施旨在通过在开发场地内的一个或多个位置，安置或保留足够的水流（衰减）量和透水性土壤表面来对渗透过程进行有效模拟。在原有土壤（水文 C 类土壤和 D 类土壤）或开发场地状况（例如土方挖掘或填充的范围）影响渗透效果的地方，可以通过设置人工池塘、工程土壤介质厚度和暗渠的方式创建其他措施，以便模拟水流衰减过程、减缓径流释放速度。排放情况与常见于低土壤渗透率区域的浅层地下交流相似。

污染物去除

西弗吉尼亚州的城市独立雨水排放系统（MS4）一般许可，鼓励在开发场地内实现径流量减少的目标，这也符合保护下游资源的目标。这一许可将降低排放频率和峰值速率的有利影响与减少污染物负荷的额外好处结合起来。径流量是其中一个决定径流污染物负荷的重要因素；第二个重要因素是目标污染物浓度，通常用每公升或其他合适的单位中含有多少毫克的污染物来衡量。用每年多少磅污染物进行记录的年负荷量是年径流量乘以标准污染物浓度的乘积。因此，减少其中一个因素或两个因素，污染年负荷量也会随之减少。

基础设施通过渗透、蒸腾、再利用或延时过滤等方式减少年径流量的能力被称为减少径流能力，并被表述为与 90% 的降雨事件有关的径流去除百分比。基础设施通过减少场次降雨污染物平均浓度（*EMC*）的能力被称为污染物去除能力，并被表述为用简单方法进行计算的污染年负荷量去除百分比。年总负荷量减少被称为总污染物负荷减少（*TPLR*）。表 7（见 26 页）对基础设施的常规径流减少值进行了介绍。

一级和二级基础设施

基础设施的减少径流能力和污染物去除能力各不相同。有些基础设施仅运用污染物去除一项能力便可减少径流，有些基础设施仅运用减少径流一项能力便可减少径流，其他基础设施则可能需要同时使用减少径流能力和污染物去除能力才能减少径流。为了进一步改善基础设施的表现，设计人员可能选择通过将一级设计“标准”设计特征提升到二级设计“强化”设计特征的方式来改善基础设施的表现。

一级与二级设计格式的基本原理是对基础设施的性能表现资料进行全面评估。加强营养性污染物去除和减少径流的基础设施设计因素被分离出来。而那些出现在各类设计中的标准设计特征（即，与特定的营养盐去除或径流减少率没有直接关系）则会被识别出来。这其中还包含任何需要维持基础设施正常、安全运行的特征。

接下来，为了进行城市改造而展开的基础设施适应性预先研究会被用来识别和分离额外的设计特征及它们对基础设施表现的影响。人们的共同努力有助于准确地识别出能够提高基础设施在污染物去除和减少径流方面表现的关键性设计特征和可以预期的能力改善。一级与二级设计标准与性能程度便是此次努力的结果。

一级标准设计特征包括下面几项内容：
- 关键安全性特征；
- 美观度；
- 暴雨的安全输送；
- 运行寿命（考虑维护问题）；
- 标准场地可行性限制。

二级强化设计特征包括下面几项内容：
- 在基础设施内设置一个更大的存储空间；
- 改进设计几何结构和水力状况，以增加基础设施内流程和停留时间的长度；

表 4 / 生物滞留池设计层级：介绍及性能

设计层级	介绍	应用领域	性能发挥以减少 2.5 cm 降雨量为标准
一级	**基础设计：** 设置暗渠 • 土壤介质的厚度 ⩾ 3.8 cm，<5 cm • 暗渠管道下方不设渗透池	有垂直限制的场地，例如基岩高、地下水位高、已被证实的喀斯特地质区、雨水热点区域及其他需要不透水衬垫的应用领域	基础设施的设计容积减少 60%[1]
二级	**渗透设计：** 不设暗渠，积水会在 48 小时内渗入下层土壤 ---------------------------------- 或 ---------------------------------- **延时过滤设计：** • 设置暗渠 • 土壤介质的厚度至少为 5 cm • 或土壤介质的厚度至少为 3.8 cm，并在暗渠下方设置石井，以在 48 小时内排干适宜土壤（例如，有填充物的限制）中的积水	通常情况下，多数利于边缘渗透的场地——水文 A 类、B 类、C 类土壤无须设置不透水垫层。渗透率 >15.2 cm/hr. 的场地需要采用渗透设计，其他场地需要采用延时过滤设计	基础设施的设计容积减少 100%[1]

1 设计容积包含地表、土壤介质和渗透池存储量。与其他措施共同作用时，设计容积可以满足 2.5 厘米能力标准的全部或部分要求。

• 增加基础设施内的植被覆盖面积和种类，以改善蒸腾和污染物吸收的效果；

• 提供其他减少径流和污染物去除的途径，例如在浅草沟中添加土壤改良剂（从而强化标准解决措施的渗透和衰减特征）。

表 4 将生物滞留池设计层级描述为与一级与二级设计特征相关的不同标准实例。我们将在下一章节的设计规范中对一级与二级设计特征进行详细阐述。需要注意的是，有些基础设施仅具备一个设计层级（例如，渗透措施和雨水集蓄）。这是因为规模和设计指导以及最终的径流减少能力更为直接且不利于设计层级方法的实施。

峰值速率控制

设计人员可能需要设计雨洪措施，用以在暴雨期间对峰值速率和洪水进行控制，保护下游河道。在西弗吉尼亚州，这可能是一项地方雨洪标准或要求。径流减少办法会对用在暴雨计算中的年径流减少程度予以考虑，以减少控制大型设计暴雨事件所要求的滞洪需水量。径流减少办法需要借助集水区（CDA）曲线数值调整来实现：年径流减少程度从立方英尺或英亩——英尺（灌溉水量单位，相当于 1 英亩地 1 英尺深的水量，即 1233.5 立方米）转换成用来衡量储蓄量的流域——英寸，并借助自然资源保护服务技术发布 55（NRCS TR–55）径流公式倒算出调整后的（减少的）曲线数值。在计算用来满足下游河道或洪水控制要求的暴雨洪峰流量和储存容量时，将会用到新的曲线数值。

如果基础设施带有可以根据存储量进行扩展的存储空间，储存多于一级或二级标准所需的存储量，那么设计人员可以增加存储空间（在基础设施设计规范允许的情况下，我们将在下一章节对基础设施设计规范进行介绍），提高暴雨效益。此外，设计人员还可以借助可用存储空间（同时需要对减少径流基础设施的滞留和水位下降特征予以考虑）为设计暴雨径流量规定路线，使用存储—指示方法布线模型，而不是计算调整后的曲线数值。

了解“年”径流量程度和单一事件模拟排放峰值速率之间的差异对于设计人员来说非常重要。减少后的曲线数值可能并不适合下游排水基础设施的规模。不管在什么样的情况下，设计人员均应对雨洪管理要求进行评估，并对合适的水文设计方法进行审核。

表 5 对基础设施的处理能力进行了一个综合性比较总结。

表 5 / 基础设施的整体性能比较

基础设施		径流减少[1]	污染物去除[1]	总污染物负荷减少	峰值速率控制
植被过滤带的坡面漫流		是	否	局部[2]	局部[5]
简单截离措施		是	否	局部[2]	局部[5]
补偿截离措施	应变量	是	是	是	局部到全部[6]
	住宅区雨水花园	是	是	是	局部到全部[6]
	雨水集蓄	是	是	是	局部[6]
	城市生物滞留池	是	是	是	局部[6]
生物滞留池		是	是	是[3]	局部到全部[6]
透水路面		是	是	是[3]	局部到全部[6]
浅草沟		是	是	是[3]	局部[5]
渗透措施		是	是	是[3]	局部到全部[6]
雨水集蓄		是	否	局部[2]	局部[6]
绿色屋顶		是	否	局部[2]	局部[5]
过滤		否	是	局部[4]	无
雨水湿地		否	是	局部[4]	局部[7]

1 将一级设计提升到二级设计，便可改善基础设施的减少径流能力和污染物去除能力。
2 总污染物负荷减少得益于基础设施的减少径流能力。
3 总污染物负荷减少得益于基础设施的减少径流能力和污染物去除能力。
4 总污染物负荷减少得益于基础设施的污染物去除能力。
5 调整 CDA、曲线数值和集流时间。
6 调整 CDA、曲线数值和集流时间及额外的存储量。
7 高于湿地正常蓄水位的允许积水深度。

减少径流和污染物去除的综合能力连同一级与二级设计是减少径流方法的基础。基础设施性能技术性支持包括对基础设施性能监控研究进行评估，这项研究已被纳入美国污染物去除能力数据库。由于数据有限，因此，部分基础设施的评估结果是临时性的（例如过滤带）。正在进行的研究将为人们呈现新措施和原有措施变更后的评估结果。

污染物去除过程

多数情况下，设计人员可能需要使用多种措施，并按照“屋顶到溪流”的顺序逐一实施，用以达成管控处理量减少径流标准的目标（例如，积水从屋顶截离后排入前院生物滞留池、干植草沟，再到人工湿地）。这一系列的“处理措施”可以有效地减少径流量。不过在另一方面，污染物去除的效果有限，原因在于可获得的污染物负荷，即可以被基础设施的特定污染物去除过程或途径去除掉的目标污染物数量非常有限。因此，任何一项基础设施或多项基础设施的污染物去除能力也是有上限的。

污染物去除能力的上限凸显出利用和考虑基础设施减少径流能力的好处。径流减少能力会将水流衰减与下面几个方面结合起来：

- 渗透至现有土壤；
- 通过土壤和植被蒸发水分；
- 其他用途，例如灌溉或内部的非饮用水需求；
- 延时过滤，用以对那些低渗透土壤区域的径流流道进行模拟。

这些设计特征的累积径流减少效益不会受到去除过程或目标污染物形式的限制，同时允许连续使用多种径流减少基础设施，以通过减少径流能力而不是污染物去除能力达成高效能的目标。

应当注意的是，未开发流域的延时过滤过程应当与自然渗透和蒸腾过程结合；而将开发后排水区内的径流集中到影响范围较小的区域（相对于排水区）会限制上述自然过程的能力，特别是在土壤条件不佳的情况下。延时过滤基础设施可以提供一种工程土壤介质，以克服开发场地常见的局限性（扰动土壤剖面，分散径流的有限空间等等）。

了解基础设施的性能特征将有助于设计人员应对典型和非典型开发场地的挑战。表 6 对基础设施去除污染物的较为常见的物理、化学和生物过程进行了简单的概述。

表 6 / 雨水污染物去除过程

去除过程	去除过程描述与可以去除的污染物	基础设施
重力分离（沉淀或沉降）	**定义：** 借助沉降法去除密度大于水的固态物，借助浮选法去除那些密度小于水的固态物 **污染物：** 泥砂、固态物（营养盐和金属等污染物有关的微粒），油（碳氢化合物），BOD（生化需氧量），微粒 COD（化学需氧量）	蓄水池、透水路面、浅草沟、带有存储空间的基础设施、生物滞留池、雨水再生水输送系统、过滤措施、雨水湿地和干湿延时滞留池
过滤	**定义：** 借助比目标污染物更为细密的介质滤除掉雨水中的污染物 **污染物：** 固态物、病原体、营养盐微粒、金属微粒、BOD、COD 微粒	过滤措施、植被过滤带、生物滞留池、透水路面、浅草沟、雨水再生水输送系统、绿色屋顶、雨水湿地
渗透	**定义：** 借助地表坡面下方的现有土壤渗透雨水 **污染物：** 蓄积量、固态物、病原体、营养盐、金属、有机物、BOD、COD 微粒	渗透措施、植被过滤带、生物滞留池、透水路面、浅草沟、雨水再生水输送系统
吸附作用	**定义：** 包括吸附和吸收——介质或土壤颗粒污染物物理分子吸引。无化学变化（例如离子交换） **污染物：** 溶解性磷、金属和有机物	过滤措施、植被过滤带、生物滞留池、透水路面、浅草沟、雨水再生水输送系统、绿色屋顶、雨水湿地
生物吸收	**定义：** 被广泛称为从径流到植物的物质转移；也包括水分蒸发 **污染物：** 蓄积量、碳氢化合物、营养盐、金属、有机物、BOD、COD 微粒	植被过滤带、生物滞留池、浅草沟、绿色屋顶、雨水湿地
离子交换	**定义：** 土壤或过滤介质中的离子与雨水中的离子进行交换，以达到去除污染物的目的；介质中的离子从雨水中流过，而污染物则被介质隔离 **污染物：** 金属	过滤措施（取决于介质）
化学转化	**定义：** 污染物与其他化合物发生反应后改变结构的过程，污染物可能被无害去除或是隔离 **污染物：** 氮（氨、硝酸盐、亚硝酸盐）、有机物、碳氢化合物	过滤措施、植被过滤带、生物滞留池、透水路面、浅草沟、雨水再生水输送系统、绿色屋顶、雨水湿地

基础设施径流减少额度

表 7 对本书中出现的基础设施的径流减少额度进行了比较。这些基础设施有符合切萨皮克湾流域要求的总氮（*TN*）、总磷（*TP*）、悬浮固体总量（*TSS*）和其他被指定为流域所需有害参数的相应污染物去除额度。

1 本书的第三章内容基础设施设计，用 2.5 厘米降雨事件所产生的年径流百分比减少来表示径流减少。

2 片流径流减少值和简单截离措施将以 ft^3（额度）/ft^2（基础设施的表面面积）的值为根据。

3 径流减少额度会根据存储量和用水量预算发生改变，最高可达 90%。

表 7 / 基础设施径流减少额度比较

基础设施		径流减少额度[1,2] (%)
植被过滤带的坡面漫流[2]	A 类 /B 类土壤	50 (0.06ft^3/ft^2)
	C 类 /D 类土壤	25 (0.03ft^3/ft^2)
	C 类 /D 类土壤 w/ 堆肥改进土壤 (CA)	50 (0.06ft^3/ft^2)
保护区的坡面漫流[2]	A 类 /B 类土壤	75 (0.09ft^3/ft^2)
	C 类 /D 类土壤	50 (0.04ft^3/ft^2)
简单截离措施[2]	A 类 /B 类土壤	50 (0.04ft^3/ft^2)
	C 类 /D 类土壤	25 (0.02ft^3/ft^2)
	C 类 /D 类土壤 w/ 堆肥改进土壤 (CA)	50 (0.04ft^3/ft^2)
补偿截离措施	微渗透	参考渗透措施
	住宅区雨水花园	参考生物滞留池一级与二级设计
	雨水集蓄	参考雨水集蓄
	城市生物滞留池	40
生物滞留池	一级	60
	二级	100
透水路面	一级	45
	二级	100
浅草沟	A 类 /B 类土壤	20
	C 类 /D 类土壤	10
	C 类 /D 类土壤 w/ 堆肥改进土壤 (CA)	20
渗透措施		100
雨水集蓄		90[3]
过滤措施	一级	0
	二级	0
雨水湿地	一级	0
	二级	0
干延时滞留池	一级	0
	二级	15
水池	一级	0
	二级	0

基础设施选择

在为任何给定开发项目选择合适的基础设施时，要对可用的基础设施及这些措施的不同性能和设计特征进行审核，最为重要的是，需要进行最好的专业鉴别。这个过程包括为新项目和再开发项目挑选、定位和设计基础设施，并建立一个三步式的径流减少方法设计流程。

这一径流减少方法设计流程需要以设计人员已经确认的具体处理目标和性能目标设想为基础。这一点非常重要，因为它将为评估更为有效的场地设计（BSD）和结构性径流减少基础设施等径流减少方法策略的相对效益提供基础。

这个确定项目具体处理目标和性能目标的过程还应当包括对激励标准是否可以应用在特定项目上进行评估。激励标准涵盖了下列几种开发类型的径流量减少能力目标。

- 再开发项目；
- 棕地再开发项目；
- 高密度项目（>7 个单位 / 英亩）；
- 垂直密度项目（地面与面积的比率为 2 或者 >18 个单位 / 英亩）；
- 混合使用项目和以交通为导向的开发项目（在公交范围内 0.8 千米）。

径流减少方法步骤一

通过尽可能地减少不透水表面和容量分级，保留现有植被，增加森林覆盖面积、自然区域和原状土（特别是那些有益于景观渗透的土壤）来减少径流量的增幅。

这一步骤的设计策略通常被称为更加有效的场地设计，我们将在下一章节进行系统介绍。评估和这些场地设计策略最大限度的实施过程对选择合适的基础设施来说至关重要，因为合适的基础设施可能会大幅地减少目标处理量；设计人员或许可以选择影响范围较小的或低径流减少额度的基础设施。

径流减少方法步骤二

运用一项或多项通过渗透、蒸腾、延时过滤和水流衰减来减少径流量的基础设施。

径流减少方法步骤二包含了对基础设施进行筛选的环节，该环节将以基础设施的性能和与项目场地相关的可行性因素为基础。这一环节需要对项目的处理目标和性能目标（表 5 和表 7）、土地使用因素（表 8）、场地特征和可行性（表 9）、水资源设置（表 10）和场地覆盖（表 11）进行评估。

第一次筛选是对可能的基础设施的处理目标和性能目标方面进行审核，详见表 5 和表 7。如有需要，设计人员还应当对基础设施能否满足下面几项处理目标进行评估。

- 径流减少（地方许可合规性）
- 污染物去除（当地的最大日负荷量）
  - 营养盐（总磷、总氮）；
  - 泥砂（悬浮固体总量）。
- 峰值速率控制（很有可能是地方雨洪要求）
  - 河道防护；
  - 洪水控制。
- 其他流域的特定目标：
  - 温度；
  - 病原体；
  - 金属。

设计人员一旦确定了那些可以充分应对处理目标的基础设施“最终候选名单”，接下来便需确保这些基础设施适合给定场地特征，并可满足未来的土地适用需要。基础设施选择表格提供了用来筛选各项基础设施的常规标准。设计人员将在评估这些措施的性能以及如何使这些措施融入不同的场地状况中逐渐积累经验，最终选择出最为合适的基础设施或基础设施组合。在筛各项基础设施、选定最为合适的基础设施之后，设计人员便可进行径流减少方法步骤三。

径流减少方法步骤三

对基础设施在减少径流量和污染物负荷方面的整体性能进行评估，并根据需要增加额外的基础设施或污染物去除基础设施。步骤三连同处理量计算和年污染物负荷将在基础设施设计方法进行详细介绍。

土地使用

基础设施的拟定土地使用是首要的也是最基本的筛选因素。下面将对表 8 中的土地使用类别进行定义和说明。

乡郊土地

乡郊土地使用（通常被认为是面积大于 0.13 公顷的住宅区开发项目）中的不透水表面分布范围很广。虽然托管草皮非常重要，但是通常只需要在此设置低成本和低维护的基础设施。乡郊土地特别适合实施最小化规避策略和过滤带、保护区等植草基础设施。

住宅区

包括中、高等密度的住宅区开发项目（面积 <0.13 公顷），与乡郊土地相比，这一类别的土地使用空间通常有限。而且，根据住宅规模和道路宽度，基础设施可能紧邻住宅区，因此，公共安全问题、有害昆虫问题和雨洪管理措施的维护问题是这里普遍关注的问题。

道路和公路

车辆交通和冬季除冰活动可能会给道路和公路带来雨水污染物负荷。交通安全问题、大量的雨水输送问题及预处理设施可用空间的问题将会限制基础设施的选择和布局。

商业开发

在项目的排水区面积、土地使用、污染物负荷及其他因素方面，商业开发是最为多变的土地使用类别。商业开发可能拥有一定的可用空间，并且通常有统一管控的大片排水区，多数基础设施均可应用于此。而那些面积过大的排水区或是专门用于住宅区的基础设施则有一定的限制。

工业开发

在面积和土地使用方面，工业开发也是非常多变的土地使用类别。多数工业设施被完全覆盖，材料和雨水处理工序均不会裸露在外，因而与办公或商务场景更为接近。

表 8 / 基础设施筛选：土地使用

基础设施	乡郊土地	住宅区	道路和公路	商业开发	工业开发
植被过滤带[1]	首选	首选	首选	首选	局限[2]
简单截离措施	首选	首选	受限	局限[3]	受限[3]
补偿截离措施	局限[4]	局限[4]	受限	局限[3]	受限[3]
生物滞留池	首选	首选	首选	首选	受限[5]
透水路面	局限[6]	局限[6]	局限[6]	首选	受限[5]
浅草沟	首选	首选	首选	局限[7]	局限[7]
渗透措施	首选	首选	首选	首选	受限[5]
雨水再生水输送系统	局限	首选	首选	首选	首选
雨水集蓄	首选	首选	不适用	首选	首选
绿色屋顶	受限[8]	受限[8]	不适用	首选	首选
过滤措施	局限[9]	局限[9]	首选	首选	首选
雨水湿地	首选	首选	首选	首选	首选

首选：好的应用措施。
局限：或许不是最佳选择，但依然可被采纳。
受限：其中一项筛选因素表明，这项措施有具体的设计限制。

1 植被过滤带将保护区的坡面漫流纳入其中。
2 根据土地使用和污染物负荷情况可能需要进行预处理。
3 专门用于住宅区或其他小面积不透水区。
4 替代性措施添加维护装置——应当为简单截离措施提供足够的空间。
5 取决于具体的土地使用——可能会限制渗透并且需要额外的维护装置。
6 维护要求。
7 排水区和大量的雨水输送。调整 CAD、曲线数值、集流时间和额外的存储量。
8 特有的住宅屋顶几何结构会限制应用措施。
9 过多的住宅区地下电缆网维护负担。

场地特征和可行性

这些筛选因素开启了将场地状况与各项基础设施的实际设计因素联系起来的进程。设计人员务必要确定项目场地内可能限制或妨碍特定基础设施正常运行的实际限制条件。这其中包括土壤类型和限制层深度，例如基岩；拟定场地状况，例如土方工程、可用空间和坡度（详见表 9）等现有的场地状况。除此之外，可能还需要进行更为详细的实地勘测，以充分应对某些限制条件。

主要的实际设计因素如下：

土壤

主要的评估因素需要以针对项目场地自然资源保护服务（NRCS）水文土壤类型（HSGs）展开的初步调查为依据。径流计算也需要对项目场地内的土壤类型有所了解。需要注意的是，渗透可行性通常需要更为详细的地质技术测试，以确认其他工程特征；而水文 A 类土壤或水文 B 类土壤足以用来筛选某些基础设施。

地下水位深度

使基础设施远离季节性高地下水位有助于保护地下水位和基础设施。关于二者间距要超过 0.3 米的讨论通常建立在预测实际地下水位高度假定误差范围的基础之上。这一距离是从基础设施的底部或基底测量而来，可以根据调查的可靠性对基础设施与季节性高地下水位之间的距离进行调整。

基岩深度

基岩深度与地下水位深度类似，这一设计因素包含了在施工之前进行预测的可施工性要素。相对较浅的基岩深度可能会限制那些需要深度影响范围或出水口结构的基础设施。

最低水位差

这一设计因素反映出径流通过基础设施（从进水口到出水口）所必需的高度差估算值。

坡度

这一设计因素反映出坡度对基础设施的潜在影响。坡度导向指的是安装基础设施位置的平整程度及内部组件的参考水准面。此外，集水区也可以有类似的考虑；而那些陡峭的排水区则可以选择在水流靠近基础设施时通过充分耗散能量的方式来处理水流。

集水区（CDA）

这一设计因素反映出基础设施最适宜的建议排水区最小或最大面积。如果项目场地内的集水区略大于或是小于建议面积，便需要证实设计要素是否可以解决潜在的问题，更为重要的是，基础设施应当满足其他管理目标。

空间

这一设计因素是集水区的一项应变量，需要对基础设施的影响范围进行粗略估算。

表 9 / 基础设施筛选：场地特征和可行性

基础设施	土壤[1]		其他场地制约[2]					
	HSG A/B	HSG C/D	地下水位深度[3]	基岩深度[3]	最低水位差[4]	最大坡度[5]	集水区	空间[6]
植被过滤带[7]	是	是 w/ CA[8]	30.5—61 cm	30.5—61 cm	不适用	6%/8%[9]	3 ac.	15%—25%
简单截离措施	是	是 w/ CA[8]	30.5 cm	30.5 cm	不适用	5%；1%—2% 最佳	最大值 92.9 m^2	额定
补偿截离措施	参考各项基础设施：生物滞留池、渗透措施、雨水集蓄和城市生物滞留池。							
生物滞留池	是	是 w/ UD[10]	61 cm	30.5 cm	91.4—152.4 cm	1%—5%	2.5 ac.[11]	4%— 6%
城市生物滞留池	不适用	不适用	不适用	不适用	91.4－121.9 cm	不适用	232.3 m^2 [12]	额定
透水路面	是 w/ IR[13]	是 w/ UD[10]	61 cm	30.5—61 cm	61 cm	1%—3%[14]	比率 2:1[15]	额定
浅草沟	是	是 w/ CA[16]	30.5 cm	30.5 cm	61 cm	4%[17]	Ac.	3%—5%
渗透措施	是 w/ IR[13]	否	61 cm	61 cm	61—121.9 cm	0 —5%	2.5 ac.[18]	1%—4%
雨水集蓄	不适用	不适用	不适用	不适用	变化	不适用	仅适用于屋顶	额定
绿色屋顶	不适用	不适用	不适用	不适用	不适用	不适用	仅适用于屋顶	不适用
过滤措施	不适用	不适用	30.5 cm	30.5 cm	61—243.8 cm	不适用	2—5 ac.[19]	0—3%
雨水湿地	是 w/ 衬垫	是	地面以下	61 cm	61—121.9 cm	不适用	10—25 ac.[20]	3%

缩写： WT = 地下水位；BR = 基岩；Min Hyd Head = 最低水位差；CDA = 集水区

1 自然资源保护服务水文土壤类型。
2 这些只是限制条件的大致范围。
3 从基础设施底部到地下水位（WT）或基岩（BR）的垂直距离；喀斯特地质区可能会有所不同。
4 从进水口到基础设施及其底部的垂直距离。
5 基础设施的最大内梯度。
6 基础设施的影响范围。
7 植被过滤带将保护区的坡面漫流纳入其中。
8 使用了堆肥土壤改良剂。
9 6% 被森林覆盖，8% 被草地覆盖。
10 带有暗渠。
11 在某些案例中面积可以更大。
12 上限要以种植箱的实际尺寸为准。
13 足够的标准渗透率。
14 可以用阶地截断斜坡。
15 “连续”路面与透水路面的面积比。
16 C 类 /D 类土壤额度，堆肥改进可以提升土壤品质。
17 可以用拦砂坝截断斜坡。
18 关键性设计要素会限制集水区与渗透表面面积的比率。
19 100% 不透水。
20 如果地下水被拦截，而且能够提供足够的水平衡，那么 10 英亩的集水区具有一定的可行性。

水资源设置

喀斯特地质

在喀斯特地质区上应用雨洪管理措施具有一定的挑战性。喀斯特地质是一种由岩溶基层构成的动态景观，岩溶基层与落水洞、温泉、洞穴和极为不规则的索乐克界面有关。场地表面 15.2 米内的喀斯特地质特征被界定为活跃的喀斯特地质，会给基础设施的设计带来诸多挑战。事实上，用来存储径流的基础设施可能诱发塌方，威胁项目场地内基础设施和结构的完整性。除此之外，喀斯特地质可以为雨水径流提供快速通道，使之从地表流入深层地下水和含水层，为此，我们可以大胆地推断，那些渗透的经过处理或未经处理的径流会进入喀斯特地质区的饮用水系统。具体的场地状况和基础设施设计考虑在喀斯特地质区是必须的。

鲑鱼水域

鲑鱼可以作为一项受水温影响的水生生物指标。很多水生生物，例如鱼类和昆虫，都是冷血动物，这意味着它们的体温会受到周围环境的影响。水温升高可能会导致食量增大、攻击性增强等行为改变和新陈代谢增强或是运动机能受损等生理改变。鱼类，尤其是鲑鱼，对温度的要求最为严格。大多数鲑鱼更喜欢 4—21℃的水温，水温升高会导致鲑鱼受伤或死亡。

特别是在夏日里，路面和屋顶材料可以拦截太阳辐射，因此，路面和屋顶的温度比天然表面高很多。暴雨期间，雨水会将路面和屋顶的热量传递给雨水径流，径流温度有时甚至可以超过 43℃。暴雨开始时，径流温度上升，降雨持续一段时间后，地表冷却，径流温度也随之下降。

雨水热点区域

基础设施对指定雨水热点区域径流进行有效处理的能力会随着具体的土地用途和有关污染物和污染物负荷而改变。通常情况下，雨水热点区域会产生污染物或者出现污染物集中的情况，而传统的雨洪管理基础设施无法处理这些污染物。因此，接收雨水热点区域径流的基础设施可能会有一定的设计限制。燃料处理区的油 / 水合并槽等专用产品可以减少潜在的影响。除此之外，整个场地可能未必是雨水热点区域；场地内的个体活动可能是雨水热点区域的源头，并与那些以特定污染物为目标的基础设施分隔开来。

超级城市场地

这一筛选因素包括多重设计考虑：人口密集、空间有限、土地价值高、冲击或扰动土壤剖面、预设排水基础设施和各种潜在的城市污染物。适用于超级城市场地的基础设施也被频繁地用于再开发项目、填充场地和原有城市开发项目的改造中。

详见表 10 对基础设施和水资源设置进行的总结。

表 10 / 基础设施筛选：水资源设置

基础设施	喀斯特地质区	鲑鱼水域	超级城市	雨水热点区域	寒冷气候
植被过滤带 [1]	首选	首选	受限	受限	首选
简单截离措施	首选	首选	受限	可以使用 [2]	可以使用
补偿截离措施	参考各项基础设施：生物滞留池、渗透措施、雨水集蓄和城市植物池				
生物滞留池	SS：可以使用 LS：受限	首选	首选	可以使用	首选
城市生物滞留池	首选	首选	首选	可以使用	首选
透水路面	首选	首选	首选	禁止	首选
浅草沟	可以使用	可以使用	受限	受限	可以使用
渗透措施	SS：可以使用 LS：禁止	首选	受限	禁止	可以使用
雨水集蓄	首选	首选	首选	可以使用	可以使用
绿色屋顶	首选	首选	首选	首选	可以使用
过滤措施	首选	可以使用	首选	首选	可以使用
雨水湿地	可以使用	可以使用	受限	受限	可以使用

首选：广泛可行，推荐使用。
可以使用：可以根据场地状况正常运行。
受限：可行性极其有限。
禁止：因为可行性受限且可能带来环境风险问题，故而不予采用。
SS：小规模应用。
LS：大规模应用。

1 植被过滤带将保护区的坡面漫流纳入其中。
2 不透水表面截离措施。

基础设施设计方法

管控径流量的雨洪管理基础设施的设计可以分成两类：一类为以计划存储空间为处理量管控主要机制的设计；另一类为利用措施的指定处理表面面积管控处理量的设计。很多基础设施具备上述两种性能特征；而它们的主要尺寸和设计流程则侧重其中一种性能特征。

因此，为了选择出最为有效的基础设施（径流减少方法步骤二），并对基础设施在管控 2.5 厘米降雨事件所产生的径流量方面进行评估，必要的时候，还需减少目标污染物负荷（径流减少方法步骤三），设计人员务必要首先确定处理量。

目标处理量与设计容积

目标处理量由城市独立雨水排放系统（MS4）一般许可（对于西弗吉尼亚州的基础设施设计；对于其他地区的设计，设计人员可以参照地方许可）制定，因为 2.5

厘米降雨事件所产生的径流量需要以由设计合规性电子表格（和公式 1）决定的集水区尺寸和表面覆盖为依据。设计标准的基础是为保护受纳水体的物理、化学和生物特性提供简单的实施标准。历史降雨数据可以证实降雨事件的特征性描述，西弗吉尼亚州大约 90% 的降雨事件的降水量为 2.5 厘米或是更少，在这种自然条件下，落入土壤中的大约 10% 的降水量会通过地表径流汇入地表水。因此，管控设计降雨事件所产生的径流可以合理地对天然水文过程进行模拟。

计算径流量的方法如下：

公式 1

$$Tv=\frac{P\times[(Rv_I\times\%I)+(Rv_T\times\%T)+(Rv_F\times\%F)]\times SA}{12}$$

其中：
Tv = 目标处理量，以英亩 – 英尺为单位；
P = 目标降雨事件的降水量深度 =2.5 厘米；
RvI= 不透水表面的测定体积径流系数（无单位）[1]；
$\%I$ = 不透水表面场地的百分比（分数）；
RvT = 托管草皮或扰动土壤的测定体积径流系数（无单位）[1]；
$\%T$ = 托管草皮场地的百分比（分数）；
RvF = 森林覆盖的测定体积径流系数（无单位）[1]；
$\%F$ = 森林覆盖场地的百分比（分数）；
SA = 占地面积，以英亩为单位。

1 表 11 为测定体积径流（Rv）系数。

单个基础设施的设计容积（Dv）是根据单个基础设施说明所规定的尺寸标准设计的容积。如果集水区内仅有一项基础设施，那么设计容积与处理量相等。在使用了多项基础设施的区域，各项基础设施的设计容积将会成为排水区总处理量的一部分，各项基础设施的设计容积总数等于或大于处理量。

水文法

对雨水径流量和洪峰流量进行建模的方法有很多种。自然资源保护服务技术发布 55（TR–55）是一种最为常见的径流水文图，可以用来计算径流量和洪峰流量。TR–55 有时被称为曲线数值法，将地表设计暴雨覆盖状况、土壤类型和排水区集流时间等排水区特征整合在一起，用以对 24 小时标准雨量分布所产生的径流的速率和径流量进行预测。而 TR–55 对少量降雨事件产生径流估计不足的情况已经被证实。

另一种常见的建模工具是推理计算方法。推理计算方法以英寸 / 小时为单位，利用无单位的径流系数和降雨强度对瞬时洪峰流量进行预测。这一方法是专门为排水涵洞和用来输送同类不透水排水区径流最大洪峰流量的雨水输送系统而设计的。推理计算方法不会产生径流量，但却试图通过理论流量过程线，一种基础设施的设计工具来扩展方法的效用。这种方法不适用于计算目标处理量。

TR-55 被认为是一种单事件设计暴雨方法。另一种常用的模拟雨水径流方法是连续模拟法。连续模拟法将降雨序时记录作为降雨径流模型信息（例如，自然资源保护服务曲线数值法），用以确定最高的径流峰值速率和总体积。这一方法将根据记录评估的特定时间段来预测具体频率回程间隙（例如第 90 百分位降雨事件）中的降雨深度和径流特征。

这些方法各具优势又都有不足，它们需要根据具体的场地设计参数来计算径流特征。上文提到的目标处理量径流减少计算方法未必是最准确的；该计算方法不受雨量分布模式（降雨强度和持续时间）和流量过程线形状的影响。这意味着全部设计处理量可能会在一场强降雨的前几分钟内便会到达基础设施；或者处理量可能会在一场连续少量降雨过程的几个小时内缓缓地流入基础设施。

就这一点而论，处理量计算是一种简单、明确的方法，可以对不受降雨模式明显变化影响的基础设施进行分级。因此，在不考虑降雨强度或流量峰值速率的情况下，很多基础设施都有保守的处理量拦截容量标准。这些标准包括能量耗散和前池，而生物滞留池这种基础设施还对地表积水量有最低的要求。

测定体积径流系数— *Rv*

处理量的计算需要以场地的拟定表面覆盖为依据。本节内容和设计合规性电子表格中介绍的处理量计算包含三种表面覆盖类别：

- 不透水表面；
- 托管草皮或扰动土壤；
- 森林覆盖 / 开放空间。

不透水表面给受纳水体带来的负面影响有据可查。近期的研究表明其他表面覆盖，比如扰动土壤和托管草皮，也会给雨水径流的质量和数量带来影响。大量研究结果表明，土壤压实坡度与施工的影响（用增加容积密度的方式进行测定）会使土壤渗透性减弱、径流系数增大。因此，这些经过压实的“透水”区域的水文响应比城市径流模式的常规预测要大出许多。

另外，经常维护的草皮可能会增加营养盐负荷量。常规的草皮维护行为包括修剪草坪、娱乐使用及施肥和农药喷洒。研究表明，低渗透覆面住宅用地的营养浓度远高于那些高渗透覆面场地的营养浓度。这说明，低渗透覆面的住宅区可以对造成营养浓度增加的透水区域进行干扰和集中管理。

径流减少方法处理量计算也考虑到了不透水表面和其他可以产生更多径流的表面覆盖类型。此外，污染物负荷计算中也会用到处理量值。

表 11 中的径流系数源于《径流减少技术备忘录》中的研究。

表 11 / 场地覆盖测定体积径流系数（*Rv*）

表面覆盖	水文土壤类型			
	A 类	B 类	C 类	D 类
森林覆盖	0.02	0.03	0.04	0.05
扰动土壤 / 托管草皮	0.15	0.20	0.22	0.25
不透覆面	0.95	0.95	0.95	0.95

关于具体场地的表面覆盖属于何种类别的解释有很多种。下面我们将对表面覆盖划分进行介绍。

不透水表面

• 公路、车道、屋顶、停车场、人行道和其他不透水表面区域；

• 砾石路面、停车场和压实底基层上的其他砾石表面；

• 这一类别还包括雨洪管理基础设施的表面面积：a. 湿水池；b. 取代其他不透水表面（例如绿色屋顶和透水路面）。

托管草皮

托管草皮指的是那些由于干扰、压实或过度管理等情况而不再具备天然水文状态的草地土壤。根据最终使用情况归类到托管草皮这一类别中的土地包括：

• 部分受到干扰的住宅区小块草坪，包括小块草坪、化粪场和住宅区公共设施连接通道。

• 以修剪和维护草皮的方式对公路进行修剪和维护。

• 住宅、商业、工业和社会公共机构环境内计划作为草皮进行修剪和维护的草坪。

森林覆盖 / 开放空间

不会受到干扰或是能够恢复水文功能状态的土地：

• 施工期间不会受到干扰的部分住宅区小块草坪。

• 施工后，部分公路将用作过滤带、草皮护面通道或是雨水处理区使用；根据设计规范，还应包括土壤恢复或工程土壤混合物。

• 不经常修剪杂草而是处于天然植被状态的社区开放空间（可以包括那些灌木修剪年次数不超过 4 次的区域）。

• 处于天然植被状态中的公共设施（可以包括那些灌木修剪年次数不超过 4 次的区域）。

• 雨洪管理基础设施的表面覆有某种植被类型，不包括湿水池和那些不可替代其他不透水表面的基础设施。这一类别的基础设施包括生物滞留池、水质低洼地、浅草沟、不经常修剪杂草的滞洪池（适用于地方洪水控制要求）、雨水湿地；有植被覆盖的土壤改良区和渗透措施。
• 施工期间将会受到保护而且不会受到干扰的现有森林和开放空间的其他区域，也包括湿地。

森林覆盖及开放空间的表面覆盖运行和管理条件
• 不会受到干扰的小块草坪、社区开放空间和森林覆盖 / 开放空间一定要在侵蚀和泥砂控制计划干扰限制之外进行说明，并要在施工开始前进行场地界限划分（例如围墙）。
• 假定部分被视为森林覆盖 / 开放空间的道路在施工期间不会受到干扰，一定要遵循最新的土壤恢复设计规范，如果适用的话，可以进行场地重新造林；如果场地被用作过滤带、草皮护面通道、生物滞留池或是其他基础设施，则可遵循其他相关规范。
• 在雨水用途方面被视作森林覆盖 / 开放空间的区域务必要有规定场地将保持天然植被状态的文件材料。文件材料包括小块土地契约与限制、契约操作与维护协议和计划、共同所有权地块维护计划、第三方保护地役权、公共通行权或地役权维护计划或其他由地方项目部门批准的文件材料。
• 设计目标是确保森林覆盖 / 开放空间的区域不会受到干扰，而由地方项目部门批准的文件材料可能已经对某些活动内容进行了规定：森林管理、入侵物种管控、植被重栽与恢复、被动式休闲（例如小径）、限制灌木修剪次数用以营造植被覆盖面广的社区环境等。

基础设施设计容积和额度

在计算出目标处理量之后，设计人员应当为具体的开发场地选择出最为合适的基础设施或基础设施组合。如前所述，基础设施的容积和表面积是集水区处理量的一项应变量。表 12 可以方便大家对那些体现容积和表面积的规模与设计标准的措施进行参考。只有两项基础设施，植被过滤带和保护区的坡面漫流和不透水表面截离措施是只根据表面积进行分类的措施，因而没有结合容量和表面积的设计标准。正如我们所料，这些措施也可以只根据提供的表面积进行分类。大多数的基础设施会将表面积设计特征融入其中，表面积虽不是主要的影响因素，但却是一个可以确保基础设施性能和寿命的关键性设计特征。表 12 的第三列对这一组合式设计要素予以体现。

生物滞留池采用组合式设计要素设计而成，其设计侧重在基础设施内提供适当的存储容量和表面积。其中包括土壤介质和砾石层内的地表积水量的存储容量元素和设立最小表面积的附加要求，用以对输入径流和径流峰值速率进行有效管控。

表 12 / 主要的基础设施设计与合规性特征

基础设施		容积基本负荷减少额度[1]	表面积基本负荷减少额度[2]	组合式容积 / 表面积设计标准[3]
保护区的坡面漫流			√	
植被过滤带的坡面漫流			√	
简单截离措施			√	
补偿截离措施	微渗透	√		√
	住宅区雨水花园	√		√
	雨水集蓄	√		
	城市植物池	√		√
生物滞留池		√		√
透水路面		√		√
浅草沟		√		√
渗透措施		√		√
雨水集蓄		√		
绿色屋顶		√		√
过滤措施		√		√
雨水湿地			√	√

1 符合以存储量为单位的许可标准。
2 符合以基础设施表面面积为单位的许可标准。
3 包含容积和表面积设计特征的最低设计标准。

设计合规性电子表格通过将容量制成图表的形式来对基础设施实施策略的合规性进行推断。

不透水表面截离措施与那些规定了最小表面积的坡面漫流措施也以图表形式显示在列有相应处理量的电子表格中。

需要注意的是，在径流减少以输入径流量百分比形式呈现的区域，在数字上保证径流减少目标完全实现不太可能，除非基础设施以径流量 100% 减少为目标。例如，在降雨量为 2.5 厘米时，一级生物滞留池以去除 60% 的输入径流量为目标。持续以去除 60% 的输入径流量为目标可以逐渐减少径流量直至接近但仍无法达成径流量 100% 减少的目标。在这种情况下，达成目标的主要解决办法是扩大一级基础设施的存储空间，以达到所需的存储额度。以生物滞留池为例，将一级生物滞留池的存储空间（或设计容积）扩大 167% 便可达成特定管控排水区径流量 100% 减少的目标。

标准（或扩大）额度规则的应用有诸多限制条件和注意事项，部分限制条件和注意事项为径流减少方法应用中的通用规则，其他则需根据具体的基础设施进行确定。以下几点对主要的限制条件和注意事项进行了概述。

• 为了对其他排水区进行补偿，径流减少额度不得大于 100%（例如城市分区一 125% 的径流减少额度可以对城市分区二 75% 的径流减少额度进行补偿）。
• 生物滞留池：影响地表和地下岩石（介质）存储空间相对尺寸的设计标准对一级设计和二级设计进行了详细说明。这些标准旨在利用最少的过滤介质来防止出现大面积积水区这种极端情况。继续上文提到的那个一级生物滞留池设计容积扩大的例子，设计表面积和存储空间务必要体现出增加的设计容积，用以实现径流减少能力标准。
• 不透水表面截离措施：上文提到的不透水表面截离措施及植物过滤带和保护区的坡面漫流方法有一定的局限性，因为集水区的容量上限或表面积会限制截离区域的“扩大”。
• 透水路面：根据路面结构设计的要求，管控处理量或设计容积的透水路面砂岩储层最小深度通常小于路面下方的石块基层或是考虑施工公差而设置的最小砂岩深度(即路面砾石基层的铺装坡度通常是包括几英寸公差在内的“粗精度”深度，而管控 2.5 厘米降雨量的砂岩储层最小深度可能仅为 6.4 厘米）。因此，大多数透水路面的面积过大也可能是雨水处理这一原因以外的其他原因造成的。一级透水路面（*RR*=45%）的年径流量减少能力标准不会随砂岩储层的附加容积增加而增加，因为水分不会在砂岩中停留很长时间（与生物滞留池混合土壤相比）。一级能力标准的上限为 45%（或 0.45 集水英寸），二级能力标准的上限为 100%（1 集水英寸）。
• 浅草沟：浅草沟的设计以设计容积的峰值排水速率为基础。当浅草沟位于一系列基础设施的下游时，设计与径流减少额度可以：
  - 以上游基础设施的设计容积峰值排水速率为基础，将 10% 或 20% 的径流减少额度（取决于土壤）分配给输入径流；
  - 或以整体排水面积处理量峰值排水速率为基础，将 0.1 或 0.2 集水英寸的径流减少额度分配给输入径流。

场地设计人员拥有研究何种方法最适用于场地和雨水设计的自由裁量权。

下一章将要论述的附加基础设施的具体设计标准将从下面几个方面对如何配置基础设施的存储容量进行细化：几何结构、地表蓄水、介质存储及其他因素。其他基础设施标准的规范性较差，允许设计人员根据场地状况的需要对它们进行操作。

暴雨输送

西弗吉尼亚州的基础设施通常是为管控2.5厘米降雨事件所产生的径流而设计的。在某些情况下，出于下游河道保护或洪水控制的目的，设计人员可能需要对暴雨事件进行管控。不管在什么样的情况下，设计人员均应借助基础设施（即时基础设施）或基础设施周边区域（因而设置非即时基础设施）将暴雨事件产生的雨水输送至受纳水体。无论是以何种形式，旁路控制对管控大流量来说很有必要，这样一来，降雨量超过 2.5 厘米的降雨事件便不会损坏基础设施（过高的速度或积水深度）或是使先前拦截到的污染物重新回到水中。

非即时基础设施包括将一个少量暴雨径流量输送至基础设施，同时让大量的径流绕开基础设施的低流量导流结构。

即时基础设施可以接纳集水区的全部径流。超出设计容积的径流会通过基础设施内的溢流结构或溢流堰留出基础设施。即时基础设施的设计务必要仔细，用以在输入径流速度和能量及适当溢流以允许径流安全流出基础设施方面适应暴雨的设计高峰流速。

非即时设计通常是减容基础设施，特别是那些借助管道或铠装排水系统来输送雨水的大片排水区（例如面积 >0.2—0.4 公顷）内的基础设施的首选。在这种情况下，即时系统的设计和施工务必要仔细，以确保将大量的雨水安全送至受纳水体。

即时系统的设计应当注意下面几个方面：

• 保护进水口，以免因不断冲刷而造成磨损；
• 基础设施内务必要设置溢流结构，用以使超过设计暴雨存储量的雨水流向稳定的输送系统或雨水管网；

图 2 / 非即时基础设施的简单设计图

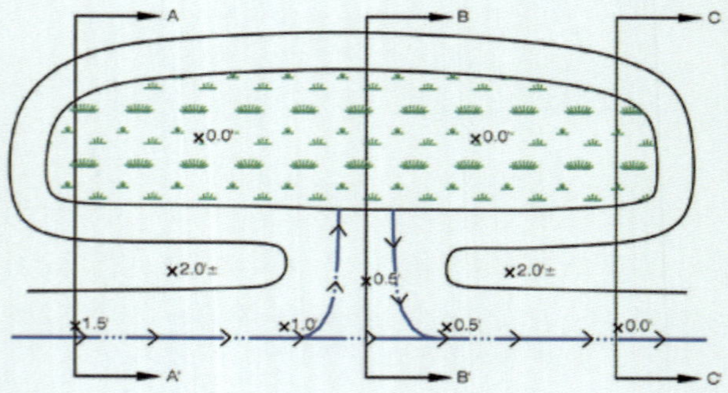

图 3 / 水平撑挡的外部旁通结构

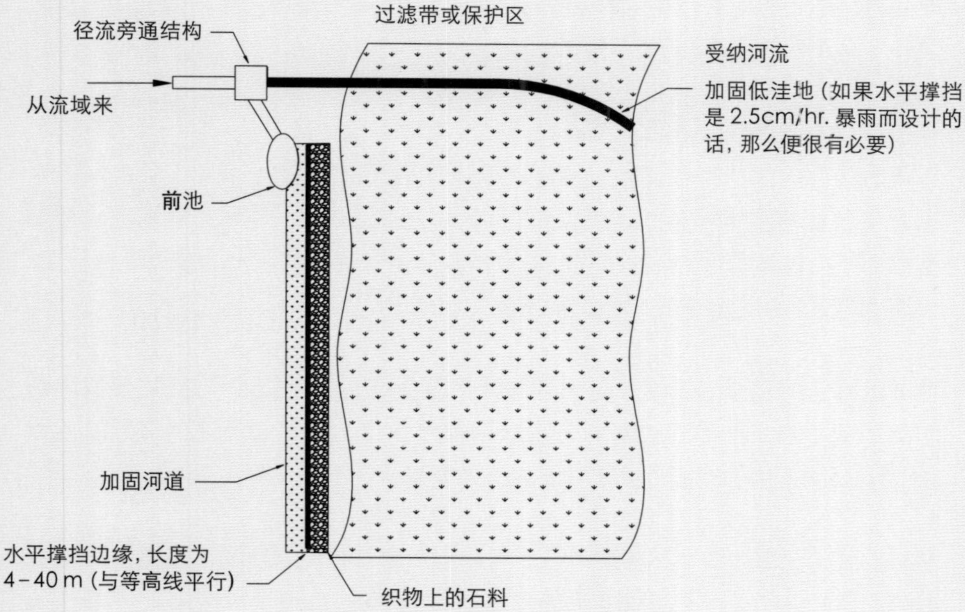

• 应当对溢流结构的排水进行管控，以免出水口因不断冲刷而造成磨损；

• 溢流结构的类型和设计应当根据应用情况进行调整——小规模基础设施可以使用景观格栅或场地进水口，大规模基础设施可以使用商业型结构。

应当注意的是两种类型的设计方法均需在满足输送需要和为受纳水体留出足够超高的前提下关注大流量的安全输送问题。排水设计（管道、暗沟等）应当以假定上游减容措施注满情况下的预期洪峰流量为基础。

暴雨径流减少额度

可供使用的径流减少基础设施包括更为有效的场地设计（BSD）策略和径流减少雨洪管理基础设施。流域保护基础包括场地设计策略；也就是说减少不透水表面的策略转而会因为暴雨的一个欠发展状况径流曲线数值而影响欠发展状况年径流量和单事件模型径流峰值速率。本章论述的径流减少基础设施也可以减少场地的年径流量。但是为了将这些径流减少方法融入单事件水文模型中，还需进行额外的计算。

单事件径流的高峰流速减少和水力演算模型是通过对基础设施阶段存储一排放关系进行说明而完成的。径流减少方法中使用的流量基础设施可以存储一定数量的径流，设计人员可以将水力演算关系运用在此处。但是很多径流减少措施的响应特征可能不会遵循传统的延迟 / 滞留设计参数。为径流减少基础设施选择路径可能是一项艰难且复杂的工作，因为这个过程中需要考虑与径流减少有关的各种水文和水力变量，例如蒸散、土壤介质存储、渗透和延时过滤。

径流减少方法是一种更为简单的具体径流减少数值计算方法。这一方法将排水区所有基础设施的年径流减少总额度从立方英尺（或英亩一英尺）转换成用来衡量储蓄量的流域一英寸，然后借助 TR–55 径流公式 1—4 导出体现减少径流量的调整后曲线数值。新的曲线数值可以随后用于计算排水区的暴雨洪峰流量，进而决定下游河道保护或洪水保护所需的存储量。

计算过程的简化推导过程从自然资源保护服务组合径流公式开始，以便用降雨和最大蓄水量，TR–55 公式 1—3 来表示径流深度。此外，最大蓄水量，*S*，通过 TR–55 公式 4 中的曲线数值与流域的土壤覆盖状况产生关联。

从与发展状况曲线数值相关的总径流深度中扣除与径流减少方法指定径流减少数值等值的存储深度和场地的额外存储空间（用存储空间 *R* 来表示），然后提供一个新的 *S* 数值（转换后的公式 2）。

虽然通过减少雨水径流量来对绝对径流过程调整进行预测并不容易，但是减少径流量显然会影响开发场地的径流过程。简单的路径练习表明，这种曲线数值调整方法阐述了一种峰值减少的保守估计方法。

$$Q=\frac{(P-I_a)^2}{(P-I_a)+S}$$

（TR–55 公式 1）

$$I_a=0.2S$$

（TR–55 公式 2）

$$Q=\frac{(P-0.2S)^2}{(P+0.8S)}$$

（TR–55 公式 3）

$$S=\frac{1000}{CN}-10$$

（TR–55 公式 4）

$$Q-R=\frac{(P-0.2S)^2}{(P+0.8S)}$$

（转换后的公式 2）

其中：
Q = 径流深度（英寸）；
P = 降雨量（英寸）；
Ia = 初始损失（英寸）；
S = 径流开始后的最大蓄水量（英寸）；
CN = 径流曲线数值；
R = 径流减少措施的蓄水量（英寸）。

设计人员在设计合规性电子表格中对这一过程进行了简化。需要注意的是，与 1 集水英寸径流存储量相关的曲线数值将会随着降雨量的增加而减少（2.5 厘米的径流量减少对 12.7 厘米降雨事件的影响要小于其对 5 厘米降雨事件的影响）。因此，曲线数值调整务必要选取各个设计暴雨深度进行计算。

对基础设施的合规性进行评估——设计合规性电子表格

设计合规性表格是一种将径流量减少方法与本章将要论述的雨洪管理基础设施能力标准结合在一起的工具。这个电子表格起初是场地设计人员和地方项目规划审核人员用来评估是否符合地方许可 2.5 厘米拦截能力目标的工具，场地设计人员还将其作为雨洪管理基础设施规划工具使用。有了这个电子表格，设计人员便可以一种相对快速、高效的方式对多种基础设施场景和初步筛选准则进行开发和测试。

下面将对设计合规性电子表格的标签和功能进行简要概述。

• 场地数据标签允许使用者输入排水区旁的拟定表面覆盖数据。标签采用本章所概括的径流减少方法计算导出适用于排水区的后开发处理量。标签还对与适用于场地（例如再开发项目、棕地、高密度等）激励标准有关的流量“额度”进行利用。
• 个别排水区标签允许使用者设置多种基础设施场景，使用不同的基础设施组合和基础设施存储量 / 表面面积场景来实现处理量目标。标签涵盖了本书中提到的所有基础设施，而这些措施均配以径流量减少性能额度。
• 径流减少概述标签对排水区标签中的基础设施累积径流量减少数值进行追踪，并将减少数值与要求处理量进行比较。这在本质上是一种快速的符合性核验方式。
• 河道与洪水保护标签利用了上文提到的曲线数值调整方法，依据已经达到的累积径流减少量，得出了排水区调整后的曲线数值。地方规划审批机构拥有自由裁量权，可以用这些调整后的曲线数值进行模拟，看看是否符合地方雨水延迟及河道与洪水保护要求。

Stormwater BMP Specifications

海绵城市基础设施规范

有效的场地设计措施

自然资源盘点

在基础设施和场地布局敲定前的场地规划初期进行盘点。详细目录应当包含下面几项特征（其他特定场地特征）：

• 土壤：有益于渗透、易受侵蚀或不稳定性的影响；
• 坡度：>15%，<25%；
• 溪流与水系类型；
• 河漫滩；
• 湿地；
• 植被：森林、生境敏感区；
• 特殊的自然资源区，例如冷水流栖息地、可视域、地下水补给区或饮用水资源保护区；
• 作为整体雨水 / 场地规划策略一部分进行修复的退化面积；
• 可能影响地表水与地下水相互作用的过往采矿作业记录。

免干扰的自然区、生态敏感区、树木和其他植被进行保护

重要的陆生、水生资源，例如树木和其他植被丛、常流河和间歇性河流、湿地、地下水补给区以及其他重要的自然资源（例如水源保护区）应当作为项目开发场地和项目再开发场地内自然资源保护区圈定出来，并进行保护。保护项目开发场地内的自然资源有助于保护现有场地的水文状况，减少后开发雨水径流率、径流量和污染物负荷，防止土壤侵蚀，并可以提供处理施工后期其他区域产生雨水径流的场地。

描述这一措施特性的标准包括：

• 将自然区视作自然资源详细目录的一部分。
• 确定一个或多个相连、互通的保护区；避免场地分区过于细碎。
• 在场地规划图和空地坡度断面图上清楚地展现出各个区域；在图上标示出免干扰区域，施工设备应当避开这些区域。
• 标示出侵蚀与泥砂控制规划中自然区边界的栅栏或围栏（例如橘黄色的围栏）。
• 建立一个自然区长期保护机制，例如法律强制使用限制权、房主契约和维护协议以及地役权保护。
• 制定一份明确长期维护责任，具体管理标准、措施和目标的维护协议。
• 确保在施工期间对这些区域进行保护。
• 提供指示标识及其他的土地所有者教育材料，这样有助于居民了解自然区的功能和管理。

下面将列出几个被视作自然区保护首要措施的更为有效的场地设计方法：

- 对滨水走廊进行保护，减少对溪流的热冲击；
- 对自然排水功能进行保护；
- 对透水土壤进行保护；
- 对陡峭的斜坡进行保护；
- 对有价值的栖息地进行保护。

下面将对这些更为有效的场地设计方法进行逐一阐述。

对滨水走廊进行保护；减少对溪流的热冲击

这一设计方法可能是这一节中列出的最重要的措施。原有的滨水走廊应当作为项目开发场地和项目再开发场地内的自然资源保护区圈定出来，并进行保护。完好未损的滨水走廊不仅可以提供遮蔽以便减少热冲击，还可以为水生生物提供有机质、减缓洪水速度、让洪水被地表或河漫滩吸收而不是给下游带来损害。滨水缓冲地带可以过滤掉雨水中的泥砂和其他颗粒物以及附着在颗粒物上的污染物。除了发挥雨洪管理功能之外，河源上游、河漫滩和湿地也可以发挥多种生态功能，例如洪水控制、保育栖息地、维护渔业资源可持续发展的食物生产。

- 在空地坡度断面图上将滨水走廊以自然资源保护区的形式清楚地呈现出来；在图上标示出免干扰区域，施工设备应当避开这些区域。如果这些区域确实有开发项目，则需对缓解措施进行概括说明。
- 在土地开发活动开始之前，需要用临时结构围栏清楚地标示出滨水走廊的边界。
- 设置固定或可变宽度的滨水缓冲带；避免场地分区过于细碎。设置宽度最小为 7.6 米的植被滨水缓冲带和 23 米宽的收进距离，可以按照管理草坪的方式进行管理。强烈推荐设置 31 米宽的天然植被缓冲带，以实现更大的雨洪管理和野生动物栖息地价值。
- 场地设计可以使用“缓冲带平均值”。整个场地的滨水缓冲带的平均宽度至少应为 15 米，缓冲带各分段的宽度不得小于 7.6 米。
- 将滨水走廊的未来开发限定在保护人类健康与安全所必需的构造上；在最终平面图和契约上列出限制条件。

对自然排水功能进行保护／融入减少溪流影响和水文改变的设计

应当通过“结合地形进行设计”这种方式对在项目开发场地与项目再开发场地中的自然排水功能进行保护。保护这些自然排水功能有助于保护现有场地的水文状况、减少后开发雨水径流率、径流量和污染物负荷。

保护项目开发场地内的自然资源有助于保护现有的场地水文状况，减少后开发雨水径流率、径流量和污染物负荷，防止土壤侵蚀，并可以提供处理施工后期其他区域产生雨水径流的场地。如果合适的话，可以以保护自然保护区的方式对自然排水功能进行保护。

• 建筑物和不透水表面与自然排水功能（例如间歇性河流和湿地）之间的距离至少为 7.6 米，而且要远离滨水走廊。
• 建筑物和其他结构的主轴方向要平行于现有等高线。

对透水土壤进行保护；对原土壤进行保护

应当在项目开发场地和项目再开发场地内将透水土壤，例如砂土、砂质壤土和壤质砂土圈定出来，并进行保护。这种设计方法很难被应用在那些采用容量分级方法的场地上，因而可以考虑采用分阶段清除的办法。原土壤中，特别是表层土中，含有下层土壤中没有的重要有机质。

透水土壤对于那些薄土层地区来说尤为重要。表层土通常会在施工作业前或是施工作业期间剥落。而且，施工设备进入会压实土壤，使土壤丧失渗透雨水的能力，无法有效渗透雨水。天然的透水土壤可以对雨水径流进行被动和主动（工程）渗透，因而可以用来对项目场地其他区域的雨水径流进行管控。对于那些先前开展采矿作业的项目场地来说，对检测土壤和地下水进行检测非常重要，这样便可识别出扰动土壤，同时还可确定地表水 / 地下水相互作用可能受到了何种程度的影响。

• 在空地坡度断面图和场地布局或设计中将透水土壤和不稳定易侵蚀土壤标示为自然资源保护区。
• 将建筑物和其他不透水表面修设在渗透率最低的紧实土壤区（例如水文 C 类土壤和 D 类土壤）。
• 如何合适的话，可以对透水土壤区和工程渗透措施进行利用。后者需要对土壤类型和剖面图进行现场核实，与土壤调查中信息进行比较。

对陡峭的斜坡进行保护

在对场地进行布局和设计时，应当绕开陡峭的斜坡，因为斜坡区域易于发生水土流失、致使径流中的含砂量增加。这种设计方法很难被应用在那些采用容量分级方法的场地上，因而可以考虑采用分阶段清除的办法。在西弗吉尼亚州，很多大型的项目场地都进行过开采和充填作业，河谷堆积和陡峭的斜坡是场地的特色所在。在这种情况下，预开发斜坡并不是问题。但是，很多小型的项目场地或非密集型项目场地在预开发地形和减少场地坡度方面可以做得更好。

• 尽可能地减少坡度，使斜坡变得平坦。
• 在项目开发平面图上将坡度≥ 15% 的斜坡清楚地呈现出来；绕开空地和斜坡；尽量不要破坏丘陵地区。
• 那些坡度 >25% 的区域应避免土地开发活动，除非公路或公共设施施工需要。

对有价值的栖息地进行保护

应当在项目开发场地和项目再开发场地中将那些免干扰自然区圈定出来，并以保护自然资源保护区的方式进行保护，这些自然区可以为特殊的生态群落及稀有植物和野生动物提供栖息地。有价值的栖息地是自然资源保护区的一种特殊类型，可以在限制或禁止开发和干扰的区域为特殊的生态群落及稀有植物和野生动物提供亟须的保护性环境。

• 将有价值的栖息地纳入自然资源详细名录。
• 在场地规划图和空地坡度断面图上清楚地标示出有价值的栖息地；在图上标示出那些施工和占用期间不得受到干扰的区域，施工设备应当避开这些区域。
• 在土地开发活动开始之前，需要用临时结构围栏清楚地标示出有价值栖息地的边界。

减少空地和坡度范围

这一设计措施与下节内容中将要论述的各项措施相互关联。应当将项目开发场地和项目再开发场地的空地和坡度限制在建筑物占地面积、基础设施和施工通道所需的最小数值。清理、减坡和压实的土地开发流程会大大地降低受干扰透水区域在减少后开发雨水径流量方面的能力。

• 使用“场地指纹识别”，即绘制出项目开发或项目再开发场地内的所有干扰限制，用以确定那些需要清理和减坡的最小土地面积。
• 设置建立在最大干扰区域半径 / 长度基础上的干扰限制。这些最大干扰区域应当体现出施工设备和技术的需要及项目开发或项目再开发场地的实体特征。
• 如果可能的话，在大型项目场地上进行阶段性施工。每 8 公顷的干扰区域进行一次稳固。每个施工阶段都需要对挖掘面积和填充面积进行平衡。

减少收进距离和临街土地

更为有效的场地设计旨在创建更为紧凑的开发影响区域，以便项目场地的其他区域可以得到保护。设置规模较小的收进距离和宽度较窄的临街土地以减少车行道、私人车道和人行道的长度，这样有助于尽可能地减少新不透水表面的出现。减少前院和侧院的收进距离并设置宽度较窄的临街土地，有助于营造出更为紧凑的场地设计，而街道的总长度也会随之缩短。此外，减少收进距离和临街土地的宽度还可以让场地规划和设计团队使用灵活的地块形状并“根据地形进行设计”，从而尽可能地减少地表扰动。

这一设计措施显然与地方分区、划分区域及其他开发法规有关，最适用于那些保护或开开放空间设计得到批准的分区。

• 前院的收进距离最多为 6.1 米。
• 侧院的收进距离最多为 7.6 米或更少。
• 临街土地的宽度最多为 24.4 米或更少。

减少车行道的长度和宽度

尽可能地减少车行道的长度和宽度，这样有助于减少新不透水表面的出现。通常情况下，那些对小块土地及缩近距离和临街土地进行充分利用的紧凑的场地设计，有助于减少街道总长度。场地规划和设计团队应当努力打造这样的场地布局，将远离主要车行道的小块场地纳入场地布局中，而不要将那些为少量大块场地服务的悠长道路纳入场地布局中。除了尽可能地减少街道长度之外，场地规划和设计团队还应设法减少住宅区街道的宽度及商业区、公共机构区和工业区街道的宽度，仅满足通行，沿街停车及紧急、维护和服务车辆通行的需求即可。

• 对项目开发场地进行设计，将远离主要车行道的小块场地而不是为少量大块场地服务的悠长道路纳入场地布局中。
• 仅留出一条车道供沿街停车或是取消死胡同和双向环路。
• 采用单向单车道环路。
• 减少道路的宽度，仅满足通行，沿街停车及紧急、维护和服务车辆通行的需求即可。那些日平均访问量小于 500 的地方性街道，需要将道路宽度减少至：
  – 5.5 米，路面上不设停车场或是将停车场限制在一侧；
  – 6.1—6.7 米，可将停车场设置在路面任意一侧；
  – 6.7—7.3 米，路面既可沿街停车，又可供车辆通行。
• 利用浅草沟或水质低洼地来处理路面径流。
• 在环境允许的情况下为停车场或车行道铺设透水路面。

减少人行道和私人车道的长度和宽度

减少人行道和私人车道的长度和宽度有助于减少新不透水表面的出现。人行道和私人车道的长度和宽度过大会大大地增加项目开发场地内不透水表面的新增数量，导致后开发雨水径流率、径流量和污染物负荷增加。事实上，传统住宅小区内多达 20% 的不透水表面是人行道和私人车道。

• 设计场地布局，减少人行道和私人车道总长度，以免影响公共安全或城市改造；
• 将人行道设置在街道的一侧；
• 将人流量较多区域的人行道宽度设定为 1.8 米，将人流量较低区域的人行道宽度设定为 1.2 米；
• 在设计允许的情况下，可以设置共享私人车道；

• 使用可替代性私人车道设计，例如简易跑道；
• 使用可替代性或透水性表面，例如为人行道和私人车道铺设砾石或透水路面。

对少数或可替代性死胡同进行利用

对少数或可替代性死胡同进行利用有助于减少项目开发和项目再开发场地内不透水表面的新增数量。减少死胡同的面积，仅满足紧急、维护和服务车辆通行的需求即可，应当对可替代性死胡同予以考虑。

• 采用那些包括绿化岛、9 米半径的锤头和环路在内的可替代性死胡同设计。
• 在死胡同内打造景观绿化岛。在场地坡度允许的情况下，这些景观绿化岛可以用来管控项目开发场地内其他区域产生的雨水径流（详见生物滞留池一节的内容）。

减少停车场的占地面积

对停车场的设计进行修改，从而减少项目开发和再开发场地内不透水表面的新增数量。多数商业区和工业区内的停车场为不透水表面。

• 应当根据平均停车需求而不是购物旺季期间的最高时段停放需求对停车场进行设计。这样一来，还可对一年中大部分时间的停车需求进行调节，减少不透水表面的新增数量。
• 将停车位的长度和宽度减少至 2.7 米和 5.5 米，用以尽可能地减少停车场的面积。
• 设置紧凑的停车空间。
• 为停车场铺设可替代性铺面（详见透水路面一节的内容）。
• 如果适用的话，可以设置结构性停车设施。
• 停车需求量峰值出现在日间或周末不同时段的两块相邻用地（例如教堂和办公大楼），可以使用共享停车场。

在停车场内营造景观区

在停车场内营造景观区，例如景观绿化岛和缓冲带，从而减少项目开发和再开发场地内不透水表面的新增数量。

• 将停车场内的景观区设计成可以处理雨水径流的雨洪管理措施（详见植被过滤带的坡面漫流和生物滞留池一节的内容）。
• 景观区的宽度至少为 1.8 米，并铺设含有足够有机质和营养盐的透水土壤以促进植物特别是树木的生长。

• 设置连接人行道和街道的斜坡，将后开发雨水径流从停车场输送至景观区。

减少建筑物的占地面积

场地规划和设计团队可以对功能和建筑物进行加固，从而设计出占地面积较小的高层建筑。

• 设计占地面积较小的建筑而不是大型单层结构。

1 植被过滤带和保护区的坡面漫流

概述

植被过滤带和保护区的坡面漫流是一种借助邻近植被区，通过减缓径流速度、沉淀泥砂和附着污染物并利用植被进行过滤的雨水径流管控措施。

植被过滤带可以设置在项目场地的干扰范围内，按照最低规格要求进行设计、施工和稳固。另外，如果有可能的话，还应当对原生植被进行保护，因为在自然状态下的保护区也可以满足最低标准，无论是在施工期间还是在施工后均应使用地役权或是其他保护性条款对植被过滤带和保护区进行保护。

保护区可以包括溪流缓冲带，并可借助植被管理规划进行森林再造和效果强化，但是不要扰乱保护区的生态环境。

在这两种情况下，雨水径流可以以坡面径流的形式流入植被过滤带或保护区。管道或河道内的水流可以通过工程水平撑挡转换成坡面径流。植被过滤带和保护区的坡面漫流可以用来：

• 在植被过滤带或保护区的坡面径流停留在多种水文土壤类型（HSGs）中时，对项目场地（连同上坡措施）内 2.5 厘米的雨水进行局部管控（详见表 1.1 和表 1.2）。
• 减少污染物负荷，从而达到水质目标（最大日负荷总量）（详见表 1.3 和表 1.4）。
• 改造现有开发场地。

可以将植被过滤带和保护区融入项目场地内的绿地和缓冲区（溪流、网纱或其他）要求中。表 1.5 是一个设计清单，可以对各项措施的设计过程进行指导。

植被过滤带和保护区坡面漫流的设计方案和性能

表 1.1 和表 1.2 分别对植被过滤带和保护区坡面漫流的基本设计方案及其减少场地内 2.5 厘米降雨事件所产生径流的能力进行了介绍。表 1.3 和表 1.4 分别对两项措施的污染物去除能力标准进行了总结。污染物去除能力标准可供我们在最大日负荷总量和流域规划范围内计算场地污染物负荷减少量时使用。

表 1.1 / 植被过滤带坡面漫流的介绍及性能

水文土壤类型	介绍	应用领域	性能[1]
A 类 / B 类 2	标准设计 • 几何结构 坡度和宽度[3]： 1%—4%：最小宽度为 1.7 m 4%—6%：最小宽度为 15.2 m 6%—8%：最小宽度为 19.8 m 任何情况下，最初 3 m 的坡度都务必要小于等于 2% • 流量 坡面漫流： 透水表面：最大流长≤ 45.7 m 不透水表面：最大流长≤ 22.9 m 集中径流： 工程水平撑挡[4] 边缘 =0.14 linear m/l/sec. 预处理区： 过滤带顶部的砾石横隔板[4] 过滤带底部的透水护堤[4]	可以应用在靠近水源的小块不透水路面（例如 464.5 m^2）及中度透水路面（例如 929 m^2）草坪覆盖土地（运动场、高尔夫球场）中	每 9.3 m^2 的植被过滤带径流量减少 0.2 m^3
C 类 / D 类	标准设计 与 A 类 / B 类土壤一致	与 A 类 / B 类土壤一致	每 9.3 m^2 的植被过滤带径流量减少 0.1 m^3
C 类 / D 类	土壤改良剂 与 A 类 / B 类土壤一致	与 A 类 / B 类土壤一致	每 9.3m^2 的植被过滤带径流量减少 0.2 m^3

1 性能目标为减少 2.5 厘米降雨事件所产生的径流。
2 规划审批机构可能需要对土壤类型进行核实，特别是那些在施工期间受到扰动的土壤。还需要对 A 类 /B 类扰动土壤的修复进行核实，以达到水文 A 类 / B 类土壤的性能额度。
3 施工期间使用的植被过滤带的最小宽度为 30.5 米，用以对典型主动施工场地的含砂量进行管控。
4 ELS =工程水平撑挡；GD= 砾石横隔板；PB= 透水护堤。

表 1.2 / 保护区坡面漫流的介绍及性能

水文土壤类型	介绍	应用领域	性能[1]
A 类 / B 类	标准设计 • 几何结构 坡度： 0.5%—3%：最小宽度为 1.7 m 3%—6%：最小宽度为 15.2 m 任何情况下，最初 3 m 的坡度都务必要小于等于 2%[2] • 流量 坡面漫流： 透水表面：最大流长≤ 45.7 m 不透水表面：最大流长≤ 22.9 m 集中径流： 植被覆盖[4] 达到 90% 的区域，工程水平撑挡 3 边缘 =0.14 linear m/l/sec.；森林或森林再造区，工程水平撑挡边缘 =0.43 linear m/l/sec. 预处理区： 保护区顶部的砾石横隔板[3]	可以应用在靠近溪流或湿地缓冲区或森林保护区中	每 9.3 m^2 的保护区径流量减少 0.3 m^3
C 类 / D 类	标准设计 与 A 类 / B 类土壤一致	与 A 类 / B 类土壤一致	每 9.3 m^2 的保护区径流量减少 0.11 m^3

1 性能目标为减少 2.5 厘米降雨事件所产生的径流。
2 对于那些坡度存在变化的保护区，只要最初 3 米的坡度≤ 2%，便可能要计算出按比例分配的长度。
3 ELS = 工程水平撑挡；GD= 砾石横隔板。
4 植被覆盖在这节内容中的植被一项中进行介绍。

表 1.3 / 植被过滤带坡面漫流的总污染物负荷减少能力标准[1]

水文土壤类型	悬浮固体总量 (*TSS*)	营养盐：总磷 (*TP*) / 总氮 (*TN*)[2]
A 类 / B 类	*TSS* = 75%	*TP* = 50% *TN* = 50%
C 类 / D 类	*TSS* = 53%	*TP* = 25% *TN* = 25%
C 类 / D 类 w/ 土壤改良剂	*TSS* = 75%	*TP* = 50% *TN* = 50%

1 总污染物负荷减少 = 径流减少和污染物去除的综合作用。污染物去除能力指的是污染物流过基础设施时的场次降雨污染物平均浓度(*EMC*)变化，污染物去除能力会受到处理过程的影响。
2 此时，可以用来将营养盐去除率分配给植物过滤带的监测数据并不充分。因此，植被过滤带的坡面漫流不会获得任何营养盐去除额度，仅配以适当的悬浮固体总量去除额度；营养盐负荷减少也只是一种径流减少能力。

表 1.4 / 保护区坡面漫流的总污染物负荷减少能力标准[1]

水文土壤类型	悬浮固体总量 (*TSS*)	营养盐：总磷 (*TP*) / 总氮 (*TN*)[2]
A 类 / B 类	*TSS* = 94%	*TP* = 75% *TN* = 75%
C 类 / D 类	*TSS* = 75%	*TP* = 50% *TN* = 50%

1 总污染物负荷减少 = 径流减少和污染物去除的综合作用。污染物去除能力指的是污染物流过基础设施时的场次降雨污染物平均浓度(*EMC*)变化，污染物去除能力会受到处理过程的影响。
2 此时，可以用来将营养盐去除率分配给保护区的监测数据并不充分。因此，保护区的坡面漫流不会获得任何营养盐去除额度，仅配以适当的基于场次降雨污染物平均浓度的悬浮固体总量去除额度；营养盐负荷减少也只是一种径流减少能力。

坡面漫流设计清单

这一设计清单将为设计人员在植被过滤带和保护区坡面漫流的必要设计步骤方面提供帮助。

- 对项目场地的可行性进行核验（详见可行性标准与设计依据一节的内容）。
- 确定植被过滤带或保护区是否适用于项目场地（详见表 1.1 和表 1.2）。
- 完成设计合规性表格制作，对所需的植被过滤带范围及是否需要使用附加措施以达到场地的合规性进行规划和确认。
- 对植被过滤带分类指导进行验证，并确保场地内有足够的面积设置植被过滤带或保护区。
- 对设计调整是否适合项目场地进行核验。
- 根据设计准则和标准详图设计植被过滤带。
- 提供必要的平面图、侧面图和剖面图细部及立面图、材料规格、坡度和施工步骤及说明。

标准详图

这些标准详图显示出保护区坡面漫流的典型配置（图 1.1），保护区边缘的预处理区（图 1.2）以及径流至少由部分集中径流或河道径流组成时工程水平撑挡的几种配置和选项。

图 1.1 / 保护区特有的坡面漫流

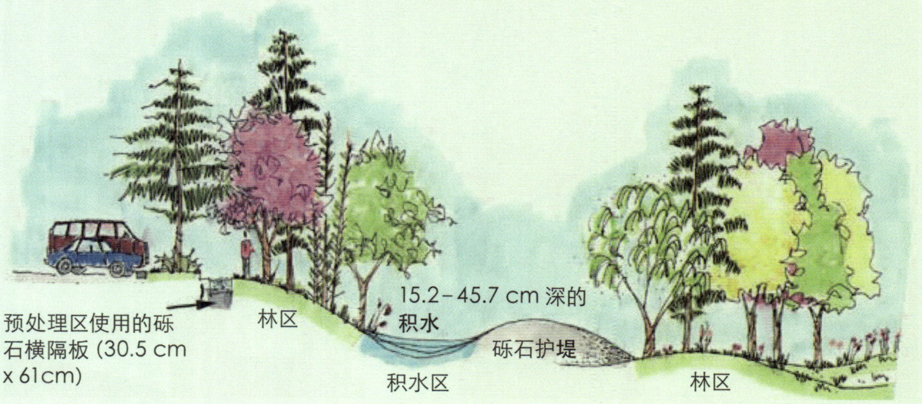

图 1.2 / 植被过滤带或保护区的坡面漫流砾石横隔板预处理区：标准剖面图

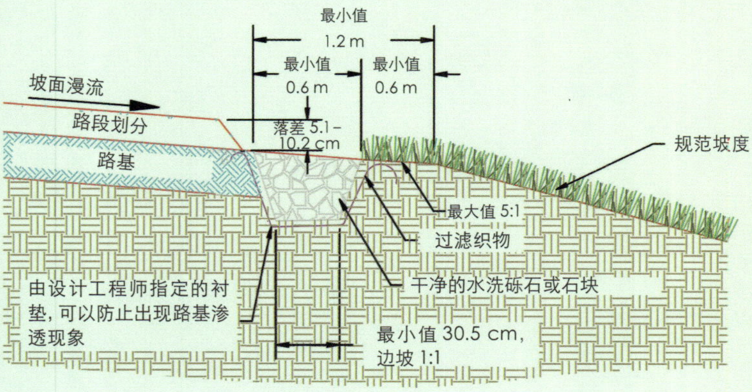

图 1.3 / 植被过滤带或保护区的集中径流工程水平撑挡（带有分流器和前池）：标准平面图

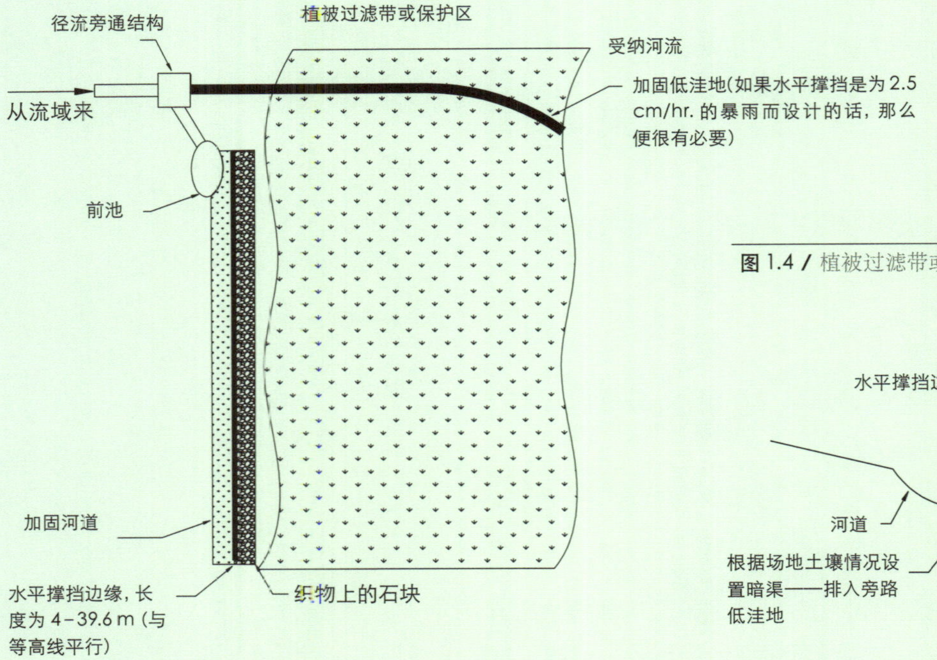

图 1.4 / 植被过滤带或保护区的集中径流工程水平撑挡：标准剖面图

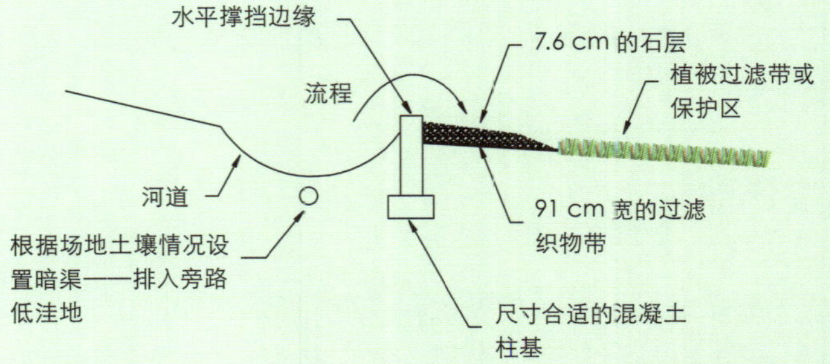

图 1.5 / 植被过滤带或保护区的河道径流水平撑挡：平面图和剖面图

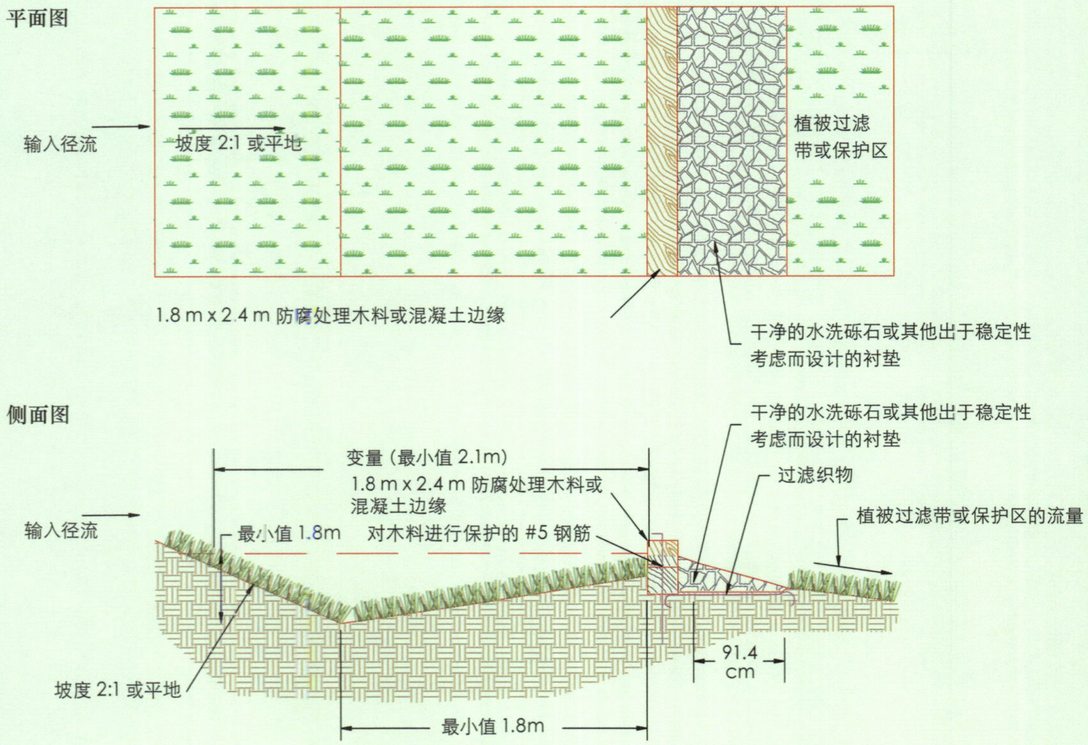

图 1.6 / 植被过滤带或保护区的集中（管道）流量水平撑挡：平面图和剖面图

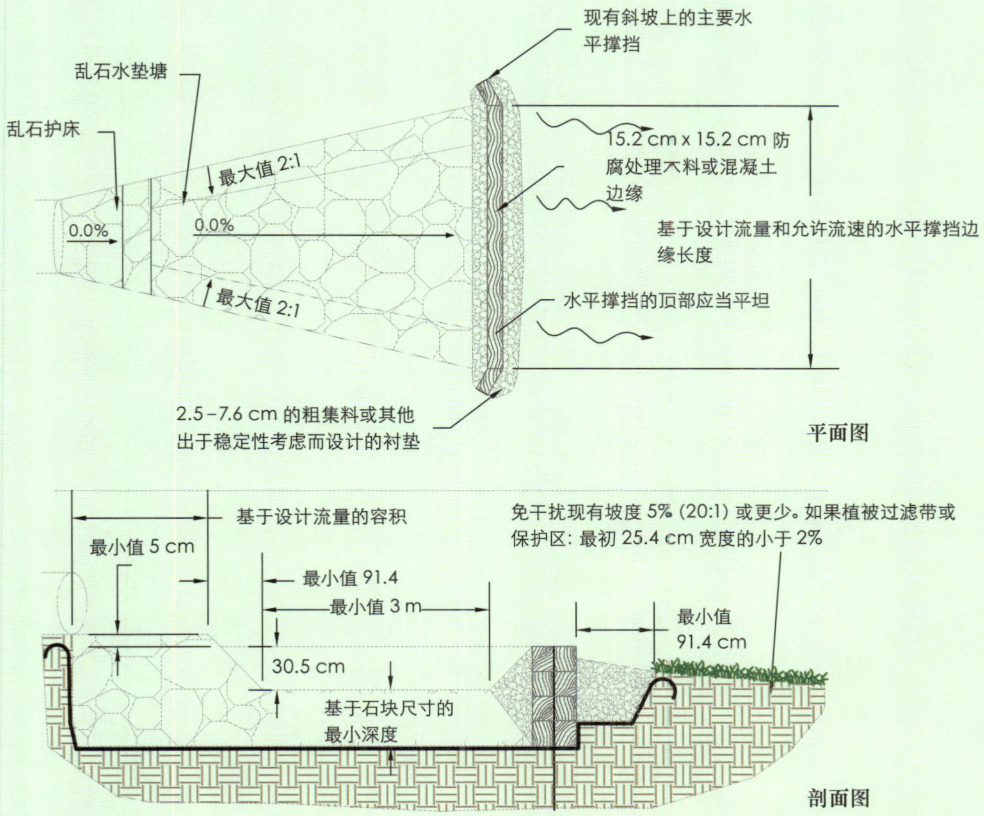

可行性标准与设计依据

植被过滤带和保护区可以应用于多数拥有足够可用植被区的场地。高渗透性土壤有益于减少更多的径流；同理，坡度较缓的斜坡也有助于提高植被过滤带和保护区的性能。可以在紧实土壤或中等土壤（水文 C 类土壤和 D 类土壤）中添加土壤改良剂，提高植被过滤带的性能。

此外，植被过滤带还非常适用于道路和公路等线性开发场地。

保护区

最为常见的保护区设计应用是那些在水文上与受保护的溪流缓冲区、湿地缓冲区、河漫滩、森林保护区或其他受保护土地有联系的场地。保护区是那些可以正常接收径流的溪流缓冲区“外带”的理想载体。在保护区外设置消能装置或流量扩展装置时应当小心。

设计人员可以将径流减少额度分配给那些在水文上有联系，并可借助满足下列合格标准的保护区进行有效处理的不透水表面或托管草坪：

• 建立保护区，对用于处理雨水径流的邻近受纳系统，例如溪流或天然河道的植被区进行保护。在项目开发场地上建立孤立的保护区可能无法实现目标，除非这些保护区可以有效地发挥"缓冲"作用，使地表径流进入受纳系统。因此，地方部门可能会选择制定关于最小保护面积（按照总面积或总项目场地）和实际位置（邻近溪流或其他标准）的目标，从而使累积保护区有资格获得一定的径流减少额度。
• 施工期间或施工后，保护区内可能不会出现较多的干扰情况（即除了偶发的公共设施建设、修复工程或有害植被管理等暂时的干扰之外，不允许出现空地和斜坡）。不得使保护区的表层土剥落。边界地带可能需要设置一定的坡度，此时可以使用履带车辆，以防止土壤压实。
• 施工图纸上应当清楚地显示出干扰范围，并使用符合要求的指示标识和侵蚀控制措施对干扰范围进行保护。
• 务必要准备一份长期的植被管理规划，用以对处于天然植被状态的保护区进行维护。通常情况下，保护区管理规划并不鼓励或是允许进行任何主动管理。尽管如此，还是应当制定一份具体的规划，用以管理被动性娱乐的非预期后果、控制入侵物种并为树木和下层植被提供维护，等等。虽然草坪区边缘非常适合设置保护区，但是托管草坪并不是植被管理的一种可接受形式，只有专属公园用地内的被动性娱乐区符合设置保护区的条件。
• 保护区务必要得到永久性地役权或使用限制权的保护。永久性地役权或使用限制权将指派责任方，以确保场地内不会出现未来开发、干扰或是开垦的情况。
• 那些对雨水径流输入量增加非常敏感的管辖湿地内不适合设置保护区（例如泥潭和沼泽）。

植被过滤带和保护区的主要可行性标准

可用空间

植被过滤带的空间要求会随着地面坡度的变化而变化，宽度范围从 10.7 米到 19.8 米（与流程平行）。作为径流减少措施使用的植被过滤带的宽度要小于那些用于主动施工场地的植被过滤带。由于泥砂负荷的预期较高，因此主动施工场地上的植被过滤带对宽度上的要求更多。在项目开发场地稳定、施工结束后，植被过滤带的宽度可以减少至指定宽度。

保护区的宽度同样会随着地面坡度的变化而变化，宽度范围从 10.7—15.2 米或更多。保护区的最大容许坡度和最大宽度要小于植被过滤带的最大容许坡度和最大宽度，这是由于保护区的植被多为木本植被，因而没有足够的表面覆盖来阻止土壤侵蚀。

当雨水径流以坡面径流的形式流入植被过滤带或保护区时，植被过滤带或保护区的长度（与流程垂直）通常与集水区的长度相同。当雨水径流以河道径流的形式流入植被过滤带或保护区时，水平撑挡会限定植被过滤带或保护区的最小设计长度。保护区的长度多以权能边界、河段或其他自然特征为基础。

植被过滤带和保护区通常会被应用到下面两类情况中：

• 将植被过滤带设置在目标排水区和雨水排水输送基础设施（管道或河道）之间的场地内部；
• 在雨水径流离开场地或排水沟进入场外输送系统时，那些植被过滤带或保护区可以发挥径流管理作用的场地周围。

典型的商业或工业用地内部可能没有足够的空间设置植被过滤带；停车岛、景观区及其他小块开放空间非常适合设置生物滞留池等基础设施；大型机构校园风格开发项目和大型住宅开发项目可以在场地拟建基础设施内设置植物过滤带和保护区。在进行初期场地评估时，设计人员应当将注意力放在土壤类型和坡度上。三项流域保护举措（保护生态敏感区；保护树木和其他植被；保护原有土壤）为植被过滤带和保护区确定优越的地理位置提供机会，而植被过滤带和保护区是兼具径流减少能力和污染物去除能力的便宜且有效的措施。

场地地势

那些地势起伏或平缓的场地适合设置植被过滤带和保护区。拟建植被过滤带的坡度可以根据植被过滤带或整体场地设计进行调整，坡度范围从 1% 到 8%（对植被过滤带进行相应的设计）。建议将人工植被过滤带的坡度设置为 1%，用以保证正压排水；如果地方规划审批机构允许，天然斜坡上的植被过滤带的坡度可以设置为 0.5%。任何情况下，最初 3 米的坡度都务必要≤ 2%，从而在径流流入植被过滤带时，适当地减缓径流速度。

保护区没有坡度（并且在施工期间不会受到任何影响），保护区的指定宽度由其现有宽度决定，坡度范围从 0.5% 到大约 6%（平均坡度）。同理，最初 3 米的坡度也要≤ 2%，以达到减缓径流速度的目的。出于对场地地势的考虑，可以将这 3 米的区域打造成与保护区梯度相反的过渡带，从而设置出必要的（相对平坦的）斜坡。没有坡度或是施工期间不会受到干扰的保护区确实是一个例外。

地下水位和基岩

只要不影响植被的生长和健康状况，植被过滤带和保护区便不会受到地下水位或基岩的限制。

土壤

除了填土之外，植被过滤带适用于各种土壤类型。而径流减少速率及相应的污染物去除量则取决于潜在的水文土壤类型（详见表 1.1—表 1.4）以及土壤是否接受堆肥改良模式。

集水区

植被过滤带和保护区的集水面积会受到最长流程长度的限制，而不会遍布整个场地（当场地全线或边界均设有植被过滤带时，线性排水区的总面积便不那么重要了）。径流一般易于在不透水表面 22.9 米的流程和透水表面 45.7 米的流程之后开始集中。径流集中时，径流的流速过快，除非安装工程水平撑挡或消能装置。否则，植被过滤带是无法对径流进行有效处理的。

水平撑挡（例如图 1.2 中的砾石横隔板）可以将径流平均分配给植被过滤带。

当场地内的现有径流集中时，应当借助浅草沟和水平撑挡将径流分散到植被过滤带或保护区内。

那些可以用作溪流缓冲带使用的保护区内设置有大片的集水区，因为溪流或缓冲带位于集水区的底部。径流通常会通过雨水沟或护面河道进入保护区，用以防止斜坡受到水流侵蚀。设计人员一定要有特别的设计考量，从而在尽可能宽广的范围内对径流进行分配。在对图 1.3—图 1.6 中所述的水平撑挡进行设计时，务必要参考管道或排水系统的设计流量。设计人员可以选择将管道或河道的流程与传统的出水渠道保护设施进行交换，然后将垂直于缓冲宽度的流程转变成没有坡度或坡度为 0.5% 的植被河道，并让下游河道边缘发挥水平撑挡的作用（图 1.3—图 1.5）。

热点区域土地使用

植被过滤带不得接收热点径流，因为径流可能会给植被带来压力，而渗透的径流也可能会造成地下水污染。

草坪区土地使用

托管草坪和运动场、高尔夫球场、公园用地、其他草坪区内的主动使用场地适合设置保护区和植被过滤带（需要一个适用于植被过滤带的养分管理规划对这些区域进行管理）。

河漫滩

河漫滩可以设置保护区。植被过滤带通常设置在河漫滩和缓冲区外面。

设计准则

在植被过滤带的设计过程（和保护区的筛选过程）中，集水区和先前指定径流接收区的几何结构（尺寸和坡度）这一设计环节相对简单。下面我们将对使用土壤改良剂提升贫瘠土壤性能、改善植被以及使用水平撑挡形成坡面漫流的几种补充设计元素进行论述。

土壤改良剂

堆肥土壤改良剂可以提升那些设置在水文 C 类土壤和 D 类土壤上的植被过滤带的径流减少能力，必要时，扰动水文 B 类土壤需要符合下面几项设计要求：

- 应当对植被过滤带内的土壤进行检测，用以确定拟定改良区内的施工前土壤性质（被证实为水文 B 类土壤的土壤无须进行改良——为了证实土壤的水文土壤类型，地方规划审批机构可能会要求进行场地测试，从而对未经改良土壤的径流减少额度进行核准）。除此之外，测试还可以证实或是指出潜在的排水问题，确定可能需要进行何种程度的土壤改良。
- 堆肥改良应当在整个植被过滤带内展开。
- 表 1.5 列出了获批堆肥材料的数量及堆肥材料的规定掺入深度。
- 将改良区耙平，在不使用大型施工设备的前提下尽可能地修设出平整的斜坡，并用多年生牧草和草本植物进行快速稳固。
- 如果坡度超过 3%，便需设置保护性可生物降解织物或衬垫，以在径流排放前对场地进行稳固。
- 在安装砾石横隔板和工程水平撑挡之前不得掺入堆肥改良剂。
- 除非设计人员可以提供扰动土壤类型、土壤质地及植被过滤带功能发挥的适宜性证明，否则，地方规划审批机构可能会要求对扰动水文 B 类土壤进行堆肥改良，从而使植被过滤带发挥作用。

表 1.5 / 确定堆肥和掺入深度的快捷方法

	不透水表面（IC）与土壤改良区域（SA）的面积比[1]			
	IC/SA = 0[2]	IC/SA = 0.5	IC/SA = 0.75	IC/SA = 1.0[3]
堆肥（厘米）[4]	10.2	15.2	20.3	25.4
掺入深度（厘米）	20.3	30.5	40.6	45.7—61
掺入方法	旋耕机	翻土机	深耕铲	深耕铲

其中：
C = 所需堆肥；
A = 土壤改良面积；
D = 添加堆肥的深度；
0.0031 = 单位换算系数。

1 IC = 不透水表面，SA= 堆肥改良表面。
2 对那些不接收场外径流的压实草坪进行改良。
3 通常情况下，应当避免出现 IC/SA 比大于 1 的情况。
4 添加堆肥的平均深度。

在得知土壤改良面积和深度后，设计人员便可借助美国堆肥委员会（TCC）研发的估算方法估算出所需堆肥的总量：
C = A x D x 0.0031

预处理区：横隔板、护堤和水平撑挡

砾石横隔板

接收坡面漫流的保护区和植被过滤带均需在斜坡顶部设置豆砾石横隔板。豆砾石横隔板是通过对植被过滤带顶部等高线上 0.6 米宽、3 米深的沟槽进行开凿而形成的。横隔板有两种用途。用途一是充当消能预处理设施使用，在泥砂颗粒进入措施前对其进行沉淀。用途二是充当水平撑挡使用，使坡面漫流以径流的形式流过植被过滤带。参考图 2.1。

• 径流需要越过不透水区，并以坡面漫流的形式进入植被过滤带，然后向砾石横隔板滴注 0.6—1.2 米的水量。滴注形式有助于防止径流沿着铺有砂砾和碎片的路面边缘进入植被过滤带（因而允许设置植被过滤带旁通管道）。
• 过滤织物层应当设置在砾石和下层土壤沟槽之间。
• 如果集水区的坡度陡峭（坡度≥ 6%），则需在横隔板中放置大一些的石块。
• 如果集水区内只有草皮（例如运动场），便无须设置横隔板。

工程水平撑挡

工程水平撑挡的设计应当符合这些准则的地方认可标准，用以确保非侵蚀性坡面漫流流入植被缓冲区。图 1.3、图 1.4 和图 1.5 展示的是水平撑挡的结构图。图 1.3 中还对一个将设计暴雨径流量转至水平撑挡的旁路结构进行了展示，这一结构可以将保护区或植被过滤带周围的暴雨事件产生的径流通过改造后的河道转至受纳系统。

替代性方案对原有方案进行了改良，让管道或河道在河漫滩或溪流缓冲区的近陆边缘排放径流。全部流量直接从消能装置和水平撑挡中穿过，这样一来，输送系统中的全部设计暴雨径流量（通常是 10 年一遇的暴雨）便可以坡面漫流的形式流过缓冲区。

图 1.3 至图 1.5 对工程水平撑挡的关键设计元素进行了介绍，其中包括下面几项元素：

• 高流量旁通管道可以为较大的设计暴雨径流量提供安全通道，使其流过植被过滤带。旁通管道应当容许大于水质设计流量的峰值流量通过。
• 前池的最大深度应当为 0.9 米，然后逐渐过渡到水平撑挡边缘 0.3 米的深度（图 1.3）。前池面积占不透水表面面积的 0.2%（如果集中径流从延时滞留池或类似措施的出口排出，便无须设置前池）。
• 水平撑挡的长度由过滤区的类型和设计径流决定：
  - 以 1 立方英尺 / 秒的流量向植被过滤带和生长有原生草种或茂密地被植物的保护区排放径流时，可以设置 4 米长的水平撑挡；

- 以 1 立方英尺 / 秒的流量向设置有树林或再造林缓冲带的保护区排放径流时，可以设置 12.2 米长的水平撑挡。
- 那些生长有草坪和树林（或再造林）的保护区，需要通过计算每种植被类型所需长度的加权平均数来确定水平撑挡的长度。
- 水平撑挡的最小长度为 4 米，最大长度为 40 米。

• 水平撑挡边缘应为混凝土、木材或是其他非侵蚀性材料筑成，并配以固定良好的桩基。

• 水平撑挡的末端应当与斜坡联系起来，以避免水平撑挡末端周围受到冲蚀；另外，设施简化可能会造成侵蚀。

• 水平边缘上游侧的水平撑挡槽宽度应为进水管直径的 3 倍，深度应为 22.9 厘米或管道直径的一半，取两者中数值较大的。

• 水平撑挡应当放置在上游天然坡度标高上方 7.6—15.2 厘米的位置，以避免草皮形成。为了防止坡度下降致使径流再次集中，应当在水平撑挡正下方，过滤织物下面，安装一块 0.9 米长的标准石，用以从水平撑挡过渡到天然坡度。

• 水平撑挡下坡被草木覆盖的受纳区必须能够抵挡装置边缘的流动力。可能有必要根据计算速度（即时系统峰值或转向非即时峰值）、材料规格以及与符合某些规则的播种和加固要求，使用临时性或永久性滚压侵蚀控制产品对受纳区进行稳固。

透水护堤

在对植被过滤带进行设计时，应当对植被过滤带坡脚的透水护堤加以考虑，用以修设出一个浅层积水区。径流在护堤后面蓄积成池，然后从护堤内的出水管或安装有多孔管的护堤内的砾石透镜体中流过。暴雨期间，径流可能会漫出护堤。透水护堤应当具备下面几项特性:

• 应当在护堤上游坡脚等高线平行处，开凿出一条深 15.2—30.5 厘米的宽浅沟槽。

• 护堤介质中应当含有 40% 的挖掘土壤、40% 的砂质土壤和 20% 的豆砾石。

• 应当将 15.2—30.5 厘米高的护堤设置在开凿坑的下坡，并为护堤设置平缓的边坡以便于杂草修剪。

• 可能需要在护堤顶部设置石块，以在特大暴雨来临时对护堤进行保护。

• 当植被过滤带作为另一种雨洪措施预处理区使用时，无须设置透水护堤。

输送与溢流

我们通常将植被过滤带和保护区视为即时措施。集水区在坡面漫流应用方面的限制会减少对暴雨输送和溢流预防措施的需求。而在需要将管道或河道中的径流转化为坡面漫流的情况中，可以通过使用与水平撑挡相连的导流结构将植被过滤带或保护区作为非即时措施使用。设计目标是防止输送系统设计暴雨径流量（通常是 10 年暴雨峰值速率）从措施中流出后冲刷河道或沟槽。图 1.3 是与水平撑挡相连的导流结构的平面图。

植被

保护区

保护区内不允许对原生植被进行修整和清理，除非符合入侵物种管理规划或植被改良计划的要求。用以维护植被覆盖健康状况的操作和管理规划通常是为房屋院落设计的，并由规划审批机构根据地役权状况和径流减少额度进行审批。

再造林保护区

某些场地的拟建溪流缓冲区或保护区可能铺设有草皮或草甸，或是入侵植物和藤本植物 泛滥成灾。在这种情况下，景观设计师或园艺师应当准备一份林地再造或修复方案。可以在整片场地内种植原生树木和灌木或是营造出从草皮到草甸、灌木和森林的过渡效果。建议种植深根性树木和灌木以最大限度地发挥土壤的渗透能力。附带幼苗的大型植株有助于快速培植，当然，还需要考虑植株的死亡率问题。大型树木的种植有一定的间距要求（7.6—12.2 米）。栽种地被植物或草本植物层以保证地表植被覆盖的快速形成。

植被过滤带

植被过滤带有种植密度的要求，第二个生长季时，草本植被覆盖率应当达到 90%。应该在过滤带上散播种子而不是直接铺以草皮，原因在于幼苗可以将根茎深深地扎入土壤，而草皮则可能粘有不利于渗透的腐殖土。过滤带植被可以由草皮、草甸、其他草本植物、灌木和树木组成，只要草本植被覆盖率可以达到 90% 即可。设计人员应当选择那些可以稳固土壤并且耐盐的植被。透水堤坝后面可能出现临时积水，因此，应当在过滤带脚坡栽种既能耐湿又能耐旱的植被。出于对漫滩和斜坡差异性的考虑，可以将植被区划分成多个区域。

指示标识

景观承包商可能不会注意到透水区中的特设过滤带，因此，指示标识也是一种重要的维护工具。很多预处理区洼地、植被过滤带及场地内的部分托管草坪都曾在景观承包商不知情的情况下被喷洒了农药和化肥，而在场地内安装指示标识可以避免此种情况发生。

保护区指示标识的设置是强制性的，以确保当前或未来的所有者注意到这一指示（除了声明所有权的相应法律文件之外）以及附带的操作和管理规划。

设计调整

喀斯特地质

强烈推荐在喀斯特地质区设置保护区，特别是需要将暴雨径流排放到喀斯特地质保护区外边界的情况。

植被过滤带可以处理来自小块不透水表面（例如面积 <465 平方米）的径流。

植被过滤带或保护区无法取代雨水排放受纳系统，除非设计充分性足够符合良好工程实践、喀斯特地质设计来源及地方规划审批机构的要求。

线性公路

如果公路的中央分离带或路肩能够满足流程需要，建议使用植被过滤带对公路径流进行处理。

雨水改造

植被过滤带和保护区是两种多功能改造措施。部分首要的改造注意事项对透水区当前的使用状况做出了解释，并决定着透水区是否能够重新成为径流管理措施。

2 不透水表面截离措施

概述

不透水表面截离措施需要在径流从不透水表面流入排水系统时，通过拦截、渗透、过滤、处理或再利用的方式对靠近源头的径流进行管理。截离措施可以用来减少进入合流或分流排污系统的径流量。

不透水表面截离措施的使用情况如下:

• 在各类使用过或未使用土壤改良剂的水文土壤类型（HSGs）上使用简单截离措施时，不透水表面截离措施可以对实地不透水表面的第一场 2.5 厘米降雨进行局部管理（详见表 2.1）。
• 可以减少污染物负荷，从而达到水质目标（最大日负荷总量）（详见表 2.2）；
• 改造现有开发场地。

下面介绍两种截离措施：

• 简单截离措施，设置在 557 平方米或更大地块（由当地情况决定）上，对屋顶和住宅区不透水表面与透水区或保护区的联系进行利用；
• 补偿截离措施，设置在简单截离措施无法使用或是需要更大径流量减少额度的区域。可以将补偿（微量）径流减少措施设置在紧邻屋顶落水管或不透水表面的区域。补偿截离措施的占地面积小于简单截离措施的占地面积，并可提高径流削减率。

补偿截离措施包括：

• 小型渗透措施（排水井或暗沟）；
• 利用雨水花园或植物池进行过滤或延时过滤；
• 用蓄水池或其他容器进行存储和再利用（雨水集蓄）。

两种截离措施均适用于住宅区项目或小型商业屋顶（在面积上与住宅区相似）。高不透水表面和商业化应用应使用本书中介绍的其他基础设施。表 1.2 和表 2.2 对两种截离措施的设计及相关的径流减少能力和污染物去除能力进行了介绍。

不透水表面截离措施设计方案和性能

表 2.1 介绍了简单截离措施和补偿截离措施的设计方案，以及它们在减少场地内 2.5 厘米降雨量产生的径流量时发挥的性能。表 2.2 以场地土壤类型为基础，总结了简单截离措施的污染物去除能力标准，旨在根据最大日负荷总量和流域规划对场地污染物负荷减少进行计算。补偿截离措施的能力标准会随着设计和场地状况的变化而变化。

不透水表面截离措施设计清单

设计清单将为设计人员在不透水表面截离措施的必要设计步骤方面提供帮助。

• 对项目场地的可行性进行核验：占地面积、土壤和坡度等；
• 确定简单截离措施是否适用于项目场地或是否确实需要设置补偿截离措施；
• 完成设计合规性电子表格，对简单截离措施或补偿截措施及是否需要根据场地的合规性要求使用附加措施进行规划和确认；
• 对截离措施分类指导进行验证，并确保场地内有足够的面积设置落水管或截离措施；
• 对设计调整是否适合项目场地进行核验；
• 根据设计准则和标准详图设计简单截离措施或补偿截离措施；
• 提供必要的平面图、侧面图和剖面图细部及立面图、材料规格、坡度和施工步骤及说明。

表 2.1 / 不透水表面截离措施：介绍及性能

水文土壤类型	介绍	应用领域[1]	性能[2]
A 类 / B 类	简单截离措施 • 各截离点屋顶的最大面积为 93 m^2 • 无屋顶不透水区的最长流程≤ 23 m • 截离区宽度大于等于 4.6 m，≤ 7.6 m • 截离区长度为 12.2 m^3 • 受纳透水区坡度≤ 2% 或是≤ 5%，并辅以草皮加固	• 住宅或小型商业屋顶或其他小块不透水表面 • 占地面积≥ 557.4 m^2（简单截离措施的建议占地面积，地方政府可以根据当地情况进行调整。小块土地还可与补偿截离措施分离）	每 9.3 m^2 的透水受纳区 0.11 m^3 的径流减少额度
C 类 / D 类	简单截离措施 • 设计准则同上	• 同上	每 9.3 m^2 的透水受纳区 0.06 m^3 的径流减少额度
C 类 / D 类	土壤改良剂[4] • 设计准则同上 • 透水受纳区的土壤需要按照设计规范进行改良	• 同上	每 9.3 m^2 的透水受纳区 0.11 m^3 的径流减少额度
任意土壤类型[4]	补偿截离措施[5] • 渗透措施 • 雨水花园 • 雨水集蓄	• 住宅或小型商业屋顶或其他小块不透水表面 • 土地面积可能有所变化[6]	相应变化[7]

1 截离措施适合设置在住宅区和商业 / 办公环境中的小块不透水区。
2 性能发挥以减少 2.5 厘米降雨量为标准。
3 截离受纳面积有限,因为额度是按照每 9.3 平方米的受纳面积进行衡量的。
4 参考土壤堆肥改良过滤道的简单截离措施
5 参考可行性设计标准、限制因素和补偿截离措施的设计元素。
6 小块土地上经常会设置补偿截离措施，因而没有空间设置简单截离措施或是土壤类型不适合设置简单截离措施。
7 补偿截离措施的径流减少性能额度会随着设计和场地状况的变化而变化。

表 2.2 / 不透水表面截离措施的总污染物负荷减少能力标准[1]

水文土壤类型	悬浮固体总量（*TSS*）	营养盐：总磷（*TP*）/ 总氮（*TN*）[2, 3]
A 类 & B 类	*TSS* = 75%	*TP* = 50% *TN* = 50%
C 类 & D 类	*TSS* = 63%	*TP* = 25% *TN* = 25%

1 补偿截离措施的能力标准会随着设计和场地状况的变化而变化。详见分类详图设计准则一节的内容。
2 总污染物负荷减少 = 径流减少和污染物去除的综合作用。污染物去除能力指的是污染物流过基础设施时的场次降雨污染物平均浓度（*EMC*）变化，污染物去除能力会受到处理过程的影响。
3 此时,可以用来将营养盐去除率分配给植物过滤带的监测数据并不充分。因此，植被过滤带的坡面漫流不会获得任何营养盐去除额度，仅配以适当的悬浮固体总量去除额度.营养盐负荷减少也只是一种径流减少能力。

标准详图

图 2.1 / 住宅屋顶的不透水表面截离方案实例：平面图

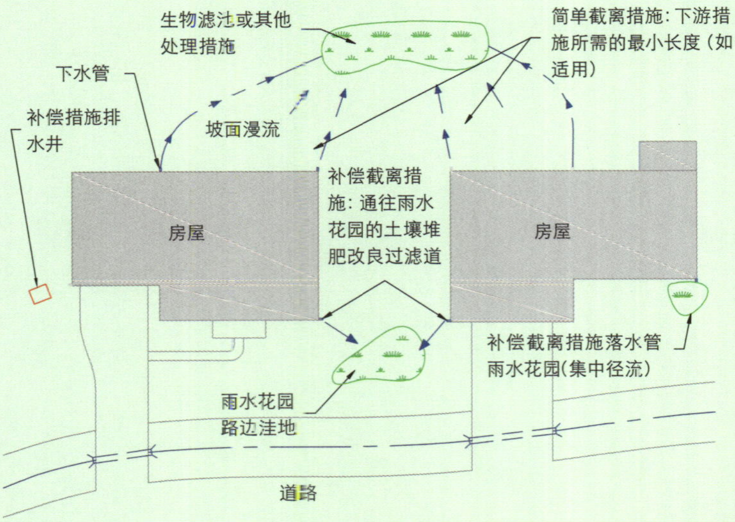

图 2.2 / 附带土壤堆肥改良过滤道的简单截离措施

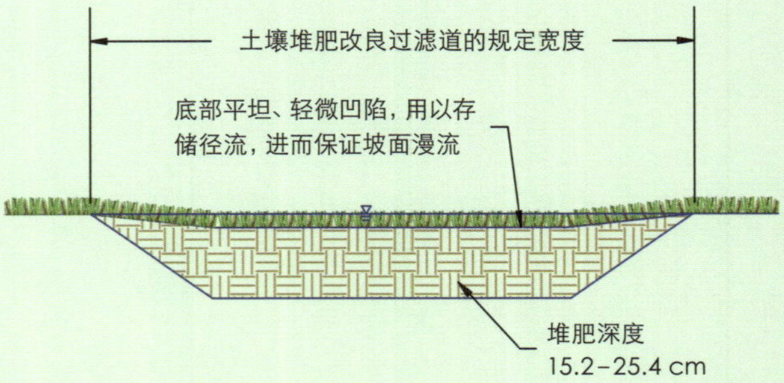

图 2.3 / 附带通往下游雨水花园的堆肥改良流程住宅截离措施实例

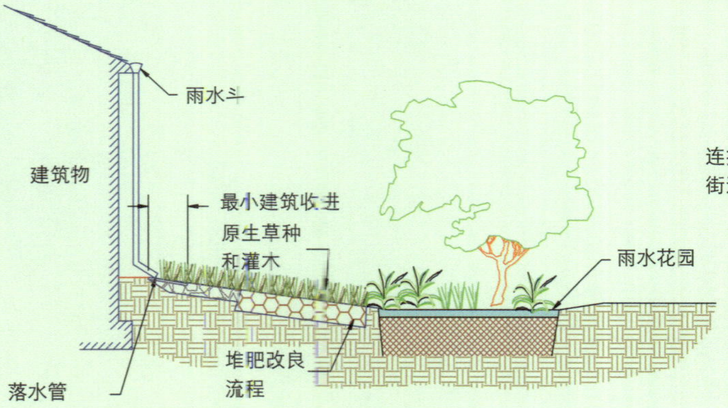

图 2.4 / 小块不透水表面截离：整合方式截离措施部分的实例

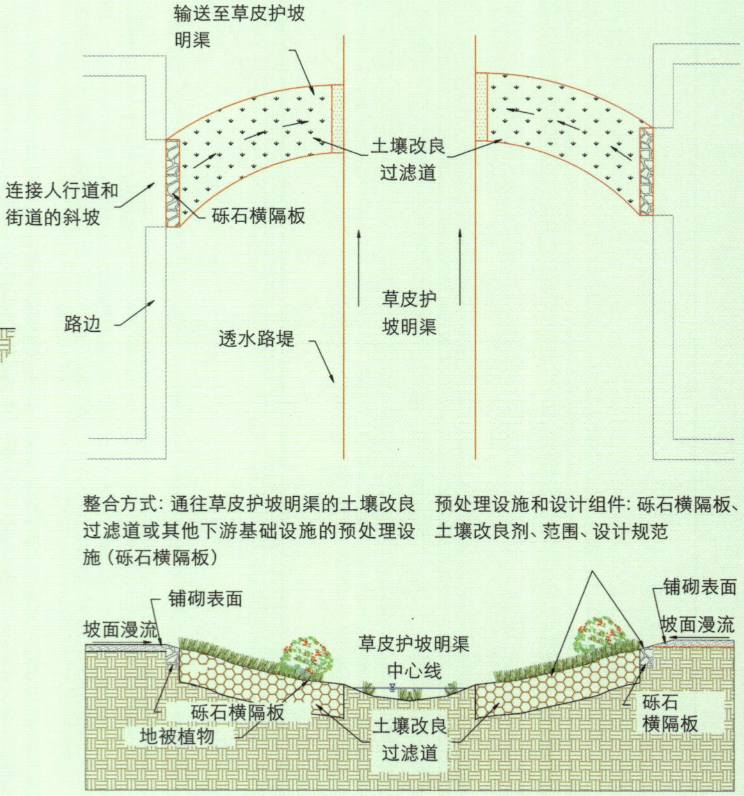

可行性标准与设计依据

不透水表面截离措施是独户住宅开发项目的理想选择。简单截离措施可以应用于私人住宅区内的雨水斗、私人车道及其他小块不透水表面。随着不透水表面整体密度和规模的逐渐增加，简单截离措施的实施难度也越来越大。商业、机构、市政和多户住宅开发项目场地内将会设置透水区；但是，简单截离措施的最大集水面积和各项设计要求常常会限制其在这些项目场地上的效能。

补偿截离措施旨在对常见于多户住宅和非住宅开发项目的可用空间或土壤的局限性问题进行解决。补偿截离措施的实施还有赖于相对简单的设计方案，设计方案会对穿过透水表面向下游措施流去的坡面漫流进行利用。而对于那些大块不透水表面（面积通常大于 232 平方米），设计人员可以使用本书中介绍的其他独立的设计规范。

本节内容对不透水表面截离措施的可行性标准与设计依据进行了介绍。

鼓励设计人员参考独立补偿截离措施可行性标准与设计依据一节的内容，以获取更为详细的信息：

- 渗透措施；
- 水质低洼地；
- 城市生物滞留池；
- 住宅区雨水花园；
- 雨水集蓄（蓄水池）。

简单截离措施的可行性标准与设计依据包括下面几个方面：

可用空间

虽然在小块土地(例如蓄水池、渗透区等)上使用径流减少补偿措施的可能性很大，但是简单截离措施通常不适合面积 <557 平方米的住宅区。可用截离区宽度至少为 4.6 米，长度至少为 12.2 米。截离宽度限制在 7.6 米。集中径流必须在截离区入口处借助水平撑挡转变成坡面漫流。

场地地势

简单截离措施最适合设置在坡度 >1%<5% 的受纳透水区或是坡度在 1%—5% 的阶地内。受纳区的斜坡务必要远离建筑地基。草坪加固材料可能包括可生物降解侵蚀控制草席或是其他经设计人员证实为可适应各项应用预期特性和流速，并经规划审批机关批准的非侵蚀性加固材料。

土壤和暗渠

不透水表面截离可以应用在任何施工后水文土壤类型上。而对于简单截离措施而言，受纳透水区的渗透性是径流减少能力得以发挥的一个重要因素。因此，水文A类土壤和B类土壤的年径流减少额度要高于水文C类土壤和D类土壤的年径流减少额度。水文C类土壤和D类土壤上的截离能力可以通过添加土壤改良剂（例如堆肥改良过滤道）或是补偿措施的方式得到改善（例如渗透措施、生物滞留池或蓄水池）。

性能额度取决于土壤类型；而额度是以水文A类土壤和B类土壤1.3厘米每小时的最小理论渗透率或过滤率为前提的。设计人员应当开展岩土工程勘察，从而对土壤类型和土壤侵蚀度进行核实。

集水区

在设有屋顶的不透水区，每个截离措施需要处理的最大不透水面积不得超过93平方米。在未设屋顶的不透水区，集水不透水面积的最长流程不得超过23米。

热点区域土地使用

潜在或经过确认的热点区域不应使用简单截离措施。但是，截离措施可以用于场地内的“非热点区域”；例如，可以将屋顶径流和小型停车场与透水区分开，使用更为合适的热点措施对车辆维护区域或其他雨水热点源头进行处理。

河漫滩

溪流缓冲区及其他与河漫滩联系在一起的透水区不应在没有获得地方规划审批机构事先批准的情况下发挥截离作用。

建筑收进

如果受纳区的坡度小于1%，必须将落水管设置在建筑1.5米开外的区域。需要注意的是，1.5米的落水管延伸是专门为简单地基结构设计的。靠近掩埋式地下室或竣工楼面的排水井或暗沟的设计要合理，并要与建筑防水系统（基础排水等）的设计相协调或是彻底避开掩埋式地下室或竣工楼面。

靠近公共设施

应当尽可能地避免干扰地下公共设施，尤其是给水管道和污水管道。集水面积有限、截离区内的斜坡不断，尽管如此，地下公共设施的存在也不应妨碍措施的使用。既然无法避免与住宅区内的给水管道和污水管道（例如房屋连接管）发生冲突，那么便需要对施工顺序加以考虑，用以确保在安装好贯穿流程的公共设施之后，截离流程依然稳固。

社会因素

简单截离措施是一种利用周围景观减少不透水表面影响的安全、简易方法。这种措施非常精细,因此,业主必须对措施的所在位置进行详细了解。补偿截离措施(例如蓄水池或雨水花园截离措施) 更为明显, 并具有额外的美学和教育社会效益。

地下灌注许可

当补偿措施紧邻地下水敏感区 (例如覆有稀薄、疏松土壤的含水层) 或是深于最宽表面维度的设计时, 某些补偿措施, 特别是渗透措施, 可能需要考量。

设计准则

以下设计准则对简单截离措施和补偿截离措施均适用:

简单截离措施

应当根据以下设计准则对简单截离措施进行设计:

表 2.3 / 简单截离措施

设计要素	设计准则
需要处理的不透水面积	• 设有屋顶的不透水区：每个截离措施需要处理的不透水面积为 93 m^2 • 未设屋顶的不透水区：集水不透水面积的最长流程不得超过 22.9 m
尺寸标准 / 几何结构	• 透水截离区宽度：>4.6 m<7.6 m • 透水截离区长度：12.2 m
坡度	• ⩽ 2% • ⩽ 5% , 并辅以草皮加固 • 受纳区的斜坡务必要远离建筑地基
流量	• 借助水平撑挡转变成横贯透水区的坡面漫流
预处理区	• 通常不需要简单截离措施（不同于水平撑挡）
最小土壤渗透率	• 简单截离措施 1.3 cm/hr.（或者使用补偿截离措施）
建筑收进	• 如果受纳区的坡度小于 1%，必须将落水管设置在建筑 1.5 m 开外的区域
暗渠	• 简单截离措施通常不需要
防渗层	• 简单截离措施通常不需要

水平撑挡

水平撑挡的作用在于分散植被透水区内的集中径流，促进径流渗透、减少侵蚀。水平撑挡包含一个构筑在横穿斜坡 0% 坡度上的永久性线性结构。务必要将流入的集中径流分散到透水区各处。

- 水平撑挡所需的最小宽度应当等于截离流程的宽度。
- 豆砾石或河石横隔板、混凝土、木材或是其他被认可的径流分散装置应当安装在落水管出口上，用以将径流均匀地分散在过滤道上。

输送

简单截离措施的设计应当考虑在不引发侵蚀的情况下将设计暴雨和暴雨安全地输送至受纳区。屋顶排水系统（屋顶落水管）通常会限制流量，因此并没有制定与设计暴雨或高峰流速有关的具体输送标准。

带状地带应当设置足够的“出水高度”，以便径流可以留在带状地带内。这意味着，带状地带的地势应低于周边区域，以使径流留在过滤道内。同理，过滤带的流道应当平坦，以防止径流在过滤道中间汇集。

景观美化

简单截离措施透水区的景观美化过程要求根据场地状况指定一种适合的草种。一定要保持所有受纳截离区的稳定性，以防止受纳措施或排水系统受到泥砂侵蚀或是让泥砂进入受纳措施或排水系统。

土壤堆肥改良过滤道简单截离措施

土壤堆肥改良过滤道简单截离措施透水区应当符合表 2.3 中的设计准则及下列设计准侧：

- 大片截离透水区内的改良过滤道宽度至少为 3 米，长度至少为 6 米。
- 简易水平撑挡装置（例如石头护坡和砾石横隔板）应当安装在落水管出口上，用以将径流均匀地分散在过滤道上。
- 将 5—10 厘米的获批堆肥材料掺入过滤道 15—25 厘米深度处。

补偿截离措施：渗透措施

根据土壤特性，屋顶径流可能会渗入浅层排水井或暗沟。补偿截离措施的设计应当符合渗透措施的要求。表 2.4 对渗透措施进行了总结。需要注意的是，1.5 米的建筑收进是专门为简单地基结构设计的。靠近掩埋式地下室或竣工楼面的排水井或暗沟的设计要合理，并要与建筑防水系统（基础排水等）的设计相协调或是彻底避开掩埋式地下室或竣工楼面。

表 2.4 / 补偿截离措施：渗透措施

设计要素	渗透措施设计
需要处理的屋顶面积	23.3—232.3 m^2
标准措施	排水井或暗沟
建议最大深度	91.4 cm
尺寸标准	详见渗透设施一节的内容
最小土壤渗透率	现场验证大于 1.3 cm/hr.
观测井	无
预处理区	外部（叶片过滤网草带等等）
地下灌注控制许可	可行 [1]
水位差要求	30.5—91.4 cm
必要的土壤测试	每项措施一次
建筑收进	下坡 1.5 m^2，上坡 7.6 m

1 渗透措施的宽度要大于其深度，以规避各地的地下灌注控制许可。
2 需要注意的是，1.5 米的建筑收进是专门为简单地基结构设计的。靠近掩埋式地下室或竣工楼面的排水井或暗沟的设计要合理，并要与建筑防水系统（基础排水等）的设计相协调或是彻底避开掩埋式地下室或竣工楼面。

通常情况下，微渗透区需要一块占集水屋顶面积 3% 的表面面积。需要进行现场土壤测试以确定土壤是否适合渗透。建议将微渗透设施设置在扩展公路用地或雨水便利设施内，以便于维护使用。

输送

当降雨量超出设计容积时，渗透截离措施应当让径流从渗透措施周围的旁通管道中流过。相邻透水区的设计应当考虑在不引发侵蚀的情况下将设计暴雨和暴雨安全地输送至受纳区。屋顶排水系统（屋顶落水管）通常会限制流量，因此并没有制定与设计暴雨或高峰流速有关的具体输送标准。

景观美化

渗透区的景观美化过程包括铺设一层表层土和草皮。草皮设计元素的渗透将覆盖渗透措施的顶部。

补偿截离措施：生物滞留池（住宅区雨水花园和城市生物滞留池）

对住宅区而言，前院、侧院和后院的雨水花园可能是一个用来过滤屋顶径流的美观选择（图 2.1—图 2.3）。集水面积有限，因此，“住宅区雨水花园”一词通常适用于不太严谨的设计规范要求。如遇多个建筑结构向公共雨水花园中排水或是排水面积超过下文提到最大值的情况，便需实施生物滞留池的设计准则。

雨水花园中的生物滞留池也可以对屋顶径流，特别是超级城市内的屋顶径流进行截离和处理。两项措施的设计应当符合要求生物滞留池一章的内容和表 2.5 中总结的设计准则。

表 2.5 / 住宅区雨水花园截离措施设计准则

设计要素	住宅区雨水花园设计
需要处理的不透水面积	232.3 m^3
流量类型	坡面漫流 用水平撑挡或消能装置进行处理的集中径流
最小土壤渗透率	1.3 cm/hr.（或者使用暗渠）
观测井 / 清洗管道	无
预处理区	消能装置、前池、草坪过滤
暗渠	根据土壤类型进行选择（参考生物滞留池一节的内容）
防渗层	热点区域、喀斯特地质区或靠近地基处需要铺设
砾石层	30.5 cm
过滤介质最小厚度	45.7 cm
介质源	可以固定在现场
水位差要求	30.5—91.4 cm
尺寸标准	详见生物滞留池一节的内容
必要的土壤碎屑采集	一次，只能在暗渠不再使用时采集
建筑收进	下坡 1.5 m，上坡 7.6 m（或者使用植物池防渗层）

输送

当降雨量超出设计容积时，雨水花园截离措施应当让径流从措施周围的旁通管道中流过。相邻透水区的设计应当考虑在不引发侵蚀的情况下将设计暴雨和暴雨安全地输送至受纳区。屋顶排水系统（屋顶落水管）通常会限制流量，因此并没有制定与设计暴雨或高峰流速有关的具体输送标准。

用蓄水池或雨水槽进行存储和再利用

此种截离形式一定要符合雨水集蓄一节中概括的设计要求。蓄水池或雨水槽的径流削减率取决于它们的存储能力及在暴雨间隙中将雨水再利用为饮用水、灰水或灌溉用水的能力。可以通过设计年降雨量和景观灌溉、内部非饮用使用等雨水的预期用途来确定特定设计的实际径流削减率。

预处理区

雨水集蓄系统的预处理区对清除内部组件里的碎屑来说至关重要。设计初期阶段便应对外部叶片过滤网、初期冲刷分流器及其他选择项目加以考虑。

输送和溢流

可以根据雨水集蓄一节的内容对雨水集蓄系统进行设计。所有装置均应配以合适的溢水区，用以将溢流引入下一个处理设施或雨水输送系统。

设计调整

喀斯特地质

强烈推荐为面积大于 557 平方米的住宅区设置不透水表面截离措施。如果不透水表面截离措施可以与次级小规模（补偿）措施结合使用以增加径流减少量，则更应设置不透水表面截离措施。截离措施的排放点应当设置在建筑地基 4.6 米开外的区域。此外，不大可能成为雨水热点区域的商业场所也建议设置不透水表面截离措施。

陡坡

简单截离措施并不适合设置在陡坡上。而阶梯状坡地却可以为简单截离措施或补偿截离措施提供小块场地或是相对平坦的场地。具体操作请参考独立措施设计规范要求中的设计调整。

雨水改造

简单截离措施是一种现场改造技术，其目标在于对给定流域内尽可能多的屋顶和住宅区不透水表面进行系统改造。而可用空间、土壤渗透性和土壤紧实度也是改造时需要考虑的一些主要因素。

3 生物滞留池

概述

生物滞留池是一种灵活多用的雨洪措施，可以通过植物、工程混合土壤和暗渠对滤径流进行过滤。生物滞留池可以用来：

• 在使用不含暗渠的渗透设计时，对场地内第一场 2.5 厘米的降雨进行管理（详见表 3.1，二级设计）；
• 在使用带有暗渠的延时过滤设计时，对场地内第一场 2.5 厘米的降雨进行管理（详见表 3.1，二级设计）；
• 在使用带有暗渠的基础设计时，对场地内第一场 2.5 厘米的降雨进行局部管理（详见表 3.1，二级设计）；
• 减少污染物负荷以达到水质目标 [最大日负荷总量（详见表 3.2）]；

• 符合地方雨水滞留标准的部分或全部存储要求；
• 对现有开发区进行改造，不透水区生物滞留池可以与场地内景观设计融合。

“生物滞留池”适用于多种形态和结构的平底槽。这节内容的补充说明将介绍基本生物滞留池概念的其他变形。

• 水质低洼地：线性、狭窄的应用场地，常常带有纵坡。
• 城市生物滞留池：适用于不透水环境；包括街道生物滞留池、工程树坑和雨洪植物池。
• 住宅区雨水花园：为住宅庭院和小块应用场地设计的简化版本。

表 3.1 和表 3.2 对生物滞留池的设计及及相关的径流减少能力和污染物去除能力进行了介绍。

图 3.1
生物滞留措施被广泛地应用于现代景观设计中。我们可以在“案例研究”部分找到一些功能性与美观性兼具的案例。例如，曼谷挽赐园区暹罗水泥集团一百周年建筑项目的生物滞留池（详见108页）被设置在原有水渠和蓄水池之间，用以将其它两项雨洪措施连接起来，这样不仅可以净化水流，还可以为项目场地提供生长有多种植物的漂亮的水景设施。

图 3.2
在 Hive Worcester 图书馆项目（详见 132 页）的景观设计中，浸水草甸可以充当生物滞留措施使用，利用苇丛河滩对雨水和地表水进行过滤，并可与建筑环境保护工程一同发挥效用。

生物滞留池设计方案和性能

表 3.1 对生物滞留池的一级与二级设计方案及其减少场地内 2.5 厘米降雨事件所产生径流的性能进行了介绍。表 3.2 对一级与二级设计的污染物去除能力标准进行了总结。污染物去除能力标准可供我们在最大日负荷总量和流域规划范围内计算场地污染物负荷减少量时使用。

表 3.1 / 生物滞留池设计层级：介绍及性能

设计层级	介绍	应用领域	性能[1]
一级	**基础设计**（详见图 3.3） • 设置暗渠 • 土壤介质的厚度≥ 45.7 cm，<61 cm。暗渠管道下方不设渗透池	有垂直限制的场地，例如基岩高、地下水位高、已被证实的喀斯特地质区、雨水热点区域及其他需要不透水衬垫的应用领域	生物滞留池的设计容积减少 60%[2]
二级	**渗透设计**（详见图 3.4） • 不设暗渠 • 积水会在 48 小时内渗入下层土壤 ---------- 或 ---------- **延时过滤设计**（详见图 3.5、图 3.6 和图 3.7） • 设置暗渠 • 土壤介质的厚度至少为 61 cm ---------- 或 ---------- • 土壤介质的厚度至少为 45.7 cm，并在暗渠下方设置石井，以在 48 小时内排干适宜土壤（例如，有填充物的限制）中的积水或是拐弯处翻过来的暗渠设计	通常情况下，多数利于边缘渗透的场地——水文 A 类、B 类、C 类土壤无须设置不透水垫层。渗透率大于 1.3 cm/hr. 的场地需要采用渗透设计，其他场地需要采用延时过滤设计	生物滞留池的设计容积减少 100%[2]

1 性能发挥以减少 2.5 厘米降雨量为标准。
2 设计容积包含地表、土壤介质和渗透池存储量。与其他措施共同作用时，设计容积可以满足集水区（“目标处理量”）2.5 厘米性能标准的全部或部分要求。

表 3.2 / 一级与二级设计的总污染物负荷减少能力标准

设计层级	悬浮固体总量（*TSS*）[1]	营养盐：总磷（*TP*）/ 总氮（*TN*）[1]
一级	*TSS* = 70%	*TP* = 55% *TN* = 64%
二级	*TSS* = 95%	*TP* = 90% *TN* = 92%

1 总污染物负荷减少 = 径流减少和污染物去除的综合作用。污染物去除能力指的是污染物流过基础设施时的场次降雨污染物平均浓度变化，污染物去除能力会受到处理过程的影响。

生物滞留池设计清单

这一设计清单将为设计人员在生物滞留池的必要设计步骤方面提供帮助。

• 对项目场地的可行性进行核验。
• 确定渗透设计或延时过滤设计是否适用于项目场地。使用二级设计，除非场地制约因素要求使用一级基础设计。
• 完成设计合规性电子表格，对所需的生物滞留池尺寸、是否需要使用附加措施和场地的合规性进行规划和确认。
• 对生物滞留池分类指导进行验证，并确保场地内有足够的面积（常被分成多个区域）设置生物滞留池。
• 对设计调整是否适合项目场地进行核验。
• 根据设计准则和标准详图设计生物滞留池。
• 提供必要的平面图、侧面图和剖面图细部及立面图、材料规格、坡度和施工步骤及说明。

标准详图

图 3.3 / 一级设计标准详图

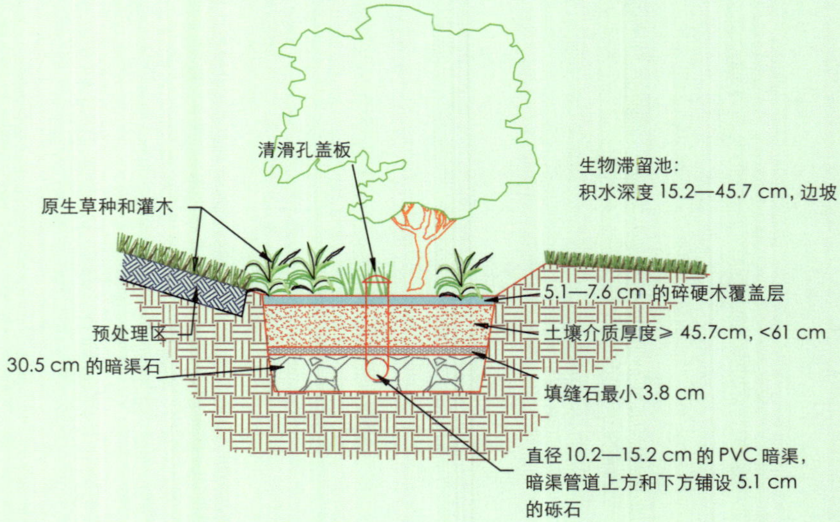

图 3.4 / 二级渗透设计（无暗渠）标准详图

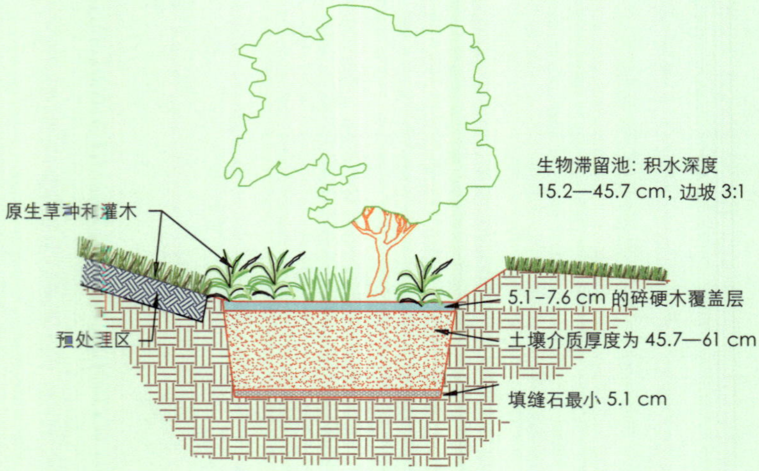

图 3.5 / 二级延时过滤设计标准详图，方案 1（土壤介质最小 61 cm）

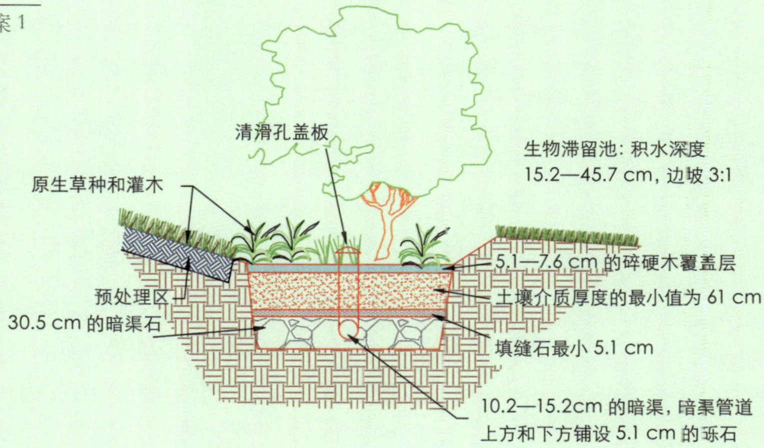

图 3.6 / 二级延时过滤设计标准详图，方案 2（土壤介质最小 45.7 cm，并配以石槽）

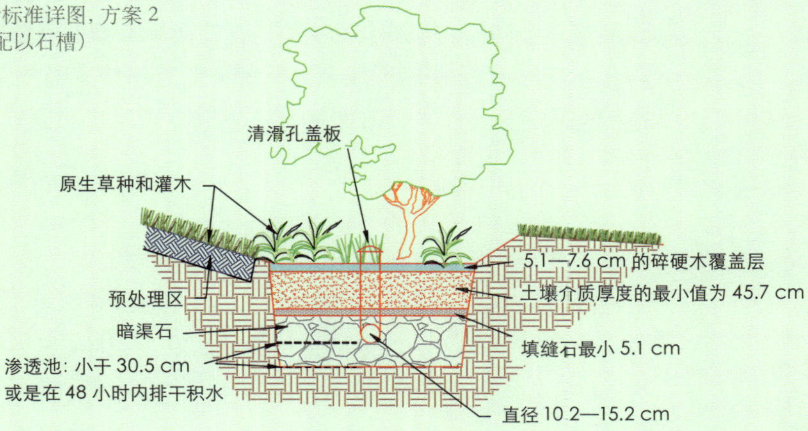

图 3.7 / 二级延时过滤设计标准详图，方案 3（土壤介质最小 45.7 cm，并配以弯头朝上的暗渠设计）

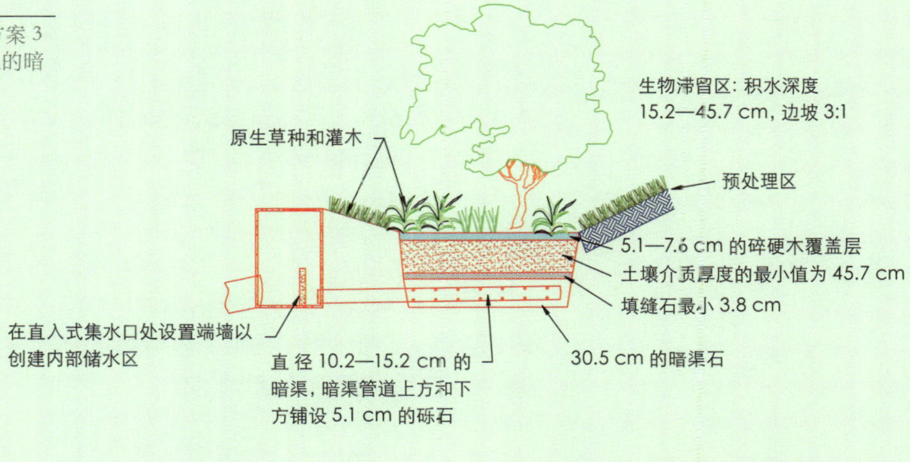

可行性标准与设计依据

径流只是从工程土壤滤床中经过，并通过暗渠渗入或返回雨洪系统，因此，生物滞留池适用于多数土壤或地势。生物滞留池设置的主要限制因素包括：

可用空间

规划人员和设计人员可以根据集水区（CDA）与相应所需的表面面积之间的简单关系对生物滞留池使用的可行性进行评估。生物滞留池的表面面积通常约占集水区的 3%—6%，这取决于集水区的防渗性和生物滞留池的预定积水深度。

场地地势

生物滞留池可以设置在地势状况多变的场地内。当紧邻生物滞留池（4.6—6.1 米以内）区域的坡度大于 1% 小于 5% 时，最适合设置生物滞留池。对于那些坡度较陡的场地，可将生物滞留池分成多个单元，并在各单元之间设置合适的输送媒介，用以对挖土截面（而不是填充物）中的相对平坦区域进行充分利用。

有效水位差

雨洪措施会向输送系统排放径流（即底面标高需要将生物滞留区暗渠嵌入暴雨排水系统），而生物滞留池会受到现有输送系统闸槛的限制。通常情况下，需要在闸槛上方留出 1.2—1.5 米的高度以满足积水和过滤介质厚度的要求。对于渗透设计来说，有效水位差不那么重要。

地下水位

生物滞留池应当与地下水位保持一定的距离以确保地下水不会流入滤水池。水流混合会造成地下水污染或生物滞留池设施损坏。生物滞留池底部与季节性高地下水位之间应当保持 0.6 米的距离。

土壤和暗渠

虽然土壤状况会影响暗渠的设置，但却不会影响生物滞留池的使用。如果下层土壤的测量渗透率小于 1.3 厘米 / 小时，便需设置暗渠。在对不设暗渠和集水面积大于 0.2 公顷的生物滞留池进行设计时，设计人员可以使用场地土质测试方法对土壤渗透率进行核验。

集水区

当径流从各处注入滤水池时，生物滞留池单元与小片集水区配合使用可以发挥最佳效果。传统生物滞留池的标准集水面积为 0.04—1 公顷，并铺设 100% 的不透水表面。小型生物滞留池（城市生物滞留池、住宅区雨水花园）的集水面积一般为 0.2—0.4 公顷。

热点区域土地使用

当生物滞留池用于接收未经处理的雨水热点径流时，一定要安装不透水底部衬垫和暗渠系统（例如车辆维护设施）。另外，生物滞留池还可以用于场地内的“非热点区域”；例如，屋顶径流可以流入生物滞留池，而车辆维护区域则可使用更为合适的热点措施进行处理。

河漫滩

除非地方政府批准豁免，否则，应当将生物滞留区修设在拥有百年历史的河漫滩界限之外。

不接收灌溉用水或底流

生物滞留区不应接收底流、灌溉用水、含氯洗涤水或其他非雨水径流。

建筑收进

为了避免渗漏，生物滞留区不得在水力上与建筑地基有联系。建筑收进程度会随着生物滞留池尺寸的变化而变化：

• 0—0.2 公顷的集水区，如果位于建筑下坡，建筑收进 3 米；如果位于建筑上坡，建筑收进 15 米。
• 0.2—1 公顷的集水区，如果位于建筑下坡，建筑收进 7.6 米；如果位于建筑上坡，建筑收进 30 米。

安装了不透水底部衬垫和暗渠系统的城市生物滞留池（例如雨洪植物池）和住宅区雨水花园没有建筑收进的要求。如果生物滞留措施安装有衬垫，则应将其设置在供水井（15 米）水平距离 30 米开外的区域。

靠近公共设施

应当尽可能地避免干扰地下公共设施，尤其是给水管道和污水管道。如果公用事业管线将会位于生物滞留区下方或是会从生物滞留区穿过，则需获得公用事业公司或机构的许可。既然无法避免与住宅区内的给水管道和污水管道（例如房屋连接管）发生冲突，那么便需要对施工顺序加以考虑，以确保不会影响现有设施的使用。除此之外，设计人员还应确保生物滞留区树木未来的生长不会影响高架电缆的使用。

社会因素

可以将生物滞留池设计成安全、美观的措施。如果将生物滞留池设置在人流量大的区域。醒目的区域、住宅或商业区或是关注安全的区域，则应当将积水深度限制在 15—30 厘米。

设计准则

为水质改善与降低流量制定的生物滞留池标准

生物滞留池标准的制定包括四个基本环节：

环节 1. 地表积水容量：设置足够的地表积水容量以拦截足够的径流，并让径流通过土壤介质得到过滤；

环节 2. 土壤介质和暗渠砾石层: 设置适当的表面面积及土壤介质和砾石层深度。土壤介质的作用在于拦截和过滤径流，而砾石层的作用在于保护暗渠（如有）或下层土壤（如有）的渗透能力。
环节 3. 核实总设计容积: 对地表积水容量、土壤介质和砾石层的组合是否足够设计容积管理之用进行核实。
环节 4. 其他设计要点: 提供适当的预处理区、水流几何形态及其他设计要点以确保系统的长期性能。

一级或二级设计的选择决定了基本环节中阐述的目标标准。鼓励设计人员对本节内容中介绍的可行性标准与设计依据进行审核，从而就可能存在的场地制约因素方面优化系统性能。

环节 1. **地表积水容量**

生物滞留池所需的地表积水容量是地表积水深度与预期设计容积的函数。地表蓄水量要求如下:

- 如果积水深度小于 0.3 米，地表蓄水量应至少占措施内所需总设计容积的 50%;
- 如果积水深度等于 0.3 米或大于 0.3 米（最大值 43 厘米），地表需水量应至少占总设计容积的 70%。

如果有额外的存储要求，可以将积水表面面积设置得更大一些。地表蓄水量最低要求是拦截预期暴雨强度所产生的 2.5 厘米径流量。根据大西洋中部地区的雨量分布特征，可将降雨分成两个类型: 短时强降雨和长时低强度降雨。高强度降雨期间，生物滞留池装满雨水的速度要快于聚集雨水通过土壤介质得到过滤的速度。另外，覆盖物表层和土壤介质的渗透系数会随着措施维护周期的变化而变化。因此，必须设置足够的积水容量，让径流在绕过或溢出地表蓄水系统之前通过土壤介质得到过滤。如果地表蓄水要求影响了生物滞留池的正常使用，地方政府可以对地表蓄水量进行调整或是将地表蓄水要求减少 50% 或 70%。在这种情况下，建议进行下列设计调整:

- 排水面积不得大于 0.3 公顷;
- 可以在附加积水面积上增设植被或景观。

环节 2. **土壤介质和暗渠砾石层**

土壤介质和砾石层可以在孔隙内留出必要的剩余存储空间，用以对设计容积进行管理。在对两种构件进行设计时，需要对表面面积和深度加以考虑。两种构件的深度会发生变化; 另外，在对一级或二级设计进行选择时，还需提供土壤介质和砾石层的最小厚度，用以达到相应的流量减少额度。参考表 3.1 中的一级与二级标准。两种构件的表面面积也会发生变化。土壤介质最小表面面积与环节 1 中描述的积水容量表面面积之间存在设计关系。按照下列指导原则，积水表面面积可能大于土壤介质表面面积：

• 如果积水深度小于 0.3 米，积水表面面积可以超过土壤介质表面面积的 50%；
• 如果积水深度等于 0.3 米或大于 0.3 米（最大值 0.5 米），积水表面面积可以超过土壤介质表面面积的 25%。

这些指导原则旨在确保土层为设计积水容量提供足够的水力负荷容量。表 3.3 对表面面积标准进行了总结，图 3.8 以图形的形式对附加积水面积进行说明。

在对地表积水容量进行测定时，应当对地表边坡加以考虑，可以用公式 3.1 进行计算：

$$\text{Surface ponding volume} = (SA_{avg\text{-}ponding} \times d_{ponding})$$

公式 3.1 生物滞留池地表积水容量

其中：
Surface ponding volume = 土壤介质层上方的存储容量（立方英尺）；
$SA_{avg-ponding}$= 措施的平均积水表面面积（平方英尺）= 0.5 x[（积水容量顶表面面积）+（积水容量的底表面面积）]；
$d_{ponding}$ = 措施的最大积水深度（英尺）。

表 3.3 / 最大积水表面面积与土壤介质表面面积比[1]

地表积水容量	地表积水深度（英尺）	表面面积最大比
至少占设计容积的 50%	＜ 1	1.5
至少占设计容积的 70%	⩾ 1	1.25

1 定义为积水深度底部测量的积水表面面积与土壤介质顶部测量的土壤介质表面面积比。

图 3.8 / 设有附加积水面积的生物滞留池标准剖面图

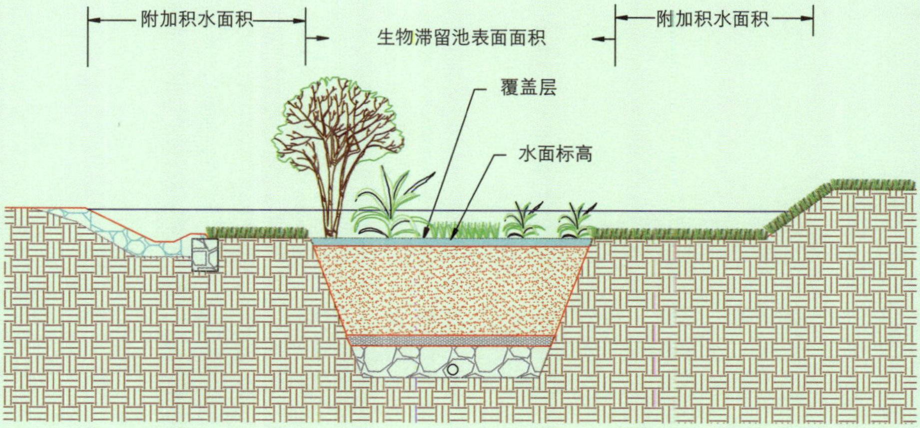

环节 3. 核实总设计容积

设计人员应当对地表积水容量、土壤介质和砾石层的组合是否足够设计容积管理之用进行核实。土壤介质和砾石层的存储空间位于孔隙之中，简称孔隙度（η）。下面是各种存储构件的孔隙度值：

Surface ponding $= \eta_{ponding} = 1.0$

Soil media $= \eta_{media} = 0.25$

Underdrain gravel $= \eta_{gravel} = 0.40$

$$Dv_{practice} = SA_{bottom} \times [(d_{media} \times \eta_{media}) + (d_{gravel} \times \eta_{gravel})] + (SA_{avg-ponding} \times d_{ponding})$$

公式 3.2 生物滞留池设计容积

其中：
$Dv_{practice}$ = 措施的总设计存储容量（立方英尺）；
SA_{bottom} = 措施的底表面面积（平方英尺）；
d_{media} = 土壤过滤介质的深度（英尺）；
η_{media} = 土壤过滤介质的有效孔隙度（通常为 0.25）；
d_{gravel} = 暗渠和地下存储砾石层的深度（英尺）；
η_{gravel} = 砾石层的有效孔隙度（通常为 0.40）；
$SA_{avg-ponding}$ = 措施的平均积水表面面积（平方英尺）；
$d_{ponding}$ = 措施的最大积水深度（英尺）。

注意：
一级设计（暗渠和渗透池），一定要将砾石层设置在暗渠之上以将其算作可用存储空间。可以对积水、介质和砾石的深度进行评估以提供必要的存储容量。

公式 3.2 的算法相对保守，因为这种算法的前提是不存在地下边坡。如果岩土工程评估确定，边坡的存在对于挖掘或长期稳定性来说是必须的，则可以对公式 3.2 进行调整，让各构件层的平均表面面积参与运算：

$$Sv_{practice} = [(SA_{avg-media} \times d_{media} \times n_{media}) + (SA_{avg-gravel} \times d_{gravel} \times n_{gravel}) + (SA_{avg-ponding} \times d_{ponding})]$$

公式 3.3 设有地下边坡生物滞留池设计存储容量

环节 4. 其他设计要点

这节内容介绍了生物滞留池的其他设计要点（例如预处理区和水流几何形态）以确保系统性能和寿命。

为大规模降雨制定的生物滞留池标准（地方滞留标准）

可以将设计容积计入达到小块或中等尺寸场地地方洪峰流量或滞留要求的存储空间。设计人员可以通过扩展地表积水面积或是合并带有砾石或存储层的地下存储空间，设计额外存储空间。

应当注意的是，所有场地设计均应包含下列内容，即将管道或河道体系内的大量径流或是内陆洪水安全地输送至受纳水体，从而减少公共安全风险和财产损失。可以通过对生物滞留池等径流减少措施进行扩展（可以减少下游滞留池的规模或占地面积）以留出滞留存储空间，排水系统设计和洪水演算应当采用保守方式，并要以在不减少径流减少额度情况下的暴雨事件预期峰值排水速率为基础。

预处理区

预处理装置的可行性取决于生物滞留池的类型及其是否接收坡面漫流、浅层集中径流或深层集中径流。对于路面边缘的预处理装置（例如草坪过滤带、砾石横隔板、径流分离装置）来说，路面边缘到预处理装置草皮或石块顶部之间的落差应为 5—10 厘米，用以防止预处理装置的径流入口处出现碎片堆积和堵塞的情况（详见图 3.9）。

输送和溢流

非即时设计

对径流进行分离或转移处理，以便只有设计暴雨或设计流量可以进入生物滞留区。大规模的径流会绕开生物滞留池、滤床或设施；额外的径流可以注入，因为积水可以通过土壤介质过滤而减少。非即时设计可以通过确定最大积水深度（高流量转移位置）或是在进水口或进水口上行处设置径流转移或径流分离装置得以实现。非即时设计通常是场地内，特别是大片排水区（例如面积大于 0.2 公顷）

图 3.9 / 路面边缘预处理装置标准详图：路面到石块顶部之间的落差为 5.1—10.2 cm，用以防止出现堵塞的情况

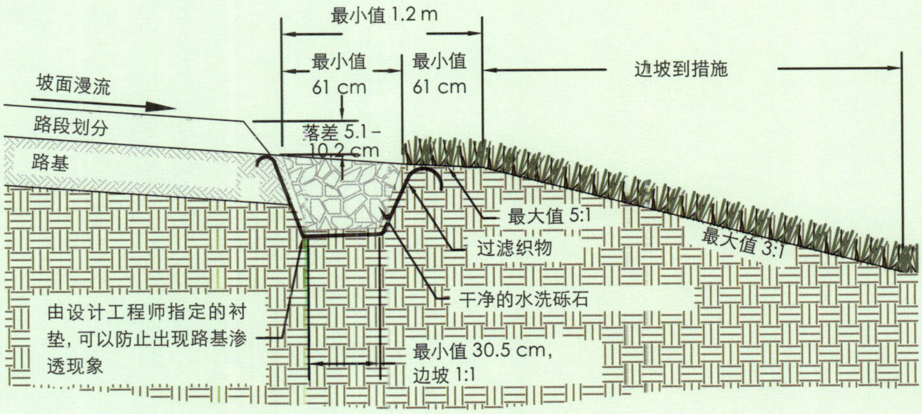

内生物滞留池的首选。尤其适用于径流通过雨水排水管流入受纳水体或是主要输送系统以便径流不会淹没或是破坏滤床和植物的情况。

即时设计

即时生物滞留池可以接纳集水区的全部径流。超出设计容积的径流会通过措施内的溢流结构或溢流堰留出措施。下面介绍几个适用于溢流结构的标准:

• 生物滞留池内务必要设置溢流结构，用以使超过设计暴雨存储量的雨水流向稳定的输送系统或雨水管网;
• 应当对溢流结构的排水进行管控，以免出水口因不断冲刷而造成磨损;
• 常见于生物滞留池内的溢流结构为进水结构，进水结构的顶部位于生物滞留区的最大积水深度处（滤床表面上方 15—46 厘米）;
• 溢流拦截装置应当根据应用情况进行调整——小规模生物滞留池可以使用景观格栅或场地进水口，大规模生物滞留池可以使用商业型结构。

应当注意的是两种类型的设计方法均需在满足输送需要和为受纳水体留出足够超高的前提下关注大流量的安全输送问题。排水设计应当以假定上游措施暴雨期间可能注满或是只能提供少量存储空间情况下的预期洪峰流量为基础。这些问题均应在场地规划的整体排水方式中得到解决。

设计几何结构

生物滞留池的设计一定要采用内部流程几何结构，这样一来，径流便不会绕过生物滞留池的处理机制。若要设计出符合要求的生物滞留区内部几何结构，应当尽量将出水口设置在远离进水口的位置，以最大限度地延长从进水口到出水口的“汇流时间”。除此之外，注入的径流要尽可能均匀地分散在过滤表面上。

积水深度

建议地表积水深度为 15—30 厘米。在对暴雨进行管理时，积水深度的最大值可达 46 厘米。

边坡

边坡比为 3:1 或是较为平坦的边坡。在高度城市化或是空间有限的地区，陡坡路面或预制结构可以用来打造稳固、垂直的侧墙。为了安全起见，陡坡路面不得超出 30 厘米的垂直落差。

土壤介质

在长期性能方面，土壤介质或许是生物滞留池的一个最为重要的元素。下面介绍几个在确定符合要求的土壤介质混合物时需要考虑的关键因素。

一般的土壤介质成分。USDA（美国农业部）的土壤结构三角图中，通常将生物滞留池的推荐土壤混合物归类为壤质砂土，其具体成分如下（详见表 3.4）：

•70%—88% 砂土；

•8%—26% 的表层土；

•3%—5% 的有机质（陈年堆肥）。

表 3.4 / 生物滞留池的土壤介质测试标准

土壤介质标准	介绍	标准
一般成分	土壤介质中一定含有适当比例的砂土、细粒和有机质，用以促进植物生长、保证正常的排水速率和过滤污染物	70%—88% 砂土 8%—26% 的表层土 3%—5% 的有机质（陈年堆肥）
砂土	硅基粗集料 如果地方项目管理机构测定，碎裂的玻璃符合设计规范中的砂土标准且不含有重金属，便可将其作为一种砂土的替代材料使用	滤网 9.5 mm 尺寸 通过百分率（%） 9.50 mm 100 4.75 mm 95 – 100 2.36 mm 80 – 100 1.18 mm 45 – 85 0.6 mm 15 – 60 0.3 mm 3 – 15 0.15 mm 0 – 4
		有效粒径（D10）大于 0.3 mm 均匀系数（D60/D10）小于 4
表层土	壤质砂土或砂质壤土	USDA 土壤结构三角图
有机质	陈年的、干净的堆肥	
P 指数或磷（*P*）含量	当径流从磷含量高的土壤介质中流过时，会将部分磷带入下游输送系统或受纳水体	磷含量为 7 – 23 mg/kg
阳离子交换容量（*CEC*）	阳离子交换容量由腐殖质或有机质的含量决定。较高的阳离子交换容量有助于提高污染物去除能力	阳离子交换容量大于 10 mEq/g
渗透率	这里指的是土壤介质的渗透率而不是下层土壤的渗透率。对最小渗透率需要保证土壤介质正常排水	最小渗透率 =2.5 – 5.1 cm/hr.（多数土壤介质的渗透率较高）
土壤介质厚度	各种应用情况下的土壤介质厚度	表 3.1 对一级与二级设计的土壤介质厚度进行了详细介绍。如果生物滞留池植被规划中包含树木，那么滤床内树木栽植坑的最小深度应为 1.2 m，用以为成熟树木的根系结构提供充足的土壤量。除此之外，栽植坑内的表层土含量（30%）和陈年堆肥含量（20%）应当高于土壤介质中的表层土含量和陈年堆肥含量应当使用草坪、多年生植物或灌木而不是树木对浅滤床进行美化

如上文所述，土壤混合物目标是制造出一种既能维持长期渗透性，又能为植物生长提供充足养分的土壤介质。预期渗透系数将大于2.5—5厘米/小时，而混合物的初始渗透系数将超过这个渗透系数。虽然表层土和有机质的含量有限，但却足够维持植物的初期生长。预测表明，逐渐增加有机质含量可以继续维持植物的生长，但也会逐渐降低土壤介质的渗透性。成熟植物的根系结构及自持性有机成分的生物活动既可以维持土壤介质的长期渗透性，又可以在不使用化肥的情况下维持植物的生长。

土壤介质材料的来源和成分也同样重要。除了要符合表3.4中的标准以外，在对土壤介质材料进行选择时，还应遵循下列标准：

- 禁止使用出自那些有着特定历史背景或是先前与生物肥废料、有机垃圾处理、棕地或污染点相关用地的介质成分；
- 砂土应为硅基开级配粗砂。禁止使用石灰岩母质。如果地方项目管理机构测定，可回收利用的、碎裂的玻璃符合设计规范中的砂土标准（例如粒度分布），便可将其作为一种砂土的替代材料使用。禁止使用工艺玻璃或任何含有重金属成分的玻璃；
- 表层土成分中应当含有USDA土壤结构三角图中规定的壤质砂土或砂质壤土；
- 有机质的年代久远，不掺杂活性草种和垃圾，且耗氧量和二氧化碳生成量稳定。

最好将开级配粗砂材料与可能含有30%—50%土壤细粒（砂质壤土和壤质砂土）的表层土按比例混合，配制出所需的砂土、细粒比例。有机质和表层土的具体成分会发生变化，这也为有关人员在对可用材料进行评估前确定粒度分布和土壤介质混合物的配比增添了不小的难度。因此，强烈建议从符合设计规范介质成分与标准的合格供应商那里购买过滤介质。如果土壤介质是用场地现有材料混合而成，则需对混合物进行检测以确保符合设计规范。表3.4对合格供应商（或土壤介质混合与现场测试）应当遵守的土壤介质测试标准进行了概括。

砂土与表层土的粒度分布对生物滞留系统的长期性能来说极为重要。当砂土/表层土混合物中的细粒比例过高时，会出现土壤介质过早堵塞或是失效的情况。考虑到介质混合物的主要成分为砂土，有关人员应当对砂土规格予以特别关注，并确保粒度分布达到粗砂标准。这一点对用可回收利用或是碎裂玻璃制成的砂土来说同样重要。

表3.4中介绍的粗砂规格只允许少量材料通过小型滤网，还列出了砂土的有效粒径和均匀系数。

地表覆面

生物滞留池的地表覆面会根据随着景观环境的变化而变化（例如引人注意的场

地和不被注意的场地；定期修剪的场地和进行托管的场地）。地表覆面的选择会影响长期维护互动的强度。下面介绍几种可供选择的地表覆面。

覆盖层

滤床表面 5—8 厘米的覆盖层可以提高植物的成活率、抑制杂草生长、在径流进入过滤介质之前对径流进行预处理。6 个月以上的碎硬木覆盖层是一种相当不错的地表覆面，它可以挡住大量的污染物，并且通常不会漂走。

覆盖层替代物

在某些情况下，设计人员可能会对草皮、原生地被植物、侵蚀控制草席（椰壳纤维或黄麻草席）、河石、豆砾石等覆盖层替代物加以考虑。地表覆面类型的使用应当以功能、价格和维护为基础。建议不要为停车场铺设石块或砾石，因为它们的持水能力很低，而且会致使土壤温度上升。

草皮覆面介质

与草皮覆面一同使用时建议进行一项调整，首先要将过滤介质设计成一种仅顶部含有有机质的砂滤器。顶层树叶堆肥可以为植被提供有机质。如果草坪是唯一的植被，可以减少过滤介质成分中的有机质比例。

暗渠

很多生物滞留池都需要设置暗渠。表 3.5 对暗渠使用通用指南及某些情况的土壤测试要求进行了介绍。

暗渠应该是一条 10—15 厘米的打孔 Sch40 PVC 管，PVC 管中央 15 厘米处带有 1 厘米的孔洞。暗渠表面应当覆有一层干净的水洗石块，例如 ASTM（美国材

表 3.5 / 暗渠使用通用指南

	A 类 / B 类土壤	C 类 / D 类土壤
排水面积≤ 0.5 ac.	无须设置暗渠	设置暗渠；无须计算 48 小时排水。设置 30.5 cm 或更大的暗渠石
排水面积 >0.5 ac.	如果现场测试率 >1.3 cm/hr.，则无须设置暗渠	设置暗渠 如需设置渗透池（见下文），则需对 48 小时内的设计容积排水进行设计；如需设置 30.5 cm 的渗透池，场地砂土的现场验证渗透率应大于 0.6 cm/hr.（注意：水文 C 类土壤的渗透率在 0.25—7.6 cm/hr.）

料与试验协会）D448 57 号石块。应当对暗渠的尺寸进行调整，以便生物滞留池可以在 48 小时内彻底排干。

每个暗渠的位置与下一个管道之间的距离不应超过 6 米。

所有生物滞留池均应设置至少一个观测井和清洗管道。应当将观测井固定在暗渠系统内的 Ts 或 Ys 上，然后向上延伸至地表齐平处，并配设一个带有通气孔的盖子。

渗透池或弯头朝上

使用架高的暗渠结构，以提高那些土壤介质厚度小于最低值的生物滞留池的径流减少能力或是其他设计的径流减少能力，例如增加存储空间以达到地方滞留要求（详见图 3.6）。在场地水位差有限的情况下，务必要将生物滞留池设计得相对浅些（例如基岩深度、相对平坦的场地或其他因素），可以修设弯头朝上的暗渠以达到二级设计的要求，提高径流减少能力（图 3.7）。

应当设置渗透池或朝上的弯头，用以在暗渠或朝上的弯头仰拱下方打造出存储层。渗透池底部与季节性高地下水位之间应当保持至少 0.6 米的距离。应当对渗透池的尺寸进行调整，以便设计容积可以在 48 小时内彻底排干。设计容积、渗透池深度和下层土壤的假定渗透率决定了排水效果。下层土壤的渗透率 ≥ 0.6 厘米 / 小时时，可以设置一个 30 厘米的渗透池。当然，需要对下层土壤的渗透率进行现场验证。另外，施工计划中还应对施工期间的土壤渗透能力保护步骤，以及在回填土壤介质之前提高土壤渗透能力进行具体说明。

安装有不透水衬垫的设计应用中（例如喀斯特地质区或热点区域的应用）不得设置渗透池。需要在填土场地上进行岩土工程勘察，以确定是否可以设置渗透池，确保不会出现塌方情况。

堵塞层

堵塞层位于土壤介质层和暗渠之间，由一层填缝石组成。堵塞层的厚度：0.3 米厚的土壤介质层铺设 2.5 厘米厚的填缝石。例如，1 米厚的土壤介质铺设 8 厘米厚的填缝石。设计人员可以在暗渠与土壤介质层之间放置一种可以替代堵塞层的针轧型、无纺布土工织物，且可保证流速大于 110 加仑 / 分钟 / 平方英尺。如果地下水位或基岩的有效落差或深度是场地制约因素，针轧型、无纺布土工织物可能是一个理想的选择，而这种土工织物只能在堵塞层不适用于措施的时候使用。

地下存储层（可选）

如果是带有暗渠的生物滞留系统，可以将由水箱、打孔管道、石块或其他符合要求的材料组成的地下存储层设置在过滤介质层下方，用以增加暴雨存储量，而地方滞留或排水规定可能要求对暴雨存储量进行管控。存储层的深度与容量取决于地方存储或滞留标准所需的目标存储量。

过滤织物（可选）

只能将梭织、单丝过滤织物设置在暗渠管道正上方的暗渠层顶部的边坡或狭长带状地带（例如 0.6 米宽）上。如果有在滤床表面栽植树木的计划，则不应使用过滤织物。虽然过滤织物的可选形式有很多种，但设计目标均为保持水流容量，同时限制泥砂进入暗渠层。

不透水衬垫

这种材料只能用于合适的热点区域或喀斯特地质区、建筑地基附近的小规模措施或岩土工程勘察认为必要的填方作业中。设计人员应当使用 30 密耳（最小值）的 PVC 土工膜衬垫，衬垫上还覆有 8—12 盎司 / 平方码的无纺布土工织物。

指示标识

应当将醒目区域（例如学校、公园、城市环境、政府大楼）内的生物滞留池作为雨洪管理措施喷标出来或是以其他方式永久地标示出来。喷标或饰板上应当简要说明：a. 生物滞留池的水质用途；b. 暴雨过后可能出现短暂积水；c. 除了进行必要的维护，不得受到干扰。

生物滞留区景观美化标准

景观美化对生物滞留区的功用和性能至关重要。建议由专业的景观设计师或园艺师根据场地的具体情况制定种植计划。种植计划包含景观环境、微气候、水流速度、种植区、潜在延时积水时间和维护计划几项内容。

生物滞留池景观美化计划应当包含下面几项内容：

• 对植被区、覆盖区、特色石块、河岩床和其他景观元素进行清晰划定。
• 植物清单上列出植物的拉丁名称和常用名、植物材料的尺寸、数量和任何需要的具体信息，例如多茎或单茎。
• 其他材料（例如岩石、侵蚀控制草席）的清单和数量。
• 注意植物替代物是否被认可，以及何人有批准替代物使用的权力。
• 施工说明：对施工期间植物和其他材料的管理和灌溉及景观美化元素的施工顺序进行说明。

更倾向于栽种原生植物种类而不是非原生植物种类，包括“原生精选品种”和栽培品种。可以栽种一些装饰性植物种类，前提是这些植物种类为“可持续”、非入侵性物种。

生物滞留区（城市和非城市）的植被应当根据生物滞留区的景观维护水平进行选择。频繁修剪、除草的区域与不经常维护的场地在植物选择方面有着很大差异。那些不经常维护的场地可以考虑一下“草甸”或“野花”的景观美化模式。在某些情况下，场地所有人或管理者可能希望用管理地被植物的方式对草皮进行管理，在修剪其他场地内的草坪时，将这些草皮一并修剪。这种管理方式虽然可行，但是不建议应用在生物滞留池区内。如果采用这种方式，应当将草皮覆面与草本植物 / 灌木和树木结合起来。

下面介绍几条生物滞留区景观美化的附加指导原则：

• 进水点处不得栽种木本植物；
• 应当将“湿生”物种栽种在靠近中央的位置，最好将山地物种栽种在靠近边缘的位置；
• 灌木和草本植被多是成丛栽种，栽种密度通常较高［中心区域的灌木接近 1.8—3 米，草本植被接近 0.3—0.46 米（取决于具体的植物种类）］；
• 不得将树木栽种于暗渠正上方，而是应当栽种在靠近边缘的位置；
• 如果树木是种植计划的一部分，那么建议栽树密度大概为每 23 平方米的面积栽种一棵树木或是中心间距 4.6 米；
• 设计人员应当注意，栽植坑的深度至少为 1.2 米，用以为成熟树木的根系结构提供充足的土壤量。这条指导原则也适用于剩余土壤介质层厚度小于 1.2 米的区域；
• 如果栽种了树木，可以在树木的滴水线内栽种耐阴的地被植物（取决于具体的植物种类）；
• 如果生物滞留区将用来储存积雪或是接收融雪径流，设计人员可能需要考虑栽种耐盐、多年生草本植物。

材料规格

表 3.6 介绍了生物滞留区的建议材料规格。

设计调整

喀斯特地质

喀斯特地质区多见于岭谷狭长地带。喀斯特地质区的土地开发和雨洪设计都很复杂。虽然与传统的雨洪措施（例如池塘和湿地）相比，生物滞留区产生的积水较浅，但是任何存在落水洞形成中度或高度风险的区域不建议进行渗透设计（未设暗渠）。另一方面，符合间距要求（1 米）并安装有不透水底部衬垫的一级设计（设有暗渠但不设渗透池）应该可以有效运行。通常情况下，为了防止落水洞的形成，小型生物滞留池或集水面积不超过 0.2 公顷的生物滞留池更为可取（与集水面积较大的生物滞留池相比），用来增加符合标准的建筑收进也是可行的。

表 3.6 / 生物滞留区的材料规格

材料	规格	注意事项
过滤介质	• 70%—88% 的砂土 • 8%—26% 的表层土 • 3%—5% 的树叶堆肥形式的有机质 • 由合格的供应商提供 • 具体的介质材料成分请参考表 3.4	最小深度 61 cm；建议深度 91.4 cm；如果设有渗透池，深度可以为 45.7 cm 过滤介质量应为计划量的 1.1 倍，以完成沉淀或凝结
过滤介质测试	土壤介质中的磷含量在 7—21 mg 每千克 阳离子交换能力（*CEC*）大于 10	合格的共应商应当分批对介质进行测试
覆盖层	使用陈年碎硬木覆盖层	在滤床表面铺设一层 5.1—7.6 cm 的覆盖层
替代性表面覆盖	使用河石或豆砾石、椰壳纤维和黄麻草席或草皮覆面	铺设一层 5.1—7.6 cm 的替代性表面覆盖以抑制杂草生长
草皮覆面表层土	壤质砂土或砂质壤土结构，其中黏土含量小于 5%，pH 值在 6—7，有机质含量至少为 2%	在地面铺设一层 7.6 cm 的草皮覆面
过滤织物（可选）	梭织单丝织物或无纺布土工织物（不要使用拦砂网）	只适用于边坡，暗渠管道正上方 61 cm 宽的带状地带内否适用视情况而定
堵塞层	堵塞层，位于暗渠石上方，每 30.5 cm 厚的上覆土壤介质铺设一层 2.5 cm 厚的堵塞石 可用针轧型、无纺布土工织物替代堵塞层，且可保证流速大于 110 加仑 / 分 / 平方英尺（只能在堵塞层不适用于措施的时候使用）	
暗渠石	直径为 2.5 cm 的暗渠石应当进行两次冲洗，以达到干净、无细粒的效果	30.5 cm 厚
渗透池（如需）	直径为 2.5 cm 的暗渠石应当进行两次冲洗，以达到干净、无细粒的效果	要求在 48 小时内排干渗透池的设计容积（暗渠下方的砾石层或带有朝上弯头的砾石层；如果渗透池高处土壤的渗透率 ≥ 0.6 cm/hr.，可以在暗渠仰拱下方 30.5 cm 深处设置标准渗透池
存储层（可选）	为了增加暴雨存储量，可以在过滤介质层下方加入沟槽、打孔管道、石块或其他可接受的材料	
不透水衬垫（可选）	使用 30 密耳（最小值）的 PVC 土工膜衬垫，衬垫上还覆有 8—12 oz/yd² 的无纺布土工织物 注意：这种材料只能用于合适的热点区域或喀斯特地质区，建筑地基附近的小规模措施或岩土工程勘察确定的填方作业中	
暗渠、清洗管道和观测井	使用 10.2—15.2 cm 长的 Sch40 PVC 管 [小型生物滞留措施使用等效波纹高密度聚乙烯（HDPE）]，PVC 管中央 15.2 cm 处带有 9.5 mm 的孔洞。每个暗渠的位置与下一个管道之间的距离不应超过 6 m	将打孔管道安装在生物滞留池下面，并根据需要安装无孔管道与暴雨排水系统连接起来或是在输送系统稳定的情况下直接暴露在日光下 根据需要安装 Ts 和 Ys，这取决于暗渠结构。向上延伸清洗管道至地表齐平处，并配设一个带有通气孔的盖子
植物材料	详见生物滞留池景观美化标准一节的内容	根据景观美化规划和建议植物清单指定植物材料

陡坡

如果考虑到下列设计问题，便可在存在陡坡的场地内设置生物滞留池。

• 如果场地内存在陡坡，生物滞留措施周围的区域应相对平坦。生物滞留措施4.6—6米范围以内斜坡的建议坡度为5%或更小；
• 可将生物滞留措施分成多个单元，并在各单元之间设置合适的输送媒介，用以对场地内相对平坦的区域进行充分利用；
• 那些需要纵坡的设计，可以采用水质低洼地设计。设置拦砂坝，使生物滞留措施各单元之间的纵坡变得平坦，并在挖土截面之间设置合适的输送媒介和护面（河石或合适的衬垫）；
• 那些生物滞留措施周围存在平缓到陡峭斜坡的设计，预处理设施的进水口和生物滞留措施应当采用附加的工程设计，确保消能装置和陡坡的设计可以创造出非侵蚀性流动条件。强烈建议采用非即时设计；
• 那些靠近陡坡的生物滞留措施，可能需要进行地质技术审核以确保不存在边坡失稳的问题。这一点尤其适用于那些采用渗透设计或设有渗透池的生物滞留措施。

寒冷气候与冬季性能

冬天，人们时常会向地面撒盐和砂土。如不能使用恰当的设计方法，这些材料可能会堵塞生物滞留措施，尤其是那些处理道路和公路径流的措施。在这种情况下，应当利用预处理单元或独立的逆坡泥砂存储区，尽可能地让这些材料远离滤床。

只要生物滞留区内没有溢流孔且栽种有耐盐、草本植物，便可用来存放积雪。树木和灌木的位置不应妨碍人们将积雪堆进存储区。

虽然多项研究已经表明生物滞留措施可以在冬天里有效运行，但是在冻结线下方延展滤床和暗渠管道或是将暗渠扩大一个管道的尺寸以降低冻结的可能性，也不失为一种好办法。

雨水改造

生物滞留池是一种多功能改造措施。在进行雨水改造时，需要考虑的主要问题有：容纳设施的可用空间和将暗渠与现有排水结构连接起来的可用水位差。很多改造措施无法满足本书中提出的全部要求，因此，明确改造目标和满足最大日负荷总量或流域修复目标所需的设计容积是非常重要的。

补充 1：水质低洼地

概述

水质低洼地实质上是被打造成线性河道，且常带有纵坡，借助拦砂坝将低洼地分成多个单元，并覆有草皮、草本植物（例如草甸禾草）或其他表面材料的生物滞留措施单元。除本节内容补充的信息之外，水质低洼地的设计依据与生物滞留池相同。

表 3.7 对水质低洼地的一级与二级设计方案及其减少场地内 2.5 厘米降雨事件所产生径流的能力进行了介绍。表 3.8 对一级与二级设计的污染物去除能力标准进行了总结。污染物去除能力标准可供我们在最大日负荷总量和流域规划范围内计算场地污染物负荷减少量时使用。

表 3.7 / 水质低洼地设计层级：介绍与性能

<table>
<tr><th>设计层级</th><th>介绍</th><th>应用领域</th><th>性能[1]</th></tr>
<tr><td>一级</td><td>基础设计：
• 低洼地纵坡在 2%—4%，并设有拦砂坝
• 底宽 0.6 – 1.2 m
• 设置暗渠
• 土壤介质的厚度≥ 0.5 m，<0.6 m
• 暗渠管道下方不设渗透池</td><td rowspan="2">详见表 3.1 生物滞留池主要技术参数。另外，还有斜坡决定生物滞留措施使用的场地或是配置更适合场地设计的场地</td><td>生物滞留池的设计容积减少 55%[2]</td></tr>
<tr><td>二级</td><td>过滤设计
• 低洼地纵坡在 0.5%—2%，并设有拦砂坝
• 底宽 1.2—2.4 m
渗透设计
• 不设暗渠
• 积水会在 48 小时内渗入下层土壤
或
延时过滤设计
• 设置暗渠
• 土壤介质的厚度至少为 0.6 m
或
土壤介质的厚度至少为 0.5 m，并在暗渠下方设置石井，以在 48 小时内排干适宜土壤（例如，有填充物的限制）中的设计容积</td><td>生物滞留池的设计容积减少 100%[2]</td></tr>
</table>

1 性能发挥以减少 2.5 厘米降雨量为标准。

2 设计容积包含地表、土壤介质和渗透池存储量。与其他措施共同作用时，设计容积可以满足 2.5 厘米性能标准的全部或部分要求。详见生物滞留池标准详图一节的内容。

表 3.8 / 一级与二级设计的污染物去除能力标准 [1]

设计层级	悬浮固体总量（*TSS*）	营养盐：总磷（*TP*）/ 总氮（*TN*）
一级	*TSS* = 65%	*TP* = 52% *TN* = 55%
二级	*TSS* = 90%	*TP* = 76% *TN* = 74%

1 总污染物负荷减少 = 径流减少和污染物去除的综合作用。污染物去除能力指的是污染物流过基础设施时的场次降雨污染物平均浓度（*EMC*）变化，污染物去除能力会受到处理过程的影响。

图 3.10 / 设有拦砂坝的水质低洼地标准侧面图

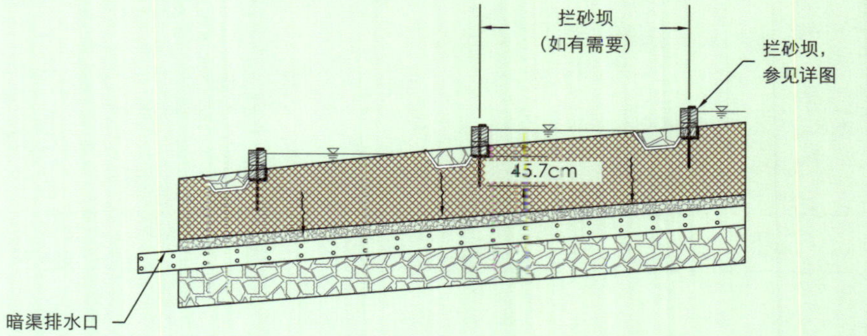

尺寸

除表面积水量是在拦砂坝后拦截的流量之外，水质低洼地的尺寸与生物滞留池相同，因而必须以嵌入方式进行计算。适用于生物滞留池的表面积水要求（积水深度小于 0.3 米，至少 50% 的总设计容积，积水深度 0.3 米或≥ 0.3 米，70% 的总设计容积）不适用水质低洼地。

边坡

出于维护方面的考虑（即草坪修剪），水质低洼地的边坡不应陡于 3H:1V。拥有足够可用空间的场地建议修设较为平坦的斜坡，用以增强对进入低洼地的坡面漫流的预处理。

输送

应当对水质低洼地的底宽和坡度进行设计，以便 2.5 厘米降雨事件产生的径流

图 3.11 / 拦砂坝标准详图

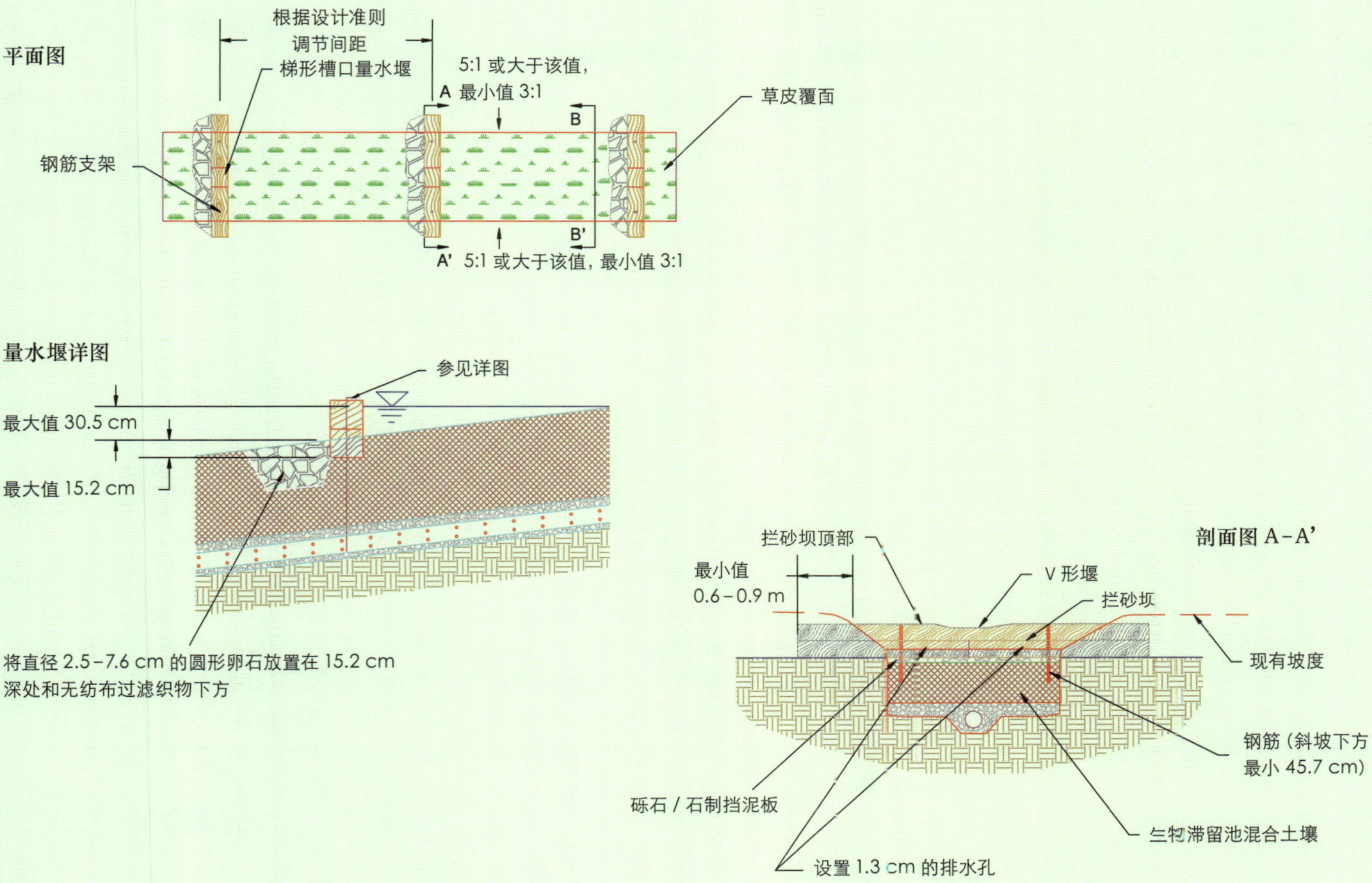

的速度不超过 0.9 米 / 秒。可以使用拦砂坝以达到所需的径流减少量和减少流速。应当根据河道坡度和积水要求（与表 3.6 中的标准一致）将多个拦砂坝隔开。

低洼地还应以标高至少为 7.6 厘米的非侵蚀性流速输送本地所需的设计暴雨（例如 2—10 年暴雨）。分析报告应当对正常深度河道的流量剖面和超出拦砂坝顶部的水深进行评估。

可以将水质低洼地设计成非即时系统，并安装分流器或流量转向装置将超出设计容积的径流引入相邻输送系统。如果还有空间，可以沿低洼地长度方向设置溢流进水口，用以对雨水进行定期拦截，同时减少下游的水力负荷。

拦砂坝

拦砂坝可以用来进行预处理以打破斜坡原有状态，增加河道的水力停留时间。下面是拦砂坝的设计要求：

• 应当根据河道坡度将多个拦砂坝隔开，根据需要增加河道的水力停留时间、提供设计暴雨存储容量或任何附加容量减少条件。在标准间距内，下坡拦砂坝上的积水不得触及上游拦砂坝的坡脚。为了增加积水量，水质低洼地内拦砂坝之间的间距可能更小。
• 拦砂坝的最大预期高度为 30 厘米（出于维护方面的考虑）。部分场地内的拦砂坝最高可达 46 厘米，并辅以其他设计要素以确保拦砂坝和周边及下层土壤的稳固性。基于上述情况，河道的平均积水深度应为 30 厘米。
• 可能需要为拦砂坝下游坡脚安装护面以防侵蚀。
• 一定要将拦砂坝牢牢地固定在边坡上以防水流迂回；另外，还要将拦砂坝固定在河道底部防止静水压头将下层土壤带出。

表 3.9 / 达到有效河道坡度的标准拦砂坝间距

河道纵向坡度	达到 2% 有效坡度的 30.5 厘米高（最大值）拦砂坝[3,4]之间的间距[1]	达到 0 – 1% 有效坡度的 30.5 厘米高（最大值）拦砂坝[3,4]之间的间距[1]
0.5%	—	61 m—
1.0%	—	30.5 m—
1.5%	—	20.4—61 m
2.0%	—	15.2—30.5 m
2.5%	61 m	12.2—20.4 m
3.0%	30.5 m	10.1—15.2 m
3.5%	20.4 m	9.1—12.2 m
4.0%	15.2 m	7.6—10.1 m
4.5%[2]	12.2 m	6.1—9.1 m
5.0%[2]	12.2 m	6.1—9.1 m

1 如果是 15.2 厘米高的拦砂坝，间距为上述间距的一半。
2 坡度大于 4% 的明渠需要考虑特殊的设计要素，例如适合高于 30.5 厘米拦砂坝的落差结构（因而需要较为平坦的有效坡度），用以保证非侵蚀性流速 。
3 所有拦砂坝均需在下游坡脚处安装石制消能装置。
4 拦砂坝要求在河道仰拱处设置排水孔。坡度小于 2% 的低洼地要求在拦砂坝内设置多个排水孔（至少 3 个）。

• 拦砂坝一定要设有中心堰，且尺寸可以满足河道设计暴雨洪峰流量（人工河道10 年暴雨事件）通过。

• 拦砂坝应当由木材、混凝土、石块、压实土或其他非侵蚀性材料构筑而成，或是由高架车道涵洞配设而成。

• 应当使用木材、石块、堆石、混凝土或压实土（带有石制溢洪道）构筑拦砂坝。所有拦砂坝均应配设符合地方设计标准的过滤织物。

• 用于构筑拦砂坝的木材应为经加压处理的原木或木材，或是雪松、铁杉、沼生栎树或洋槐等耐水湿树种。

如表 3.9 所示，水质低洼地内的拦砂坝之间应当存在一定的间距，用以将有效坡度减少至所需坡度。

补充 2：城市生物滞留池

除了需要适应城市景观内的“容器”之外，城市生物滞留池在功能上与普通的生物滞留措施相似。城市生物滞留池通常会被设置在城市街道景观或城市街道公共用地、城市景观池、树坑和广场等特色区域内。

城市生物滞留池通常筑有硬质边缘，比如立式混凝土侧面，与普通生物滞留池较为平缓的土制斜坡形成鲜明对比。城市生物滞留池可能为底开式，以使径流渗入路基，然而通常需要设置暗渠以配合渗透。

• 雨洪植物池（也称植物箱式过滤器或基础植物池）通过在地面上方或是在邻近建筑的景观区同一水平面上或是位于建筑和路面之间的容器内设置土壤过滤器的方式，充分利用有限的可用空间进行雨水处理。植物池通常位于预制或现浇混凝土拱形结构内。雨洪植物池将景观功能与雨水处理功能结合起来。它们通常可以接收邻近屋顶落水管中流出的径流，并栽种了具有抵御频发洪水和干旱能力的植物。

• 延展树箱通常安装在靠近街道的人行道内。树坑的土壤容积有所增加，并被用来进行雨水处理。借助多个相连的树木种植区增加对雨水的处理。扩大的种植区内可能设有覆盖物、格栅、透水路面或传统路面。大片共享生根区和可靠的供水系统可以促进恶劣种植环境中植物的生长，提高植物的存活率。

• 雨洪路缘扩展（也称街道生物滞留池）通常位于人行道或道路的公共用地内。在很多情况下，路缘扩展用作交通减速或街道停车控制装置使用。基本设计调整是通过在街道附近或街道上安装混凝土路缘石的方式在土壤介质和暗渠层上方修设浅层积水区。街道径流可以通过进水口或连接人行道和街道的斜坡流入积水区。

可以根据城市生物滞留池尺寸和景观美化环境的要求在城市生物滞留池内栽种树木、灌木和草坪。

表 3.10 对城市生物滞留池减少 2.5 厘米降雨事件所产生径流的能力进行了介绍。假设城市生物滞留池内设有至少 0.5 米厚的土壤介质和暗渠（有时设有不透水衬垫，不设渗透池），在这一假设中，城市生物滞留池只有一个设计层级。并进一步假设，由于表面面积和措施尺寸有限，城市生物滞留池的延时过滤功能无法正常发挥。可以通过增加土壤介质和暗渠层深度或是设计一个允许渗透的底开式系统的方式在城市生物滞留池内修设额外的存储空间（和径流减少容纳空间）。

表 3.11 对城市生物滞留池的污染物去除能力标准进行了总结。污染物去除能力标准可供我们在最大日负荷总量和流域规划范围内计算场地污染物负荷减少量时使用。

表 3.10 / 城市生物滞留池设计：介绍与性能

设计层级	介绍	应用领域	性能[1]
一级	基础设计： • 设置暗渠，如果靠近建筑地基或街道底基层，通常会铺设衬垫 • 土壤介质厚度至少为 0.5 m • 暗渠管道下方不设渗透池	超级城市环境，街道景观，场地有限的区域	城市生物滞留池的设计容积减少 60%[2]

1 性能发挥以减少 2.5 厘米降雨量为标准
2 设计容积包含地表、土壤介质和渗透池存储量。与其他措施共同作用时，设计容积可以满足 2.5 厘米性能标准的全部或部分要求。详见生物滞留池标准详图一节的内容。

表 3.11 / 一级与二级设计的污染物去除能力标准[1]

设计层级	悬浮固体总量（*TSS*）[2]	营养盐：总磷（*TP*）/ 总氮（*TN*）[2]
Level 1	*TSS* = 70%	*TP* = 55% *TN* = 64%

1 总污染物负荷减少 = 径流减少和污染物去除的综合作用。污染物去除能力指的是污染物流过基础设施时的场次降雨污染物平均浓度（*EMC*）变化，污染物去除能力会受到处理过程的影响。
2 上述去除率适用于尺寸标准能够满足全部处理量（*Tv*）需求的城市生物滞留池——也就是说，可以拦截集水面积 2.5 厘米的全部处理量。不符合尺寸标准的城市生物滞留池应当通过全部处理量百分比增加去除率。例如，如果城市生物滞留池的尺寸是全部处理量的一半，那么悬浮固体总量的去除率应为 70 % × 0.5 = 35%。

标准详图

图 3.12 / 雨洪植物池的横截面图

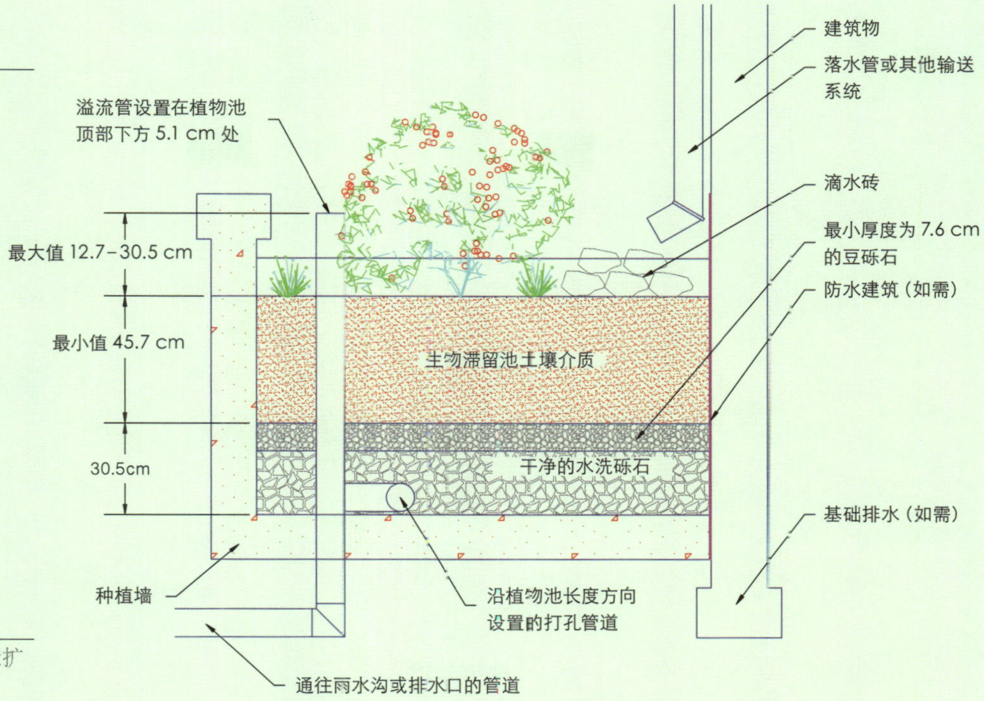

图 3.13 / 与原有进水结构相连的雨洪路缘扩展标准平面图

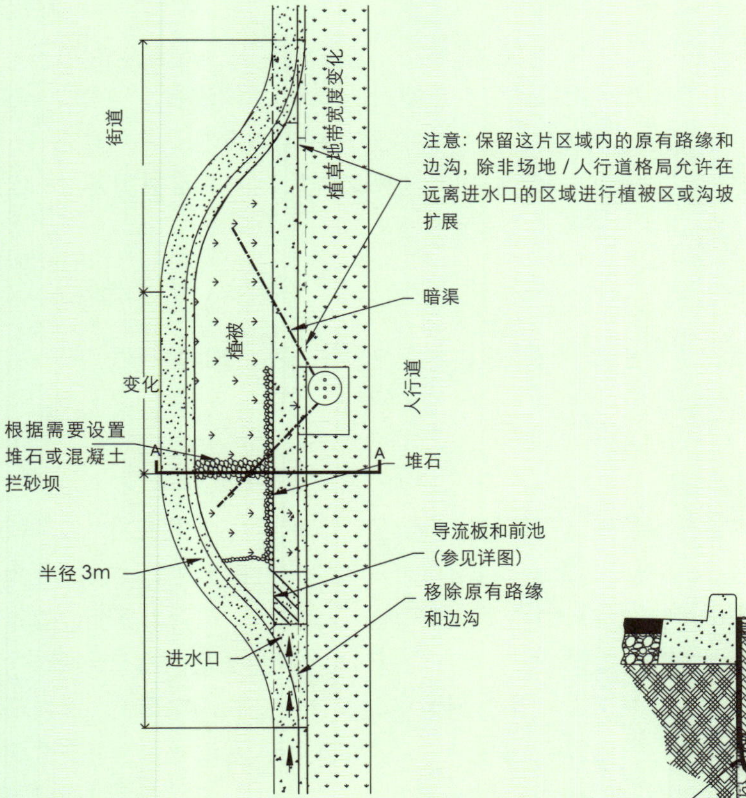

图 3.14 / 雨洪路缘扩展标准的横截面图

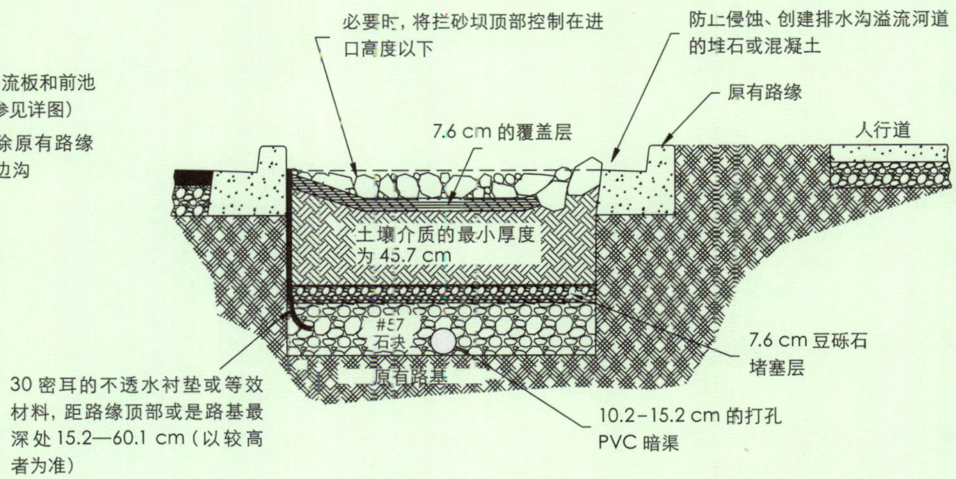

可行性标准与设计依据

城市生物滞留池的限制因素通常与普通生物滞留池相同，下面介绍其他几项限制因素：

集水区

城市生物滞留池各独立单元的集水面积通常限制在 232 平方米内。但这只是一条通用规则；如果配以充分的流量控制和其他机制，可以设置更大的集水面积，以确保措施运行正常，并可获得社会认可。这些城市环境中的集水面积通常为 100% 不透水。虽然可以设置多个单元以最大限度地增加超级城市流域的处理区，但不得利用城市生物滞留池处理大片不透水区（例如停车场）内的径流。

有效水位差

下游雨水沟仰拱与城市生物滞留池进水口之间的高差通常为 0.9—1.5 米。这并不是一项因多数雨水排水系统标准深度而产生的限制因素。

建筑收进

安装了不透水衬垫和暗渠系统的城市生物滞留池没有建筑收进的要求。如未安装，需下坡后移 3 米。

靠近公共设施

城市生物滞留池时常会与公共设施争夺空间。由于城市生物滞留池通常位于与道路公共用地平行的区域，因而应当注意公共设施的横向和纵向后移问题。另外，既然无法避免与住宅区内的给水管道和污水管道发生冲突，那么便需要对施工顺序加以考虑，以确保不会影响现有设施的使用。

高架电缆

设计人员还应确保城市生物滞留措施树木未来的生长不会影响原有高架电话、电缆通信和输电线的使用。

尽可能地减少外部影响

由于城市生物滞留措施位于城市环境内，因而可能会受到公共可见性、垃圾荷载、人流量、人为破坏甚至是车辆荷载的影响。设计人员应当用防止或是至少尽量减少这种影响的方式设计城市生物滞留池。除此之外，设计人员还应清楚地认识到景观维护需求，清除垃圾、检查堵塞情况、维护茂盛的植被。城市景观环境可能会以自然化的景观或更为规范化的设计为特色。如果在人流量高的人行道内设置城市生物滞留池，设计人员不得妨碍行人活动或是留下安全隐患。设计人员可以安装低矮的篱笆、格栅或其他措施，以防行人抄近路造成措施损坏。

进水结构与能量耗散

在合适的情况下，应当使用 3 号石、滴水砖、河石或其他符合要求的能量耗散措施稳固城市生物滞留系统的进水口。建议使用下面几种类型的进水结构：

- 石制消能装置落水管；
- 流过 7.6 厘米落差压低路缘的坡面漫流；
- 径流从连接人行道和街道的斜坡流入生物滞留区；
- 穿过人行道输送路缘或落水管内径流的暗渠；
- 拦截人行道或广场内径流的格栅或排水沟。

积水深度

城市生物滞留池的建议积水深度为 15 厘米，特别是那些可见性高、人流量大、暴露在公共环境中的城市生物滞留池。如果城市生物滞留池并不明显或是结构设计需要考虑美观性和公共安全问题，积水深度可以为 30 厘米。

雨洪植物池的具体设计问题

雨洪植物池有两种基本的设计变形：渗透植物池和过滤植物池。渗透植物池可以利用植物池内的土壤对屋顶径流进行过滤，经过过滤后，径流会渗入植物池下方的土壤。如果岩土工程测试表明某地区的土壤渗透率合理且渗水不会给建筑地基、公路路基和其他基础设施带来影响，那么该地区不会采用这种设计类型。雨洪植物池的外形、长度和深度由建筑和基础设施决定。一般情况下，植物池应当可以满足处理 1.3 厘米屋顶径流的需要。应当将渗透植物池设置在建筑 3 米开外的区域，以防止可能出现的洪水或地下室渗水情况。

不得让径流从过滤植物池中渗入地下。为了防止渗水，过滤池底部设置有防水混凝土薄壳或不透水衬垫。由于过滤植物池属于独立措施且不会向地下渗水，因而可以将过滤植物池设置在建筑旁边。植物池的最小深度为 46 厘米，外形和长度由建筑决定。径流被拦截过后暂时积聚于植物池上方。超出最大积水深度时，未来避免积水从植物池一侧溢出，可以安装溢流管道排放径流。除此之外，可以借助暗渠将径流输送至雨水排水系统。

下面列出几项在过滤植物池设计需要考虑的其他设计因素：

- 植物池应当满足拦截径流并在暴雨事件后 4 小时以内排干径流的需要；
- 种植物料应当能够抵御潮湿和季节性干旱的能力；
- 栽培介质的渗透率至少为 5 厘米 / 小时；
- 植物池底部砂砾石的透率至少为 13 厘米 / 小时；
- 可以使用石块、混凝土、砖石、木料或其他耐用材料修设植物池。如果使用的是经过处理的木材，则应注意不要让微量金属和木馏油从植物池中析出。

延展树箱的具体设计问题

在设计工程树箱时，应当对下面几项设计标准予以考虑：

• 土壤层底部与植物根团之间的距离至少为 10 厘米；
•工程树箱有时会占用过滤介质的部分面积。在这种情况下，应当将过滤介质与地表下方连接起来，以便雨水和树木根系可以共享此处空间，这一点非常重要；
• 在滤床介质上方安装工程树坑格栅是一种防止行人践踏和垃圾堆积的可能解决方案；
• 如果路面和滤床表面之间存在落差，那么低矮的铁栅栏不仅可以限制行人从树坑中经过，还可起到保护性屏障的作用；
• 可以使用可移动格栅，允许树木在格栅中生长；
• 每棵树木都需要至少 11 立方米的根系空间。

街道生物滞留池的具体设计问题

与普通的生物滞留池相比，街道生物滞留池需要更多的工程设计。拦截集水面积（可能包括拱形道路两侧）内的径流，将径流输送至措施内，将系统与原有雨水管道连接起来，将措施融入人行道、景观美化、行人和自行车设施均需要具体的工程分析和设计。

除此之外，在安装有街道生物滞留措施的区域，也需要对道路稳定性这一设计问题予以考虑。 有必要在生物滞留区道路一侧设置不透水衬垫，以防径流充满道路的底基层。

植被与景观美化注意事项

景观维护强度将决定城市生物滞留区的植被选择。植被单元可以是规整的花园和自然化景观。

不经常维护的区域及灌木植物丛和草本植物丛中存在垃圾堆积情况的区域，应当考虑“草皮和树木”的景观模式。草本开花植物空间也可包含在内。

虽然可能会栽种一些装饰性植物，但是原生树木或灌木仍是城市生物滞留区的最佳选择。与普通的生物滞留区一样，选定的多年生植物、灌木和树木必须具有耐盐、耐旱和抵御洪水的能力。除此之外，应当选用那些可以适应城市景观压实土壤，并可在空气和水遭到污染的情况下繁茂生长的树种。

补充 3：住宅区雨水花园

住宅区雨水花园

由于雨水花园的集水面积有限且设计也相对简化，因此，雨水花园的设计规范并没有生物滞留池的设计规范那么严谨。雨水花园是一种用来处理独栋住宅开发项目中的独立屋顶、私人车道和其他场地特征等小规模区域径流的小型分散措施。径流类型通常为坡面漫流或是集中径流。

雨水花园是不透水表面截离措施的一个类型。它们可以是独立的措施或是“屋顶到溪流”这一系列处理措施的一部分，这一系列处理措施可能包括简单截离措施、土壤堆肥改良过滤道截离措施和其他径流减少补偿截离措施。

如果集水面积大于 232 平方米（每个独立的雨水花园），则应使用生物滞留池的设计规格。

表 3.12 对雨水花园减少 2.5 厘米降雨事件所产生径流的能力进行了介绍。假设雨水花园内设有至少 0.5 米厚的土壤介质和暗渠，以确保住宅环境内的排水通畅，在这一假设中，雨水花园只有一个设计层级。可以通过增加土壤介质和暗渠层深度、增设一个渗透池用来渗透径流的方式在雨水花园内修设额外的存储空间（和径流减少容纳空间）。

表 3.13 对雨水花园的污染物去除能力标准进行了总结。污染物去除能力标准可供我们在最大日负荷总量和流域规划范围内计算场地污染物负荷减少量时使用。

表 3.12 / 住宅区雨水花园设计：介绍与性能

设计层级	介绍	应用领域	性能
一级	**基础设计：** • 土壤介质厚度至少为 0.5 m • 安装带有打孔高密度聚乙烯管道或等效措施的暗渠 • 根据环境进行景观美化	多数住宅环境屋顶、不透水表面上的私人车道、小块草坪和其他区域	住宅区雨水花园的设计容积减少 60%[2]

1 性能发挥以减少 2.5 厘米降雨量为标准。

2 设计容积包含地表、土壤介质和渗透池存储量。与其他措施共同作用时，设计容积可以满足 2.5 厘米性能标准的全部或部分要求。

1 总污染物负荷减少＝径流减少和污染物去除的综合作用。污染物去除能力指的是污染物流过基础设施时的场次降雨污染物平均浓度（EMC）变化。污染物去除能力会受到处理过程的影响。

2 上述去除率适用于尺寸标准能够满足全部处理量（Tv）需求的城市生物滞留池——也就是说，可以拦截集水面积 2.5 厘米的全部处理量。不符合尺寸标准的城市生物滞留池应当通过全部处理量百分比增加去除率。例如，如果城市生物滞留池的尺寸是全部处理量的一半，那么悬浮固体总量的去除率应为 70 % × 0.5 = 35%。

表 3.13 / 一级与二级设计的污染物去除能力标准 [1]

设计层级	悬浮固体总量（*TSS*）[2]	营养盐：总磷（*TP*）/ 总氮（*TN*）[2]
一级	*TSS* = 70%	*TP* = 55% *TN* = 64%

标准详图

图 3.15 / 雨水花园与土壤堆肥改良流程共同作用的案例

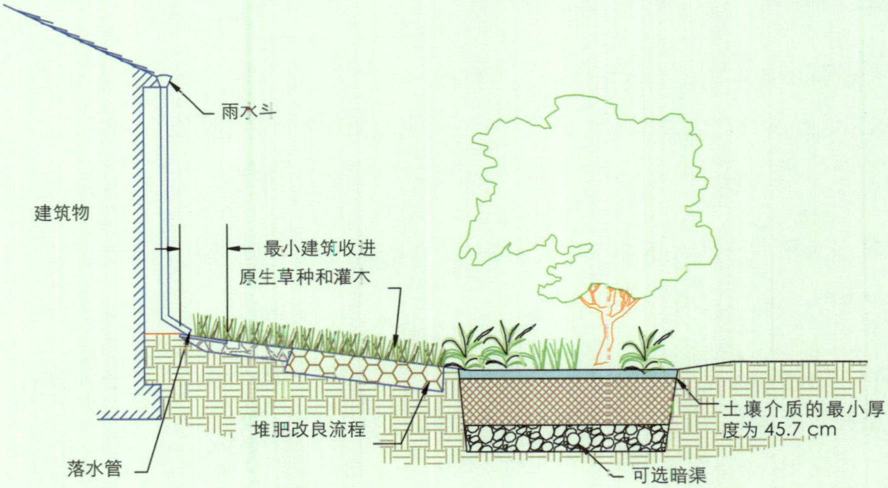

图 3.16 / 雨水花园标准详图

雨水花园设计依据

表 3.14 对雨水花园的具体设计准则进行了概括。

表 3.14 / 雨水花园设计准则

设计要素	雨水花园设计
需要处理的不透水面积	232.3 m^2
流量类型	坡面漫流 用水平撑挡或消能装置进行处理的集中径流
最小土壤渗透率	1.3 cm/hr.（或者使用暗渠）
观测井 / 清洗管道	无
预处理区	消能装置、草坪过滤（例如在径流到达雨水花园前流过几英尺的小块草坪）
积水深度	多数情况下为 15.2 cm
暗渠	多数情况下需要。充分利用道路侧沟或雨水沟内（例如街道内）
防渗层	热点区域、喀斯特地质区或靠近地基处需要铺设
砾石层	30.5 cm
过滤介质最小厚度	45.7 cm
介质源	可以固定在现场
水位差要求	30.5—91.4 cm
尺寸标准	详见生物滞留池一节的内容
景观美化	详见生物滞留池景观美化标准一节的内容。简单的景观规划最佳，其中可以包含草皮、草本层、灌木和树木
必要的土壤碎屑采集	一次，只能在暗渠不再使用时采集
建筑收进	下坡 1.5 m，上坡 7.6 m（或者使用防渗层）

雨水花园输送

当降雨量超出设计容积时，雨水花园应当让径流从措施周围的旁通管道中流过。相邻透水区的设计应当考虑在不引发侵蚀的情况下将设计暴雨和暴雨安全地输送至受纳区。屋顶排水系统（屋顶落水管）通常会限制流量，因此并没有制定与设计暴雨或高峰流速有关的具体输送标准。

01

暹罗水泥集团一百周年建筑

雨洪设计特色

可渗透地表和蓄水池用来收集雨水而蓄水池中的生物滞留措施用来过滤蓄水池中的雨水

暹罗水泥集团曼谷新总部的落成标志着该集团已经成立了一百周年。周围景观的设计均以“传承”下一代为核心理念。

委托方希望通过打造能够与历史和环境对话并可为下一代服务的可持续景观设计，实现泰国这一领军企业集团多年来积累的价值，并将这种价值传承给下一代。景观的实体形态及精心设计的基础设施旨在对新总部及周边区域的雨水径流进行拦截，用以为场地处理和灌溉提供水源。修设在原有运河和蓄水库之间的生物过滤池，不仅可以净化水流，还可以为项目场地提供生长有多种植物的漂亮的水景设施。

原有树木均被保留下来。随着时间的推移，场地的“历史层面”得以保留，并通过不同建筑平面得以强化。受到建筑语言的启发，设计师所使用的曲线可以作为一种能够协调原有建筑与树木之间不同地表平面的设计工具使用。线条的增加在建筑与建筑之间创建出一连串平滑过渡的项目设施，与此同时也突显出各种元素的不同用途。扩展性景观设计为该项目赢得能源与环境设计先锋（LEED）白金奖这一绿色建筑设计、施工、运行和维护方面的最高级别国际认证奖项，发挥了不小的作用。

项目地点 / 泰国，曼谷
项目面积 / 2.6 公顷
建成时间 / 2014
景观设计 / 曼谷景观建筑事务所
建筑设计 / Design 103 International 公司
摄影 / 隆基特・乍龙瓦，惠生・东通亚
委托方 / 暹罗水泥集团

01 / 从空中俯瞰，该项目实现了透水与不透水、新与旧、施工与空闲空间的动态同步，为场地内的行人提供多种不同的体验

图表展示景观表象功能之外的综合雨水管理功能，包括透水铺装、雨水收集池等

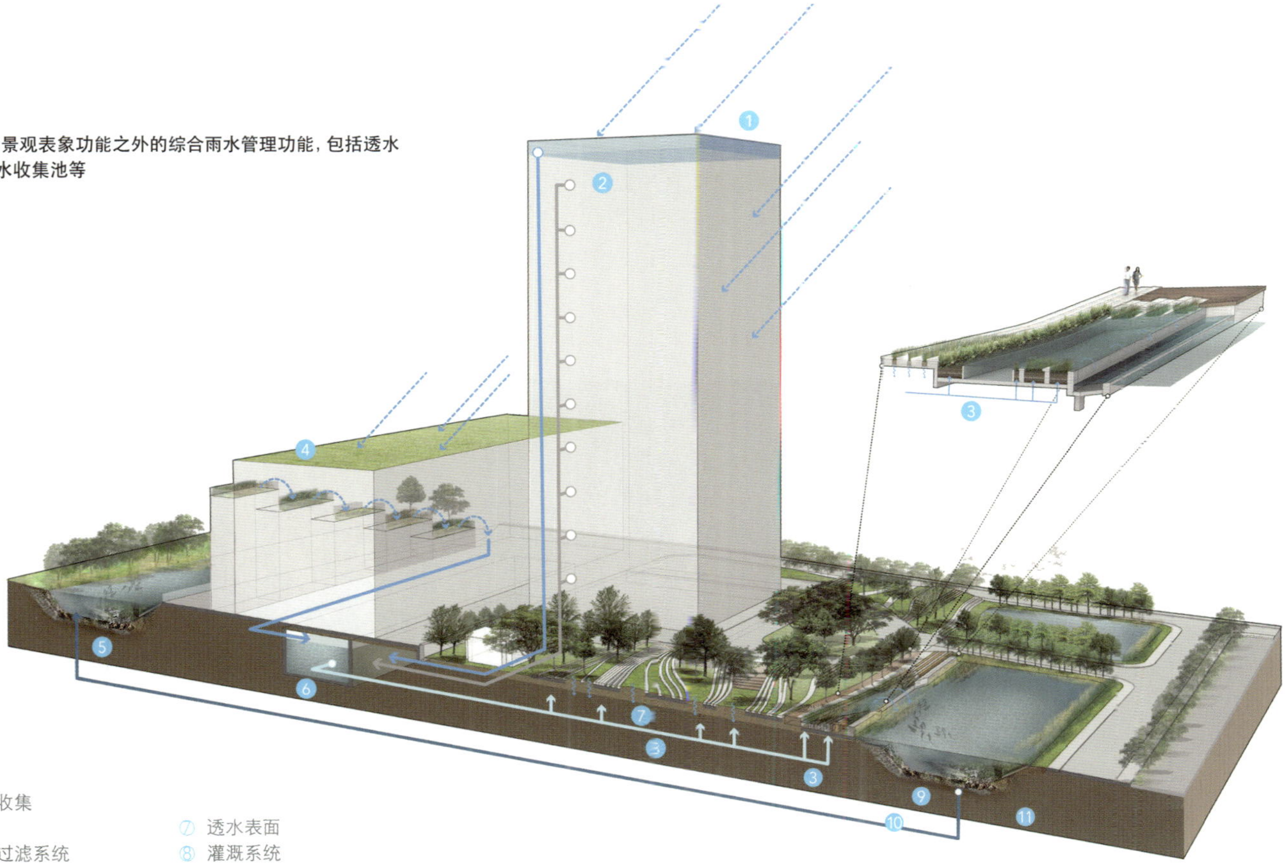

① 雨水收集
② 灰水
③ 生物过滤系统
④ 绿色屋顶
⑤ 现有水渠
⑥ 地下蓄水池
⑦ 透水表面
⑧ 灌溉系统
⑨ 雨水滞留池
⑩ 向水渠排水
⑪ 边缘

项目总体规划图

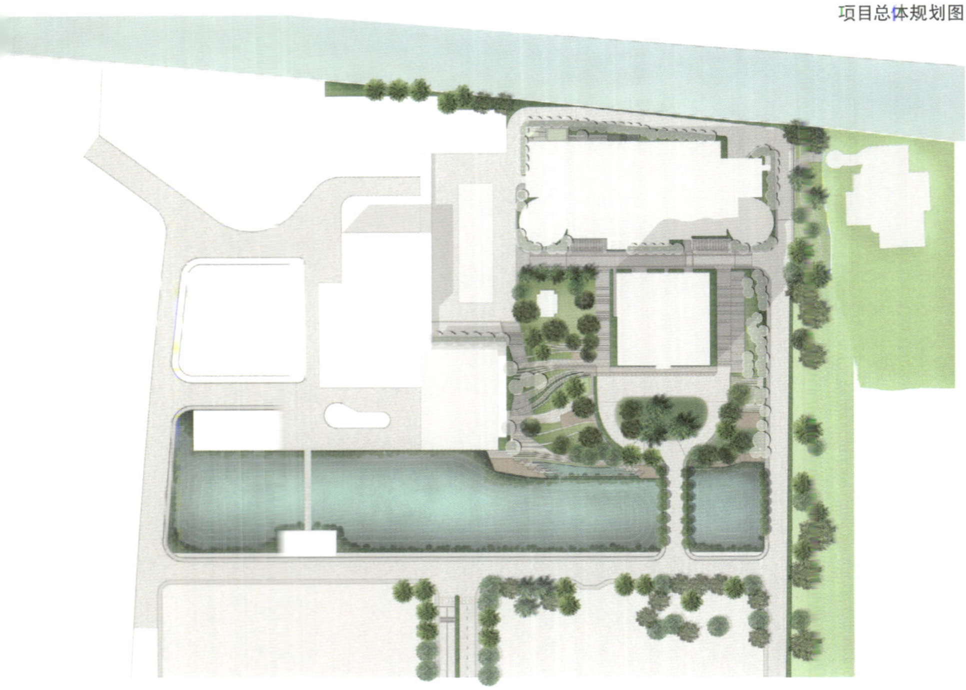

02

03

04

02 / 暹罗水泥集团新总部景观的空中俯瞰图，委托方希望打造能够与历史和环境对话并可为下一代服务的可持续景观设计

03 / 新总部办公大楼附近的景象。保留下来的榕树及景观形式成为新建建筑的漂亮背景

04 / 定制长椅遵循整体设计的主题，并为初始固定弯道增添了一抹色彩

05

06

07

C5 / 设计策略的进化本质来源于流动的重要性。设计师用两种类型的预制铺面（笔直和弯曲）打造出流动波纹的复杂弯段和曲率

C6 / 水面下方的土塘边缘设有多个不同的平面，用以打造出能够促进沉水植物（黑藻属植物）、浮水植物（水海棠草、积雪草）和其他水生植物（水竹芋、美人蕉、菖蒲）生长的生物过滤池

C7 / 可以从人造与自然表面望到的阶梯形绿色屋顶是用来减缓水渠附近有限区域内建筑屋顶上径流的景观的一部分

生物过滤池剖面图

08 / 步行桥从现有水渠边缘保留下来的垂叶榕下方蜿蜒而过，并被改造成雨水滞留池，周围还生长着色彩鲜艳的美人蕉

09 / 水渠上方的生物过滤池系统不仅可以对场地内的雨水径流进行过滤、溢出和再利用，还可以作为重要的水景设施使用，增加场地内的自然景观

生态城广场

雨洪设计特色

水生植物被用来净化储水池中的雨水，从而对雨水进行再次利用

场地环境

“生态城广场”项目旨在将可持续发展的理念融入人们的日常生活。因此，该项目的主要目的是创造一个城市可持续发展的愿景，这一愿景有助于减少设计中的能源消耗，还可提高人们对自身消费行为的意识。该项目中的建筑布局形成了一个可供该区域居民使用的公共空间。该项目的另一个显著特征是将这个公共空间看作是一个“环境教育开放课堂”，一个为孩子们设计并旨在改善城市环境的综合性教育项目。

项目地点 / 西班牙，马德里
项目面积 / 7500 平方米
建成时间 / 2010
景观设计 / Ecosistema Urbano 事务所
摄影 / 埃米利奥 •P• 道伊斯医亚
委托方 / 里瓦斯 - 瓦西亚马德里市政府

01 / 小学建筑与雨水净化
02 / 学校建筑

生态城广场可持续图层面板

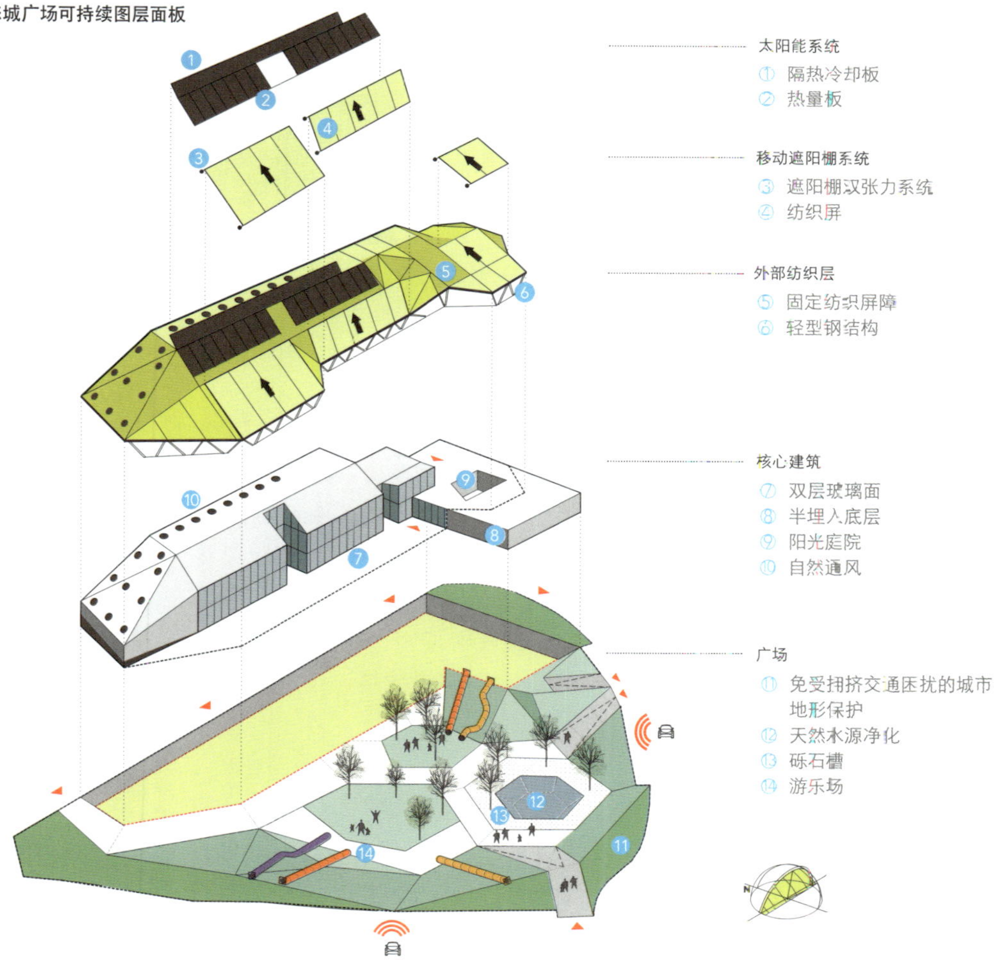

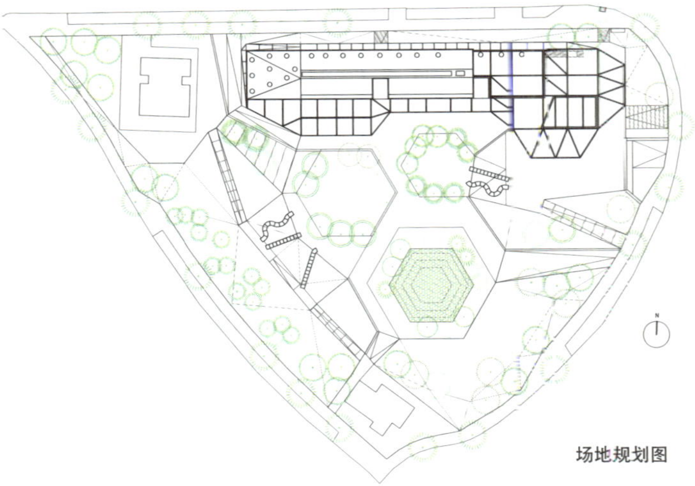

场地规划图

净化系统示意图

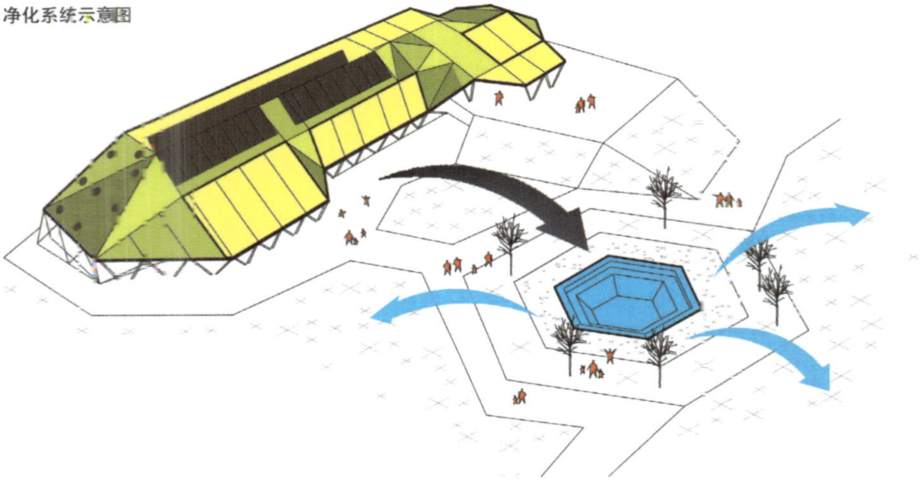

03 / 设有雨水净化系统的公共空间

建筑范围延伸到广场当中，为了对公众更透明，部分管理功能过程延伸到建筑外，用以创造一种更加自觉的自然资源管理方式。排水系统会把废水排放到建筑前面的污水贮留池里，在那里，来自建筑的废水都会被水生植物净化。所有净化过的水被储存到地下的一个砾石水槽里，用于广场的植被灌溉，并且这处人造景观还对自然河岸进行了模拟，人造地形内修设有围护结构和防护滤网，将广场与工业环境隔离开来。这种设计方式会使漫步于广场之中的人们很容易忘记真正所处位置的背景，并会认为自己正身处某个更接近自然的地方。

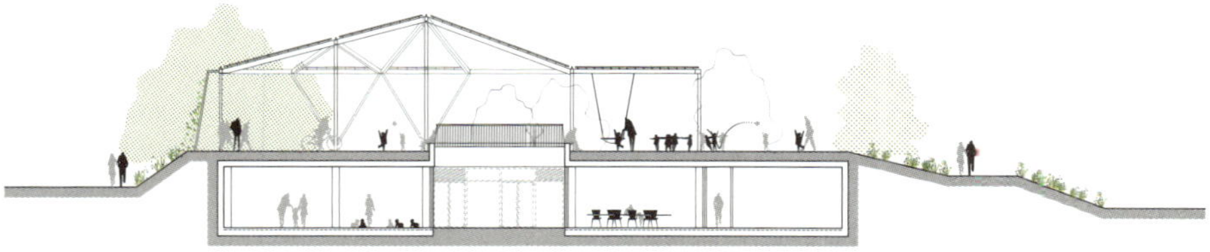

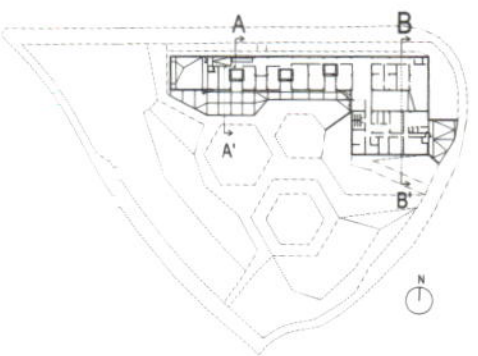

剖面图 B-B'

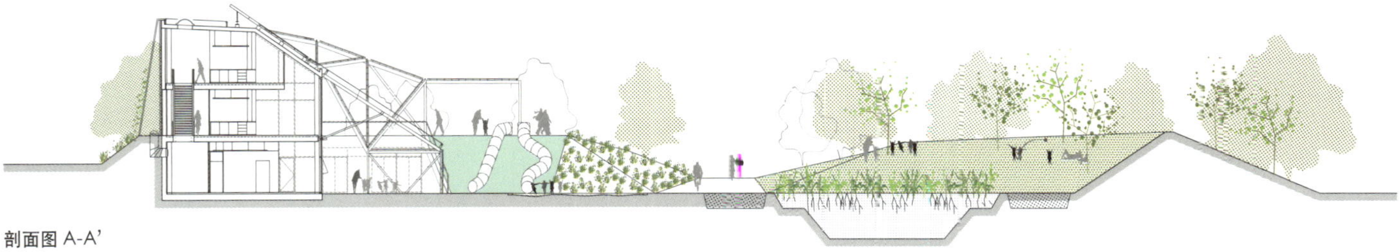

剖面图 A-A'

循环示意图

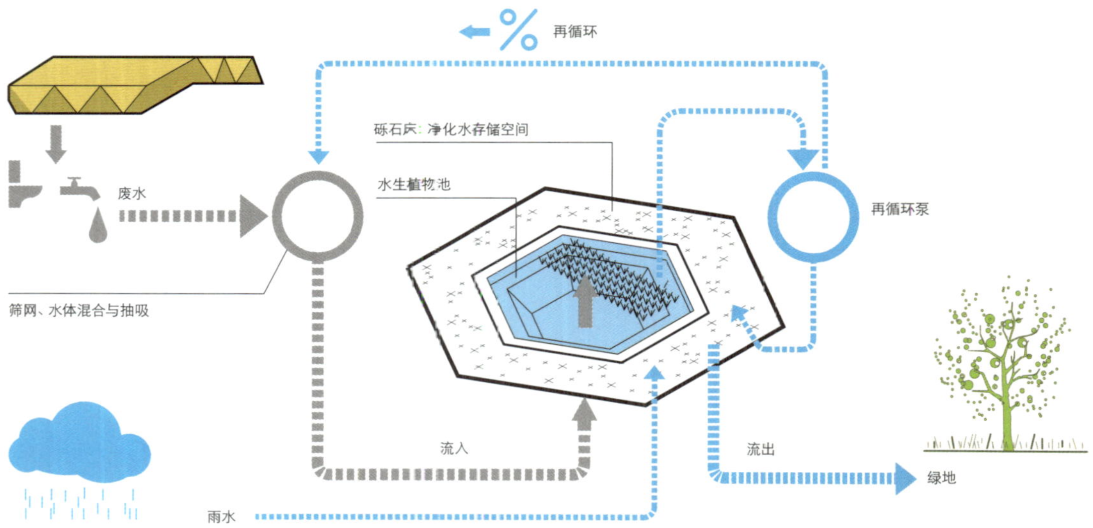

雨水净化示意图

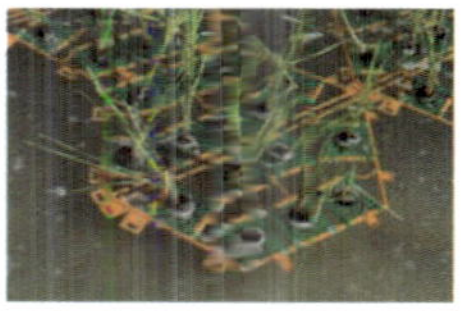
浮水植物

河边树木

水生植物池

砾石床：净化水存储可以满足灌溉用水的需求

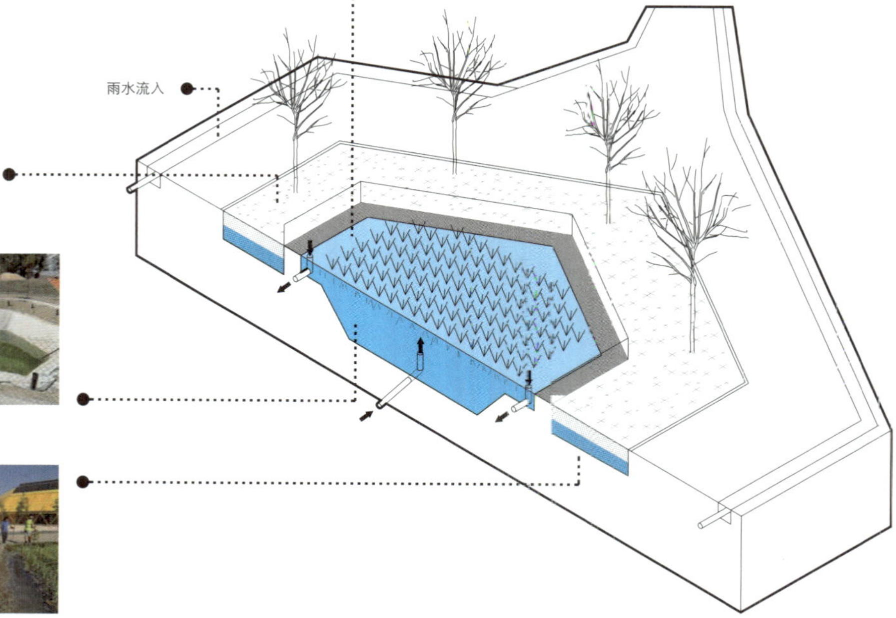

04 / 砾石床与净化水存储空间
05、06 / 遮阳结构
07 / 浮水植物

坦纳斯普林斯公园

雨洪设计特色

植草沟和雨洪池分别用来净化
和收集街道周边雨水

项目地点 / 美国，波特兰
项目面积 / 4047 平方米
建成时间 / 2010
景观设计 / Ramboll Studio Dreiseitl 事务所
摄影 / Ramboll Studio Dreiseitl 事务所，Green Works 景观建筑事务所，杰奎琳·霍耶，拉瓦勒·林，迈克·霍克，斯科特·唐宁，汤姆·古德
委托方 / 波特兰市政府

01 / 坦纳斯普林斯公园为居民们提供了一个放松、安静的休闲环境

波特兰珍珠区原先是一片清泉滋润的湿地，被坦纳河一分为二，与宽广的威拉麦狄河相邻。铁路站场和工业区首先占用了这片土地，并排干了场地内的积水。在过去的30 年里，一个象征着年轻、综合、都市与活力的崭新社区逐步成型。今天的珍珠区已经成为居住和商业活动的落脚之处，而委托方希望在市区繁华地带占地 61 米 ×61 米的区域打造一个崭新的城市公园。

受当地地下条件的影响，项目场地的土壤渗透率很低。适宜的水敏感技术不仅可以在地势低洼处增设滞留存储空间，同时还可以加速水分蒸发。池塘和小溪是蒸发水分、改善微气候、为野生动物提供栖息地、为游客提供自然体验的最佳解决措施。设计师在城市公园内圈出了近 5000 平方米的区域，以一种最为自然的方式对公园及周边人行道上的径流进行管理。从公园和道路上收集到的雨水流入池塘进行滞留和净化。经由溪流和生态低洼地的水会不断循环，可以确保公园设施获得不断净化的水流，多余的水流则会流入城市雨洪排水系统。设计师在城市硬铺装环境内设置了具有天然水循环功能的绿色、透水公园地面和开发性水体。收集到的雨水不仅可以用来为天然池塘补充水源，还可以对原有沼泽地进行再开发。城市公园的建成也使洪水情况得到缓解。特大暴雨期间，池塘水位会上涨；城市公园会使高峰流速下降，将雨水径流引入街道下方的坦纳河。

设计师用从铁路轨道回收的旧材料打造城市公园的“艺术墙”，借此唤起人们对于历史铁路的记忆，而波浪形的外观设计可以给人以强烈的视觉冲击感。戴水道设计公司的创始人赫伯特·德莱塞特尔 (Herbert Dreiseitl) 先生本人通过手绘方式，将这里曾经生存着的生物图案绘制在热熔玻璃上，然后将其镶嵌在“艺术墙”内。在这个繁华的市中心地带，生态系统得到了恢复，人们可以看到鱼鹰潜入水中捕鱼。除此之外，甲板舞台上还经常举办各种文艺表演活动，孩子们也可以在此玩耍、探索自然奥秘，其他人则可以在这片位于城市中心的天然庇护所内享受大自然的芬芳、进行无限的冥想。

底层平面图

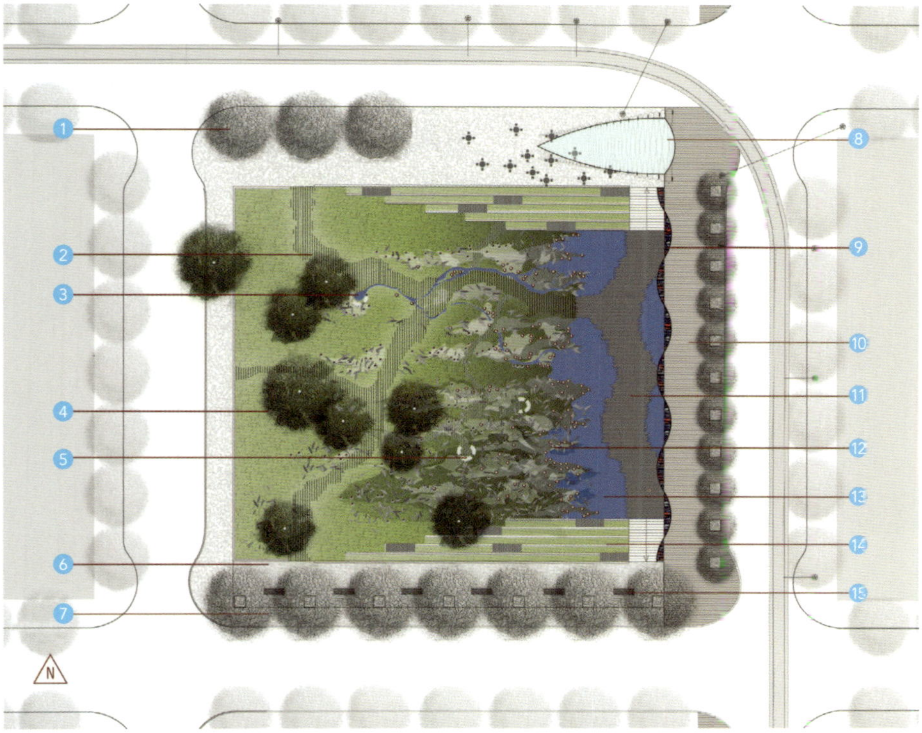

① 树木
② 鹅卵石小路
③ 泉水
④ 草甸
⑤ 长椅
⑥ 慢速人行通道
⑦ 快速人行通道
⑧ 雨亭
⑨ 艺术墙
⑩ 木栈道
⑪ 浮桥
⑫ 湿地
⑬ 水流
⑭ 座椅台阶
⑮ 长椅

02

© S Downing

03

02 / 公园俯瞰图

03 / “艺术墙”将坦纳斯普林斯公园的内在美和周边环境呈现在人们面前，家庭、婚礼派对和朋友聚会均可将这座公园作为摄影背景使用，为人们留下最为宝贵的记忆

04 / 坦纳斯普林斯公园是城市开放空间在地方经济发展中发挥积极作用方面的杰出案例

融入了雨水概念的最佳典型设计为城市开放空间设计制定了一个生态基础设施新标准

05

06

05–07 /坦纳斯普林斯公园是一座多功能公园，可以在有限的空间格局内解决潜在的需求冲突

① 钢制边缘
② 雨水咖啡馆
③ 有净化作用的群落生境
④ 水位变化
⑤ 木浮桥
⑥ 艺术墙
⑦ 木栈道
⑧ 街道

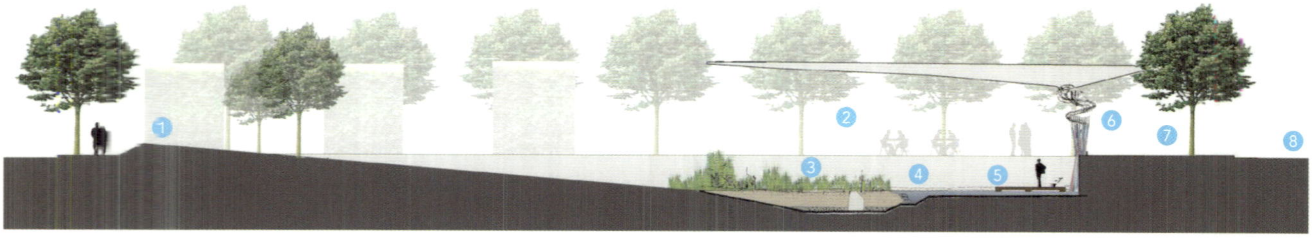

东西向剖面图

07

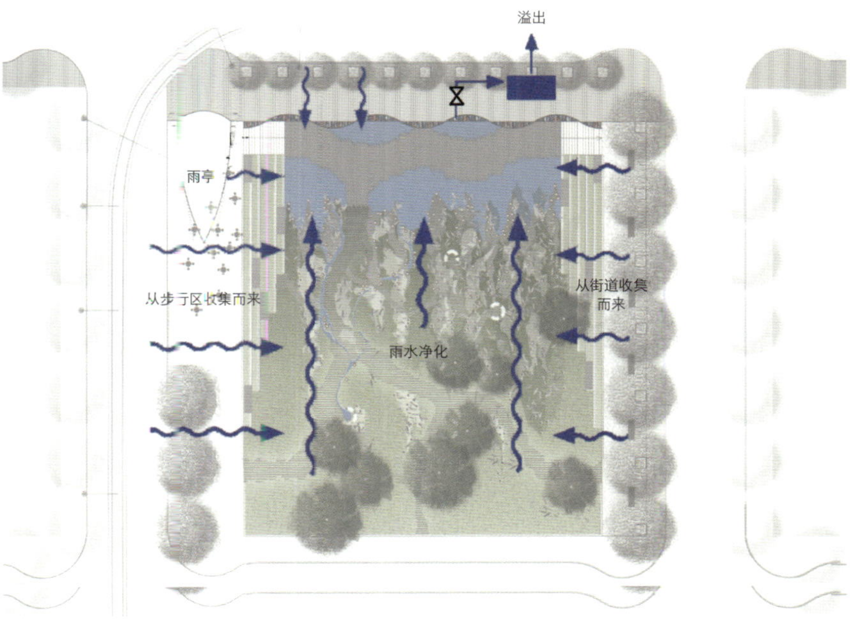

雨水流程图

贝桑松艺术与文化之城

雨洪设计特色

绿色屋顶收集雨水，植物过滤池过滤收集来的雨水

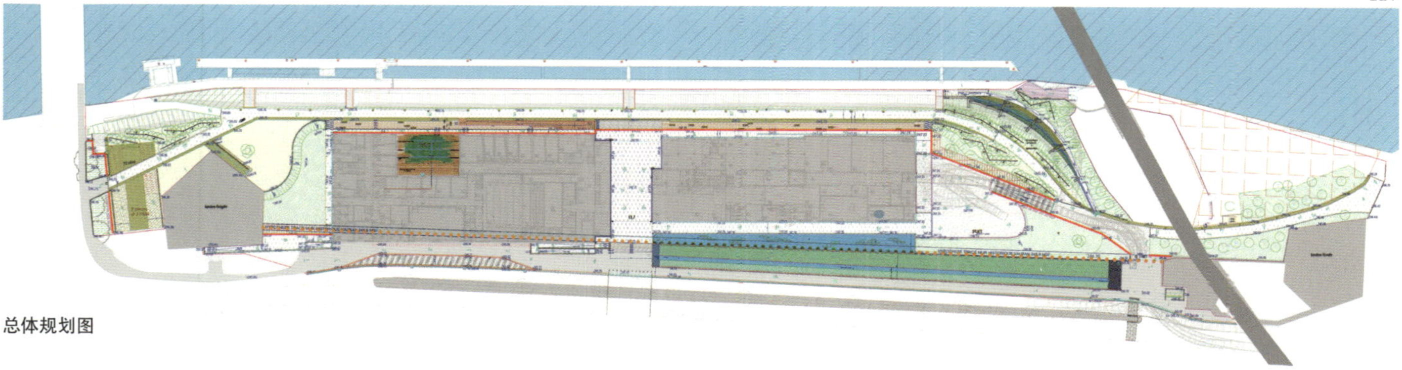

总体规划图

航拍照片

这一雄心勃勃的项目位于法国杜省的老河港两岸，坐落在沃邦城堡脚下。项目场地情况相对复杂，城堡和美丽的旧城区遥相呼应。沃邦城堡依然位于河道两个堡垒防御工事附近的地面下方，河道水流可能会淹没施工现场，而先前的工业建筑必须留在区域中心的位置。

设计师们感兴趣的是景观是否靠近水源以及它的价值。这座城市夏季炎热、冬季寒冷，因而需要确保新建筑的热舒适性。设计师们设计出一个快速的冷暖两用系统 这个系统利用河水来确保新建筑夏季和冬季的舒适性。这项提案的优点在于，可以从冷暖两用系统中重新获得水源，进而提高公共空间的利用率。如水流路径图所示，使用抽水泵 PAC 以 100 立方米 / 小时的速度将水从地面抽取出来进行加热或制冷，然后注入公共空间（观赏池、过滤池，水梯）。雨水屋顶也可用来收集雨水，并将雨水引入过滤槽。经过过滤的雨水可以用来灌溉“和谐花园”中的植物。水面在风的作用下变得波光粼粼，而隐藏在水面下的板材使得水流看起来清澈平滑。径流流入生长有各种植物的河道内，佚罗河也恢复了往日的生机，并融入到贝桑松植物园的景色中。然后，河水经由一个水梯注入杜河。水梯被设计成一个有趣且触手可及的人工瀑布。

整个项目被设计成城市漫步系统，并将成为杜河大道的一部分。河流和建筑物一侧的河流经停处，以及宽阔人行道另一侧的水循环路径与建筑相得益彰。

项目地点 / 法国，贝桑松
项目面积 / 2 公顷
建成时间 / 2012
景观设计 / Agency L'Anton 事务所
摄影 / Agency L'Anton 事务所
委托方 / 贝桑松市城市社区

01 / 戈拉尔大道上的建筑正面图

河道草图

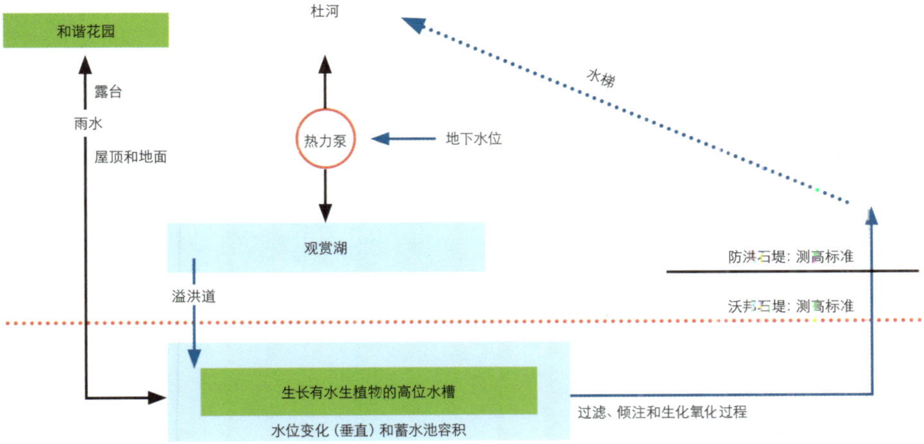

02

雨水流向水渠的连续阶段

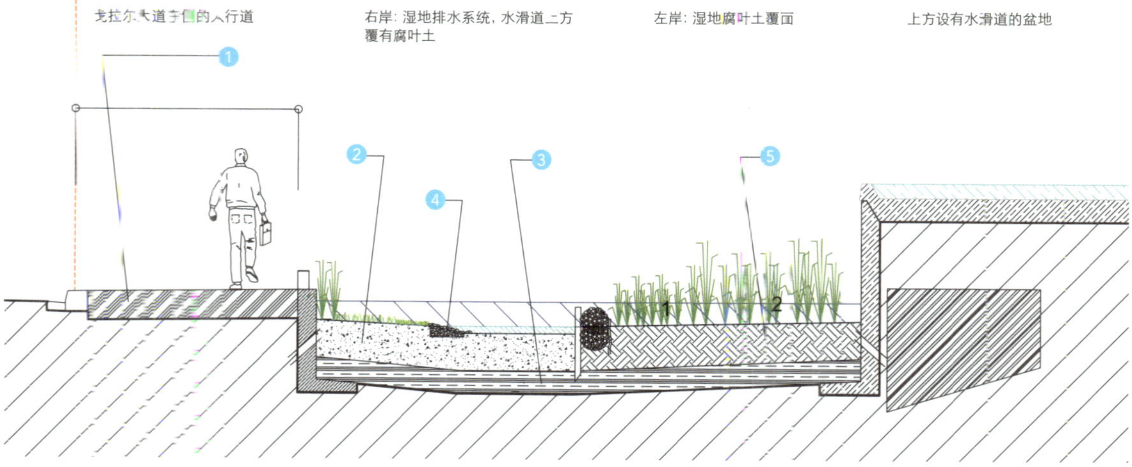

① 人行道
② 铺有砂土和泥砂的底面
③ 黏土防水层
④ 河岸上的鹅卵石
⑤ 有机基质

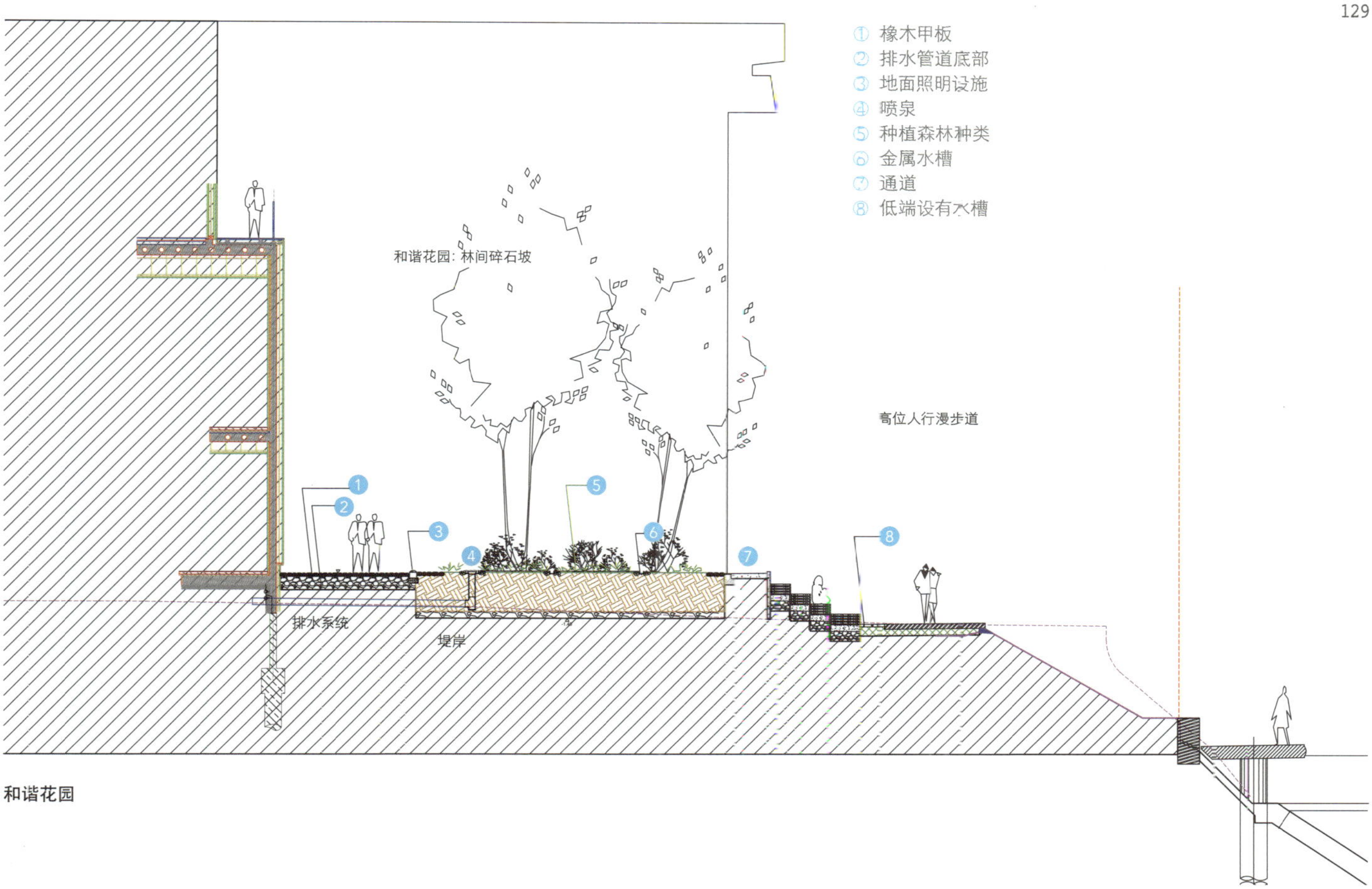

和谐花园

02 / 俯瞰设有人行道的途中歇脚点
03 / 生长着茂盛植物的过滤池
04 / 建筑周围的步行道

05 / 池水流入杜河，建立起码头之间的联系
06、07 / 水梯河岸详图
08 / 人行漫步道旁连接多个码头的水梯
09 / 和谐花园
10 / 和谐花园地面情况详图

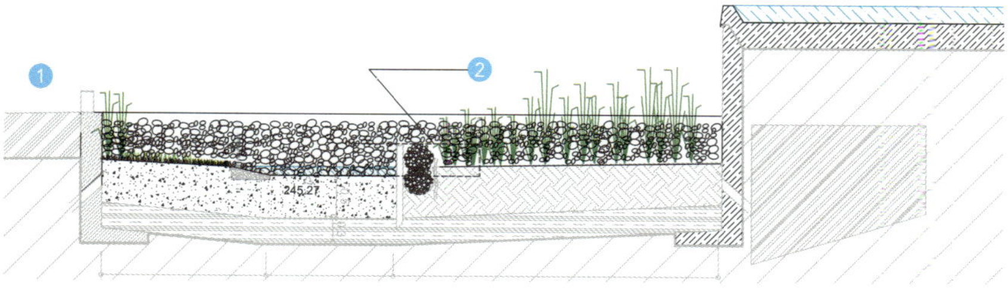

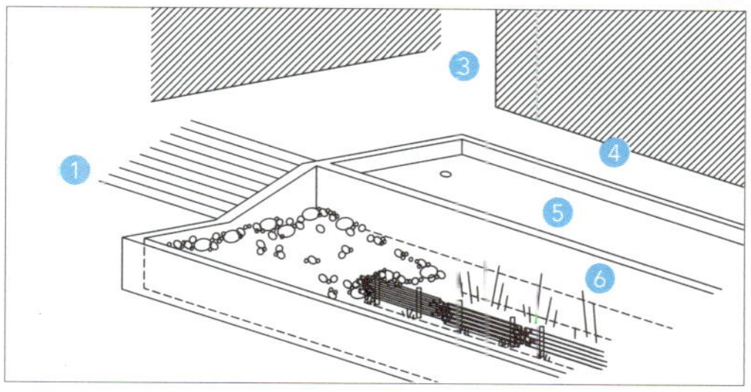

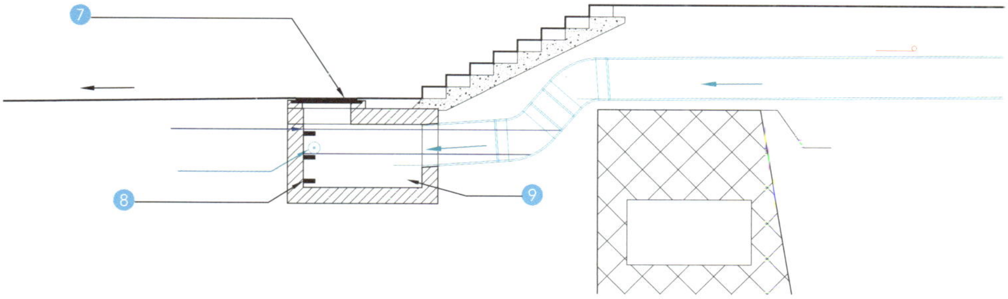

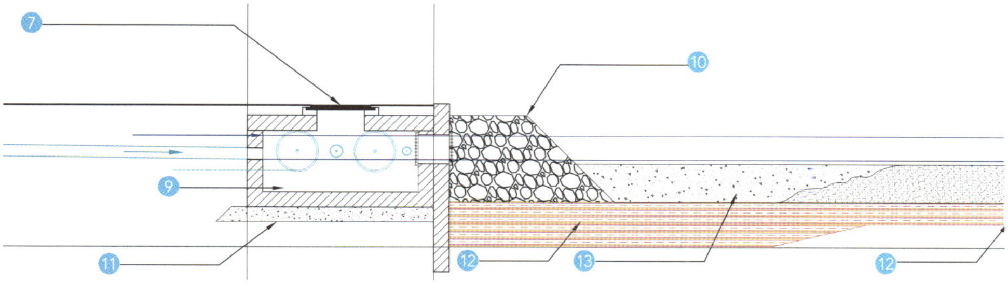

① 戈拉尔大道上的人行道
② 滚轴输出
③ “艺术走廊”
④ 通道
⑤ 上游流域
⑥ 最大的水面下降幅度
⑦ 特有的净化工程
⑧ 梯级
⑨ 集砂器
⑩ 碎石滚轴
⑪ 清洁混凝土
⑫ 黏土
⑬ 未经处理的砾石

水渠细部图

Hive Worcester
图书馆景观

雨洪设计特色

渍水草甸用来过滤雨水中的污染物，同时也可缓解季节性洪水

Hive Worcester 图书馆是欧洲第一所联合大学公共图书馆，也是伍斯特市和伍斯特大学的学术、教育和学习中心。新景观的设计包括可持续城市排水系统（SUDS）、水量衰减设施、富饶的城市花园、地方材料、植物品种和用以提高物种多样性和生态丰富性的景观管理措施，旨在成为领先的可持续性设计典范。

项目场地内设有多个小岛和观景台，人们可以在这里俯瞰到两处草甸茂盛生长的盆地，堤道是城墙的延伸，将中心环绕其中。浸水草甸是一处主要景观，也是一处环境教育资源，可以对河道的季节性洪水进行处理，而且没有过多的维护需求。人们可以在这里采集到黄花九轮草、兰科植物、贝母属植物和鸢尾花的种子。另外，浸水草甸还具有实际用途，可以应对可持续城市排水；利用苇丛河滩对雨水和地表水进行过滤，还可借助盛行西南风蒸发冷却过程与建筑环境保护工程一同发挥效用。浸水草甸内设有两处栖息小岛。人们可以通过儿童图书馆的桥梁抵达其中一个小岛。这是一座模拟自然环境修设的小岛，小岛上遍布自然景观，生长有芳香植物，设有野生动物巢穴和一座迷你果园，孩子们在这里阅读、汲取自然知识。另一座小岛是野生动物的栖息地，岛上生长有高大的冠层树种和稀有的黑杨树等矮生灌木丛　可以为野生动物提供隐蔽的筑巢和栖息之所。

景观空间让人精神愉悦，精神振奋，吸引人们去体验鸟语花香，蜻蜓飞舞的大自然。清澈的水流也给游客展示了健康水质对于生活的重要性。

项目地点 / 英国，伍斯特市
项目面积 / 2 公顷
建成时间 / 2012
景观设计 / Grant Associates 景观事务所
摄影 / Grant Associates 景观事务所，霍夫顿 & 克劳
委托方 / 伍斯特市政府

01 / 人们可以在观景台俯瞰到两处草甸茂盛生长的地形盆地

① 牲畜市场汽车停车场
② 高架桥
③ 黑梨园岛
④ 芦苇床和湿草甸
⑤ 堤道
⑥ 物种丰富的浸水草甸
⑦ 儿童间
⑧ 图书馆和历史中心

示意图对景观策略给当地生态带来的良性影响进行了说明

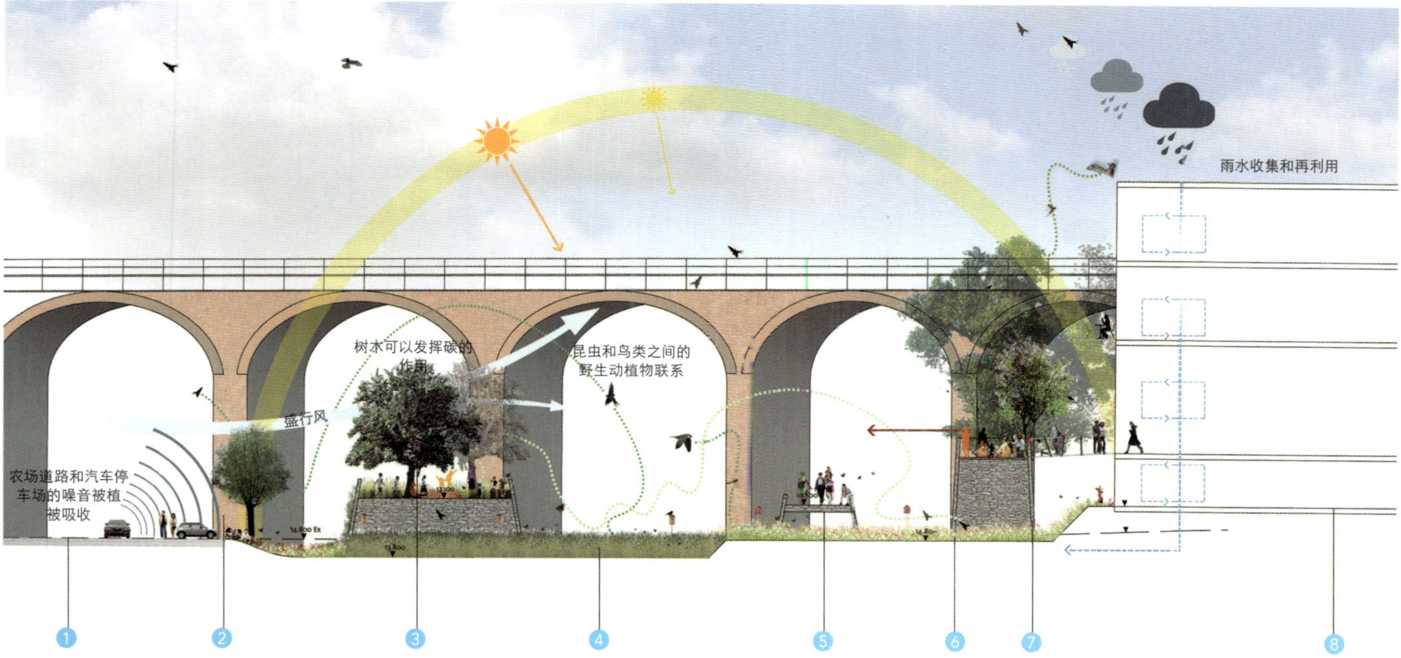

02 / 保留下来的墙体是总体景观设计的关键部分，使得设计方案可以在多个层面上发挥作用

03 / 浸水草甸为图书馆建筑提供了一个可持续城市排水系统

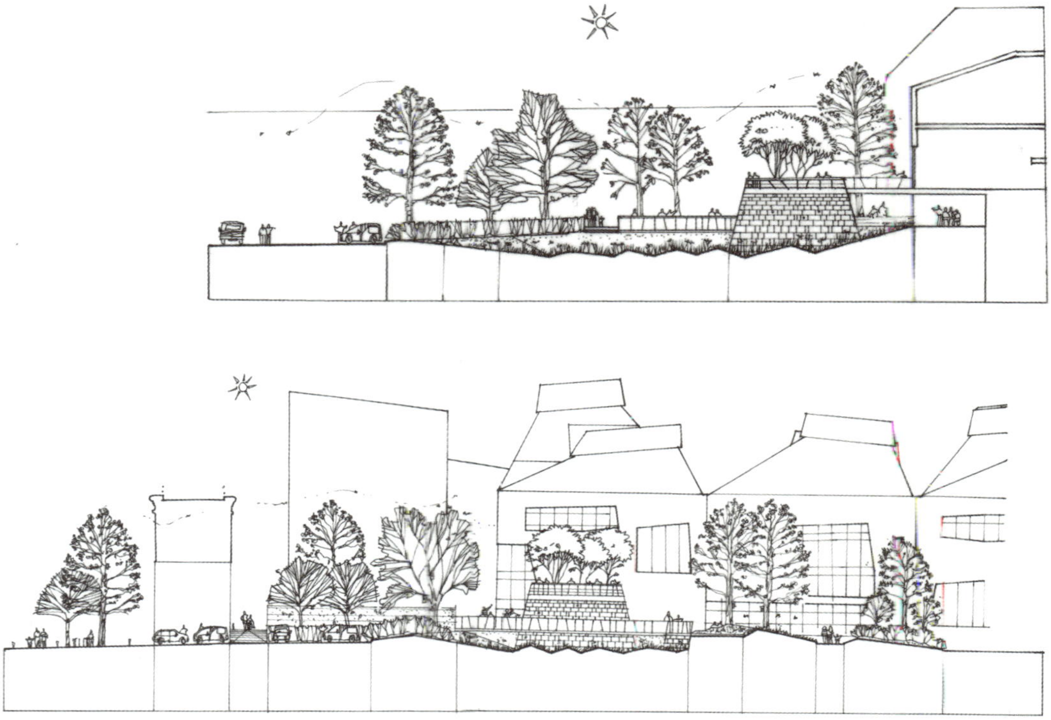

成熟树木融入总体规划设计的草图

03

缓洪花园网状系统背景下的 Hive Worcester 图书馆全貌

栖息地小岛为野生动物提供筑巢和栖息之所

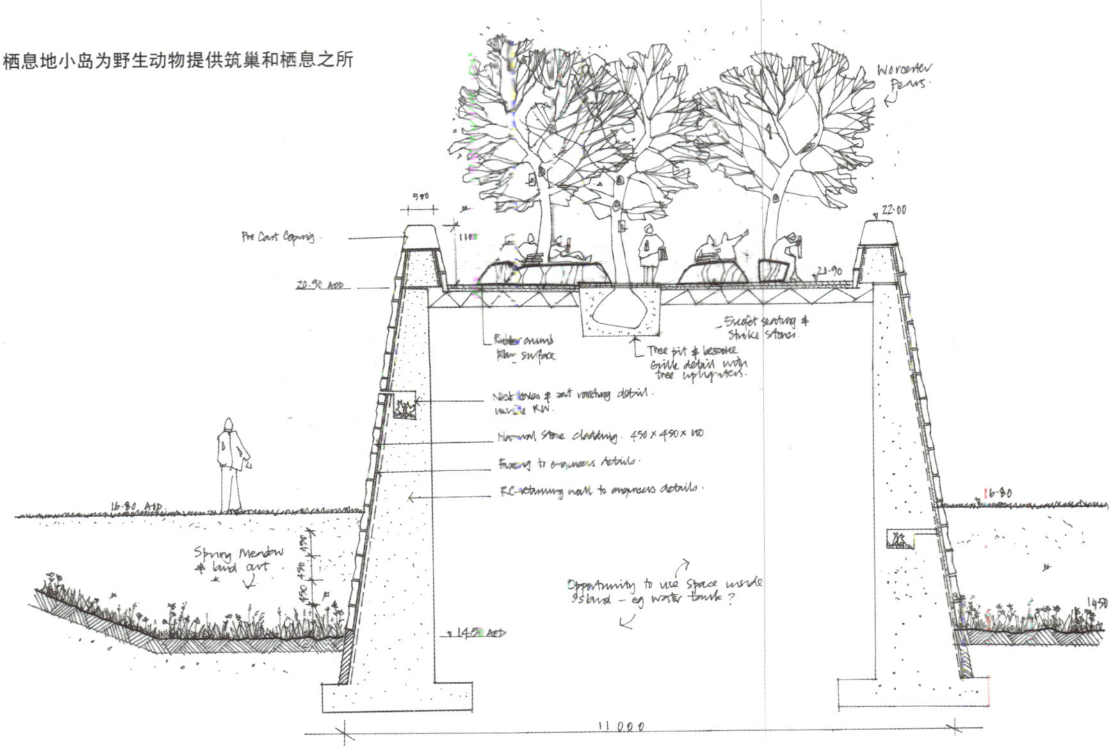

04 / 缓洪花园网状系统背景下的 Hive Worcester 图书馆全貌

05、06 / 高架堤道网线将项目场地内的多个区域联系起来，人们可以对场地大的花园进行充分利用

07 / 栖息小岛上栽种有伍斯特黑梨树，与这座城市几个世纪以来的历史有着一定的联系

05

04

06

07

01

Biesbosch 博物馆岛

雨洪设计特色

通过种植水生柳树吸收污水中的污染物

水源安全是 Biesbosch 博物馆岛项目开发的关键原因。作为国家水源安全项目的一部分，4450 公顷的诺德瓦德泽地已经变成一块水源保护区。Biesbosch 博物馆两侧的土壤被挖开，用以打造一座新的岛屿。

该项目利用了可用资源来进行水处理。生活污水的净化是通过柳树来完成的：这在荷兰当属首次，这是对当地柳树文化的一种认可。柳树可以吸收污水中的氮、磷物质，这些物质也反过来帮助柳树自身生长。净化后的水流入邻近的湿地，最终汇入河流。砍伐后经过干燥处理的柳树，可以作博物馆的生物燃料使用。位于西北侧的土方工程和绿色屋顶则可作为额外的保温隔热缓冲区使用。

项目地点 / 荷兰，鹿特丹
项目面积 / 1 公顷
建成时间 / 2015
景观设计 / 马尔科・韦尔默朗工作室
建筑设计 / 马尔科・韦尔默朗工作室
摄影 / 罗纳德・蒂尔曼
委托方 / Biesbosch 博物馆，韦尔肯丹

01 / 观岛平台
02 / 博物馆岛远景图

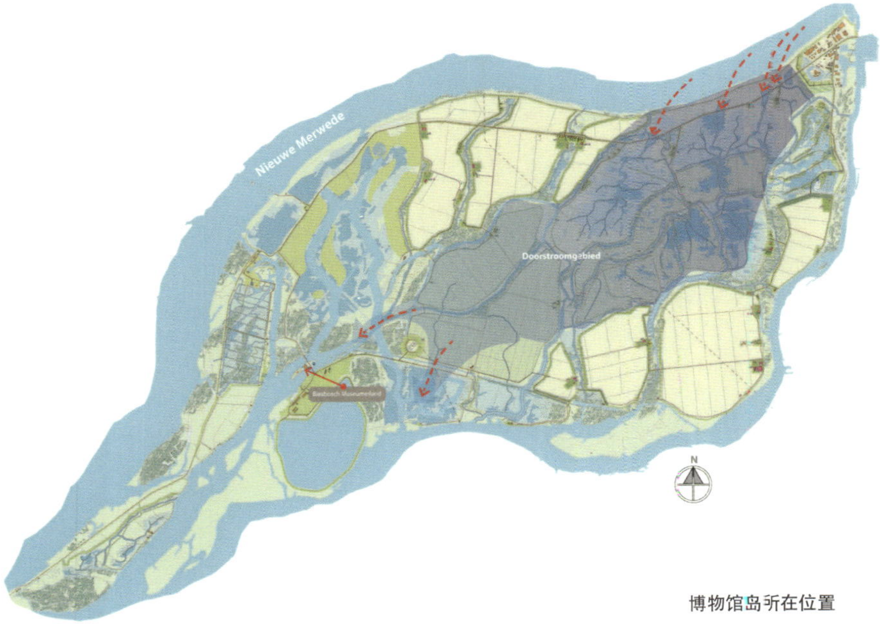

博物馆岛所在位置

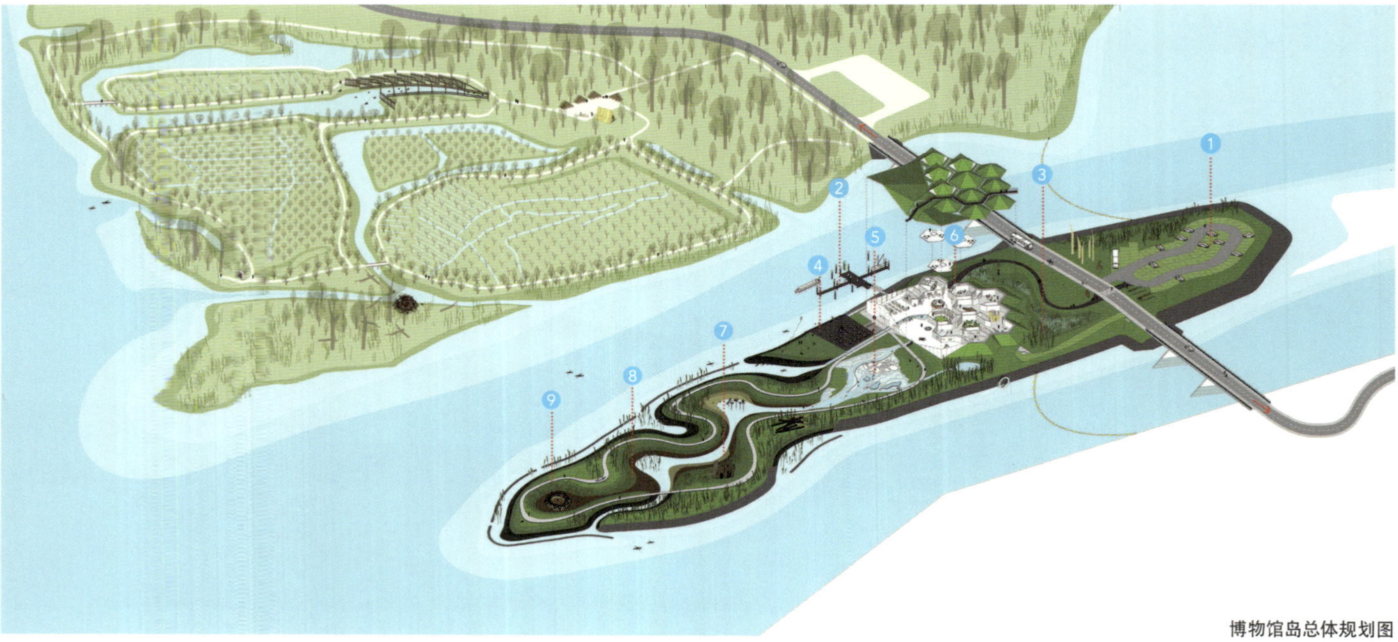

博物馆岛总体规划图

① 停车场
② 登船口
③ 生物废水净化
④ 平台
⑤ Biesbosch 体验区
⑥ 博物馆入口
⑦ 自然艺术馆
⑧ 小溪
⑨ 小路

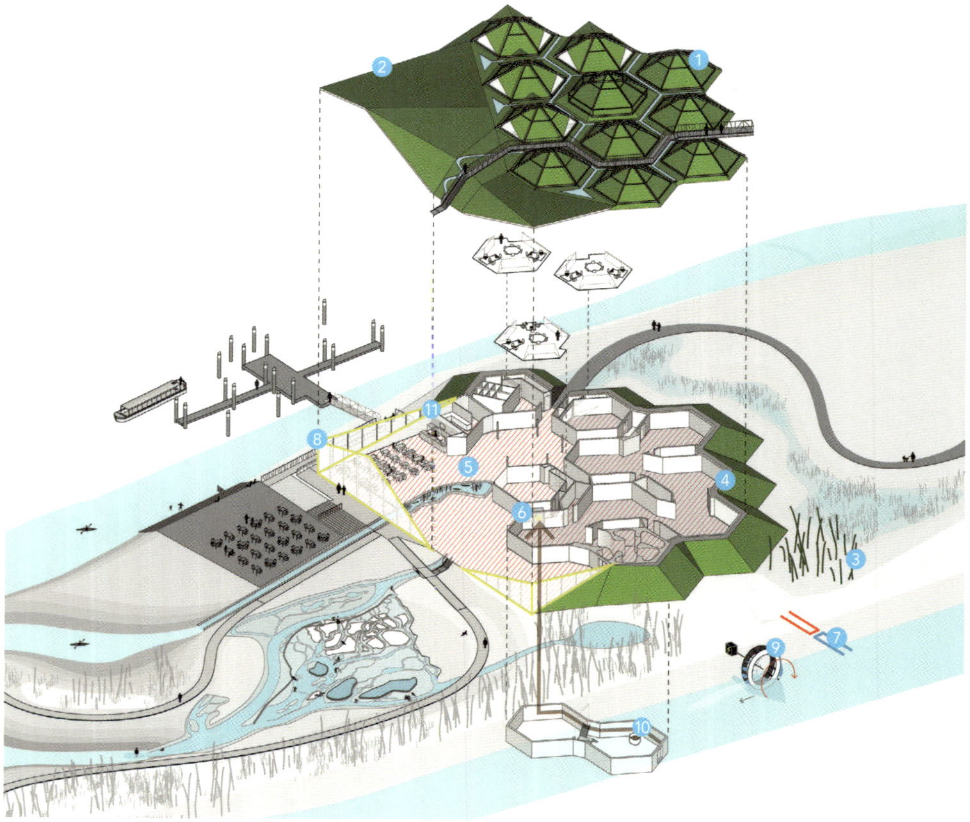

各种环保元素展示图

① 再生钢结构和屋面板
② 绿色屋顶
③ 柳树过滤区（污水净化）
④ 作为保温隔热缓冲区使用的主层墙体
⑤ 地下供暖 / 冷却设施
⑥ 生物燃料加热器
⑦ 河水冷却
⑧ 太阳能耐热玻璃
⑨ 发电水车
⑩ 经过干燥处理后可以作为生物燃料使用的柳树
⑪ 当地的水上快餐店

03 / 北边博物馆入口

新建的博物馆岛是一座淡水潮汐公园。淡水潮汐公园从新挖开的小溪中引水。由于河岸坡度平缓，人们可以清楚地察觉到潮汐和季节性的水位变化。同时，平缓的溪岸也使动植物的种类更加多元化，以此使游客在每次岛屿参观中获得不一样的体验。游客可以由一条蜿蜒的小路进岛，这条小径会随着水位的变化而呈现出不断变化的景象。“Biesbosch 体验区”是 Biesbosch 博物馆岛的比例模型，通过展示当地的圩田、堤坝和溪流，对水位较高时的水管理功能和重要性进行阐释。在半小时的循环周期内，水位从“极低”向“极高”变化。成人和小孩均可通过操作各种闸口来改变水流的流程。

04

建筑屋顶效果图

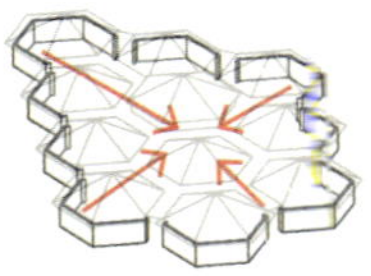

原有建筑：
向内倾斜，与周围环境没有关系

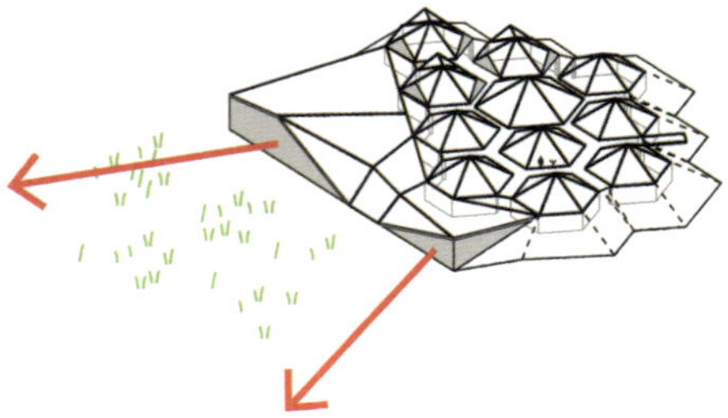

建议：朝西南方向延伸
博物馆岛周边环境与激活机制的景象

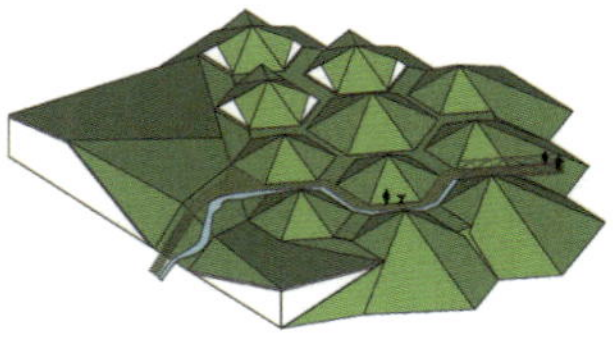

作为地景艺术存在的景观博物馆
屋顶是一处可以观景的公共空间

05

04 / 博物馆岛屋顶蜿蜒的小路
05 / 博物馆屋顶雨水滞留区
06 / 平台
07 / 西南抬升区

08 / 博物馆新展示区的外观
09、10 / 博物馆内部景象
11、12 / 展示区

10

11

12

4 透水路面

概述

透水路面是一种可以对目标处理量进行拦截和临时存储的替代性铺面，径流从路面孔隙中经过后得到过滤，然后进入下面的砂石储层。经过过滤后的径流可能会被收集起来，然后返回到输送系统内，在这个过程中，部分径流可能会渗入土壤。

透水路面可以用来：

- 在使用不含暗渠的渗透设计时，对场地内第一场 2.5 厘米的降雨进行管理（详见表 4.1，二级设计）；
- 在使用带有暗渠基础设计时，对场地内第一场 2.5 厘米的降雨进行局部管理（详见表 4.1，一级设计）；
- 减少污染物负荷以达到水质目标（详见表 4.2）；
- 符合地方雨水滞留标准的部分或全部存储要求；
- 对现有开发区进行改造，特别是高度不透水区。

不透水路面可以通过取代近乎所有铺面的方式融入城市环境中。设计人员通常会限制透水路面在停车位和应急道路或停车场内的非行车道等低交通流量区的应用。但是，新材料和施工技术已经使透水路面应用范围变得更为广泛。

“透水路面”适用于透水混凝土、沥青路面、混凝土网格铺面、透水交错咬合混凝土铺面和其他有着相同用途的产品和结构（塑料、泥土、草坪铺面、交错咬合的铺面等）。

图 4.1

在第八大道低影响开发改造项目（详见 160 页）中，设计团队选用了多孔热拌沥青混凝土道路铺面、透水铺面和可渗透混凝土人行道，这些铺面具备自然渗透、去除污染物和存储降水／雨水的功能。

图 4.2

德雷赛尔大学佩雷尔曼广场项目是又一个使用了透水路面的典型案例。如需了解更为具体的信息，请看 166 页。

透水路面设计方案和性能

表 4.1 对透水路面的一级与二级设计方案及其减少场地内 2.5 厘米降雨事件所产生径流的能力进行了介绍。表 4.2 对一级与二级设计的污染物去除能力标准进行了总结。污染物去除能力标准可供我们在最大日负荷总量和流域规划范围内计算场地污染物负荷减少量时使用。

表 4.1 / 透水路面设计层级：介绍与性能

设计层级	介绍	应用领域	性能[1]
一级	**基础设计：** • 暗渠设计 • 公式 4.1 中的储集层（暗渠上方）深度 • 暗渠管道下方不设渗透池	多数住宅环境屋顶、不透水表面上的私人车道、小块草坪和其他区域 • 土壤贫瘠的场地或在建在充填材料上的场地 • 有垂直限制的场地，例如基岩高、地下水位高、已被证实的喀斯特地质区、雨水热点区域及其他需要不透水衬垫的应用领域	透水路面的设计容积减少 45%[2]
二级	**渗透设计：** • 不设暗渠 • 公式 4.1 中的储集层（暗渠上方）深度 • 积水会在 48 小时内渗入下层土壤	• 土壤具有透水性的场地 • 确认渗透率大于等于 1.3 cm/hr.	透水路面的设计容积减少 100%[2]
	渗透池设计： • 设置暗渠 • 公式 4.1 中的储集层（暗渠上方）深度 • 暗渠上方渗透池的设计要符合要求，要具备在 48 小时内排干积水的能力（根据渗透率进行确定）	• 土壤贫瘠的场地 • 土壤具有透水性且暗渠为首选的场地	• 渗透池的部分设计容积减少 100%[3] • 储集层（暗渠上方包括暗渠）的部分设计容积减少 45%[2]

1 性能发挥以减少 2.5 厘米降雨量为标准。
2 设计容积包含路面下方砂岩储层的存储量，如果使用，还包括渗透池的存储量。与其他措施共同作用时，设计容积可以满足集水区（"目标处理量"）2.5 厘米性能标准的全部或部分要求。
3 渗透池的深度和容积要符合要求，要具备在 48 小时内排干积水的能力，根据渗透率对这种能力进行确定。

表 4.2 / 一级与二级设计的总污染物去除能力标准

设计层级	悬浮固体总量（*TSS*）[1]	营养盐：总磷（*TP*）/ 总氮（*TN*）[1]
一级	*TSS* = 81%	*TP* = 59% *TN* = 59%
二级	*TSS* = 91%	*TP* = 81% *TN* = 81%

1 总污染物负荷减少 = 径流减少和污染物去除的综合作用。污染物去除能力指的是污染物流过基础设施时的场次降雨污染物平均浓度（*EMC*）变化，污染物去除能力会受到处理过程的影响。

透水路面设计清单

这一设计清单将为设计人员在透水路面的必要设计步骤方面提供帮助。

- 对项目场地的可行性进行核验；
- 确定二级渗透设计、渗透池设计或基于土壤 / 岩土工程勘测的一级基础设计是否适用于项目场地；
- 完成设计合规性电子表格以确定目标处理量（*Tv*），并对所需的透水路面砂岩储层范围及是否需要使用附加措施和整个场地的合规性进行规划和确认；
- 对透水路面分类指导进行验证，并确保场地内有足够的面积（通常分为多个区域）设置透水路面；
- 对设计调整是否适合项目场地进行核验；
- 根据设计准则和标准详图设计透水路面；
- 提供必要的平面图、侧面图和剖面图细部及立面图、材料规格、坡度和施工步骤及说明。

标准详图

图 4.3 / 一级不透水路面设计的横截面图

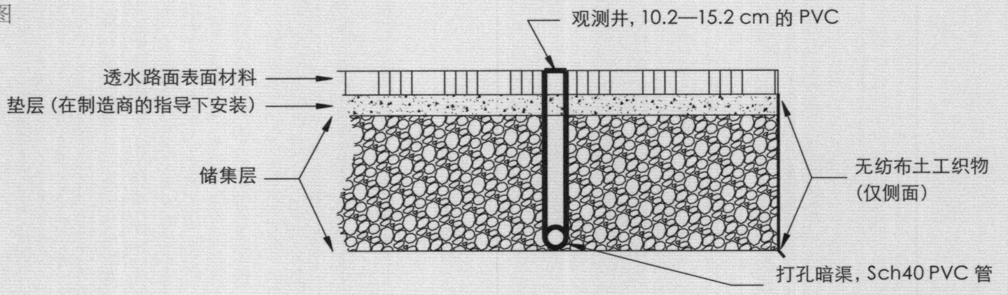

图 4.4 / 带有渗透池的二级不透水路面设计的横截面图

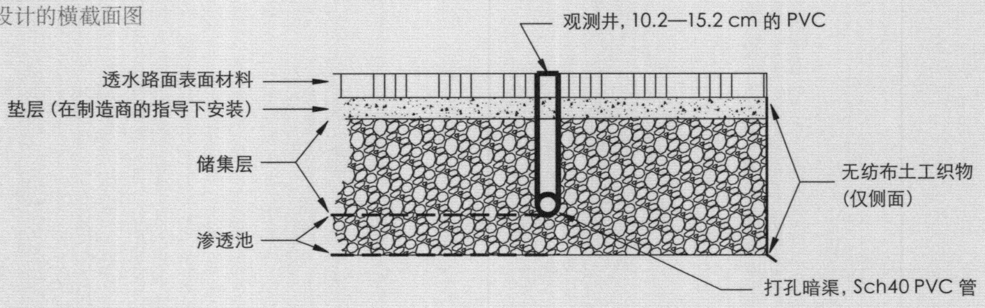

图 4.5 / 二级不透水路面渗透设计的横截面图

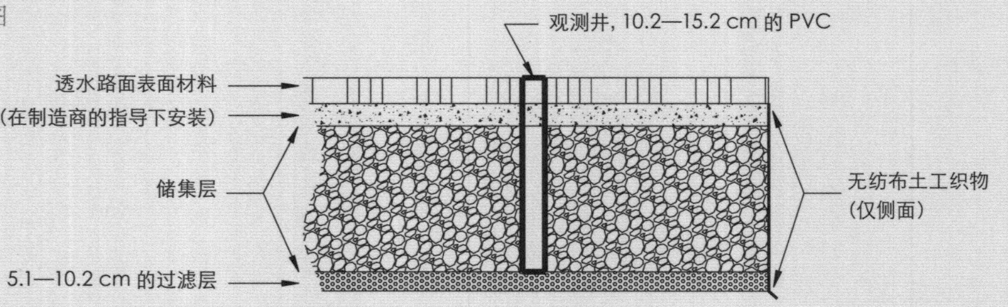

可行性标准与设计依据

由于透水路面具有很好的径流减少能力，因而应当将其视为传统路面的替代性措施。基础设计（一级）可以应用于多数开发项目场，而渗透设计和渗透池设计（二级）会受到与渗透措施可行性限制因素的影响。

透水路面设置的主要限制因素包括：

可用空间

透水路面的一大好处是，这种路面通常无须在新开发场地或再开发场地内设置额外的空间，这一点对那些用地紧张或是土地价值很高的项目来说至关重要。

场地地势

陡峭的路面可能会降低透水路面的雨水存储能力，而且可能会引发路面和路基材料的后续更换问题。此外，长距离的陡峭路面将使径流沿人行道较低一端的水库和蓄水池向下流动。设计人员应当考虑使用阶地设计方案对陡峭区域的透水路面进行设计，特别是当铺装完毕的停车场的坡度为 3% 或更高时。

路段底坡

透水路面渗透或渗透池装置的底坡应当尽量平坦（即，0% 的纵向和横向的斜坡），以使雨水均匀分布和渗透。在地势陡峭的场地，应当将内部拦砂坝或护堤与地下设计结合起来，用以促进渗透。

如果采用的是暗渠设计，需要借助底部低坡度纵向坡度和暗渠（即，坡度为 0.5%）来保证系统排水，但是在设计人员确定砂岩储层最小深度时，必须要对上述坡度加以考虑。从长远来说，这可能导致较低端的蓄水池深度更深，这样才能达到所需的蓄水容量。

明沟排水区

应当透水路段的路面排水面积（“径流”）限定为透水路面面积的 2 倍。明沟排水区应尽可能为 100% 不透水。上述限制因素是通过对负载大量泥砂和砂砾的透水路面（路面侵蚀）进行多次反复观察后得出的，泥砂和砂砾会增加措施的维护频率。

有效水位差

透水路面正常运行所需的高度差通常没有实际价值；路面距暗渠出水结构之间的水位差应为 0.6—1.2 米（这一数值会随着设计要素的变化而变化）（例如是否需要设置暗渠或朝上弯管）。

地下水位

高地下水位可能会到至径流在透水路面系统底部蓄积成池。因此，透水路面底部（即储集层的底部仰拱）与季节性高地下水位之间的最小垂直距离应为 0.6 米。

土壤

虽然土壤状况会影响暗渠的设置，但却不会影响生物滞留池的使用。如果下层土壤的测量渗透率小于 1.3 厘米 / 小时，便需设置暗渠。如果下层土壤贫瘠（范围在 0.3—1.3 厘米 / 小时），设计人员可能会选择将渗透池设置在暗渠下方。不论何种情况，设计人员都必须对土壤渗透率进行核实。低渗透率的土壤需要设置暗渠。需要在填土场地上进行岩土工程勘察，以确定是否可以设置不透水衬垫、暗渠和渗透池（详见下文设计准则一节的内容）。

热点区域土地使用

透水路面不得用来处理热点径流。但是，透水路面可以用于场地内的“非热点区域”；例如，员工或访客停车场，而车辆维护区域或其他热点区域可以使用更为合适的热点措施进行处理。

高交通流量或高污染物负荷

如不进行频繁且密集的维护，泥砂或垃圾 / 碎片会造成措施堵塞和失效的情况，因此，透水路面不得用于处理泥砂或垃圾 / 碎片负载较高场地。拥有多个透水区的场地（例如新建草坪或景观）被认为是高负荷场地，如果可能的话，应当在透水区设置在远离透水路面的区域。如果无法避免新建透水区的径流流入透水路面，则应使用积极的预处理措施。

高速路面

虽然透水路面可以成功地应用在低速住宅街道、停车道和路肩上，但却不适用于高速路面。

河漫滩

除非地方政府批准，否则，应将透水路面修设在拥有百年历史的河漫滩界限之外。

非雨水排放

透水路面不应接收灌溉用水、空调冷凝水、含氯洗涤水或其他非雨水径流。

建筑收进

为了避免渗漏，生物滞留区不得在水力上与建筑地基有联系。建筑收进程度会随着透水路面尺寸的变化而变化：

•23—93 平方米的透水路面：如果位于建筑下坡，建筑收进 1.5 米；如果位于建筑上坡，建筑收进 7.6 米 *。
•93—930 平方米的透水路面：如果位于建筑下坡，建筑收进 3 米；如果位于建筑上坡，建筑收进 15 米 *。
• 大于 930 平方米的透水路面：如果位于建筑下坡，建筑收进 7.6 米；如果位于建筑上坡，建筑收进 30 米 *。

* 在某些情况下，沿透水路面措施（从储集层表面延伸到储集层底部）设置的不透水衬垫可以作为一种防止渗流的附加预防措施使用，而且建筑收进要求也会相对宽松。

透水路面渗透设计或渗透池设计应用应当设置在供水井水平距离 30 米，干、湿公用事业管线下坡 1.5 米开外的区域。上述建筑收进指导只是一般性指导，如果采用了预防措施，可以根据地方规划审批机构的要求减少建筑收进距离。

靠近公共设施

应当尽可能地避免干扰地下公共设施，尤其是给水管道和污水管道。在任何情况下，公共视野管线都不得从砂岩储层中穿过。如果公用事业管线将会位于透水路面下方穿过或者是紧邻透水路面，则需要获得公用事业公司或机构的许可，才可以实施。

既然无法避免与住宅区内的给水管道和污水管道（例如房屋连接管）发生冲突，那么便需要对施工顺序加以考虑，以确保不会影响现有设施的使用。

社会因素

可以将透水路面设计成安全、美观的措施。如果将透水路面设置在醒目的住宅或商业区，则应采用创意镶嵌铺面设计。

设计准则

透水路面的设计包括路面类型的选择：透水混凝土、沥青路面、混凝土网格铺面、透水交错咬合混凝土铺面和其他为了承载不同程度的车辆或行人流量的材料。路面类型的选择应当建立在路面规范和属性审查的基础之上，并提出场地条件，根据材料制造商的建议进行设计。

与雨水质量和减少径流量相关的设计关键部分在于其内部或地下几何结构，包括砂岩储层及根据拟建路面下方的土壤条件来完成暗渠或渗透池选定。砂岩储层的厚度是由结构和液压的设计分析共同决定的。储集层的作用是蓄积雨水，还可承载路面的设计交通流量荷载。

透水路面的水质与流量减少标准

透水路面的径流减少和水质设计包括根据下列设计结构标准调整砂岩储层的尺寸：

- 基础设计（一级）中暗渠上方，包括暗渠的砂岩储层的深度需要满足设计容积存储的需求。
- 径流减少数值达到设计容积的 45%。
- 渗透池设计（二级设计）中，暗渠上方，包括暗渠的砂岩储层的组合深度需要满足设计容积存储的需求；径流减少数值达到渗透池内设计容积的 100%，渗透池上方设计容积的 45%。
- 或在渗透设计（二级设计）中，砂岩储层的深度需要满足设计容积存储的需求；径流减少数值达到提供设计容积的 100%。

一级设计适用于土壤渗透速率低于 1.3 厘米 / 小时最小设计速度的场地。二级渗透池设计适用于土壤贫瘠的场地，路面结构设计将导致土壤渗透速率的减缓，或路段设计要求去除掉砂岩储层中的水分，但是可以考虑全面渗透设计（不设暗渠）。渗透池的设计为渗透池的容积提供了 100% 的径流减少数值。二级渗透池设计适用于土壤量充足的场地，在进行透水路面施工时，可以利用下层土壤进行渗透。

砂岩储层设计过程包括确定石块深度以确保可以满足设计容积的需求。其他设计步骤需要对大暴雨所产生径流的存储或传输问题加以考虑。可以通过使用暗渠确定存储指示路线项目或准确确定所需蓄水池深度的渗透率来达成这两项容积要求需求。另外，设计人员可以使用公式 4.1 粗略估算出储集层的深度。

一级暗渠和渗透设计

公式 4.1 可以用于设计基础设计中暗渠上方包括暗渠的砂岩储层深度和渗透设计中的整个砂岩储层。

$$d_{stone} = \frac{(P \text{ x } A_I \text{ x } Rv_I) + (P \text{ x } A_P)}{\eta_r \text{ x } A_P}$$

公式 4.1

其中：

d_{stone} = 砂岩储层深度（英尺）；
P = 设计处理量降雨量（1 英寸）= 0.083 英尺；
A_I = 不透水集水面积（平方英尺）；
Rv_I = 不透水覆面测定体积径流系数 = 0.95；
AP = 透水路面的面积（平方英尺）；
η_r = 砂岩储层的孔隙率（0.4）。

公式 4.1 作出了下面几项设计假设:

• 集水区 (AI) 完全不透水。透水区应当避开替代性排水系统。如果无法实现，应当根据预处理措施一节的内容在径流流入透水路面之前，将透水区内的径流引入预处理区;

• 不透水路面的产流面积与透水路面的面积比不得大于 2;

• 透水路面的表面面积与砂岩储层的表面面积相同;

•57 号石块的孔隙度 = 0.4。如果采用的是替代性石料，设计人员应当对石料标准的认可度进行核实;

• 路段表面蓄水池底部是平坦的。这种假设不大可能实现，因此，设计人员应当确保公式 4.1 中的砂岩储层深度是路面上端的最小尺寸，而且砂岩储层深度会沿路面斜坡逐渐增加。如有需要，设计人员可以将挡板融入砂岩储层设计中。

二级渗透池设计

渗透池设计包括暗渠下方渗透池的使用。设计目的是允许水流渗入下层土壤，即便土壤的渗透率很小（小于 1.3 厘米 / 小时）。因此，应当使用公式 4.2 并根据下层土壤的确定渗透率及下层土壤在 48 小时内排干渗透池积水的能力设定渗透池深度。

$$d_{IS} = \frac{\frac{1}{2} i \times t_d}{12}$$

公式 4.2

其中:
d_{IS} = 石制渗透池的最大深度（英寸）;
i = 路基土壤的现场验证渗透率（英寸 / 小时）;
t_d = 渗透池的设计排水时间 = 48 小时。

表 4.3 / 与渗透率相对应的渗透池最大深度

现场验证渗透率 (i)（英寸 / 小时）	设计水位下降时间(t_d)，（小时）	渗透池深度 1 (d_{IS})（英寸）
0.5[2]	48	12
0.25	48	6
0.1	48	24[3]

1 渗透池的深度等于砾石的总厚度。储水空间的有效深度 =$d_{IS} \times \eta$ (0.4)。
2 0.5 英寸 / 小时的现场验证渗透率允许使用渗透设计。
3 由于存在施工容差和砾石充填的设计测量问题，设计人员应当假定 4 英寸的最小 d_{IS}。

一旦确定了渗透池的深度，渗透池上方砂岩储层的对应深度可以通过公式 4.3 中使用公式 4.1 计算出的石块所需总厚度中减去渗透池的深度计算出来。

$$d_{res} = d_{stone} - d_{IS}$$

公式 4.3

其中：
d_{res} = 渗透池上方的砂岩储层深度（英尺）；
d_{stone} = 砂岩储层的深度（英尺）；
d_{IS} = 石制渗透池的深度（英尺）。

结构设计

如果要在停车场或是其他涉及车辆的环境内使用透水路面，路面必须能够承载最大预期交通负荷。结构设计过程因选择的路面类型而异，除此之外，还要遵循制造商的具体设计建议。一般来说，透水路面的厚度和储集层及下层土壤的强度足以承载交通负荷。在大多数新开发场地和再开发场地，结构支撑需求所需的砂岩储层深度大于设计处理量所需的砂岩储层深度。

透水路面的结构设计通常需要考虑四个主要的场地要素：
- 总交通流量；
- 现场土壤强度；
- 环境要素；
- 表面材料、基床和储集层设计。

由此产生的结构需求可能包括，但不限于，路面、过滤层和储集层的厚度。设计人员应当注意的是，如果下层土壤的土壤承载比很低，便可能需要将下层土壤压缩到一定程度（例如至少 95%）的标准普氏密度（SPD），该密度通常会影响下层土壤的渗透效果。其他选项包括使用位于砂岩储层或渗透池下方的土工织物或土工格栅，以更好地将交通负荷分散在未压实的装填区。

透水路面结构设计

支持车辆的结构设计过程因选择的路面类型而异。美国试验材料学会（ASTM）目前正在开发具备压缩或弯曲能力的透水混凝土的测试方法。这些测试的目的在于对混凝土的负荷承受度进行模拟。作为一项临时性措施，由美国混凝土铺装协会（ASTM）发布的疲劳公式将这种的混凝土路面的承受度与传统混凝土路面的承受度进行比较，假设其在本质上是可以比较的（但不是度量级）。如需获得更多信息，请查阅美国混凝土铺装协会（ACPA）设计方法。

混凝土网格只能保证间歇式交通量，而且通常只需设置最小 20 厘米厚的压实密级配砾石基层。透水混凝土网格路面下方的开级配基层和底基层厚度通常可以用来存储径流。

存在可以更好地展现符合与变形之间关系特征的开级配基层结构行为，但是针对这种结构行为展开的研究或是全面测试却并不多见。因此，有关透水路面设计中使用的开级配基层和底基层骨料价值的假设应当保守。

无论是何种透水路面类型，在确定地表和基层厚度以承载交通流量时，结构设计方法均应对下面几项内容加以考虑：

- 路面寿命和总预期交通负荷用 8 吨的等效单轴负载（*ESALs*）进行表示（这种负荷评估方法也将由卡车造成的额外道路磨损考虑在内）；
- 用土壤承载比、R 值或回弹模量（*Mr*）表示土壤强度；
- 铺面材料、基层和底基层材料的强度；
- 环境因素包括寒冷气候和土壤路基的扩展饱和度。一个合格的岩土工程师或土木工程师应当对每一次应用于交通运行中的道路土壤稳定性进行仔细检查，同时也不能忽略用于设计的最低预期土壤强度或硬度值。

透水路面的暴雨标准（地方滞留标准）

透水路面还可用来处理全部或部分符合河道保护或防洪要求的滞洪蓄水。设计人员可以对可模拟石材骨料层内的各式存储空间组合、预期渗透措施、砂岩储层上仰角处以闸室或打孔存储管道形式出现的附加存储空间及作为设计组成部分的各出水结构进行模拟。有水位一存储一排放关系的路径演算可以更准確地展示透水路面对所需设计暴雨的影响（2 年、10 年等）。应当注意的是，所有场地设计均应包含为更大流量设置的安全输送系统，不论是通过合理标准化的管道或河道系统，还是进入受纳水体的内陆洪水演算，目的均是尽可能地降低公共安全风险和财产损失。

尽管可以通过诸如透水路面的扩大径流减少措施来实现一些较大暴雨的蓄积（可能会减小下游滞留结构的尺寸或占地面积），但下游排水系统和洪水演算还是应该保守进行，且应当建立在没有受到径流减少影响的预期排水峰值速率的基础之上。

输送与溢流

透水路面设计应包含将大暴雨所产生的径流（例如 2 年和 10 年）输送至暴雨排水系统或受纳水体的方法。下面几个方法可以达到这一效果：

• 将下排水管，一种打孔管道水平放置在储集层顶部附近，以便在水流填满基层之后，将多余的水流输送至别处；
• 增加储集层顶部的深度，增加 15 厘米，以增加存储量（即创建出水高度）。用于测量储集层的设计计算并不包含出水高度；
• 在透水路面系统储集层内建立地下滞留系统。可通过波纹金属管、塑料或混凝土拱形结构等材料增强水池的蓄水能力；
• 将多余的水流输送至其他设计用于管理或滞留大暴雨所产生径流的滞留或排水系统；
• 与透水路面高度持平的雨水沟进水口可以有效地将多余的雨水径流输送至系统内。这项设计还应当考虑到大暴雨期间如何降低令人措手不及的积水深度问题。

预处理措施

透水路面的最佳预处理措施是将集水区限制在路面内。交通给路面带来了颗粒污染物，随着时间的推移，路面的自身磨损也会产生颗粒污染物。但造成路面阻塞的最常见的原因是集水区中景观区或草皮区。一至两个生长旺季才能让草坪全部生长起来，并锁住场地内的土壤。强降雨事件会将泥砂冲至路面。

景观区及草坪修剪作业也会将可能导致路面堵塞的高浓度有机颗粒冲至路面。如果道路接收了这些区域的颗粒沉积物，可能有必要使用其他预处理应对措施。比如，在颗粒沉积物到达路面之前，可以将砾石或草坪过滤带设置在靠近透水（景观）区的地方，用以过滤掉较粗的泥砂颗粒。

透水路面设计要素

透水路面由三个主要的部分组成：路面本身、储集层和渗透池。

透水路面

在各种类型的透水路面中，有几种不同的可用路面材料：透水混凝土、沥青铺面、混凝土网格铺面和透水交错咬合混凝土铺面。随着时间推移，这些材料经历了数次制造和安装上的改良，因此，设计人员应当定期向不同的制造商获取最新的材料信息。此外，为了优化产品性能，制造商通常会提供系统的设计协助。

储集层

储集层由路段下方和过滤层、下层土壤上方的石块构成。

• 透水路面下方的砂岩储层应当由干净的水洗石构成，可以处理暴雨事件所产生的径流，并满足预期交通负荷的结构要求；
• 在使用过滤设计时，应当保证储集层底部完全平整，以便雨水可以均匀地渗入整个表面。允许设置阶地和拦砂坝；
• 如果采用的是基础设计，需要借助底部低坡度纵向坡度和暗渠（即，坡度为

0.5%）来保证系统排水，但是在设计人员确定砂岩储层最小深度时，必须要对上述坡度加以考虑。从长远来说，这可能导致较低端的蓄水池深度更深，这样才能达到所需的蓄水容量。

渗透池

用来修设渗透池的石料与储集层相同。应当对储集层的尺寸进行调整，以便渗透池的设计容积可以在 48 小时内渗入下层土壤。渗透池底部与季节性高地下水位之间应当保持 0.6 米的距离。安装有不透水衬垫的设计应用中不得设置渗透池。需要在填土场地上进行岩土工程勘察，以确定是否可以设置渗透池。

暗渠

多数透水路面设计包括暗渠。如果采用的是一级基础设计，设置在砂岩储层底部的暗渠可以在系统外提供排水道。当径流量超出砂岩储层和底部暗渠或渗透措施的容量时，设置在砂岩储层顶部的打孔管道可以防止滞留的雨水在透水路面上泛滥。应当按照下面几项要求设置暗渠：

• 0.5% 的最小坡度；
• 使用多个管道时，每个暗渠的位置与下一个管道之间的距离不应超过 6 米；
• 打孔 Sch40 PVC 管，PVC 管中央 15.2 厘米处带有 1 厘米的孔洞；
• 暗渠表面应当覆有一层干净的水洗 57 号石块；
• 包括可调节出水控制设计，例如邻近检修井或其他结构内的孔口和堰墙；
• 出水控制设计应当确保砂岩储层可以缓慢地排干积水（建议时间大于 24 小时），但是应当在 48 小时内彻底排干；
• 二级渗透设计可以与暗渠搭配使用，如果维护观测表明土壤渗透率有所下降，那么可以覆盖在下游结构上；
• 如果路面面积超过 93 平方米，则应设置暗渠清洗口。

观测井

将打孔管道安装在生物滞留池下面根据需要安装 Ts 和 Ys，这取决于暗渠结构。向上延伸清洗管道至地表齐平处，并配设一个带有通气孔的盖子。所有透水路面均应设置观测井。观测井的用途是对暴雨过后储集层内的水位下降率进行观测，并辅助定期检修和维护。观测井应当由一条固定在暗渠系统内 Ts 或 Ys 上的直径 10—15 厘米的打孔 PVC 管构成。观测井可以垂直延伸至储集层底部，向上延伸至地表齐平处（或是铺面正下方），并配设一个带有通气孔的盖子。

过滤织物（可选）

虽然部分从业人员建议不要在透水路面下方使用过滤织物，因为其可能会造成系统堵塞问题，但过滤织物却是另一种保护储集层底部免受下层土壤侵入的材料。设计人员应当对铺面应用进行评估，并参考合适织物设计的专业资源。例如，AASHTO（美国国家公路与运输协会标准）M288－06 中介绍了 6 中土工织物应用：地下排水、分离、稳固、永久性侵蚀管控、泥砂管控和铺面织物。但是，AASHTO M288－06 并不是一个设计指南。工程师有责任为顾及场地具体土壤和水质状况的应用选择土工织物。

不透水衬垫

这种材料只能用于岩土工程勘察认为必要的区域、例如填方作业区、喀斯特地质区、建筑地基附近。设计人员应当使用 30 密耳（最小值）的 PVC 土工膜衬垫，衬垫上还覆有 8—12 盎司 / 平方码的无纺布土工织物。

指示标识

应当将醒目区域（例如学校、公园、城市环境、政府大楼）内的生物滞留池作为雨洪管理措施喷标出来或是以其他方式永久地标示出来。喷标或饰板上应当简要说明：a. 生物滞留池的水质用途：b. 暴雨过后可能出现短暂积水：c. 除了进行必要的维护，不得受到干扰。

指示标识

透水路面应用应当包括在醒目区域，特别是用于确定路面透水性和潜在操作及维护活动具体限制的入口附近。应当禁止常见于多数停车场的具体活动，例如冬季撒砂、覆盖保护膜等。

设计调整

喀斯特地质

在任何存在落水洞形成中度或高度风险的区域不建议采用透水路面二级渗透措施与渗透池设计。符合间距要求的一级基础设计应当可以有效运行。应当对岩土工程勘测与建议进行评估以确定是否需要设置不透水底部衬垫。

通常情况下，为了防止落水洞的形成，喀斯特地质区更适合设置小规模透水路面（集水面积不超过 0.2 公顷）。

陡坡

带有陡坡的场地可以设置透水路面；假如铺面是沿斜坡打造的，并可维持最大坡度。地质技术评估还应当对在砂岩储层侧面设置不透水衬垫的需求进行评估，以尽可能地减少斜坡附近的土壤浸透情况。

寒冷气候与冬季性能

撒砂和撒盐操作的盛行给透水路面的设置带来了很多不利影响。由于路面自身就是砂岩石层和渗透设计的预处理机制，在路面入口附近设置警示标识等预防措施应当警告人们不要向对路面喷撒砂土或其他粗砂。新罕布什尔大学雨水中心(UNHSC) 指出，与普通路面相比，透水路面具有较高的摩擦阻力，因而无须通过撒砂或撒盐行为保持制动距离和道路安全。另外，与普通路面相比，地下土壤温度的内部热力对流可以在更短的时间内加热透水路面，从而尽可能地减少使用化学制品或盐来加快积雪融化速度的需求。

最后，新罕布什尔大学雨水中心 (UNHSC) 就透水路面在寒冷气候中的耐用性研究仍在继续，并已取得积极成果。正确施工的透水路面结构耐用性可以与传统路面相提并论。设计变量可能包括在冻结线下方延展砂岩储层。

雨水改造

透水路面是一种可以应用于原有路面可能需要维修或替换场地内的多功能改造措施。在进行雨水改造时，需要考虑的问题有：确定是否有足够的水位差可以用来将暗渠与现有排水结构连接起来或是直接暴露在日光下。很多改造措施无法满足本书透水路面水质与流量减少一节中提出的全部要求，因此，明确改造目标和满足最大日负荷总量或流域修复目标所需的设计容积是非常重要的。

01

第八大道低影响开发改造项目

雨洪设计特色

渗透地砖、透气性沥青道路、混凝土人行道以及雨水花园的综合运用给道路提供了较好的雨水渗透功能

第八大道低影响开发改造项目位于第八大道的住宅区内，毗邻第九与第十大街。该项目是颇有灵感的房主与城市规划者展开的一次特殊合作。在该项目中，皮阿拉普市拆除了第八大道右侧道路现有的沥青路面和水泥混凝土人行道，并把那些不透水路面用多孔沥青路面、透水铺砖以及透水混凝土人行道取代。这些雨洪管理措施向人们展示了低影响开发技术以及它们的运行效果。透水路面可满足行人、残疾人、自行车和正常车流量的需求，同时具备自然渗透、去除污染物和存储降水 / 雨水的功能。公路与人行道之间的道路两侧设有多个雨水花园。新修道路相对狭窄，其曲线形设计是为了减缓交通压力、促使交通通畅，为雨水花园和"绿色空间"提供空间。设计师将道路和人行道表面修设在可以存储雨水的集料之上，同时为雨水渗透到当地的砂质土壤内预留排水时间。

该项目的渗透性表面不仅具备与传统沥青路面和混凝土人行道相似的强度，同时还大大地减少了污染物和径流量对城市现有管道系统和集水池的影响。表面过滤使降水以一种更为干净的方式进入自然系统内，同时也减少了下游水流侵蚀情况、除去了积水和水坑。

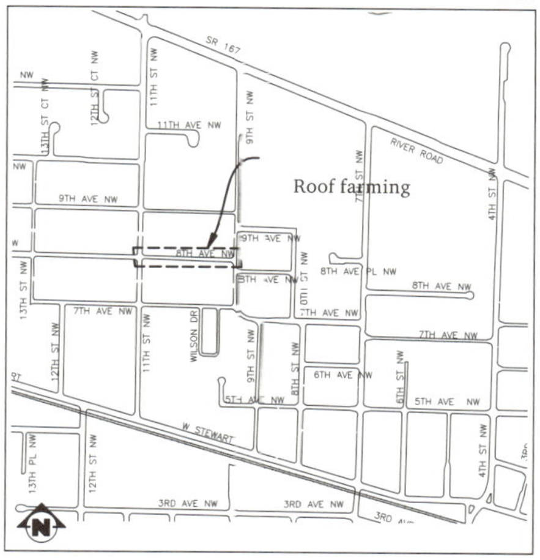

周边地图

项目地点 / 美国，皮阿拉普市
项目面积 / 3642 平方米
建成时间 / 2013
景观设计 / Rain Dog 设计有限公司
摄影 / Rain Dog 设计有限公司
委托方 / 皮阿拉普市

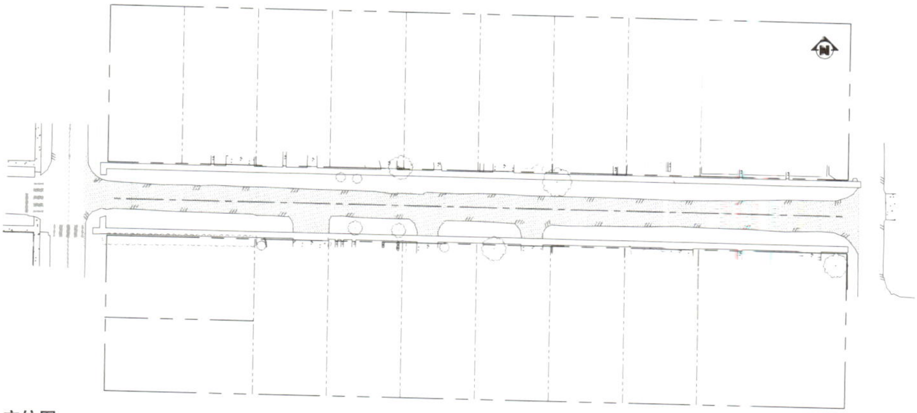

定位图

01 / 雨水花园和透水混凝土人行道
02 / 雨水花园和多孔沥青车行道

02

03

路面示意图

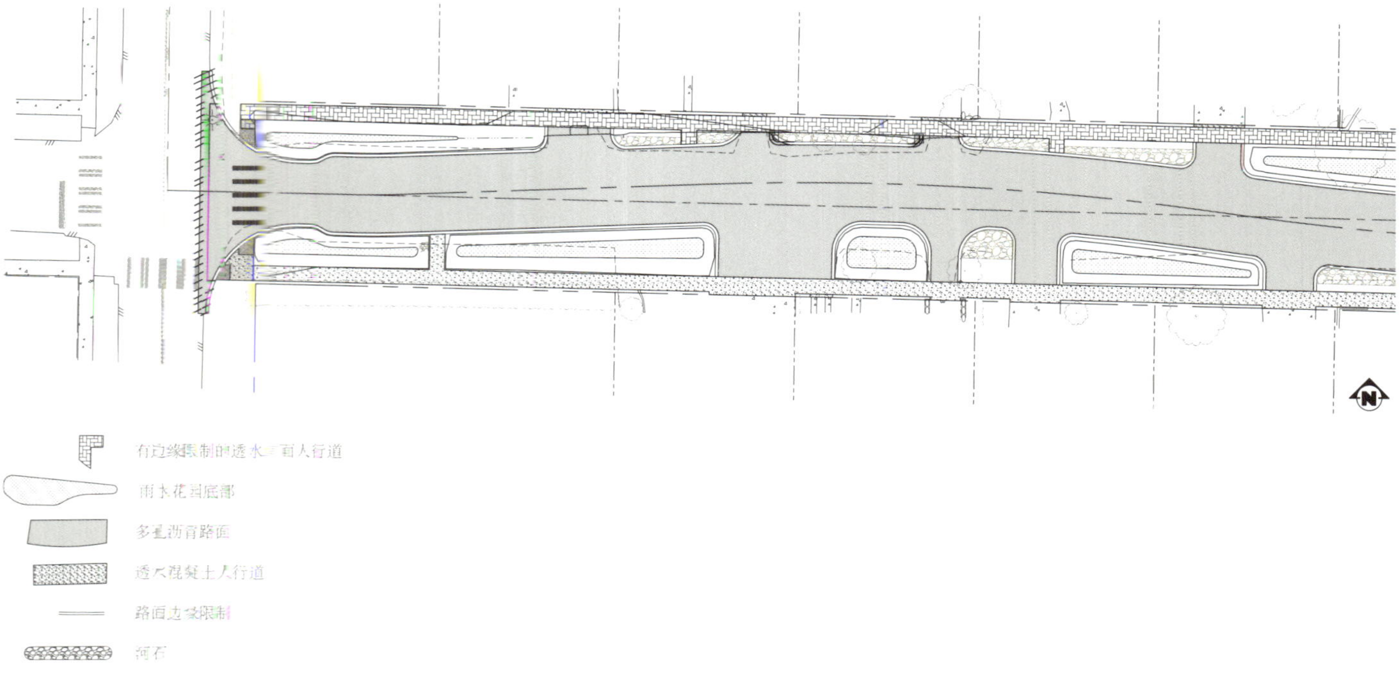

03、04 / 填石渗透池实现了植被区的完美平衡

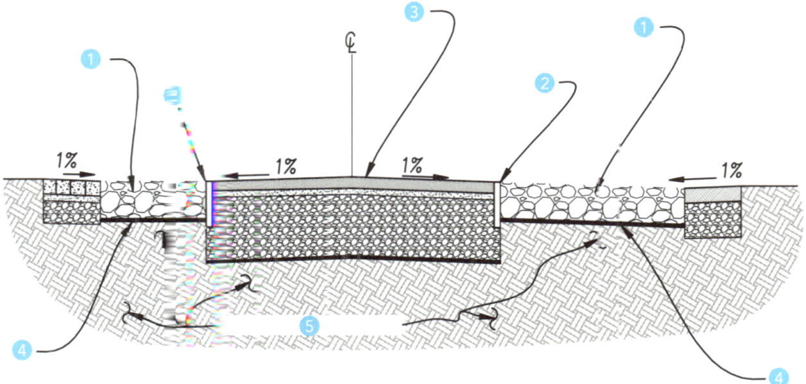

① 河石
② 边缘限制
③ 多孔热拌沥青
④ 土工织物
⑤ 未压实路基

河石植被带剖面图

05 / 植物全年四季色彩分明，满足低维护需求

06–09 / 雨水花园中的透水铺面人行道和色彩斑斓的植被

① 多孔热拌沥青（水解聚马来酸酐）
② 透水碎石
③ 透水铺面
④ 路面边缘限制
（位于透水碎石下方）
⑤ 改良土壤（仅在雨水花园内使用）
⑥ 透水水泥混凝土人行道
⑦ 压实厚度透水碎石
（铺面人行道下方）
⑧ 边坡
⑨ 用来将透水碎石与路基分隔开来的
土工织物
⑩ 透水碎石路面
⑪ 未压实路基

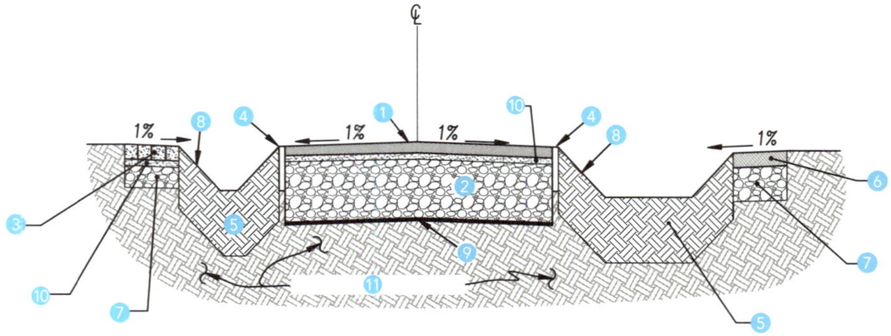

典型水解聚马来酸酐路面剖面图

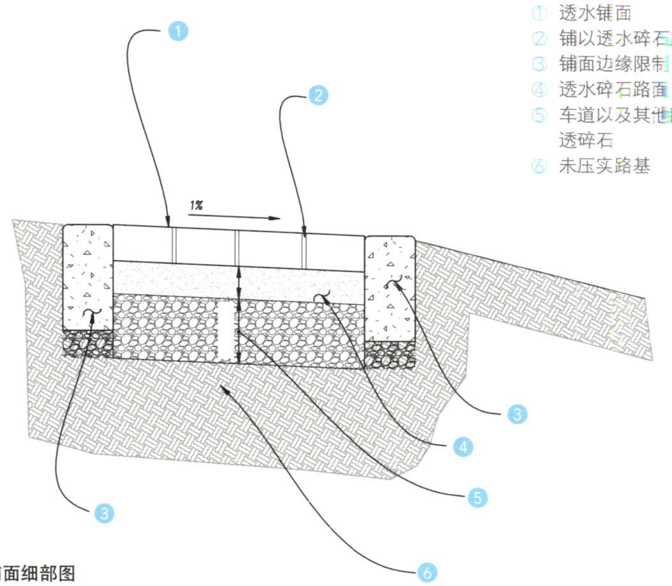

① 透水铺面
② 铺以透水碎石路面的加料口
③ 铺面边缘限制
④ 透水碎石路面
⑤ 车道以及其他区域压实可渗透碎石
⑥ 未压实路基

透水铺面细部图

06

07

03

02

01

德雷赛尔大学佩雷尔曼广场

雨洪设计特色

渗透地表铺砖和树沟用来收集和过滤雨水

德雷赛尔大学佩雷尔曼广场位于 Chestnut 大街与 Market 大街之间的前三十二号大街上，是德雷赛尔大学的新“重心”。佩雷尔曼广场被德雷赛尔大学的列博商学院和新建的住宅和零售中心所环绕。这里是校内学生和周边社区居民的休闲目的地，可以为成千上万的人提供进行社交和活动的户外场地，人们可以在此会面、就餐、学习、举办大型聚会活动。

新广场上设有精心布置的座椅，增加了树荫面积和自然美景，对行人往来通道也进行了改造。设计师还对周围的道路进行了翻新，使道路与广场连通起来。此项目的设计师还将可持续雨洪管理和雨水利用融入项目设计中。

设计师对德雷赛尔大学内的原有主体方形院落进行了重新设计，将佩雷尔曼广场、主要街道、公共交通系统和校园道路联系起来。该项目的设计可以推动周围建筑边缘的流通，为中央绿地的设置留出空间。连接 Chestnut 大街和约翰·菲茨杰拉德·肯尼迪大道的斜向道路被改造成林间步道，道路两旁栽种有遮阴树木，可供日常社交互动使用，并提供了可举办大型活动的聚会空间。

项目地点 / 美国，费城
项目面积 / 6,070 平方米
建成时间 / 2015
景观设计 / Andropogon 事务所
摄影 / Andropogon 事务所，巴雷特·多尔蒂
委托方 / 德雷赛尔大学

01 / 佩雷尔曼广场是德雷赛尔大学的新“重心”

佩雷尔曼广场场地规划图

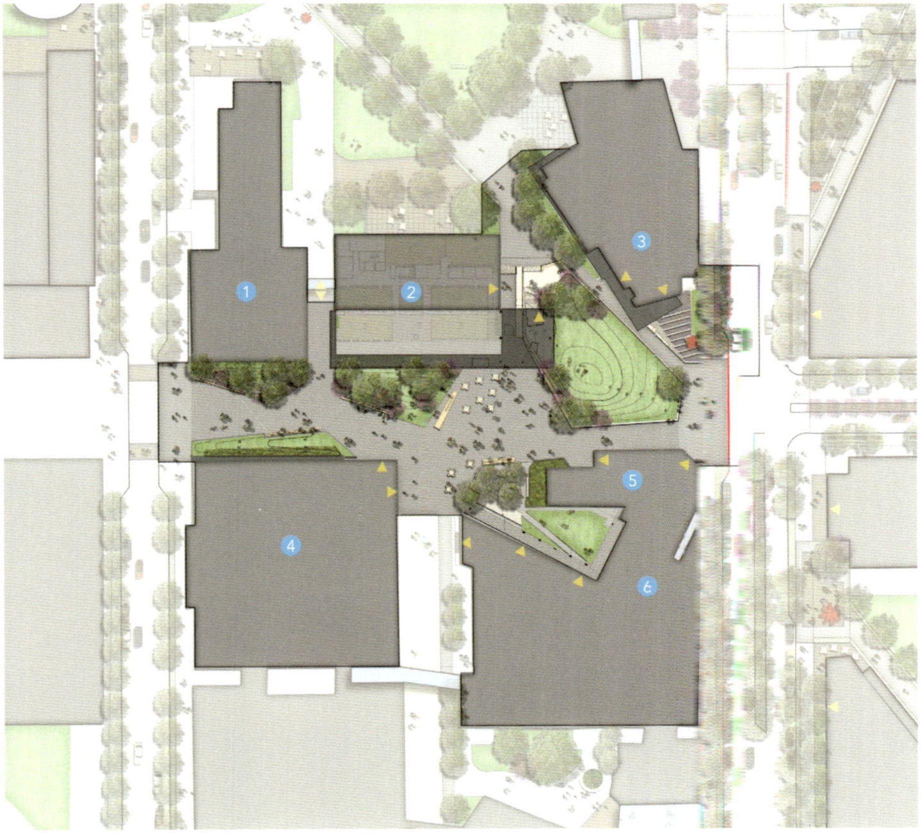

① 斯特拉顿大厅
② 迪斯克大厅
③ 列博
④ 主体建筑
⑤ 派克校友中心
⑥ 博索内

02 / 佩雷尔曼广场不仅改善了该地的人流量，而且还可以用来举办毕业典礼、展览会和音乐会等年度活动

03、04 / 新广场增加了树荫面积和自然美景

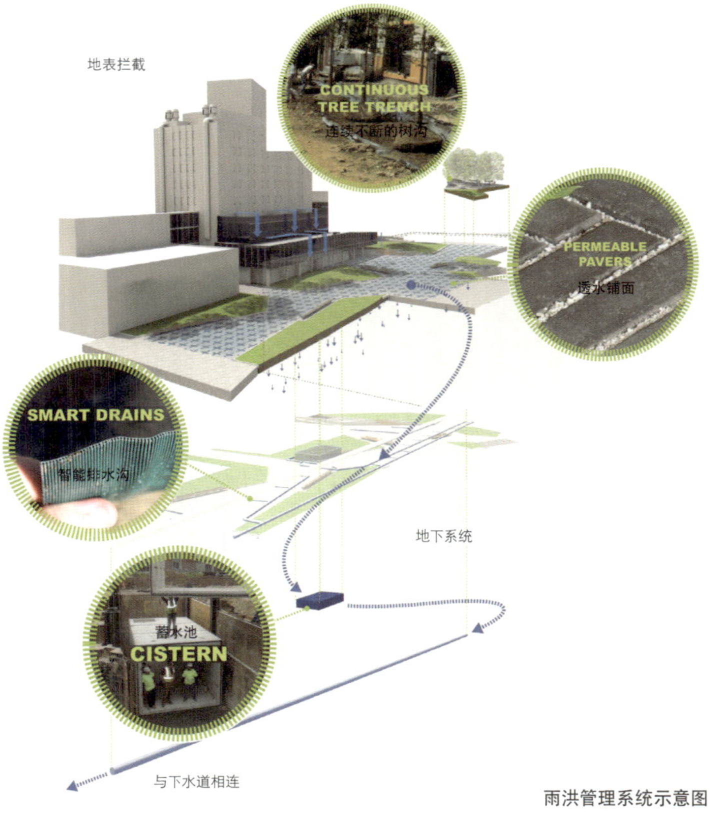

雨洪管理系统示意图

03

04

05

05 / 广场已然成为社区居民的休闲目的地
06 / 项目场地内的灵活座椅可供人们聚会使用
07 / 佩雷尔曼广场可以为人们提供户外活动空间

06

07

树沟收集到的雨水可以用来灌溉植物

5 浅草沟

概述

浅草沟是一种布满植被的明渠，可以通过减少流深和径流通过河道速度的方式对径流进行管理浅草沟，可以用来：

• 对项目场地内 2.5 厘米的雨水进行局部管控。浅草沟适用于所有水文土壤类型（HSGs）；可以使用土壤改良剂提高水文 C 类土壤和 D 类土壤的性能（详见表 5.1）。
• 减少污染物负荷，从而达到水质目标（最大日负荷总量；详见表 5.2）。
• 改造现有开发场地和现有排水河道。

可以将浅草沟融入项目场地内的景观和排水基础设施设计中。

浅草沟设计方案和性能

表 5.1 对与浅草沟减少场地内 2.5 厘米降雨事件所产生径流的能力有直接关系的设计和场地限制因素进行了介绍。浅草沟是为数不多的不使用一级与二级设计的措施。表 5.2 对不同设计的污染物去除能力标准进行了总结。污染物去除能力标准可供我们在最大日负荷总量和流域规划范围内计算场地污染物负荷减少量时使用。

图 5.1
很多项目场地的景观和排水基础设施设计都融入了浅草沟。例如，#33 艺术小镇项目（详见 184 页）的施工场地过去曾是一片土壤贫瘠的工业用地，这里地势平坦，容易发生城市洪水。因此，设计师在项目场地内设置了多项雨洪措施，例如与多个雨水花园相连的浅草沟。浅草沟有助于减缓项目场地的地表径流，对雨水进行收集和净化

表 5.1 / 浅草沟设计层级：介绍及性能

水文土壤类型	介绍	应用领域	性能[1]
A 类 /B 类	**标准设计** • 低洼地几何结构 不规则四边形 底宽 ≥ 61 cm 边坡最大值 3:1 将坡度与几何结构结合起来以维持最大设计容积[2] 流速：≤ 30.5 cm/sec. 水流消能装置 / 预处理措施	通常适用于低至中等密度的开发项目 带有陡坡的场地可以利用拦砂坝打破头式结构，管控流速	根据最低标准[4] 进行设计时，5.1 mm 的集水区和地表覆盖类型，向低洼地[3] 排水
C 类 /D 类	**标准设计** 与 A 类 / B 类土壤一致	与 A 类 / B 类土壤一致	根据最低标准[4] 进行设计时，2.5 mm 的集水区和地表覆盖类型，向低洼地[3] 排水
	标准设计 w/ 土壤改良剂	与 A 类 / B 类土壤一致	根据最低标准[4] 进行设计时，5.1 mm 的集水区和地表覆盖类型，向低洼地排水[3]

1 性能目标为减少 2.5 厘米降雨事件所产生的径流
2 设计容积由浅草沟集水区的尺寸和地表覆盖类型决定，而设计容积可以决定低洼地设计的洪峰流量。
3 5.1 毫米 × 集水区面积 x 集水面积的测定体积径流系数。径流量可以通过设计合规性电子表格确定。
4 最低标准可以解决与流深、流速。长度、宽度、低洼地积水的停留时间相关的多种设计几何结构问题。河道拦砂坝有助于减少有效流速和流深，以便达到陡峭场地的最低标准，但不得设置其他径流减少措施（拦砂坝后面的额外存储空间可以对单一暴雨事件模式所产生的径流进行存储）。

表 5.2 / 浅草沟的总污染物负荷减少能力标准

水文土壤类型	悬浮固体总量 (*TSS*)[1]	营养盐：总磷 (*TP*) / 总氮 (*TN*)[1]
A 类 /B 类	*TSS* = 60%	*TP* = 32% *TN* = 36%
C 类 /D 类	*TSS* = 35%	*TP* = 23% *TN* = 28%

1 总污染物负荷减少 = 径流减少和污染物去除的综合作用。污染物去除能力指的是污染物流过基础设施时的场次降雨污染物平均浓度（*EMC*）变化，污染物去除能力会受到处理过程的影响。

浅草沟设计清单

这一设计清单将为设计人员在浅草沟的必要设计步骤方面提供帮助。

• 对项目场地的可行性进行核验。
• 对场地限制因素进行评估，确定场地土壤类型，对设计目标实现的可能性进行评估，用以达到最大允许流深和流速的低洼地几何结构和坡度。

- 对浅草沟分类指导进行验证，并确保场地内有足够的面积设置浅草沟。
- 完成设计合规性电子表格，并确定场地的合规性是否需要使用附加措施。
- 对设计调整是否适合项目场地进行核验。
- 根据设计准则和标准详图设计浅草沟。
- 提供必要的平面图、侧面图和剖面图细部及立面图、材料规格、坡度和施工步骤及说明。

标准详图

图 5.2 / 设有拦砂坝的浅草沟标准详图

注意：
用铁路轨枕、经加压处理的原木或木材、石材、混凝土或其他非侵蚀性材料筑成的拦砂坝。

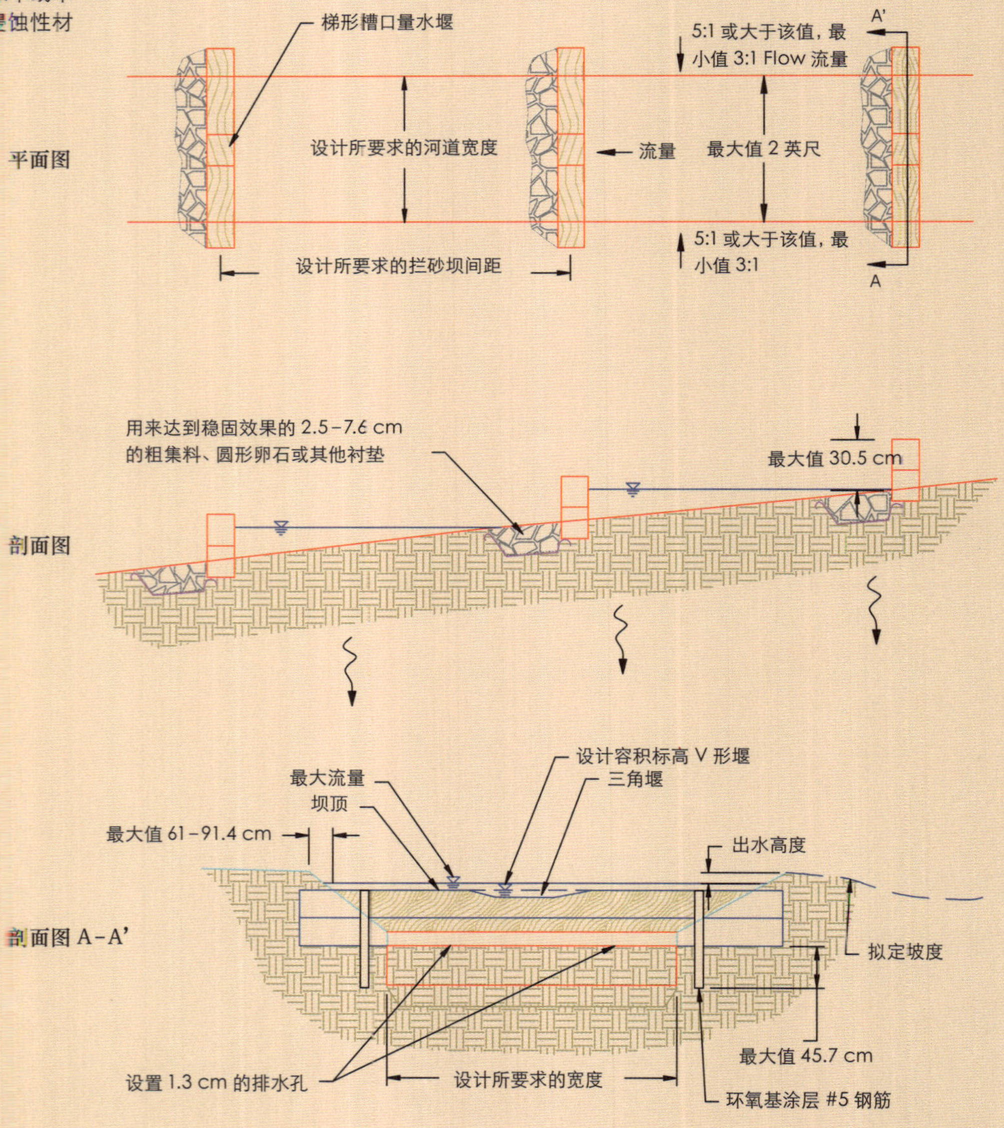

图 5.3 / 添加有土壤改良剂的浅草沟标准详图

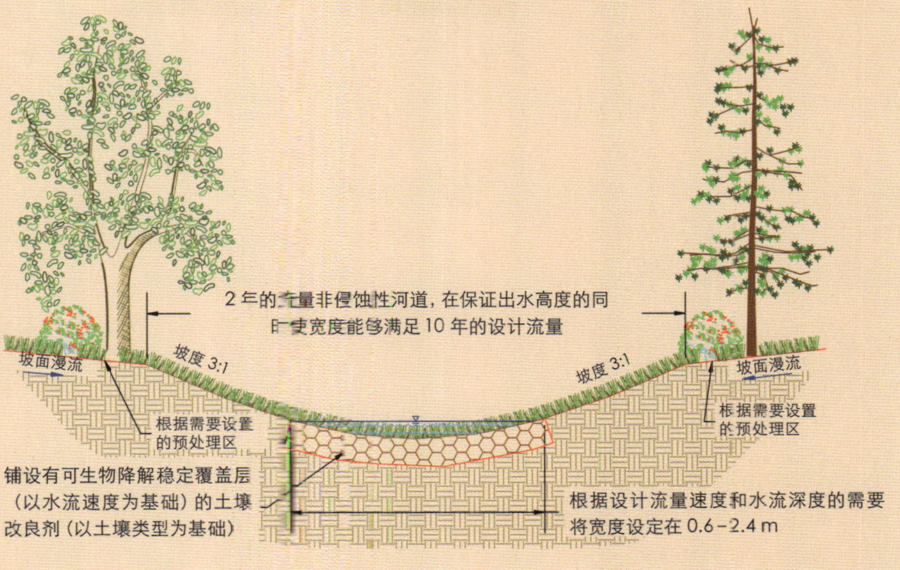

可行性标准与设计依据

浅草沟主要应用在道路、公路和住宅开发场地内。浅草沟的主要限制因素包括：

可用空间

浅草沟可以通过利用开放排水系统所需的空间与线性开发应用（例如道路）融合在一起。由于流速和流深有限，开放排水系统运行所需的空间可能大于传统输送河道运行所需的空间。而径流减少带来的好处是减少开发场地上雨洪管理运行所需的空间要求。

场地地势

一定要将浅草沟修建在相对平坦的斜坡上，在坡度平缓（坡度小于 5%）的场地上，浅草沟的性能可以发挥到最大限度。可以使用拦砂坝减少河道的有效坡度，延长强化过滤和渗透的接触时间。理想状态是纵向坡度小于 2%。如果纵向坡度小于 2%，便不再需要修设拦砂坝。但是在施工期间，应当对纵向坡度小于 1% 的河道进行密切监控，以避免地势平坦区域出现积水。

有效水位差

只需满足最低水位差要求便可修设浅草沟，以确保正压排水和河道径流输送。水位差是河道表面进水点和出水点之间的高度差。

地下水位

设计人员应当确保浅草沟底部与地下水位上方之间的距离至少有 0.3 米，以确保季节性高地下水位不会与低洼地流线交叉（可能以“湿洼地”的形式展现——参考雨水湿地一节的内容）。

土壤和暗渠

浅草沟适用于多数土壤类型，只要它们可以满足植被繁茂生长的需要。

集水区

浅草沟的建议最大集水区（CDA）面积为 2 公顷。负责管理 2 公顷以上集水区内径流的浅草沟还需解决大暴雨输送设计准则的问题，大暴雨经常会淹没用来管理设计容积的设计元素。大暴雨事件需要大量有效的河道横截面，以降低流速、防止河道侵蚀。整个河道都应用了最大河道流速和深度的设计准则。

热点区域土地使用

浅草沟通常会被用来处理雨水热点区域的径流，但并不能作为热点区域处理机制使用。

河漫滩

除非地方政府批准豁免，否则，应当将生物滞留区修设在拥有百年历史的河漫滩界限之外。

底流和非雨水排放

浅草沟不应接收泉水、含氯洗涤水或其他旱季流量。可以接收周期性灌溉径流，但过多的排水可能会影响植被生长。

建筑后移

应当将浅草沟修设在建筑地基下坡 3 米以外的区域。同理，浅草沟与化粪池系统和私人水井所在地也应保持一定的距离，以避免浅草沟的施工和维护期间影响这些系统的运行。通常情况下，建议将浅草沟修设在排水区和井口周边 3—6 米以外的区域。

靠近公共设施

如果公用事业管线将会位于浅草沟下方或是会从浅草沟穿过，则需获得公用事业公司或机构的许可。经过保护处理（用双层套管或导管包裹）的公共设施可以从线性河道垂直线穿过。建议不要让公共设施（特别是给水管道和污水管道）平行排列于浅草沟下方。

社会因素

周围居民担心浅草沟会有损环境或是难以维护。居民们普遍关心的问题有草坪修剪、景观选择、杂草、积水和蚊虫。上述问题均可通过设计、施工环节和恰当的操作及日常维护彻底解决。应当将浅草沟修设在排水或维护设施内以保证长期维护。

设计准则

浅草沟水质与流量减少标准指导

与其他抗暴雨灾害措施不同，浅草沟是以流量峰值为基础设计的。设计人员必须参考下列指南对河道输送和处理能力进行展现：

• 使用曼宁方程或符合要求的等效方法，例如侵蚀度因素和植被阻滞，确定水流容量。

 – 设计容积产生的洪峰流量流深应当保持在 10 厘米或更少，流速≤ 0.3 米 / 秒。

 – 如果流深为 10 厘米，曼宁公式中的浅草沟 “*n*” 值应当为 0.2；如果流深≥ 30 厘米，“*n*” 指降至 0.03。

 – 根据表 5.4，2 年频率暴雨的峰值流量必须是非侵蚀性的，或是受到场地内河道衬垫材料和植被具体情况的影响；河道两岸必须可以容纳 10 年峰值流量（出水高度最小值为 0.1 米）。

• 洪峰流量深度和速度的计算方法应当反映出浅草沟流量增加的情况。如果使用单流量计算，则应将出水口出的水流考虑在内。

• 设计暴雨量所产生的峰值流量的水力停留时间（径流流过河道全程的时间）最短为 9 分钟。如果径流流入几处地点的浅草沟，那么最短 9 分钟的水力停留时间应当在各进水点有所体现，可以使用公式 5.1 至公式 5.5 进行计算。

应当按照下面几个建议步骤设计浅草沟，以保持合适的流深和流速：

步骤 1. 为 2.5 厘米降雨事件建立峰值流量。这也是整个集水面积的设计峰值流量。如果径流在中间点汇入浅草沟，或是持续不断地沿河道汇入，设计人员可以选择在浅草沟下游末端建立最大横剖面，然后建立与逐渐增加的集水面积和峰值流量相关的横截面。

步骤 2. 使用曼宁公式（公式 5.1）计算 10 厘米最大流深速率和浅草沟的设计纵向坡度。

$$V = \left[\left(\frac{1.49}{n}\right) D^{2/3} s^{1/2}\right]$$

公式 5.1 曼宁公式

其中：
V = 流速（英尺 / 秒）；
n = 粗糙系数（0.2，或视情况而定）；
D = 流深（英尺）（注意：*D* 近似于浅流水力半径）；
s = 河道坡度（英尺 / 英尺）。

步骤 3. 使用重新整理的连续公式（公式 5.2）计算容纳设计峰值流量所需的最小底宽（W）（以步骤 2 中算出 10 厘米深度为基础）：

$$Q_{Dv} = VA$$

$$Q_{Dv} = V(W \times D)$$

重新整理的连续公式：

$$W = {}^{Q_{Dv}}/_{(V \times D)}$$

公式 5.2 连续公式

其中：
Q_{Dv} = 设计容积设计峰值流量（立方英尺 / 秒）；
V = 浅草沟流速（英尺 / 秒）；
A = 浅草沟横截面流量流道面积 = $W \times D$；
W = 河道宽度（英尺）；
D = 流深（英尺）。

注意：
河道宽度（W）x 流深（D）近似于浅流横截面流道面积。

浅草沟最小底宽的替代性直接解法是结合公式 5.1 和公式 5.2，重新整理后的公式如下：

$$W = [\frac{nQ_{Dv}}{1.49D^{5/3}s^{1/2}}]$$

公式 5.3 最小宽度

使用公式 5.2 算出相应流速：

$$V = {}^{Q_{Dv}}/_{WD}$$

公式 5.4 相应流速

可以对宽度、坡度或曼宁公式中的“n”值进行调整，从而为不同状况的场地提供合适的河道设计方案。如果增加草坪密度，用以达到增加“n”值、减少河道宽度的效果，则需提供材料说明和施工监督，以保证植物的栽种密度。可以使用公式 5.5 计算出足够的水力停留时间。

除此之外，设计人员还应对拦砂坝的使用及其对流速的影响进行评估。将根据拦砂坝与拦砂坝后面的积水深度延长流速和流程时间。

9 分钟的停留时间（540 秒）。

$$L = 540 \times V$$

公式 5.5 浅草沟水力长度

其中：
L = 浅草沟最小长度（英尺）；
V = 流速（英尺 / 秒）。

将径流减少额度应用到用来建立浅草沟设计的设计容积中。

预处理措施

预处理措施的可行性取决于浅草沟的类型以及浅草沟是否可以接受坡面漫流或集中径流。如果是路面边缘的预处理结构（草坪过滤带、砾石槽隔板和分流器），路面边缘与预处理结构内的草坪或石块顶部之间的落差应当为 5—10 厘米，以防止垃圾堆积，堵塞预处理结构的进水口（图 5.4）。

图 5.4 / 路面边缘预处理措施的标准详图

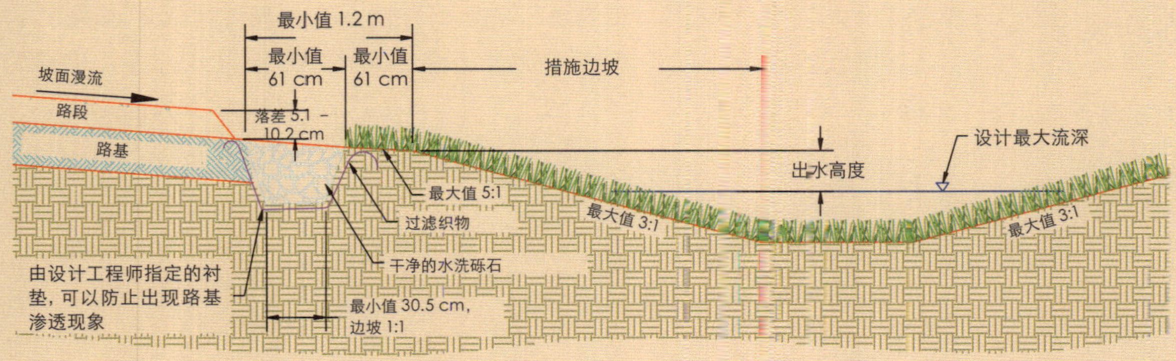

输送与溢流

浅草沟的底宽和坡度的设计应当满足河道全程处理量所需流深、流速和行程时间的需求。浅草沟的设计还必须满足以非侵蚀性流速输送 2 年和 10 年暴雨需求（表 5.4）。浅草沟与河道 10 年水面线上方之间的最小距离应为 0.1 米。分析应当对正常深度河道的流量剖面和拦砂坝顶部上方的流深进行评估。

为了避免增加对浅草沟横断面的需求以容纳大暴雨所产生的径流，设计人员可以选择将浅草沟修设成非即时措施。通常需要配设一个专门用来将设计处理量洪峰流量导入浅草沟的导流结构。

可以将替代性非即时结措施和拦砂坝结合起来，以防（河水恢复到最大积水深度时）多余流量进入浅草沟，可以让多余流量从旁通管道进入暴雨输送系统。这种方式特别适用于溢流沿路面边缘流入替代性输送系统的情况。下游拦砂坝有机会在上端导入径流之前填满，这会让单流设计变得复杂。

应当注意的是，两种设计方式均需注意大流量的安全输送问题和受纳水体的出水高度问题。排水设计应当以预期峰值排水量为基础，同时假设暴雨事件期间上游雨洪最佳管理措施的容量已满。应当在项目的整体水系图上确定和标出大暴雨陆上流程。

设计几何结构

下面就明渠的几何结构和布局设计指导进行介绍：

• 根据集水区（CDA）的处理要求，路面浅草沟边缘通常应当对齐且长度相等。
• 浅草沟应当采用不规则四边形横截面。施工后第一年内，不规则四边形横截面通常呈抛物线形状，这是因为在植被栽种第一年期间，存在边坡施工、侵蚀和沉积的误差范围。
• 浅草沟的底宽最小为 0.6 米宽。标准设计尺寸（取决于集水面积和纵向坡度）在 0.6—2.4 米之间，以确保在浅草沟底部留出足够的面积过滤径流。如果浅草沟的宽度大于 2.4 米，设计人员应当将平台、拦砂坝、水平撑挡或多层次横截面融入到浅草沟的设计中，以防止径流沿浅草沟底部迂回进入、发生侵蚀情况。

拦砂坝

拦砂坝可以用来进行预处理以降低有效坡度和流速，增加河道的水力停留时间。下面是拦砂坝的设计要求：

• 应当根据河道坡度将多个拦砂坝隔开，根据需要增加河道的水力停留时间、提供设计暴雨存储容量或任何附加容量减少条件。在标准间距内，下坡拦砂坝上的积水不得触及上游拦砂坝的坡脚。
• 拦砂坝的最大预期高度为 30 厘米（出于维护方面的考虑）。部分场地内的拦砂坝最高可达 46 厘米，并辅以其他设计要素以确保拦砂坝和周边及下层土壤的稳固性。
• 浅草沟内的拦砂坝之间应当有连绵不断的斜坡。
• 可能需要为拦砂坝下游坡脚安装护面以防侵蚀。
• 一定要将拦砂坝牢牢地固定在边坡上以防水流迂回；另外，还要将拦砂坝固定在河道底部防止静水压头将下层土壤带出。

• 拦砂坝一定要设有中心堰，且尺寸可以满足河道设计暴雨洪峰流量（人工河道 10 年暴雨事件）通过。

• 每个拦砂坝均应设有排水孔或类似的排水结构，以便拦砂坝可以在暴雨后排干积水。

• 拦砂坝应当由木材、混凝土、石块或其他非侵蚀性材料构筑而成。由拦砂坝或私人车道配设而成的独立浅草沟通常至少有 7.6—12 米长。

如表 5.3 所示，浅草沟内的拦砂坝之间应当存在一定的间距，用以将有效坡度减少至 2% 或更小。

积水深度

应当为浅草沟修设拦砂坝，用以沿河道全程设置积水单元。浅草沟内的最大积水深度不得超过 46 厘米。为了降低积水深度，拦砂坝之间的间距可能要小于表 5.3 所示的间距。

边坡

浅草沟边坡不应陡于 3H:1V，以便于草坪修剪和日常维护。拥有足够可用空间的场地建议修设较为平坦的斜坡，用以增强对进入浅草沟的坡面漫流的预处理。

表 5.3 / 达到有效河道坡度的标准拦砂坝间距

浅草沟纵向坡度	达到 2% 有效坡度的 30.5 cm 高（最大值）拦砂坝[3,4]之间的间距[1]	达到 0—1% 有效坡度的 30.5 cm 高（最大值）拦砂坝[3,4]之间的间距[1]
0.5%	—	61 m—
1.0%	—	30.5 m—
1.5%	—	20.4—61 m
2.0%	—	15.2—30.5 m
2.5%	61 m	12.2—20.4 m
3.0%	30.5 m	10.1—15.2 m
3.5%	20.4 m	9.1—12.2 m
4.0%	15.2 m	7.6—10.1 m
4.5%[2]	12.2 m	6.1—9.1 m
5.0%[2]	12.2 m	6.1—9.1 m

1 如果是 15.2 厘米高的拦砂坝，间距为上述间距的一半。
2 坡度大于 4% 的浅草沟需要考虑特殊的设计要素，例如适合高于 30.5 厘米拦砂坝的落差结构（因而需要较为平坦的有效坡度），用以保证非侵蚀性流速。
3 所有拦砂坝均需在下游坡脚处安装石制消能装置。
4 拦砂坝要求在河道仰拱处设置排水孔。坡度小于 2% 的低洼地要求在拦砂坝内设置多个排水孔（至少 3 个）。

土壤改良剂

土壤改良剂可以提高修建在水文 C 类和 D 类土壤上的浅草沟的径流减少能力。使用土壤改良剂时，可以使用下面几项设计准则：

• 土壤改良带应当向浅草沟底部延伸。
• 需要对改良区进行迅速加固。
• 可能有必要安装临时性或永久性侵蚀控制覆盖层对堆肥改良土壤进行保护。在选择合适的土工织物时，一定要对改良土壤的侵蚀特性加以考虑。
• 如果是再开发项目或改造项目，一定要对浅草沟进行最终评估，验证是否达到初始设计水流容量。

浅草沟种植标准

一定要对浅草沟进行加固以防侵蚀或是将泥砂输送至受纳措施或排水系统。表 5.4 中列出了几种适合栽种的浅草沟中的植物类型，可供设计人员进行参考：

• 能够经受住浅草沟预期流速的高立木度草植（设计人员应当确保最大流速不会超过表 5.4 中对应选定草植种类和浅草沟坡度的最大流速值）；
• 如果将路面撒盐行为应用到集水区（CDA），设计人员应当考虑为浅草沟栽种耐盐植物；
• 景观设计应当根据河道两侧的具体场地情况、土壤和水文状况对合适的草植种类进行详细说明；

表 5.4 / 浅草沟中建议植被类型和最大流速

植被类型	坡度 (%)	最大流速（英尺 / 秒）	
		耐侵蚀土壤	易侵蚀土壤 [1]
百慕大草	0 – 5	6	4.5
	5 – 10	5	4
	>10	4	3
草地早熟禾、苇芦、高羊茅草混交	0 – 5	5	4
	5 – 10	4	3
	>10	3	2.5
紫羊茅、小糠草	0 – 5	5	4

1 如果可蚀性因子（K）大于 0.35，则说明这是一种易侵蚀土壤。可以向当地的自然资源保护服务办公室了解相关土壤的可蚀性（K 因子）。

• 第二个生长季时，浅草沟的植被覆盖率应当达到 90%；
• 应当在浅草沟中播种草种而不是直接铺以草皮，原因在于幼苗可以将根茎深深地扎入土壤，而草皮则可能粘有不利于渗透的腐殖土。

设计人员应当选择那些可以稳固土壤并且耐盐的植被。透水堤坝后面可能出现临时积水，因此，应当在过滤带脚坡栽种既能耐湿又能耐旱的植被。出于对漫滩和斜坡差异性的考虑，可以将植被区划分成多个区域。

• 浅草沟应当使用可生物降解侵蚀控制织物对浅草沟进行保护，以达到对渠床和渠堤进行即时加固的效果。

设计调整

喀斯特地质

只要不接收热点径流，便可将浅草沟设置在喀斯特地质区。下面介绍几项针对喀斯特地质区浅草沟进行设计调整：

• 可以将土壤改良剂添加到浅草沟底部以提高浅草沟的径流减少能力；
• 不得为喀斯特地质区内的浅草沟设置拦砂坝，因为拦砂坝会积聚太多的水流（虽然与地面齐平或是沿河道间隔而设的水流撑挡可能有助于将水流均匀地分散到整个河道）；
• 基岩层的最小厚度为 30 厘米；
• 纵向坡度必须大于 0.5% 以确保正压排水；
• 浅草沟可能设有非即时单元，而且应当建立其与合适排水输送系统之间的联系。

陡坡

虽然多个呈阶梯状排列的浅草沟单元可以在坡度为 5%—10% 的场地内正常运转，但却不适合那些地形陡峭的区域。在这种情况下，拦砂坝之间的高度差应当限制在 46 厘米，并且应当在下坡一侧为拦砂坝安装护面以防侵蚀。

寒冷气候与冬季性能

冬天，人们时常会向道路和公路撒盐和砂土。浅草沟为道路或停车场的排水系统服务时，会对融雪径流进行存储和处理，因此，设计人员应当考虑为浅草沟栽种耐盐植物。

雨水改造

可以在改造场地内设置浅草沟。多数浅草沟的改造会对原有明渠进行加宽、加深、剪坡处理。浅草沟特别适用于处理中低密度住宅街道和小型停车场内的径流。

01

#33 艺术小镇

雨洪设计特色

植草沟、可渗透地表以及雨水花园被综合利用起来收集和净化雨水

东莞 #33 艺术小镇项目呈现了一个将占地 16.6 公顷的旧有工厂区转化为创意产业园区的街区复兴计划。这里将整合创新、协作和生产，成为一个充满活力的中心，并在东莞“从今日世界工厂过渡到未来创新性经济”的转变过程中扮演重要角色。项目总体规划提出将新业态的愿景引入旧厂房改造中，而且试图为原有城市建筑植入新的公共城市空间和景观元素，提升外部空间的品质。通过不同程度上的空间干预，园区设计打破室内外空间界限，重新定义出一种新的生活、工作和学习的方式。

集雨洪管理、棕地植物净化和都市农业于一体的生态策略在不同高度和层次上展开，这一策略也是整个公共空间改造的一大驱动力。在雨量丰沛的气候环境下，厂区内平坦的地势，容易产生洪涝风险。方案因而研究分析了不同排水条件，从而引入与生物草沟相连的雨水花园和透水路面，减缓强降雨环境下的地表径流量。与此同时，可以收集并净化雨水以供植物灌溉所用。棕地植物净化策略利用不同阶段植物种植处理区域因几十年工业活动（电子、纺织和制造产业）所带来的土壤污染情况。在地面土壤得到充分净化之前，将在屋顶花园内开展城市农业，并在相邻社区进行推广。

整个绿色基础设施设计不仅回应了作为棕地的旧工业区在环境方面提出的额外挑战，也将同时为户外公共空间提供丰富多样的体验，这将成为园区独一无二的特质。此外，贯穿场地南北四车道的主通路被改造成双车道的慢速轴线。蜿蜒的车道与步行道、自行车道、生物低洼地和车道交织在一起，形成一个更富活力的步行体验街区。一条“环路”从地面上方的建筑中穿过，这样即便所有的办公空间都关闭，也可以一周 7 天，全天 24 小时通行。斜穿整个园区的高架步道则是一个多层次的步行公共空间网络，将一系列可以开展自发会议和头脑风暴的露天剧场、休息区等场所穿联在一起，最终来为促进跨学科领域的合作和交流创造环境。

项目地点 / 中国，东莞
项目面积 / 16.6 公顷
设计时间 / 2015
景观设计 / 陈忱，尼古拉·砂拉迪诺，费德里克·鲁贝托，薛扬，武文博，赵玮
建筑设计 / 上海巴提建筑设计咨询有限公司
委托方 / #33 艺术小镇

01 / #33 艺术小镇空中俯视图

绿地

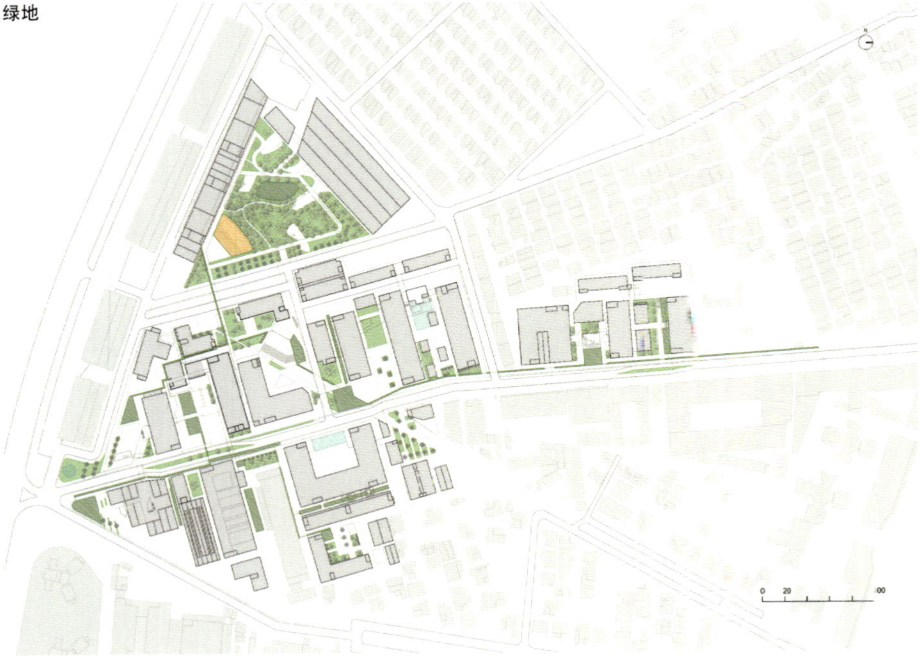

场地分析：高地和斜坡

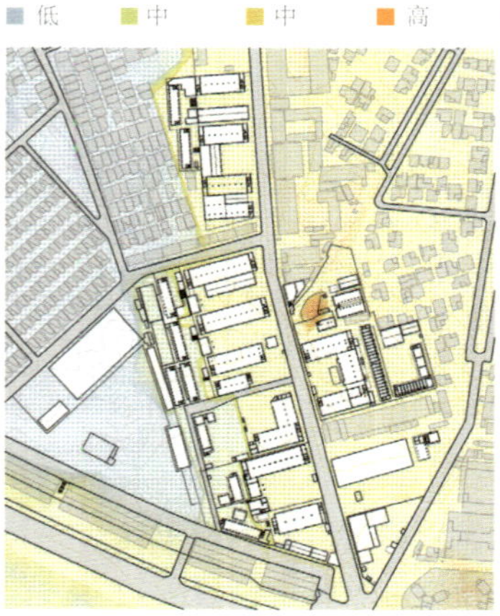

场地分析：洪水风险区

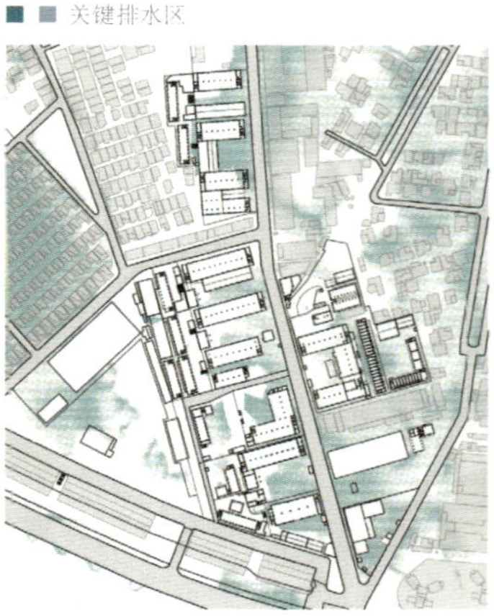

进程：现有和拟建绿地

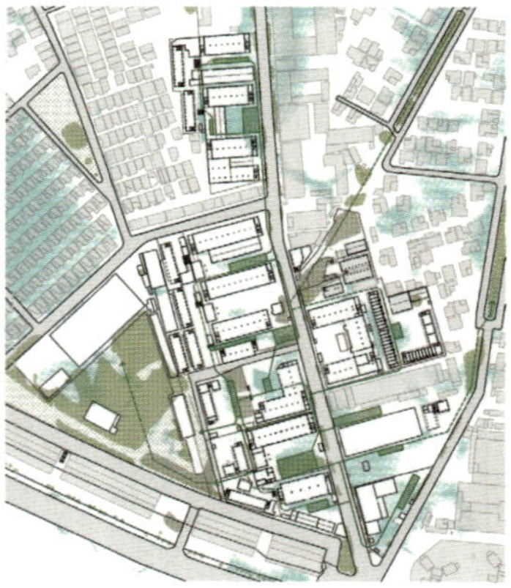

总体规划图：项目分布

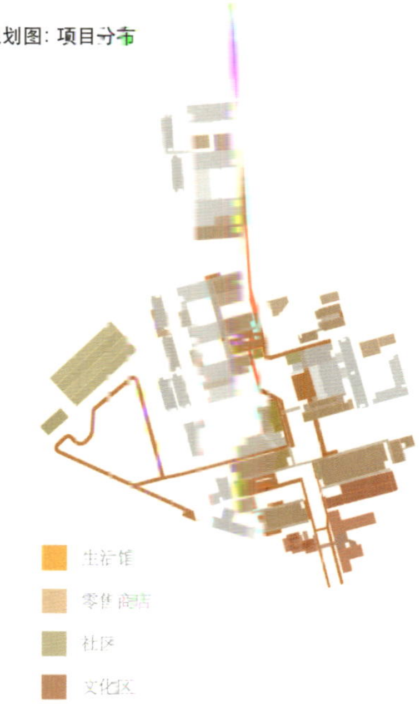

总体规划图：
公共空间

02 / 雨水花园：主广场
03 / 公园

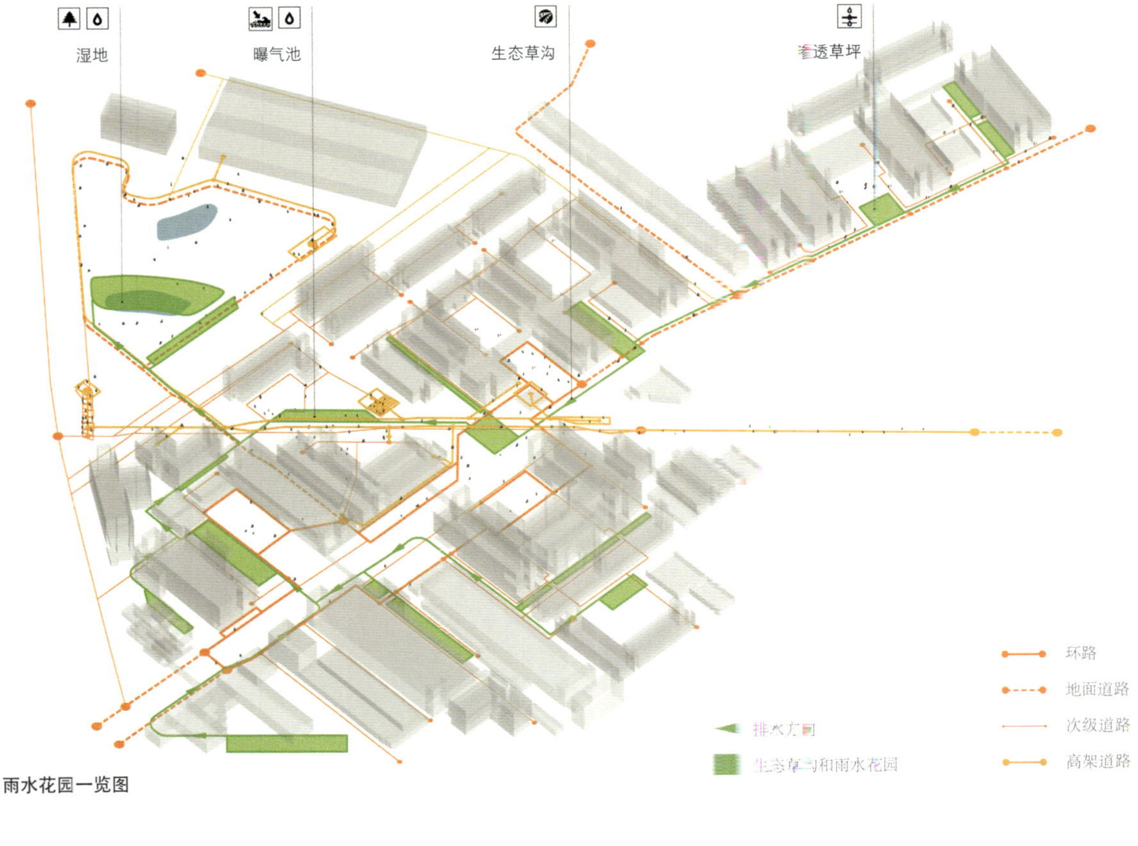

雨水花园一览图

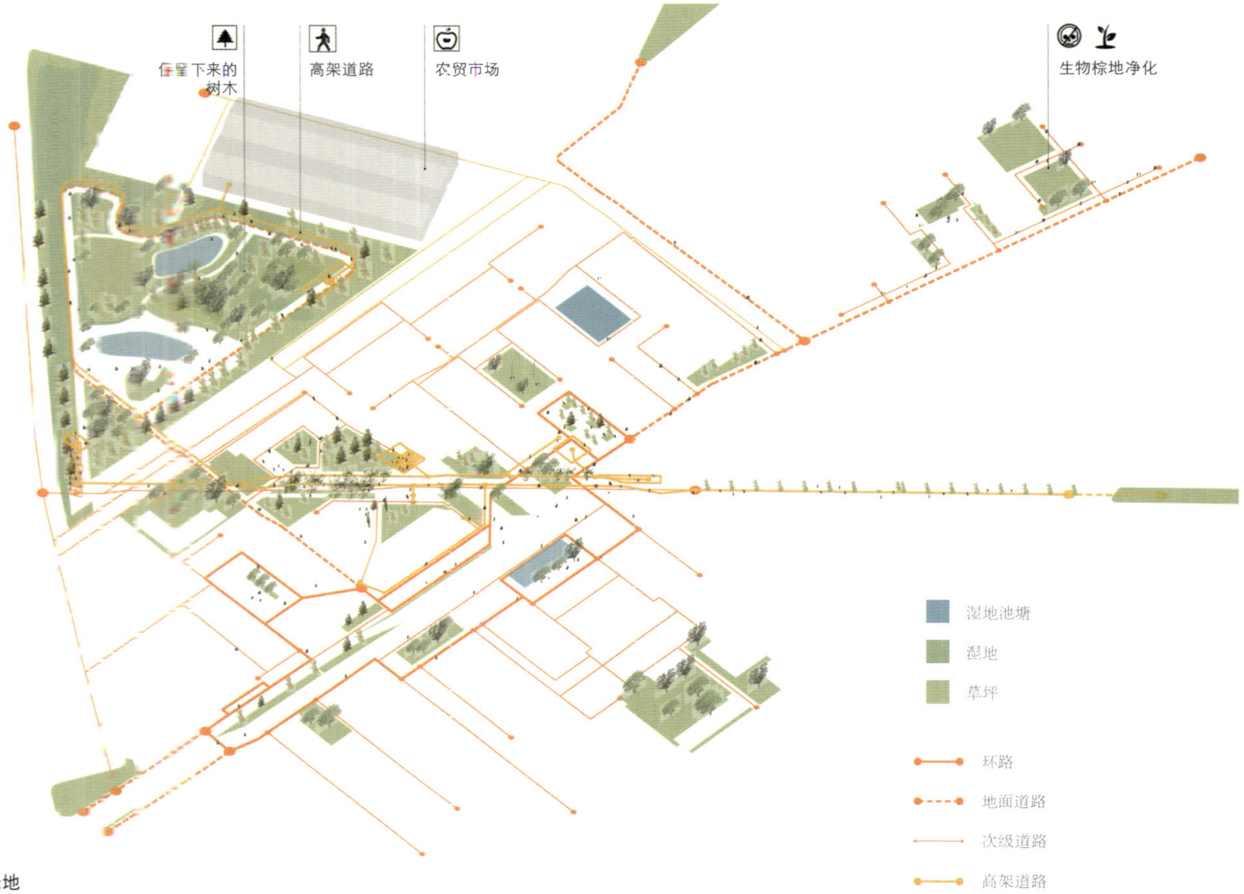

公园和绿地

04

05

04 / 高架道路上的景象
05 / 城市农场
06 / 主体街景

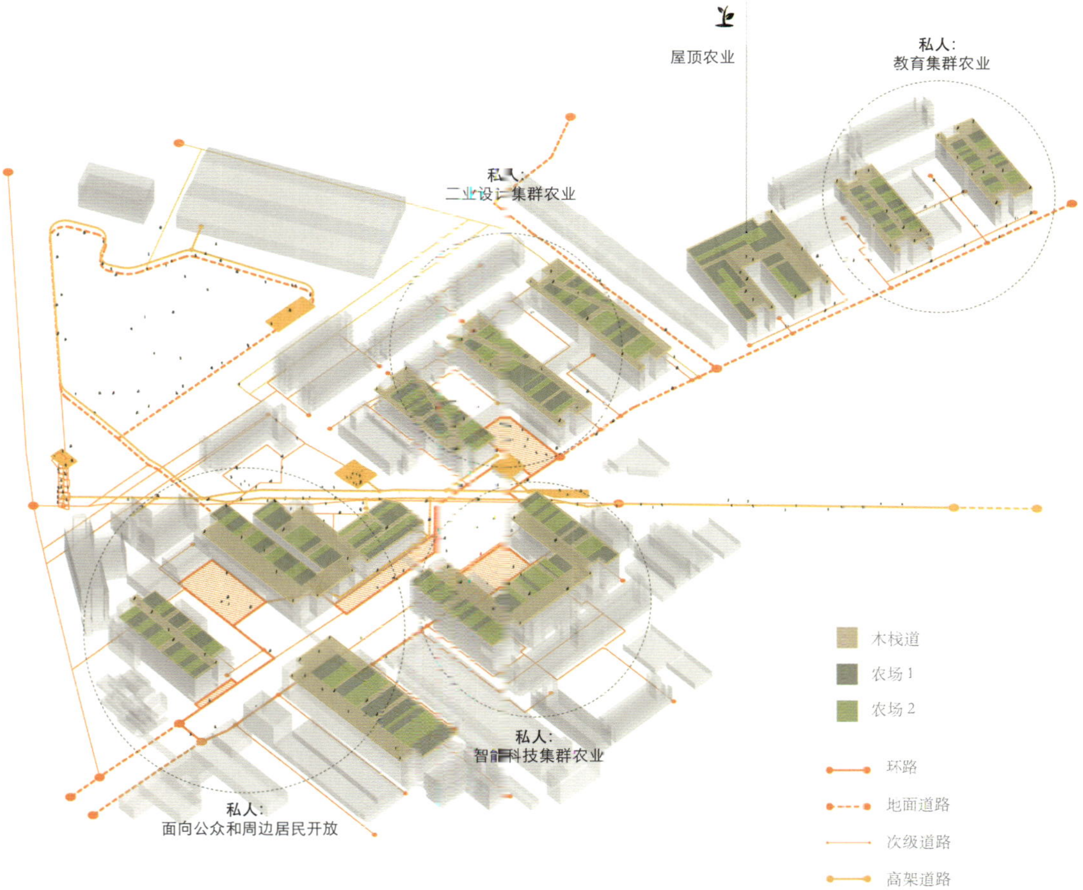

6 渗透措施

概述

渗透措施可以在径流渗入下层土壤之前对径流进行拦截和临时存储。在两天内渗透措施可以用来：

- 对场地内第一场 2.5 厘米的降雨进行局部或完全管理（详见表 6.1）；
- 减少污染物负荷以达到水质目标（最大日负荷总量；详见表 6.2）；
- 符合地方雨水滞留标准的部分或全部存储要求；
- 在条件有限的情况下，对现有开发区进行改造。

渗透措施设计方案与性能

表 6.1 对渗透措施的设计方案及措施减少场地内 2.5 厘米降雨事件所产生径流的性能进行了介绍。渗透措施只有一个设计层级。表 6.2 对渗透措施的污染物去

图 6.1
在城市创意走廊项目（详见 200 页）中，设计师设计了一种修设有旱生园艺景观的步行道，步行道可以作为整体景观的渗透系统使用。

图 6.2
垃圾填埋场花园（详见 206 页）的渗滤床内栽种有很多适应性较强的原生湿地植物。

除能力标准进行了总结。污染物去除能力标准可供我们在最大日负荷总量和流域规划范围内计算场地污染物负荷减少量时使用。

表 6.1 / 渗透措施设计层级：介绍与性能

设计层级	介绍	应用领域	性能 [1]
一个设计层级	基础设计 • 至少两种预处理形式 • 现场测试土壤渗透率为 1.3—5.1 cm/hr.	土壤渗透性较好的场地及施工过程中可以将土壤作为场地设计一部分进行保护的场地	渗透措施的设计容积减少 100%[2]

1 性能发挥以减少 2.5 厘米降雨量为标准
2 设计容积包括临时存储于砂岩储层内并会在 48 小时内渗入地下的水流。与其他措施共同作用时，设计容积可以满足 2.5 厘米性能标准的全部或部分要求。详见生物滞留池标准详图一节的内容。

表 6.2 / 一级与二级设计的污染物去除能力标准

设计层级	悬浮固体总量（*TSS*）[1]	营养盐：总磷（*TP*）/ 总氮（*TN*）[1]
一个设计层级	*TSS* = 75%	*TP* = 63% *TN* = 57%

1 总污染物负荷减少 = 径流减少和污染物去除的综合作用。污染物去除能力指的是污染物流过基础设施时的场次降雨污染物平均浓度（*EMC*）变化，污染物去除能力会受到处理过程的影响。

渗透措施设计清单

这一设计清单将为设计人员在渗透措施的必要设计步骤方面提供帮助。

• 通过自然资源保护服务办公室或其他数据来源（例如腐殖质测试）对场地土壤进行初步调查，以确定土壤是否适合渗透；
• 设计和布局对用于雨水处理的高渗透性土壤进行保留。需要对场地设计和布局及场地土壤是否会在施工期间得到保护进行调查；
• 完成设计合规性电子表格以确定所需的目标处理量，并对是否需要使用附加措施和整个场地的合规性进行规划和确认；
• 对其他可行性标准进行核实；
• 在指定的渗透措施位置展开现场土壤渗透研究（这个步骤非常关键，可以在场地规划环节分时段完成）；
• 对渗透措施尺寸指导进行验证，并确保场地内有足够的面积（通常分为多个区域）设置渗透措施；
• 对设计调整是否适合项目场地进行核验；
• 根据设计准则和标准详图设计渗透措施；
• 提供必要的平面图、侧面图和剖面图细部及立面图、材料规格、坡度和施工步骤及说明。

标准详图

图 6.3 / 渗滤沟标准详图

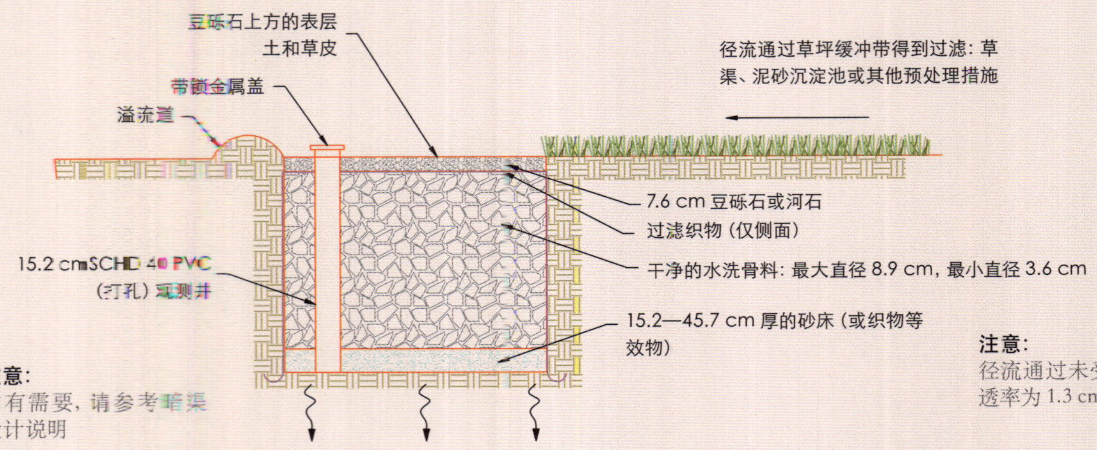

注意：
如有需要，请参考暗渠
设计说明

注意：
径流通过未受扰动的底土渗出，最小渗
透率为 1.3 cm/hr。

图 6.4 / 设有附加管道存储空间或溢流管道的渗透措施剖面图

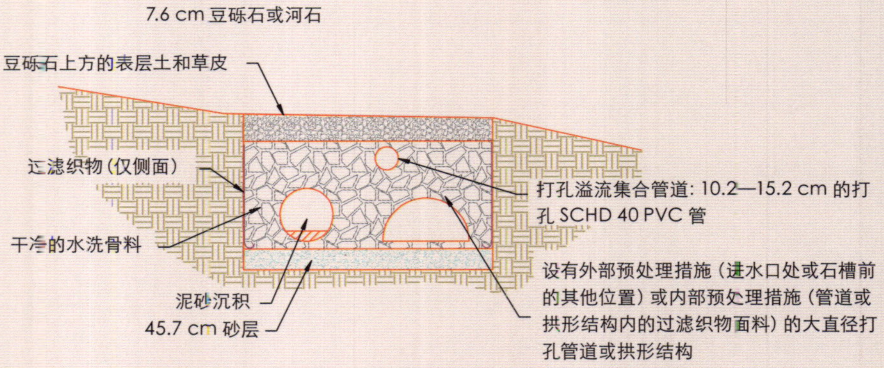

图 6.5 / 观测井标准详图

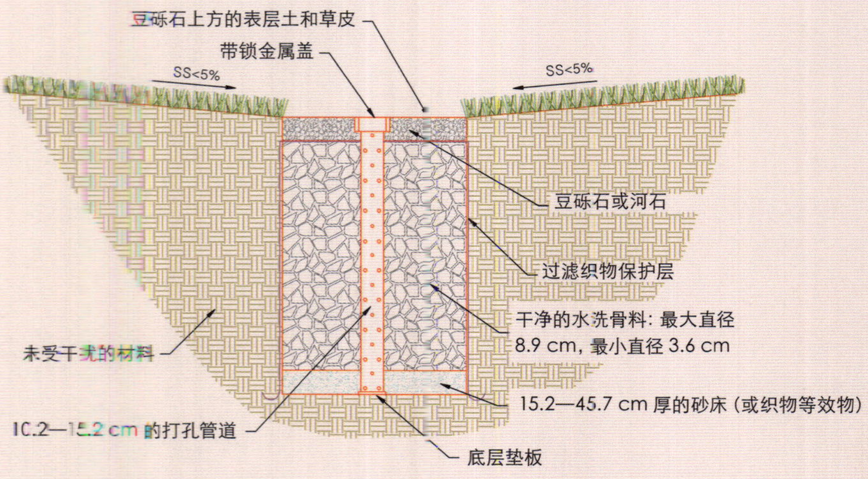

可行性标准与设计依据

选址和设计合理的渗透措施具有很好的径流减少能力。设计人员应当在最初的场地布局阶段对土壤特性进行评估，对场地进行设计，以在补给率和渗透率达到最大值的基础上保护土壤。自然资源保护服务办公室土壤调查中显示的水文 A 类土壤或 B 类土壤区域是渗透措施的首选设置场地。本节内容随后会对土壤和渗透的其他情况进行详细阐述。渗透设施设置的主要限制因素包括：

场地地势

应当将渗透措施设置在场地内相对平坦的区域。当紧邻渗透措施（4.6—6.1 米以内）区域的坡度大于 1% 小于 5% 时，最适合设置渗透措施。对于那些坡度较陡的场地，可将渗透措施分成多个单元，并在各单元之间设置合适的输送媒介，用以对相对平坦区域进行充分利用。如果坡面稳定性计算表明具体情况并非如此，则应当将渗透措施设置在坡度大于 20% 的斜坡下坡水平距离 61 米以外的区域。

有效水位差

水位差可能在 0.6 米以上以便于水流进入渗透措施。

地下水位或基岩最小深度

渗透措施底部与季节性高地下水位或基岩层之间的最小垂直距离为 0.6 米。

土壤

拟建渗透区原土壤的最小场测渗透率为 1.3 厘米 / 小时（水文 A 类土壤和 B 类土壤可以达到这一标准）。可以先根据自然资源保护服务办公室的土壤数据估算出土壤渗透率，但是设计人员必须使用场地土壤调查方法对土壤的透水性进行核实。原土壤的含砂量必须小于 40%，黏土含量必须小于 20%。一定要由有资质的土壤学家或岩土工程师展开土壤调查。应当在拟建渗透装置的位置上进行土壤钻孔取样，每隔 15 米至少钻孔取样一次。在拟建渗透措施的内底标高处或下方进行渗透测量。

集水区

独立渗透措施的最大集水区面积应当小于 0.8 公顷。集水区应当 100% 不透水。可以为独立屋顶或其他小块不透水表面修设微型渗透措施。设计、预处理和维护要求取决于渗透措施的尺寸。

热点区域土地利用

渗透措施不得用于处理泥砂或垃圾 / 碎片负荷较高场地，因为泥砂或垃圾 / 碎片会造成措施堵塞和失效的情况。应当避免在易于引发地下水污染的潜在雨水热点区设置渗措施。

河漫滩

除非地方政府批准豁免，否则，应当将渗透措施修设在拥有百年历史的河漫滩界限之外。

不接收灌溉用水或底流

渗透措施不应接收底流、灌溉用水、含氯洗涤水或其他非雨水径流。

建筑收进

为了避免渗漏，渗透措施不得在水力上与建筑地基或路面有联系。建筑收进程度会随着渗透设施集水区面积的变化而变化：

- 23—232 平方米的渗透措施集水区：如果位于建筑下坡，建筑收进 1.5 米；如果位于建筑上坡，建筑收进 7.6 米。
- 232—1858 平方米的渗透措施集水区：如果位于建筑下坡，建筑收进 3 米；如果位于建筑上坡，建筑收进 15 米。
- 1858—92903 平方米的渗透措施集水区：如果位于建筑下坡，建筑收进 7.6 米；如果位于建筑上坡，建筑收进 30 米。

靠近公共设施

公共事业管线与渗透措施之间的最小水平距离应当保持在 1.5 米。公共事业管线不得从渗透措施上方、下方或内部穿过。供水井与渗透措施之间的最小水平距离应当保持在 30 米。

设计准则

渗透措施的水质与流量减少标准

合理的渗透措施设计方法可以避免大量径流渗入小块区域。因此，如上文所述，受土壤透水性和可用空间的影响，独立渗透措施的规模有限，但是，只要其他雨洪管理措施可以对处理量的多余部分进行处理，渗透措施便可只处理集水区 2.5 厘米目标处理量的一部分。

下面介绍几个用于确定渗透措施尺寸的公式。第一个公式可以确定渗透措施的最大地下储集层深度（公式 6.1）。

$$d_{max} = \frac{1/2\, i \times t_d}{\eta_r}$$

公式 6.1 渗透措施的最大地下储集层深度

其中：
d_{max} = 渗透措施的最大深度（英尺）；
i = 场内核实的原土壤渗透率（英尺 / 天）；
t_d = 最大水面下降时间（一般为 1.5—2 天）；
η_r = 砂岩储层的有效孔隙度（假定 0.35）。

这个公式作出了下面几项设计假设:

• 保守的渗透率。设计效果上，考虑到施工期间的潜在压实作用，现场测路基土壤渗透率 (i) 应当除以 2 以接近长期渗透率。此外，还应进行现场渗透调查以确定下层土壤的实际渗透能力;
• 石层孔隙度。砂岩储层设计所用的孔隙度数值为 0.35，如果储集层内安装有打孔波纹金属管、塑料管、混凝土拱管或等效材料，孔隙度数值可能更大;
• 水面迅速下降。应当按照规定标准设计渗透措施以便目标径流减少量在 36—48 小时内得到渗透，以防出现积水情况。

设计人员应当将结果与表 6.3 中的最大允许深度进行比较，并选取较小的数值进行后续设计。

表 6.3 / 地下砂岩储层的最大深度（米）

进入方式	渗透措施的规模：集水区（CDA）面积		
	微型渗透措施（集水区面积 = 23—232 m^2）	小型渗透措施（集水区面积 = 232—1858m^2）	传统渗透措施（集水区面积 = 1858—92903m^2）
地下砂岩储层	3.0	5.0	变化

如果已知最大深度，需要使用公式 6.2 计算出渗透措施所需的表面面积:

$$SA = \frac{Design\ Volume}{(\eta_r \times d) + (\frac{1}{2}i \times t_f)}$$

公式 6.2 渗透措施的地下储集层表面面积

其中:
SA = 表面面积（平方英尺）;
设计容积 = 渗透措施处理的水量（或部分水量）;
η_r = 砂岩储层的有效孔隙度（假定 0.35）;
d = 渗透深度（英尺）（最大值取决于渗透措施的规模和从公式 6.1 中得出的结果）
i = 场内核实的原土壤渗透率（英尺 / 天）;
t_f = 填满渗透措施的时间（天；一般为 2 小时，或 0.083 天）。

渗透措施拦截到的设计容积被称为通过措施得到的充分水量。
将公式 6.2 重新整理后得出公式 6.3，计算出设计容积。

$$Design\ Volume = SA[(\eta_r \times d) + (\frac{1}{2}i \times t_f)]$$

公式 6.3 渗透措施地下储集层表面面积设计容积计算

除此之外，渗透措施还可以根据地方雨水滞留要求对滞留存储空间内的径流进行全部或部分处理。设计人员可以将石料层内的存储空间，储集层内的打孔波纹金属管、塑料管、混凝土拱形管或等效材料，预期渗透措施和出水结构考虑在内，用以对多种设计方式进行模拟。还可使用路径演算，给出更为准确的峰值排水或所需存储容积数值。

预处理措施

一定要设置下列措施中一种，对渗透措施内的流入量进行预处理：

• 草坪过滤草带（最小为 6 米，只要确定并保持坡面漫流）；

• 草渠；

• 前池（最小为设计容积的 25%）；

• 砾石横隔板（最小为 0.3 米厚， 0.6 米宽，只要确定并保持坡面漫流）；

• 砂滤槽。

如果是路面边缘的预处理结构（例如草坪过滤带、砾石横隔板和分流器），路面边缘与预处理结构内的草坪或石块顶部之间的落差应当为 5—10 厘米，以防止垃圾堆积，堵塞预处理结构的进水口（详见图 6.6）。

如果渗透措施为面积大于 1858 平方米的集水区（CDA）服务，一定要使用前池或砂滤槽对水流进行预处理。前池或砂滤槽的存储容积至少为渗透措施总设计容积的 25%。如果下层土壤的渗透大于 5 厘米 / 小时，前池或砂滤槽的存储容积应当增加到渗透措施总设计容积的 50%。

设计人员应当确保预处理空间的出水速度必须是非侵蚀性的（例如 15 年一遇的暴雨出水速度小于 1.8 米 / 秒），从预处理空间中留出的水流应当均匀地分散给整个渗透措施（例如使用水平撑挡或消能装置）。

图 6.6 / 路面边缘预处理措施的标准详图

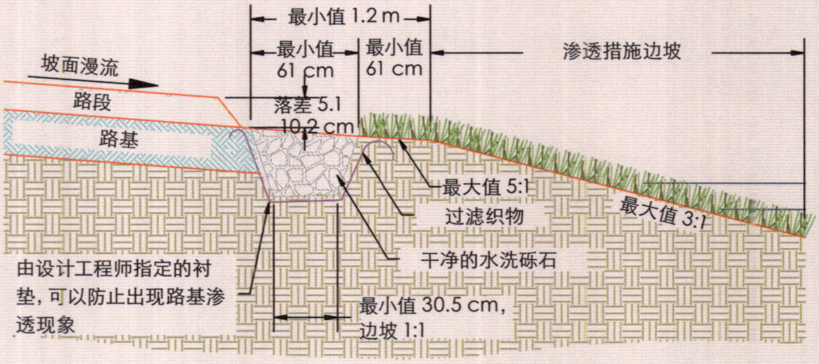

输送与溢流

有两种基础的设计方法可以使径流进入渗透措施，从渗透措施及其周围经过。

非即时措施

径流被分散或转移以便只有设计暴雨或设计流量进入渗透区。大量的径流从旁通管道进入渗滤床。非即时设计可以通过确定最大积水深度（高流量向别处转移的那一点）或进水口、进水口上坡处的导流装置或分流器完成。集水区（CDA）面积大于 0.2 公顷的渗透措施建议采用非即时设计，以防径流淹没或损坏渗透区。

即时措施

集水面积内的全部径流流入渗透措施。超出设计容积的径流通过溢流结构或溢流堰流出渗透措施。下面介绍几项适用于溢流结构的设计准则：

- 溢流应当从渗透措施中流出，用以使超出设计暴雨存储量的雨水流向稳定的输送系统或暴雨排水系统。应当将溢流结构设置在渗透措施表面上方，以防径流绕过渗透措施直接进入溢流结构；
- 应当对溢流进行管控以便出水口处的流速是非侵蚀性的（即防止下游侵蚀）；
- 溢流拦截装置的设计应当根据应用情况进行调整——小规模措施可以使用景观格栅或场地进水口，大规模基础设施可以使用商业型结构。

应当注意的是两种类型的设计方法均需在满足输送需要和为受纳水体留出足够超高的前提下关注大流量的安全输送问题。排水设计应当以假定上游措施暴雨期间可能注满或是只能提供少量存储空间情况下的预期洪峰流量为基础。这些问题均应在场地规划的整体排水方式中得到解决。

设计几何结构

渗透措施很宽但很薄，以免其被归入 V 级注水井一类。

措施坡度

渗透措施的底部应当平坦（即，0% 的纵向和横向的斜坡），以便雨水均匀分布和渗透。

积水深度

渗透措施上方的最大垂直深度为 30 厘米。

边坡

边坡不应陡于 4H:1V。

石层

石层由最大直径为 9 厘米、最小直径为 4 厘米的干净水洗集料构筑而成。

表面石块 / 护面

石层上方应当铺设一层 7.6 厘米厚的干净水洗河石。设计人员可能会选择在渗透措施上方铺设一层表层土和草皮。

沟渠底部

为了防止下层土壤进入渗滤沟底部，一定要设置砂层。应当铺设 15—20 厘米厚的粗砂层将下层原土壤与石层分隔开来。

观测井

渗透措施应当设有观测井，并由直径 15 厘米的固定打孔 PVC 管组成，PVC 管还配设有一个与地面齐平的可上锁盖子，用以方便定期检修和维护。每 15 米安装一个观测井。

溢流排水管

可以在石层内安装溢流收集管道（溢流排水管），用以将收集到的暴雨径流输送至下游输送系统。

地下存储层（可选）

径流被存储在石块孔隙中，然后渗入下层土壤基质内。可以使用打孔波纹金属管、塑料管、混凝土拱管或等效材料增加可用的临时性地下存储空间。在某些情况下，可以将过滤和渗透单元组合安装在干延时滞留池底部，条件是有足够的预处理空间且渗滤床上方的积水深度被限制在 2.5 厘米。

过滤织物

可以将梭织、单丝过滤织物设置在渗透措施边坡上。决不可以沿渗透措施底面设置过滤织物。

渗透措施景观美化标准

可以将渗透措施融入场地规划设计中，使其与周围原生景观或草皮覆面美观地融合在一起，应当对下面几个设计注意事项加以考虑：

- 上坡施工完成，透水路面用茂密、健康的植被加固之前决不可以安装渗透措施。
- 应当对渗透措施缓冲区内的植被进行定期修剪和维护，以免有机质进入渗透装置，同时留出足够的植被，以免发生土壤侵蚀情况。

设计调整

喀斯特地质区

不应在喀斯特地质区设置大型渗透措施（集水区面积大于 1858 平方米），避免落水洞形成、地下水受到污染。可以设置微型渗透区或小型渗透区，且应对下面几项设计调整加以考虑:

• 渗透措施的表面积应当随深度的增加而增加。砂岩储层的建议厚度为 61 厘米或更小;

• 土壤钻孔取样和岩土工程研究一定要指出，渗透措施底部保持与喀斯特地质基岩层之间的最小垂直间距为 0.9 米;

• 很多情况下，生物滞留池都是喀斯特地质区渗透措施的最佳替代性雨洪措施;

• 如果集水区被列为重度雨水潜在危险区，则禁止设置渗透措施。

陡坡

将传统渗透措施修设在陡峭地形上可能存在坡面稳定性、水力梯度过大和泥砂输送方面的问题。如果坡面稳定性计算表明具体情况并非如此，则应当将渗透措施设置在坡度大于 20% 的斜坡下坡水平距离 61 米以外的区域。只要上、下坡建筑收进程度符合要求，微型和小型渗透措施便可正常运行。

寒冷气候和冬季性能

渗透措施可以安全地度过气候比较温和的冬季。主要问题在于措施下方的孔隙或底土可能出现冻结情况。当春天冰雪融化时，如果孔隙或底土仍处在冻结状态，便可能会引发洪水。

如果将渗透措施安装在较高处，建议进行下面几项设计调整:

• 应当在冻结线以下对措施底部进行扩展以防止措施底部结冰;

• 建议不要在紧邻冬季里经常撒砂或撒盐的路边的公路用地上设置渗透措施（以防氯化物进入地下水，路面砂土堵塞渗透措施）;

• 可以扩大预处理措施尺寸，用以拦截路面砂土带来的泥砂负荷（可以达到设计容积的 40%）;

• 渗透措施与道路之间的距离至少为 7.6 米，防止发生路面严重冻结的情况。

雨水改造

作为一种独立的措施，渗透措施很少会被设置在改造环境内，因为开发场地内多为扰动土壤。一定要进行充分的土壤和岩土测试，用以对下层土壤是否适合渗透及渗水会不会给原有建筑地基、路段和其他基础设施带来影响进行核实。如果上述情况得到一一核实，渗透措施可以是一项划算的改造措施。

01

城市创意走廊：小石头城主街改造

雨洪设计特色

雨水花园以及可渗透地表提供雨水渗透作用，为该区域街道景观增添了生态功能

创意走廊通过文化艺术而不是主街传统零售商店的聚拢，对4个街区的濒危历史性城市中心主街进行改造。创意走廊计划在对以艺术为导向的工作与居住环境混合使用的基础上建立起自己的特性。设计方案将走廊重新塑造成一个节点，并且对城市化的街景——景观建筑、生态工程、公共空间配置、临街系统以及其他城市景观元素进行利用。

该项目在道路通行权的基础上对非交通社会功能进行强化，用以为多功能居住环境内的新文化艺术中心服务。为各年龄段使用者——行人、骑车者、开车者和公共交通使用者设计的完整街道是多功能环境内不可或缺的一部分。规划阶段引入该城市并不多见的公共空间——综合性低影响开发雨水处理管网，共享式街道形态、自行车道和配设有表演设施的联合运输式城市轨道交通广场。修设有新式城市景观系统的共享街道形态将公共空间与私人空间联系起来，形成一个支持创新型经济发展的步行功能新层次。

除了社会与城市功能之外，街道景观设计还为项目场地增添了生态功能。拟建的低影响开发处理系统——生态型雨水径流管理——将美国环保局的《绿化美国首都》研究报告扩展应用到主街的设计上。绿树成荫的大道与共享街道景观相结合了17处获得认可的生态系统服务——包括大气调节、干预式（洪水）调节、水量调节、泥砂控制、养分循环、废物处理、植物授粉和栖息地等。林荫大道好似一个巨大的树箱型过滤器，设有渗透系统来灌溉有低水量需求的原生景观，与此同时，这里还可以用作户外用餐和集会场所。

街道本身变成了一种生态资源，在雨水径流通过下水道排放到附近的阿肯萨斯河之前，项目场地上的水污染物就已经被代谢掉了。用来支持绿色街道设计的雨水量是利用生态环境工程师在 Hydraflow 软件里设置了两年的设施使用情况模拟出来的。设计师还为设施配种了耐旱植物和既耐旱又耐水的主根生长型树木。

项目地点 / 美国，小石头城
项目面积 / 13.2 公顷
建成时间 / 2015（一期工程）
景观设计 / 阿肯色州大学社区设计中心，马龙·布莱克威尔建筑师事务所
摄影 / 阿肯色州大学社区设计中心，马龙·布莱克威尔建筑师事务所
委托方 / 阿肯色州，小石头城

定位图

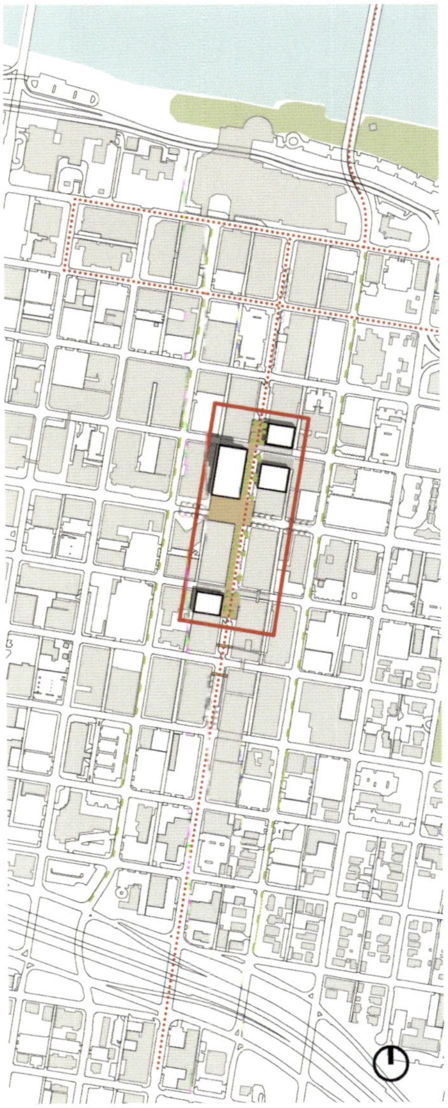

01 / 绿树成荫的步行道可以为旱生园艺种植用地提供渗透系统

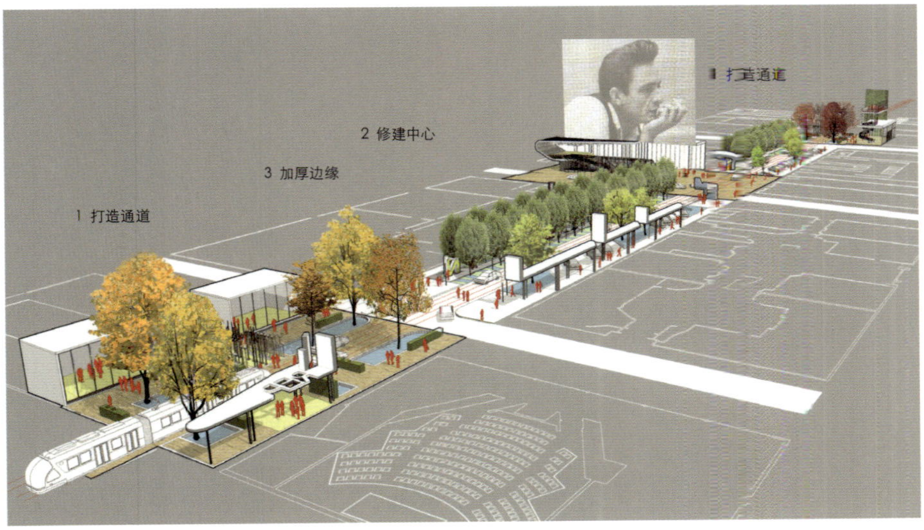

既然建筑指导不具备政治上的可行性，便需要借助城市景观规划元素包括拱廊、大遮檐和雨洪管理景观建立起街道与建筑内部的联系

步行道是一种可以举办公共活动和聚会的高效水管理景观，对该地区的文化和居住功能进行支持

步行道

① 榔榆
② 木栈道
③ 公交站点
④ 公共艺术
⑤ 咖啡馆
⑥ 交响乐排练厅
⑦ 停车场
⑧ 有轨电车扩建规划

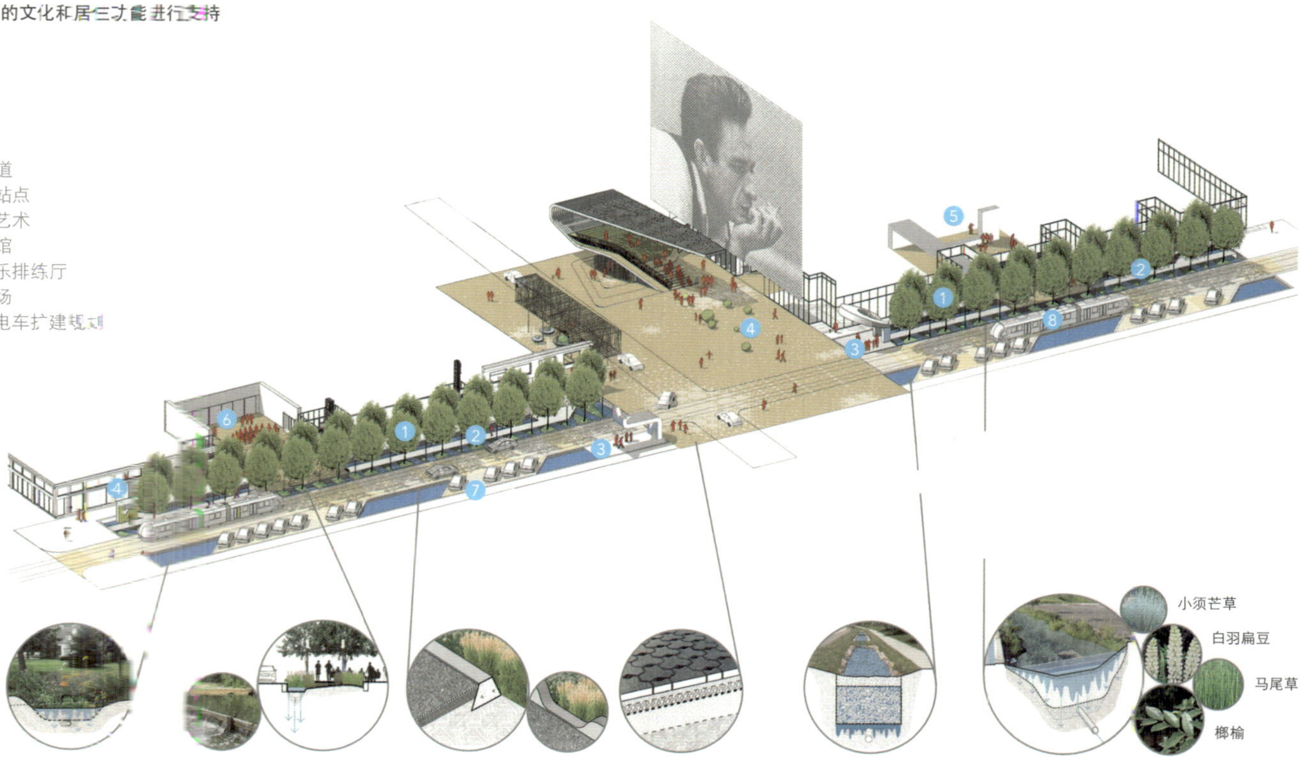

雨水花园

雨水花园是用来渗透雨水径流而不是存储雨水径流的植被洼地

乔木河湾与低坝

乔木河湾指的是栽种在生态草沟内土丘上的树木，可以起到天然拦砂坝的作用，减少雨水流量的同时，对雨水径流进行处理

路缘石

连接人行道和街道的斜坡长度各异，可以对流量进行很好的控制。齐平路缘石可以尽可能地将雨水均匀地分配在从街道到处理设施的路面上

透水铺面

透水铺面可以使雨水垂直地流入硬质路面。作为不透水铺面的替代品，透水铺面可供来往行人和车辆使用

渗透

渗滤沟是一种借助织物衬里蓄水池增加渗透量的层压体系

生态草沟

生态草沟是一种开放式缓坡植被水道，可以对雨水径流进行处理和输送

02 / 与排水沟相连的林荫步道

03 / 低影响开发处理系统结合了17处获得认可的生态系统服务——包括大气调节、干预式(洪水)调节、侵蚀控制和泥沙滞留、养分循环、废物处理、植物授粉和栖息地等

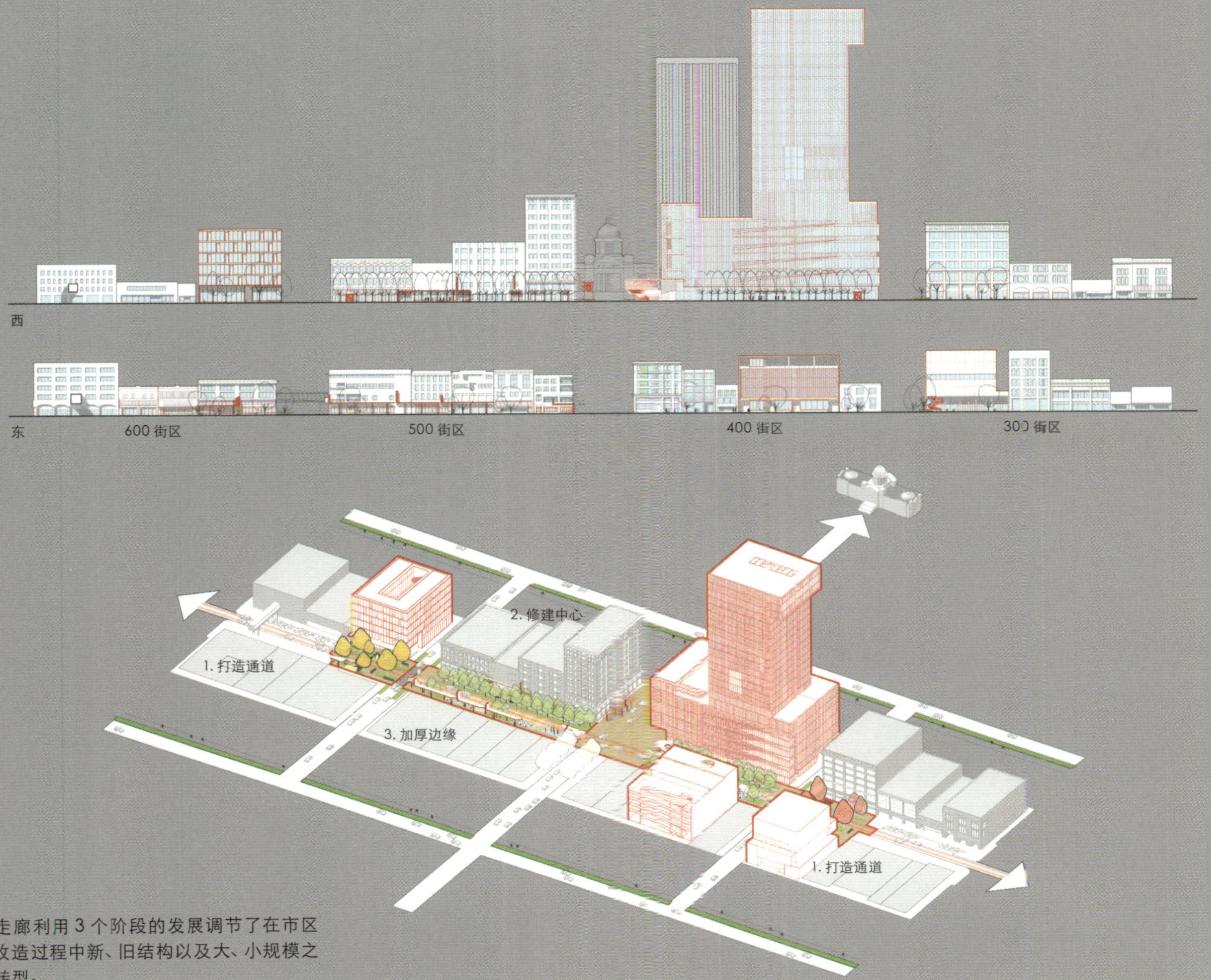

创意走廊利用 3 个阶段的发展调节了在市区节点改造过程中新、旧结构以及大、小规模之间的转型。

03

04 / 可以滞留雨水、缓解旱情的树木和植被

05 / 从南部的门关广场望向北部的景象。设计师对路灯进行再利用，使其成为入口处的标志性公共艺术。由小石城街区路灯组成的照明花园对人们未曾注意到的城市历史进行展现

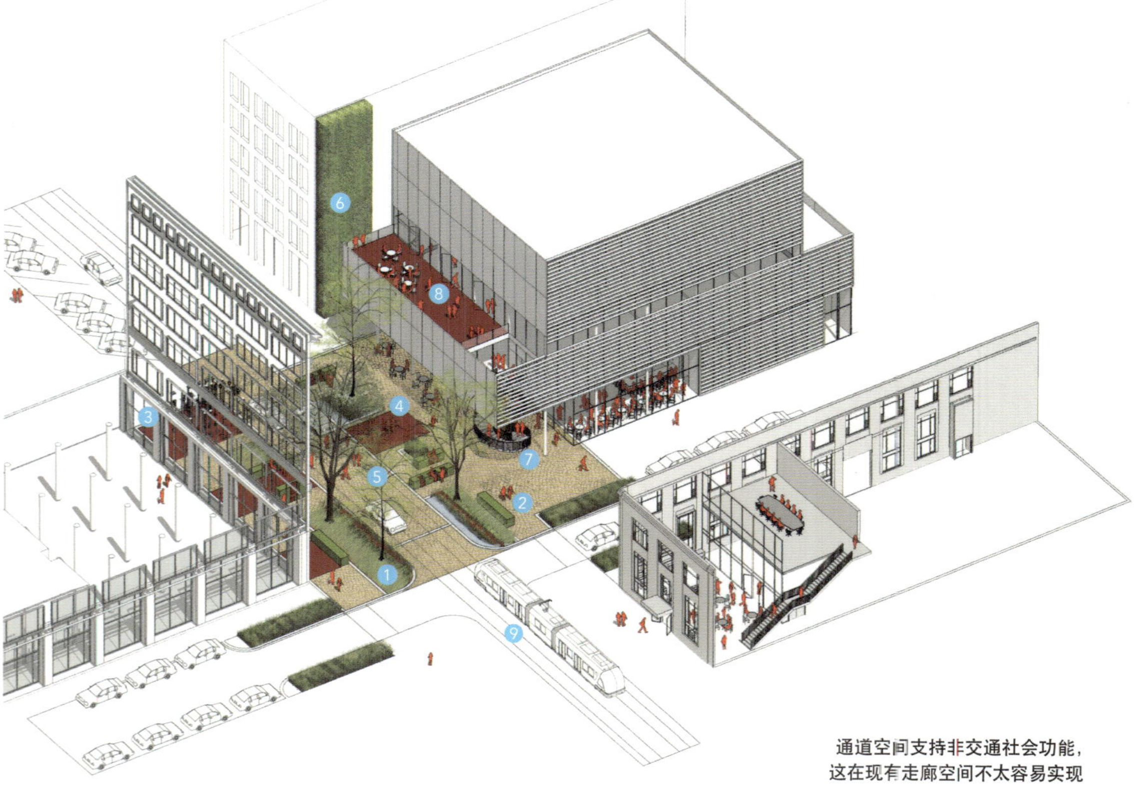

① 雨水花园
② 广场座椅
③ 再利用的路灯花园
④ 公共艺术区
⑤ 连续行人使用地面
⑥ 绿墙
⑦ 城市楼梯通道
⑧ 城市露台
⑨ 有轨电车扩建计划

通道空间支持非交通社会功能，这在现有走廊空间不太容易实现

05

500 街区低影响开发规划

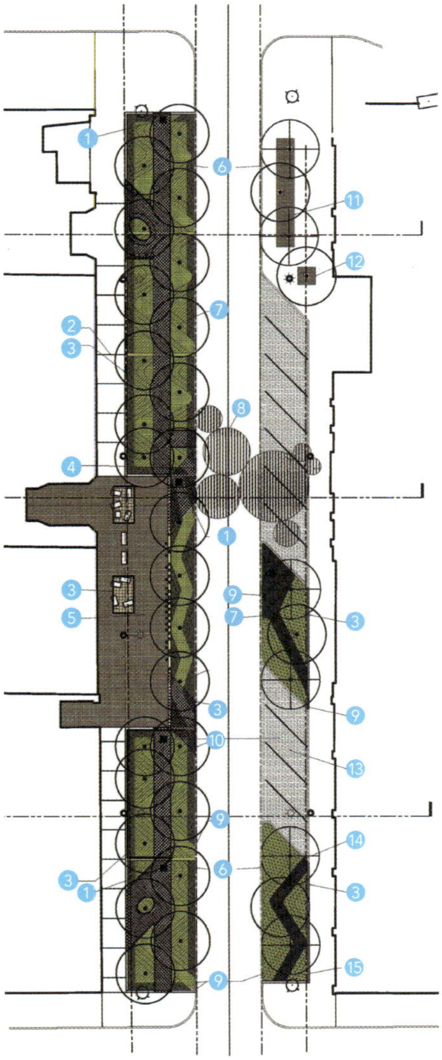

300 街区低影响开发规划

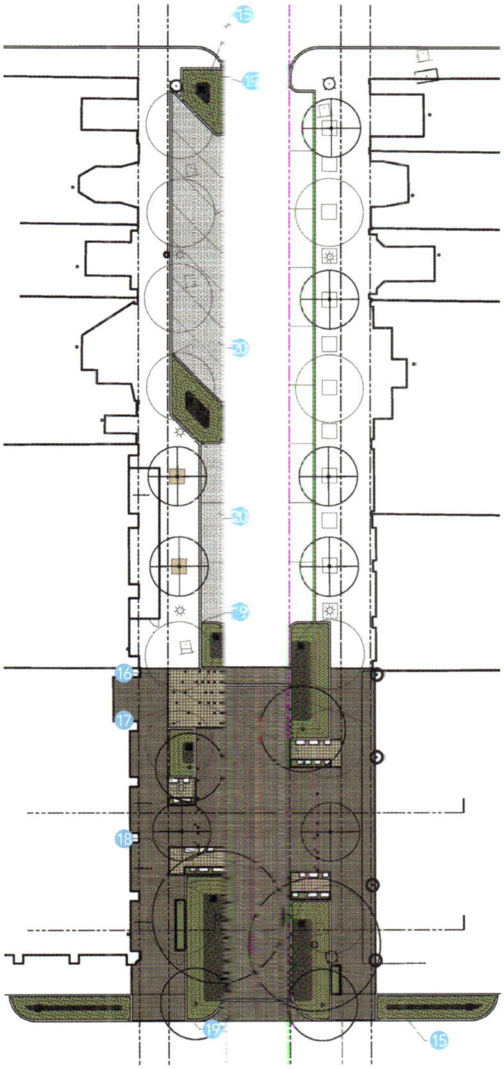

① 下沉洼地
② 混凝土铺面
③ 平路缘石
④ 雨水流入金属格栅坡道齐平路缘石上方的洼地
⑤ 透水铺面
⑥ 凸起的路缘石
⑦ 种植节
⑧ 人行横道
⑨ 连接人行道和街道的斜坡
⑩ 浅草沟种植带
⑪ 未压实底基层上方的扩大的树坑和格栅
⑫ 未压实底基层上方的树坑和格栅
⑬ 透水混凝土
⑭ 斜坡出水口
⑮ 雨水花园
⑯ 铺砖类型一
⑰ 铺面边缘处的齐平路缘石
⑱ 铺砖类型二
⑲ 斜坡溢流出口
⑳ 透水混凝土或多孔沥青

01

垃圾填埋场花园

雨洪设计特色

绿色植物屋顶以及两个渗滤床用来收集雨水

再次引入的原生植物种类

纳拉甘西特湾委员会的设施始建于 1901 年，这一设施每天要对来自于上纳拉甘西特湾周边罗德岛城镇的超过 7.57 亿公升的水量进行处理。新项目的总体规划包括打造一个占地 1765 平方米的运营中心，这个运营中心将被用作处理设施的新建公共设施使用。垃圾填埋场花园是运营中心的一部分。新的垃圾填埋场花园位于新运营中心南部，此花园不仅可以作为雨水渗透和过滤系统使用，还可为员工和频繁到访中心的教育团体提供休闲活动的户外空间。设计师对从项目场地和垃圾填埋场内收集到的建筑垃圾进行再利用，将它们用到花园项目的施工中。设计师利用收集到的混凝土板（由原先的贮灰槽分段锯切而成）和碎沥青（来源于原先的停车场）打造出一个醒目的黑白相间式花园地面。

可以直接将水流引入渗滤池的植被屋顶平台和雨水收集器系统负责对雨水进行收集和分配。两个矩形的渗滤床配合屋顶排水系统收集雨水，收集到的雨水随后会被输送至渗滤床。两个渗滤床由回收的 C 形槽钢制成，并垂直于运营中心的南立面。东侧的渗滤池上方修设有一座悬臂式混凝土桥，这座桥是为了配合将旧运营中心与新运营中心连接起来的人行道而修建的。连绵不断的线条在视觉上建立起垃圾填埋场花园与周围环境的联系，使垃圾填埋场花园更好地融入周围环境。场地雨水的渗透、滞留和再利用为该项目旨在减少受到污染的城市和郊区径流注入纳拉甘西特湾的倡议提供支持。设计师在项目场地栽种了很多海岸植物，因为这种植物的适应性较强，而且还有助于恢复纳拉甘西特湾委员会所在半岛的物种。此外，设计师还向渗滤床内撒入原生湿地植物的种子。

从外表来看，垃圾填埋场花园是一座用建筑垃圾构筑而成的黑白相间的花园。花园内配设有蓝色的野餐桌供工作人员休息。花园还可作为展示高性能渗透景观技术的公共教育中心使用。

场地环境

项目地点 / 美国，普罗维登斯
项目面积 / 371.6 平方米
建成时间 / 2013
景观设计 / L+A 景观建筑事务所
建筑设计 / KITE 建筑事务所
摄影 / L+A 景观建筑事务所，亚历山大・内斯比特，艾伯特・加西亚
委托方 / 纳拉甘西特湾行政管理机构

01 / 渗滤床

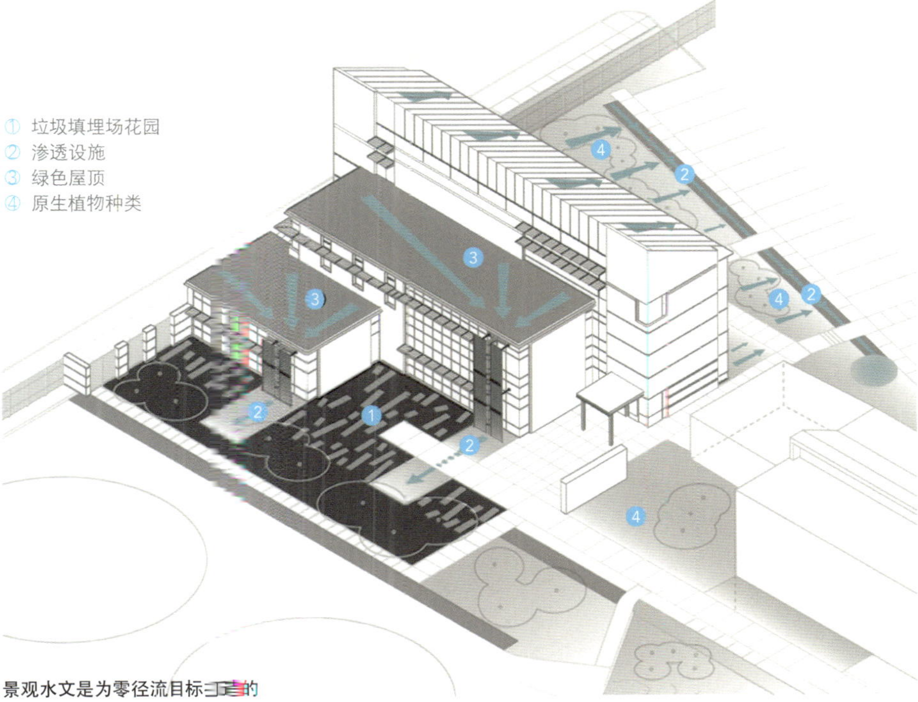

景观水文是为零径流目标打造的

02 / 黑色的再生沥青、白色的分段锯切混凝土板和渗滤床中涌出的绿草

03 / 绿色屋顶系统过滤流入到下面垃圾填埋场花园渗滤床的雨水

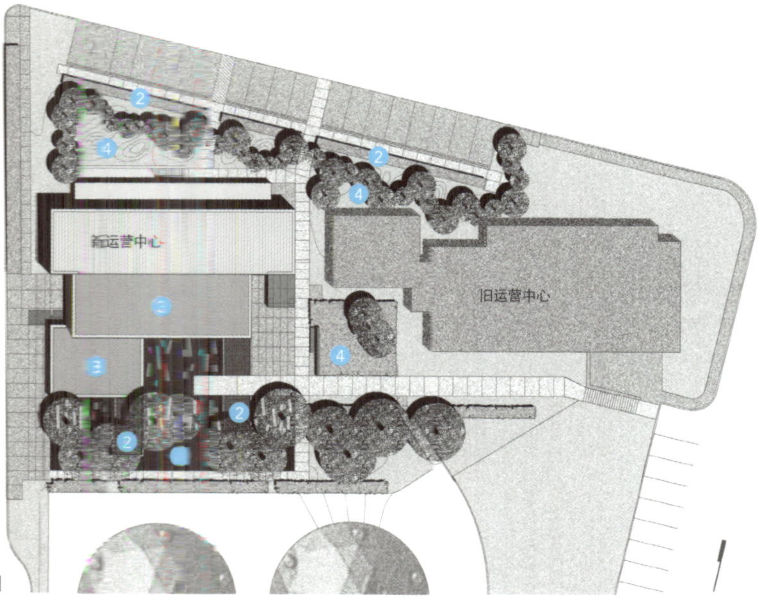

场地规划图

02

03

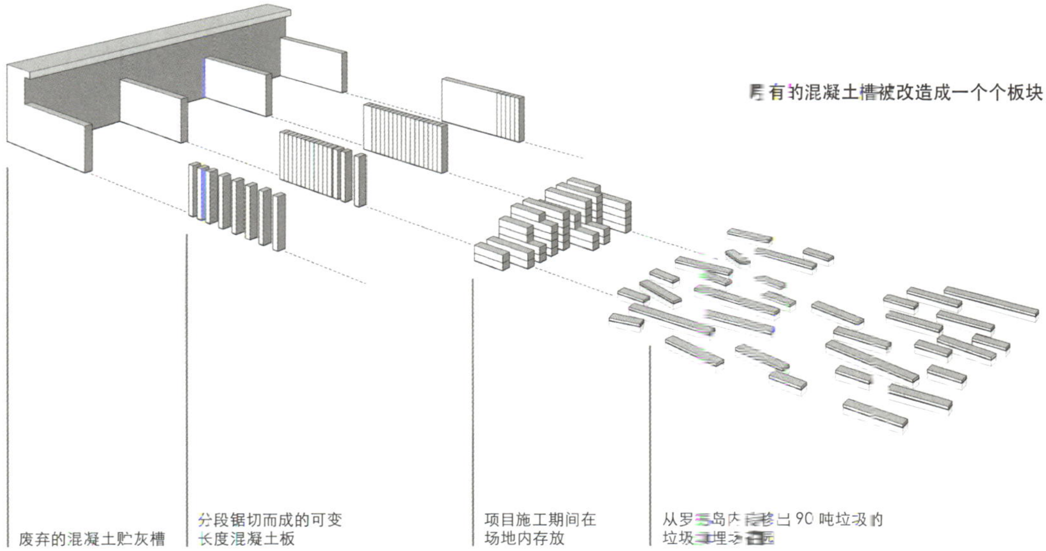
有的混凝土槽被改造成一个个板块
废弃的混凝土贮灰槽
分段锯切而成的可变
长度混凝土板
项目施工期间在
场地内存放
从罗岛内移出90吨垃圾的
垃圾埋

01

Ming Mongkol
绿色公园

雨洪设计特色

具有含水土壤层的沟渠提供地表水渗透功能而滞留池用来收集多余雨水

作为一个有社会责任的企业，暹罗市水泥公司打算利用北标府 Thap Kwang 地区 Mittraphap 公路附近的退化果园用地打造一个社会和生态可持续项目。Ming Mongkol 绿色公园旨在创建一个环境教育 / 保护意识平台，同时也为当地居民和外来游客提供社会服务整合、互动平台，与此同时，该项目的建成也促进了地方特色产业和临时街市的发展。除此之外，公园内还修设有农业、香草园和乡土景观。为了更好地配合公园项目的开发，设计师还为公园修设了卫生间、咖啡店、商店、临时性地方产品售卖摊位等长期服务设施。

场地规划及景观建筑设计的主要理念是将 Tub Kwang 乡土景观打造成一个主要的景观场景，其中包括泰式风格布局的地方社区中心。生态可持续概念被广泛地应用到场地内的所有景观设计中，包括从场地布局规划到所有设施和建筑物的位置选用。天然的地表排水系统和透水路面可以使径流回流到集水低洼地内的蓄水层，只有多余的径流会经由极为细小的进水管道流入大型池塘。风能和太阳能不仅可以用来为照明设施供电，还可为涡轮机将水流输送至溪流和瀑布提供能量。

植物种类的选择也非常重要。设计师选择了很多常被视作是杂草的地方性植物。这些植物不仅可以向当地居民和城市居民展示它们的潜在自然之美，还可以激发出人们保护这种平凡美感的意愿。

项目地点 / 泰国，北标府
项目面积 / 3.5 公顷
建成时间 / 2013
景观设计 / Landscape Architects 49 事务所
摄影 / 惠生 • 东通亚
委托方 / 暹罗市水泥公司

01 / 以 "Tub Kwang" 乡土景观为灵感

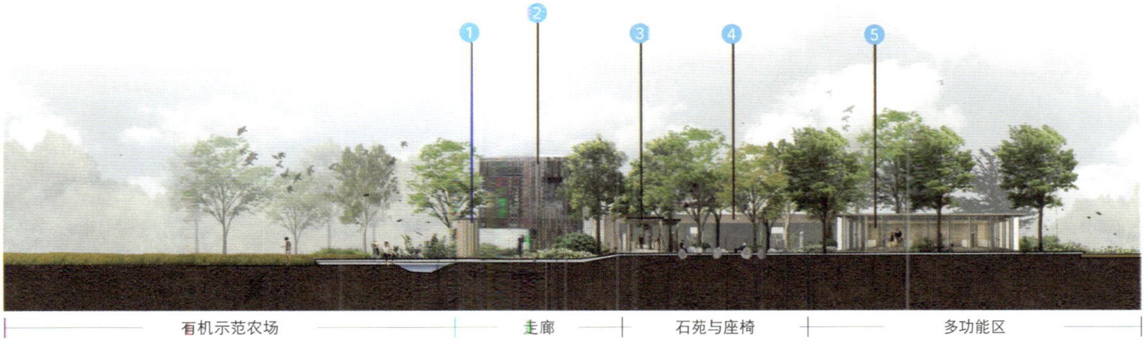

剖面图

① 格子结构
② 展览馆
③ 社区商店
④ 卫生间
⑤ 皇室项目商店
⑥ 有机示范农场
⑦ 走道
⑧ 水生植物花园
⑨ 风力涡轮机
⑩ 水车

02

图例

① 正门入口
② 停车场
③ 公共汽车停靠站
④ 自行车及摩托车停车场
⑤ 自行车停车场
⑥ 下车区
⑦ 多功能区与入口广场
⑧ 滨水平台
⑨ 石苑与座椅
⑩ 木栈道
⑪ 有机示范农场
⑫ 农场走道
⑬ 低坝
⑭ 水车
⑮ 滞留池
⑯ 野花
⑰ 林业种植园
⑱ 观景台
⑲ 花园
⑳ 户外健身场
㉑ 苗圃
㉒ 干滞留池

Ⓐ 展示区
Ⓑ 社区商店
Ⓒ 咖啡店
Ⓓ 办公大楼和展览馆
Ⓔ 卫生间
Ⓕ 维修室与库房
▼ 可以提供能量的水车

03

02 / 多种多样的植物群落凸显出细微的变化
03 / 慢跑与漫步环境
04 / 泰式平面布置形式

04

05 / 地质特征
06 / 泰式平面布置形式
07 / 可以开展各类社区活动的多功能区
08 / 农业园区

07

08

雨水花园理念

7 雨水集蓄

概述

雨水集蓄系统可以对雨水进行拦截、转移、存储和释放。雨水集蓄系统的径流和污染物减少率是在系统的尺寸、配置、需水量和使用二级措施管理雨水集蓄系统溢流的基础上实现的。

雨水集蓄系统可以用来:

- 对场地内第一场 2.5 厘米的降雨进行局部或完全管理，这取决于雨水集蓄槽的尺寸、全年的需水量和用来管理集蓄槽水位和溢流的二级下游措施的使用（详见表 7.1）；
- 减少污染物负荷以达到水质目标（最大日负荷总量；详见表 7.2）；
- 对现有开发区进行改造。

对雨水进行拦截和再利用可以大大地减少雨水径流量和污染物负荷。雨水集蓄系统还可以通过为终端使用者提供可靠的可再生水源的方式，带来超出雨水管理范围的环境和经济效益（例如增强水源保护、旱季供水、强制性市政供水限制、减少市政或地下水补给需求，降低终端使用者的用水成本，增加地下水补给量）。

图 7.1
太阳神广场（详见 230 页）上的雨水径流被多种措施收集起来，其中便包括排水砾石介质内生长有原生鸢尾花的流域盆地。降落在场地内的雨水被收集起来，然后被输送至用于长期储水的湖泊内。

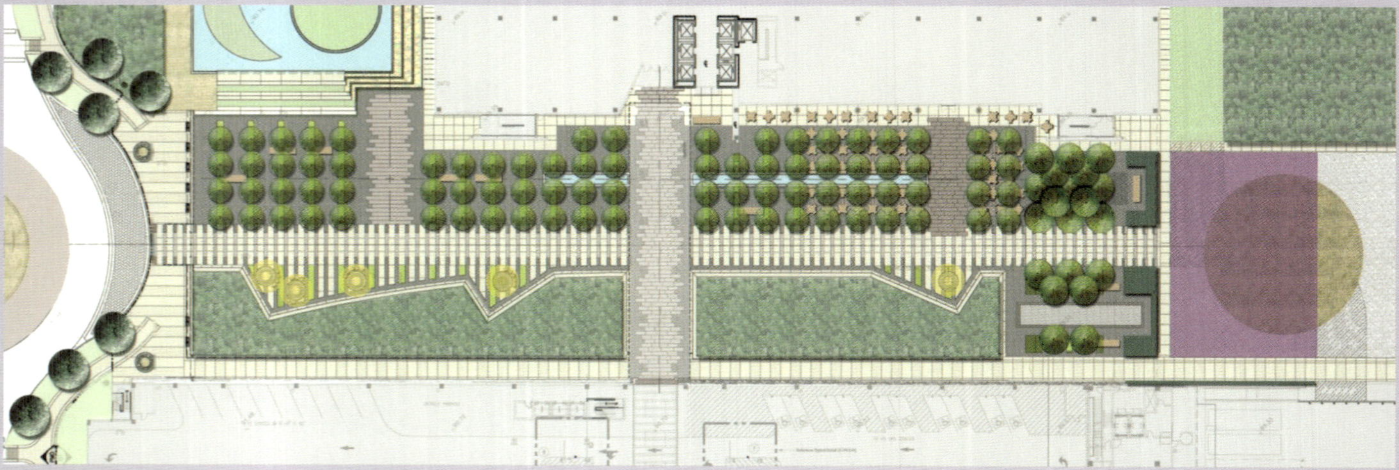

图 7.2
菲利·福尔公园项目（详见 234 页）的设计人员用新的液压系统替代了原有的露天雨水池。新系统由池塘、芦苇床和柳树组成，这一系统具备雨水净化、存储和循环利用的功能，并可承载 15 公顷的住宅区雨水径流量。

图 7.3
马卢奇艺术与生态中心项目（详见 238 页）的建筑和景观的设计均有助于雨水收集。大型排水沟可以将雨水收集到重力自动箱系统内。这种排水沟的特点是提高建筑物收集雨水的能力，用以促进可持续设计。

落在屋顶的雨水被收集和输送至地上或地下存储槽，然后作为非饮用水使用或是进行现场渗透或处理。地方政府批准的非饮用水使用包括冲洗建筑内的马桶或小便器、景观灌溉、户外冲洗（例如清洗车辆、建筑立面、人行道、清路机和消防车等）、灭火系统（洒水车）供应、冷水塔供应、水景设施和饮水器运行与补水、洗衣店用水。

本节内容用水池和水槽代指雨水集蓄系统的存储空间。

表 7.1 / 雨水集蓄系统径流减少性能

介绍	应用领域	性能发挥以使用 2.5 cm 降雨量为标准
标准设计 • 全年使用用来储水和管理水槽水位和溢流的二级下游径流减少措施 • 按照规范要求设计系统构件	拥有大量屋顶区和储水有益利用区的场地。如果有明确的外部用水和内部用水需求，也适用于小型应用领域（例如住宅区、小型商业区）	标准由水池设计文件决定。如果降雨量≤ 2.5 cm 的降雨事件所产生的径流被彻底利用，且水槽可以满足存储需求，那么 100% 的设计容积也是可能的

表 7.2 / 雨水集蓄系统污染物去除能力标准

设计层级	悬浮固体总量（*TSS*）[1]	营养盐： 总磷（*TP*）/ 总氮（*TN*）[1]
一个设计层级	悬浮固体总量 = 从水池设计电子表格中导出的径流减少率 [1]	总磷（*TP*）/ 总氮（*TN*）= 从水池设计电子表格中导出的径流减少率 [1]

1 悬浮固体总量和污染物负荷减少量与径流减少率相同。额外的污染物去除率可以应用在雨水集蓄系统上。雨水集蓄系统与二级或下游措施共同作用时，悬浮固体总量和营养盐去除率与措施适用率一致。

雨水集蓄系统设计方案与性能

表 7.1 对雨水集蓄系统的径流减少性能进行了介绍。雨水集蓄系统设计不涉及一级与二级设计。径流减少数值以年内水回用、外水回用和水槽排水总量为基础，排水总量可以通过水池设计电子表格得出。如表 7.2 所示，在最大日负荷总量和流域规划范围内计算出的污染物去除率与从水池设计电子表格中导出的径流减少率相同。

雨水集蓄设计清单

• 对场地进行评估以确定是否可以从屋顶集蓄雨水，收集到的雨水是否会另作他用，地方管理机构是否允许设置措施。

• 用设计合规性电子表格确定目标集水面积的处理量。确定是否会使用其他下游基础设施以达到场地的处理量目标。

• 完成水池设计电子表格,用以对水槽的尺寸和配置能否满足项目需要进行评估。将由水池设计电子表格导出的径流减少率“插入”设计合规性电子表格。这一比率是在水槽的尺寸、需水量和下游径流减少措施使用的基础上实现的。

• 将水池设计电子表格中导出的径流减少率插入设计合规性电子表格，对 2.5 厘米减少标准的整体合规性进行核实。可能需要设置下游措施，如果 a. 收集到的雨水不会另作他用；b. 需要在场地内设置其他措施拦截处理量。

• 对雨水集蓄系统尺寸指导进行验证，并确保水池和输送系统内有足够的存储空间。

• 对设计调整是否适合项目场地进行核验。

• 根据设计准则和标准详图设计雨水集蓄系统。

• 提供必要的平面图、侧面图和剖面图细部及立面图、材料规格、坡度和施工步骤及说明。

可行性标准与设计依据

场地特性会影响雨水集蓄系统的设计和使用。下面几项限制因素并不全面，而且不具有决定性，仅供设计人员在规划过程中参考，用以将雨水集蓄系统融入场地设计中。雨水集蓄系统设置的主要限制因素包括：

管道规程

设计规范中并没有解决室内排水管道和消毒问题。设计人员和规划审核人员应当查阅地方和州建筑与健康法规，以确定可以在室内对收集到的雨水进行处理和使用。安装有市政备用电源的场地，一定要为雨水集蓄系统设置防止回流设施或气隙，用以将收集到的雨水与主供水系统分隔开来。管道和阀门用水一定要清晰地标示出非饮用字样。

可用空间

需要足够的空间设置存储槽和溢流管道。如果住宅或商业开发项目的初期建筑设计和场地布局考虑到了空间限制的问题，那么雨水集蓄系统基本上不用再考虑这一问题。存储槽可以位于地下、室内，可以在结构上支撑增重的屋顶上和建筑附近。设计人员可以与建筑师和景观设计师一同为存储槽选址。应当在确定存储槽的最终位置之前将地下公共设施或其他障碍物标示出来。

场地地势

应当对场地地势和存储槽位置予以考虑，因为它们关系着雨水集蓄系统内所有进水管道和出水管道的仰拱高度。

存储槽出水管道的仰拱一定要与受纳机制（天然水渠、暴雨排水系统等）的仰拱相匹配。应当在设计初期对与雨水集蓄系统各组成部分相关的高度落差和最终的仰拱高度加以考虑，以保证雨水集蓄系统修设在特定场地的可行性。

场地地势和存储槽位置会影响管道的设置。将存储槽设置在地势低的区域易于屋顶上的积水流入水池，这样一来，管道的数量也会有所增加。用以将收集到的雨水分送回建筑或是位于高地势场地的灌溉区内。反之，如果将存储槽设置在地势高的区域，可能需要设置坡度较小的大直径雨水斗，这样一来，会减少用来分送雨水的管道的数量。最好将水池设置在建筑附近，以便最大限度地减少雨水斗的坡度和屋顶排水管道的围护结构。

有效水位差

雨水的预期用途决定了所需的水位差。如果使用雨水对住宅区景观进行美化，应当将水池设置在景观区上坡或是凸起的平台上。管道将储水输送至应用场地。如果雨水需要从水池流入建筑内作为非饮用水使用，则需用抽水泵在建筑内打造出小型压力槽，满足室内用水需求。水池可以利用重力满足无须高水压便可实现的住宅内部用水需求（例如洗衣用水）。

地下水位

地下存储槽非常适合那些可以将水槽设置在地下水位以下的区域。应当将水槽设置在不会受到洪水影响的位置。那些水槽局部埋设于地下水位以下的区域一定要进行特殊的设计处理，例如对水槽进行充分固定（避免水槽浮动），在水槽清空时进行浮力计算。可能需要使用紧固件固定水槽，或是为水槽添加重量避免水槽在浮力的作用下上升。一定要在水槽制造商的指导下进行安装。

土壤

应当根据制造商提供的指导，将存储槽设置在原土壤或填土场地上。注满水后，水池重量增加，因此，一定要对拟建水池区域的土壤承重能力进行研究。大量的泥砂沉积可能会导致水池倾斜或倾倒，因此这一点对地上水池来说尤为重要。集料或混凝土底层的适用性由土壤状况决定。除此之外，还要了解土壤的 pH 值，以免与水槽材料发生反应。

靠近地下公共设施

在对地下雨水集蓄系统进行设计时，应当对所有地下公共设施加以考虑，将雨水集蓄系统构件和雨水沟作为传统的雨洪设施和管道使用。在对雨水集蓄系统的地下水槽和管道进行安装时，一定要将地下公共设施标示出来。

集水区

水池集水区为不透水地面，内部积水全部排入水槽。屋顶也应被纳入集水区。停车场和其他铺面只有在经过妥善处理（油 / 水分离器）并得到地方审核机构批准后方可使用。可以根据设计规范中的尺寸指导对各种规模的集水区（包括屋顶在内）进行使用。径流应当通过屋顶排水系统或雨水排水管道从屋顶流入雨水集蓄系统，一定要避开路面排水，以免造成水流污染。

屋顶材料

集雨的质量因屋顶材料而异。沥青封层屋顶、焦油砾石屋顶、油漆屋顶、镀锌金属屋顶、金属板材屋顶或是含有石棉材料的屋顶等屋顶类型收集到的雨水中可能含有微量金属和其他有毒成分。因此，应当避免从这些屋顶收集雨水。

雨水水质

设计人员应当注意的是，部分区域的雨水 pH 值为酸性（例如，西弗吉尼亚州雨水 pH 值的范围在 4.0—5.5），酸雨可能会从屋顶表面、池槽衬砌或排水沟析出有害物质，排入内部管道。也就是说，从屋顶表面流下的雨水的 pH 值往往偏高。如有需要，可以向水槽中添加石灰岩或其他材料中和酸度。

热点区域土地使用

雨水集蓄是一种可以防止屋顶径流受到污染的有效方式，这种方式将屋顶径流与雨水热点区域的地表径流混合在一起。然而，在某些情况下，工业屋顶也可能被纳入雨水热点区域。

建筑收进

水池溢流装置的设计应当避免建筑地基 3 米以内出现积水或土壤饱和情况。如果将水池设置在建筑地基附近，一定要对水池进行防水设计，以避免水破坏。通常建议将地下水槽设置在建筑地基 3 米开外的区域。

车辆荷载

如有可能，应当将地下雨水集蓄系统设置在没有车辆走行的区域或是设计用来支持重型卡车的有效荷载，这一要求可能会大大增加施工成本。

设计准则

系统组成

系统组成：雨水集蓄系统由六个主要的部分组成。

- 屋顶表面；
- 收集和输送系统（例如水槽和落水管）；
- 预处理结构
- 存储槽；
- 分配系统；
- 溢流、过滤道或二级雨水滞留措施。

下面将对上述系统组成部分进行阐述。

屋顶表面

屋顶应当采用平滑的无孔材料制成，并配以有效的排水系统。屋顶排水缓慢会导致残渣沉积，降低水质。如果将收集到的雨水用作饮用水或是人体接触使用（例如水池注水、浇灌菜园）则应注意屋顶材料的选择问题。有些材料可能会滤出有毒化学物质，使用含有这种物质的雨水会给人类的健康带来危害。

收集和输送系统

收集和输送系统包括水槽、落水管和用来将雨水输送至存储槽的管道。应当对排水沟和落水管进行设计，因为它们可能是为一栋没有配设雨水集蓄系统的建筑而设计的。建议采用铝制、圆底水槽和圆形落水管收集雨水。应当对水槽的最小坡度进行详细说明。

预处理结构

预先过滤处理可以防止泥砂、树叶、污染物和其他垃圾进入雨水集蓄系统。叶片滤网和水槽滤网可以满足小体系预先过滤装置的最低要求，当然，如能直接进行雨水过滤更好。所有预先过滤装置均应为低维护或免维护装置。预先过滤处理的作用是通过防止水槽内有机质累积的方式减少维护需要，从而减少微生物的食物来源。

存储槽

存储槽是雨水集蓄系统中最重要的，通常也是最昂贵的组成部分。虽然很多说明中的图形将水池描绘成圆柱形，但水槽却是采用多种不同的材料制成，而且形状各异，水槽的材质和形状取决于水槽的类型和水槽应用场地的状况。例如，水槽可以是矩形、L 形或是与场地地势解体垂直而设。

水槽容量范围在 250—30000 加仑。水槽可以相邻而置并与管道连接起来，以平衡水位、增加场地的总存储量。住宅用标准雨水集蓄系统的容量范围在 1500—5000 加仑。可以计算出存储槽容量以满足用水需求和雨水设计容积目标。

分配系统

分配系统大多需要使用抽水泵将存储槽内的集水输送至最终目的地，建筑内部或机械化灌溉系统，或是逐渐排入二级径流减少措施。应当为雨水集蓄系统配设适宜的抽水泵，为终端使用提供足够的压力。市政当局可能要求在各个管道上标示出非饮用字样。

标准管道和压力槽配置包含一个多级离心式水泵，将雨水从存储槽中抽出，然后送至压力槽存储以待分配。雨水从压力槽中抽出时，抽水泵启动，将补给水送至分配系统。防止回流设施需要将收集到的雨水与主要饮用水分配管线分隔开来。

应当将雨水集蓄系统内的分配管线埋设在冻结线以下。从雨水集蓄系统通往建筑的管线应当安装关闭阀。如有需要，应当安装排水塞或清洗池，用以使雨水集蓄系统彻底清空。应当对地上室外管道进行保暖处理，以防发生冬季冻结情况而无法正常运行。

溢流、过滤道或二级雨水滞留措施
雨水集蓄系统设计中应当包含溢流机制，用以对超出水槽容积的单一暴雨事件或连续性暴雨事件所产生的径流进行处理。在维持足够出水高度的前提下，溢流管道的容量应当大于等于进水管的容量，且管道直径和斜率足以排干水池内的积水。应当对溢流管道进行遮蔽，以防啮齿类动物和鸟类接近水槽。

过滤道是一条从溢流管道延伸至下一个径流减少措施、街道、原有或拟建水渠、雨水排水系统的透水廊道或草坪廊道。过滤道的坡度一定要逐渐减缓，以形成坡面漫流。如果过滤道两侧存在压实或不透水土壤，可能需要向土壤中添加土壤改良剂。此外，建议将过滤道用作初期径流分流器使用。

为了提高整体径流减少率，雨水集蓄系统溢流经常会被引入二级径流减少措施。

设计目标与系统配置

很多雨水集蓄系统变形都可以满足使用者的需求和雨水目标。设计规范就实现设计容积目标和遵守法规方面的框架进行了论述。从雨水收集的角度来说，可以应用的潜在配置有很多。但是，为了合理地实现雨水场地滞留目标，设计规范应当遵循下列理念：

• 鼓励进行系统设计，将雨水作为一种可以满足场地需要的资源使用，或是与其他径流减少措施（特别是那些可以增加地下水补给的措施）一同使用。
• 可以通过减少径流流量和临时性存储的方式达到洪峰流量减少（如需满足地方滞留要求）的效果。

设计规范中的雨水集蓄系统设计配置以雨水的持续性（全年）使用为目标：a. 内部使用；b. 二级径流减少措施内的灌溉和处理。下面介绍三种基本的系统配置。

配置 1：全年室内使用配以可选择季节性户外使用
第一种配置是全年室内使用配以可选择季节性户外使用，例如灌溉用水。能够融入非季节性（非灌溉）月份设计中的场地二级径流减少措施并未涉及，因此，一定要对雨水集蓄系统进行设计（应当注意的是，季节性灌溉会在雨水利用方面带来经济效益）。可以通过增设二级径流减少措施提高雨水标准（详见下文配置 3）。

配置 2：季节性户外使用和准许设定的全年二级径流减少措施

第一种配置将存储的雨水用作季节性或间歇性供水使用，例如灌溉用水。但是，这些用途是间歇性或季节性的，因此，这种配置还需依靠准许设定的二级措施达到雨水标准。与独立式基础设施（未设上坡水槽）相比，二级措施的尺寸和存储量可以在水槽存储量的基础上减少（除非二级措施还可以接收场地内其他区域的径流）。应当根据入渗特性、表面积和二级径流减少措施的容量设置水槽水位下降和释放的速度。因此，释放速度通常远低于流入滞留设施的径流的流速。二级措施应当作为“备用”设施使用，特别是在非灌溉月份。就这一点而言，水槽应当设置一些重要的存储和再利用等级，并以小流速流入二级措施。

配置 3：全年室内使用、季节性户外灌溉和非季节性二级雨洪措施处理

第三种配置可以满足全年室内非饮用用水需求、季节性户外灌溉用水需求、机械化灌溉系统用水需求。除此之外，这种配置可以在非灌溉（非季节性）月份中与二级措施相结合，以获得更多的雨水径流。在这种情况下，由季节性灌溉引发的水位下降情况一定要与由雨水释放到二级措施内引发的水位下降情况进行比较。将两个数值中最小的那个用作系统模拟和雨水标准使用。

雨水集蓄系统尺寸标准

本节将要介绍的雨水集蓄水池尺寸标准是在室内和户外用水需求、长期雨量数据、屋顶拦截区数据、电子表格模型的基础上制定的。水池设计电子表格的首要目标为水池设计提供指导，并可对输入设计合规性电子表格用作雨洪管理合规性目的的径流减少数值进行确定。电子表格的次要目标是提高存储雨水的利用效率，将其作为一种宝贵的自然资源使用。

雨水槽的尺寸由变化的降雨量级、拦截到的屋顶径流、初期径流分流（通过过滤器）和过滤器效率、低水位拦截量、暴雨初期的动态水位、设计容积所需的存储空间（永久性存储）、临时性滞留存储所需的存储空间（如当地项目需要）、季节性和全年需求使用和目标、溢流量和大暴雨期间高水位上方的出水高度决定。

收集与输送设计准则

下面介绍几项适用于雨水集蓄系统收集与输送构件的设计准则：

如果雨水集蓄系统用作滞留大暴雨所产生的径流使用，则应为排水沟修设斜坡，用以使输送速度达到 2.5 厘米 / 小时，排水沟应当可以应对 2 年一遇和 15 年一遇的暴雨强度。不管在什么样的情况下，排水沟长度 2/3 处的最小坡度应为 0.5%，长度 1/3 处的最小坡度应为 1%。

如上文所述，连接落水管和水槽的管道的最小坡度应为 1.5%，并可用来输送预期设计暴雨。在某些情况下，建议设置较陡的斜坡和较大的尺寸，用以对所需的径流进行输送，这些设置取决于设计目标和设计暴雨强度。排水沟和落水管应当保持干净、避免垃圾堆积和管道生锈。

预处理措施设计准则

下面介绍几项适用于雨水集蓄系统预处理构件的设计准则：

如果是大型水槽系统，一定要在雨水进入存储槽之前将系统内的初期径流释放出去。设计人员应当注意的是，雨水集蓄设计中的"初期径流"一词与雨洪管理措施设计中提到的有着不同的含义。在设计规范中，"初期径流分流"一词被用来与传统雨洪管理中的术语"初期冲刷"进行区分。屋顶径流量的范围在 0.5—1.5 毫米。

如遇 2 年一遇的暴雨，一定要将分散的径流（过滤器中的初期径流分流和溢流）引至不会引起水土流失的合适流程或是场地内合适的基础设施中。

下面介绍几种初期径流分流器。除了初期径流分流器之外，过滤器的效率曲线可以估算出经由过滤器进入存储槽的屋顶径流的百分比。

如果过滤器的尺寸不合适，可以将大部分屋顶径流引入别处。应当将 2.5 厘米 / 小时的设计强度应用到前槽输送和过滤构件尺寸的设置中。降雨期间，这种设计强度可以拦截到大部分降雨。如果雨水集蓄系统用作滞留大暴雨所产生的径流使用，应当将 2 年一遇和 15 年一遇的暴雨强度应用到系统输送和预处理部分的设计中。如果是 2.5 厘米的设计容积，过滤效率最小应为 95%。这一效率包括初期径流分流。

• 初期径流分流器：初期径流分流器将降雨初期冲量引至远离存储槽的区域。初期径流分流器可以用来去除灰尘、花粉、鸟类和啮齿类动物的粪便等小颗粒污染物，而叶片过滤网可以有效地去除掉集水中的树叶、树枝、花朵等大块杂物。每场暴雨过后，可以通过将初期径流水量排入透水区的方式对简易的初期径流分流器进行积极管理。如果雨水用作室内用水使用，初期径流分离器可能是首选的预处理方式。涡流过滤器（详见下文）可以作为一种有效的前槽过滤装置和初期径流分流器使用。
• 叶片过滤网：可以将叶片过滤网安装在排水沟或落水管上方，用以将树叶和其他大块杂物从屋顶径流中分离出来。一定要对叶片过滤网进行定期清洗，以便过滤网可以正常使用；如不能定期维护，可能会出现过滤网堵塞的情况，雨水便无法流入存储槽。建筑垃圾也可能成为排水沟或落水管内细菌生长的温床。
• 屋顶衬垫：可以将屋顶衬垫安装在存储槽前，用以将小颗粒污染物从集水中分离出来。屋顶衬垫由一个 95—189 升的水槽组成，并配以叶片过滤器和 30 微米开口的过滤器。过滤器的作用是去除掉集水中的微粒物质。所有屋顶衬垫均需定期维护。

储存槽设计准则

设计雨水集蓄系统、选择存储槽时，应当对下列要素予以考虑：

• 地上存储槽应当进行 UV 和耐冲处理；

• 地下存储槽一定要具备承受上覆泥砂和其他预期负荷（例如车辆、行人交通等）的能力；

• 存储槽应当配设有标准尺寸检修孔或等效孔口，以便清洗、检修和维护需要。应当将孔口保护起来，以免无关人等进入；

• 水槽的设计应当对泥砂沉积物或杂物的去除加以考虑，以免出现泥砂沉积物或杂物堆积的情况；

• 所有雨水集蓄系统均应采用防水、无毒物质进行密封；

• 可以从制造商那里订购雨水集蓄系统或是使用场地内的多种材料构筑雨水集蓄系统；

• 存储槽应当进行遮光处理或是避免阳光直射以达到抑制藻类生长的效果，还应设置纱网以防蚊虫滋生和繁殖；

• 应当将分配系统出水口下方的备用存储槽和水槽上方的气隙包括在总容积内。如果是自重供给系统，还应设置最小 15 厘米的备用存储槽。如果系统使用了抽水泵，备用存储槽深度的设定应当建立在抽水泵设计规范的基础之上；

• 市政备用供水系统联合装置应当安装防止回流设施，用以将城市用水与存储的雨水分隔开来；可以设置气隙以达到隔开两条供水线的效果。

二级措施现场处理

基本方法是设置专用的场内径流减少措施，用以保证暴雨事件期间水槽内的水位能够以指定的设计速度逐渐下降。二级径流减少措施包括：

• 不透水表面截离措施（可能包括向土壤改良过滤道排水）；

• 植被过滤带；

• 浅草沟；

• 渗透措施和微型渗透措施；

• 水质低洼地、雨水花园或城市生物滞留池。

如果暴雨期间水槽内的水位无法充分下降，可以修设二级措施以达到预期处理水量。当然，如果集水需求相对较高，可能无须修设二级措施。

二级措施非常适合修设在那些将拦截雨水在全年部分时间里用作灌溉使用而在非灌溉月份别无他用的场地。非季节性周期内不会产生任何雨水效益。非灌溉月份可能无法达到预期处理水量，除非渗透 / 处理或其他水位下降机制可以实现全年水位下降。

二级措施的设计应当对土壤类型、地面面积、释放速度、输送方式（重力给水或泵吸给水）、运转周期和仰拱高度予以考虑，用以确定措施的排水速度和尺寸标准（存储容积和表面面积）。

材料规格

表 7.3 对雨水集蓄系统的基本材料规格进行了介绍。设计人员应当向有经验的雨水集蓄系统和灌溉安装工咨询，让他们推荐一些预制水槽和其他系统构件的制造商供自己选择。

表 7.3 / 雨水集蓄系统的设计规格

项目	规格
排水沟和落水管	常用的排水沟和落水管材料包括聚氯乙烯管和乙烯基铝制镀锌钢。排水沟和落水管的焊料不得使用铅材料，因为铅材料可以在雨水中溶解，污染水源 • 排水沟和落水管的长度由集水区的尺寸、布局和存储槽的位置决定 • 一定要设置弯管和 T 形管
预处理装置	至少要安装一种预处理装置（所有雨水均需经过预处理装置） • 初期径流分流器 • 涡流过滤器 • 屋顶衬垫 • 叶片过滤网和防蚊虫纱网（网眼尺寸为 1mm）
存储槽	• 用于修设存储槽的材料在结构上应当稳固 • 应当将水槽修设在原土壤能够支撑荷水负荷的场地内 • 存储槽应当采用防水、无毒物质进行水密处理 • 存储槽应当进行遮光处理以达到抑制藻类生长的效果 • 再利用水槽可以用来盛装饮用水或食品级产品 • 地下雨水集蓄系统应当铺设一层 45.7—61 cm 厚的土壤覆面，并应将其设置在冻结线以下 • 设计计算时可以确定雨水集蓄系统的尺寸

注意：上述表格不适用于室内系统或抽水泵。

表 7.4 对多种存储槽材料的优势和不足进行了比较。

表 7.4 / 多种存储槽材料的优势和不足

水槽材料	优势	不足
玻璃纤维	市场上能够买得到，可变形，可移动；低维护，耐用；重量轻；一体化装置（无接缝）；应用广泛	一定要修设在平坦、稳固的路面上；如果修设在地面以下，则应具备一定的耐压性；规模较小的造价高
聚乙烯	市场上能够买得到，可变形，可移动，价格实惠；有多种尺寸可供选择；可以修设在地面以上或是地面以下；低维护；应用广泛	可以 UV 降解；如果修设在地面以上，一定要进行喷漆或着色处理；如果修设在地面以下，则应具备一定的耐压性
模块化存储空间	可以根据地势情况进行调整；可以改变占地面积和外形，用以适应场地情况；价格相对便宜	使用寿命可能小于其他材料；施工期间水密薄膜被刺透的风险较高
塑料圆筒	市场上能够买得到；价格便宜	存储容量小（20－50 gal）；适用范围有限
镀锌钢	市场上能够买得到，可变形，可移动；有多种尺寸可供选择；在内部铺设薄膜以防腐蚀	外部易于腐蚀和生锈；存储饮用水使用时，一定要安装衬垫；只能修设在地面以上；土壤 pH 值可能会限制这种材料的适用范围
钢桶	市场上能够买得到，可变形，可移动	存储容量小；易于腐蚀，生锈也可能导致金属析出；对有毒物质进行再利用之前一定要进行核验；水体 pH 值和土壤 pH 值可能也会限制这种材料的适用范围
钢筋混凝土	耐用且不可移动；可以修设在地面以上或是地面以下；可以中和酸雨	可能出现裂纹和渗漏情况；造价高
现浇混凝土	耐用、不可移动、用途广泛；可以修设在地面以上或是地面以下；可以中和酸雨	可能出现裂纹和渗漏情况；固定；黏土布置需要足够的平台和设计
石块或混凝土砖	耐用且不可移动；夏季可以让水体保持清凉	难以维护；造价高

设计调整

喀斯特地质

只要屋顶表面未被纳入雨水热点区域，地上雨水集蓄系统便是喀斯特地质区的首选措施。

陡峭地势

只要可以将水槽或水池修设在稳固的结构（例如稳定的衬垫）上，雨水集蓄系统便是陡峭地势场地的理想选择。

寒冷气候与冬季性能

如果将雨水集蓄系统修设在地下或室内，并且可以防止冰冻、结冰和系统损坏情况的出现，便可全年使用雨水集蓄系统。另外，经过特殊处理的户外雨水集蓄系统也可季节性或全年使用。户外雨水集蓄系统内设有多种易于受到寒冷气候影响的构件。设计人员应当对这些情况予以特别关注，以防出现系统损坏情况。

地上雨水集蓄系统的冬季运行情况由水槽的尺寸及是否在管道上使用电加热带决定。如果不能保护雨水集蓄系统免受冻结损坏，一定不要在冬季里使用这些雨水集蓄系统，而无法发挥效能的雨水集蓄系统也无法满足雨水处理的需求。

雨水改造

雨水集蓄系统是一种出色的雨水改造措施，特别适用于那些空间有限的场地和屋顶为不透水表面的场地。改造注意事项包括管道系统的设计、现有屋顶材料的类型、地下水槽是否会与公共设施发生冲突，如果有减少径流的需要，还需对下游径流减少措施设置的可用空间加以考虑。

01

太阳神广场

雨洪设计特色

雨水收集槽、渗透地面用来收集雨水而湖泊用于储存水；水生植物用来净化雨水，让收集到的雨水能进行再利用

项目地点 / 美国，休斯敦
项目面积 / 5.2 公顷
建成时间 / 2010
景观设计 / SWA 集团，斯考特·斯蓝尼
摄影 / 提姆·格里菲思摄影公司
委托方 / 晋思建筑事务所

01 / 透水路面为雨水渗透设施留出了空间，人行漫步道还可作为消防通道使用

太阳神广场是项目场地内第一个建造项目，设计团队将占地 36 公顷的半开发式办公园区改造成英国石油公司单独使用的场所。3.98 万平方米的办公空间和 1800 个停车场被打造成全新的办公场所，并将景观作为传统室内办公空间的自然延伸结构，促进社交互动的同时，还可以吸引更多的优秀人才到此求职。项目场地位于凯蒂草原和东德克萨斯林地生态系统之间的生态交错带。两个生态系统中的设计实例创建了一个以可持续性原则为特色的微群落交错区。太阳神广场景观本身就是一个生态交错带，一个劳动生活与社会生活之间的过渡带。鼓励人们到户外参与协作活动、结交新朋友、探索新事物、举办商务会议；人们也可以在这里下棋、玩乐或是简单地享受美好的一天。

太阳神广场的建设采用了一系列最佳管理措施，用以打造出堪称典范的可持续城市环境。项目设计所使用的城市洪水防御管理措施、保证水质良好的径流过滤措施、水源保护措施、径流收集和再利用措施等最佳管理措施均为可持续措施。景观设计的着重点在于用透水表面减缓雨水流速，并为地下水渗透留出空间。雨洪的收集在收集点就由多种技术得到过滤，其中便包括排水砾石介质内生长有原生鸢尾花的流域盆地。降落在场地内的雨水被收集起来，然后输送至用于长期储水及在暴雨事件来临时滞留雨水径流的湖泊内，湖泊水量可被控制在百年暴雨洪水水位线以下。在此之后，水流以低于市郊绿区场地水流速度的流速缓慢地流入公共排水系统。湖泊周边区域植物有助于对泥砂和污染物进行拦截和控制。为了节约用水，该项目的设计还引进了凯蒂草原和德克萨斯东部林地生态系统内的原生物种或已经适应了此地环境的植物。这些植物无须灌溉便可繁茂生长。

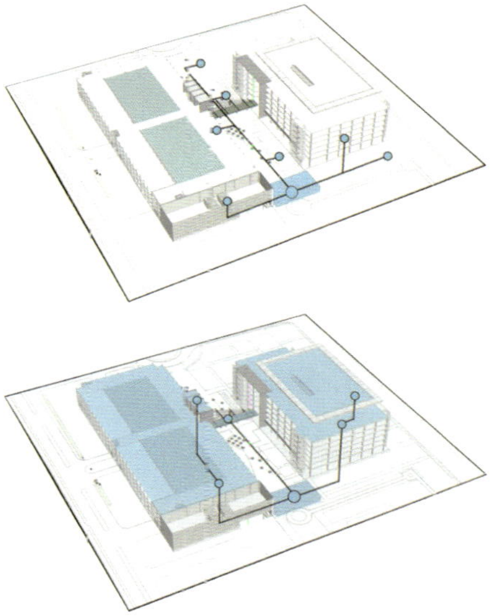

建筑和停车场屋顶上的雨水得到收集和存储，然后作为非饮用水使用

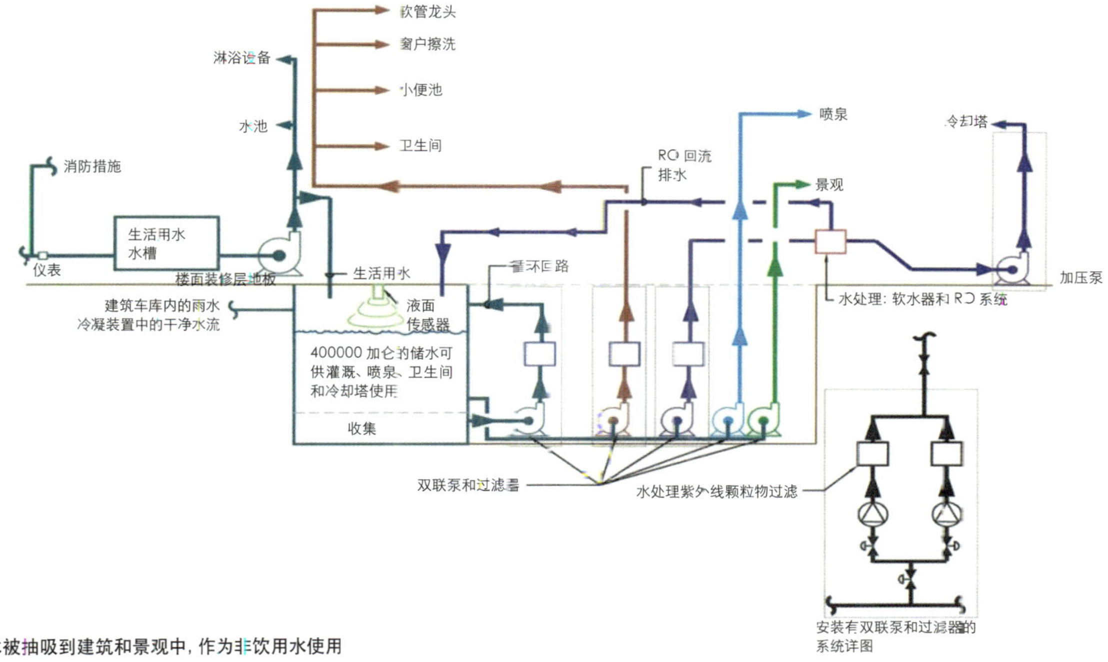

从屋顶上收集到的雨水被抽吸到建筑和景观中，作为非饮用水使用

滞留湖截面图

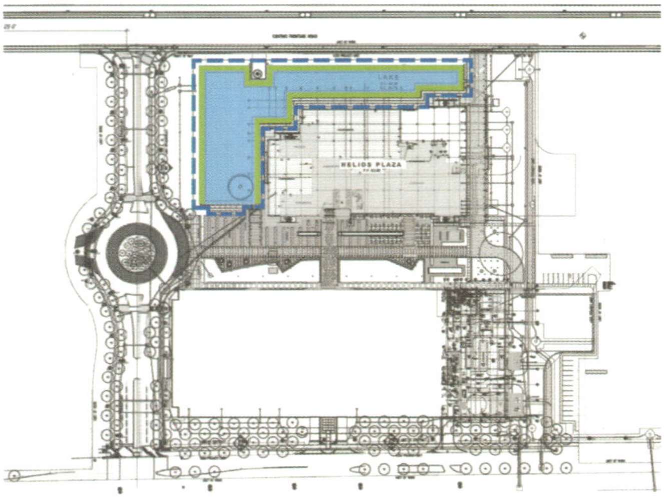

滞留水
滞留水位线

设计方案的着重点在于透水表面

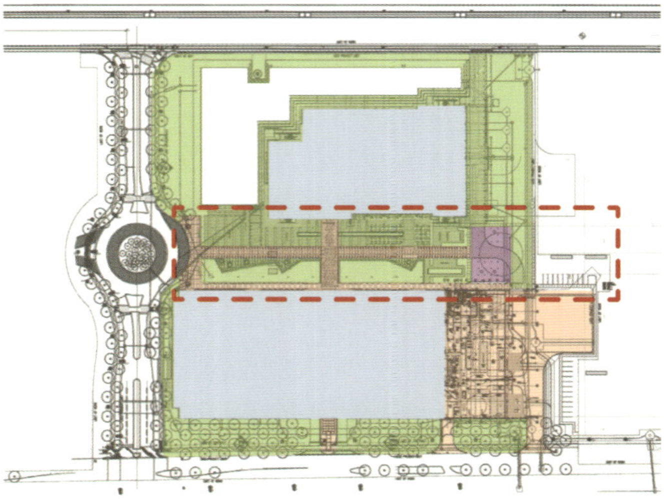

渗水区
非渗水区
雨水滞留区

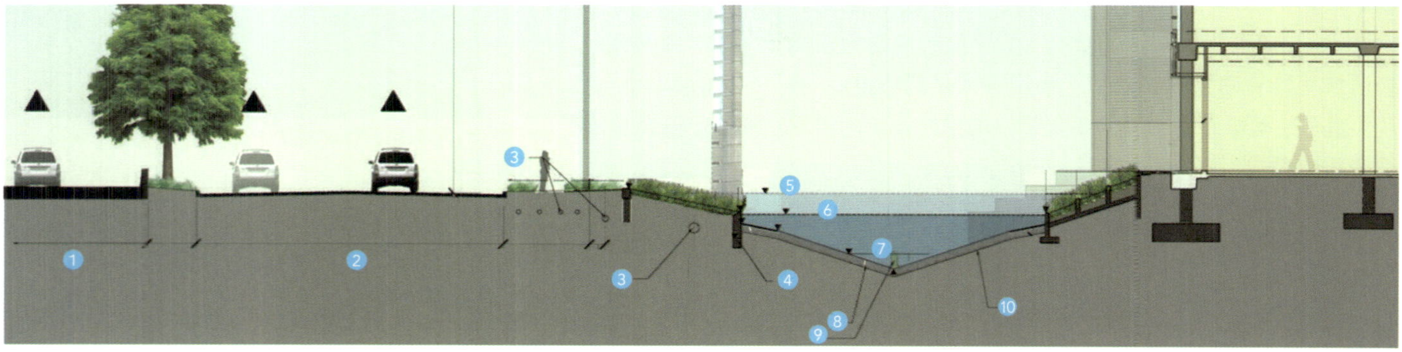

滞留湖剖面图

① 东侧车道
② 临河东侧车道
③ 地下公共设施
④ 混凝土槽壁
⑤ 百年洪水水位
⑥ 静态水位
⑦ 池塘底部
⑧ 高纳膨润土衬垫
⑨ 通风装置
⑩ 砾石渣

02 / 设有曝气装置的滞留湖
03 / 初期栽种后，原生树木和植物品种的用水需求减少
04 / 鸢尾花可以充当雨水过滤器使用，在雨水再次进入公共排水通道之前对雨水径流过滤
05 / 办公空间向可持续景观内的户外环境延伸

从建筑屋顶、车库、空调设备中流出的干净的雨水径流流入能够存储容量大于150万公升的地下集水槽，这些水会被重新用到建筑系统和景观上。收集到的水可以用作冷却塔的补给水或是冲洗厕所和小便池之用，还可用来灌溉景观区内的植物或是用作水景设施的补给水。两个生长旺季后，种植物料全部生长起来，除了遇到严重的干旱情况，否则，没有灌溉用水的需求。

03

04

05

菲利·福尔公园

雨洪设计特色

雨水滞留池以及带有芦苇床和柳树的生态滞留系统
起到了收集、净化雨水的作用

菲利·福尔公园位于城镇中心。这座公园一部分为林木保护区，其余部分为露天雨水池。但由于缺少绿色植被（虽然成熟树木受到保护）而且设备陈旧，公园的利用率并不高，而修建于 1985 年的露天雨水池更是如此。2006 年，欧奈苏布瓦市打算让菲利·福尔公园恢复往日的生机。

原来的露天水池可以存储 1600 立方米的雨水，这对雨洪管理具有战略性意义，但是为了安全起见，设计人员在这里修设了约 4 米深的防御系统。为了取代原有的混凝土池底，设计人员修设了一个由池塘、芦苇床和柳树组成的生态系统，这一系统具备雨水净化、存储和循环利用的功能。液压系统是公园设计的主要支持系统，并赋予项目场地以显著的自然特征。雨量较少的情况下，只有芦苇床能被洪水淹没。如遇到大暴雨，从主要区域网流出的雨水会淹没 2.1 米高的柳条，并可确保水池存储量达到 2000 立方米，以防下游使用者受到洪水影响。这一系统可以承载 15 公顷的住宅区雨水径流量。多余的径流会通过原有市政管道流入地下水池。地下水池与排水沟相

项目地点 / 法国，欧奈苏布瓦
项目面积 / 1 公顷
建成时间 / 2008
景观设计 / Composante Urbaine 事务所
摄影 / Composante Urbaine 事务所
委托方 / 欧奈苏布瓦市

01 / 桥面板和芦苇床

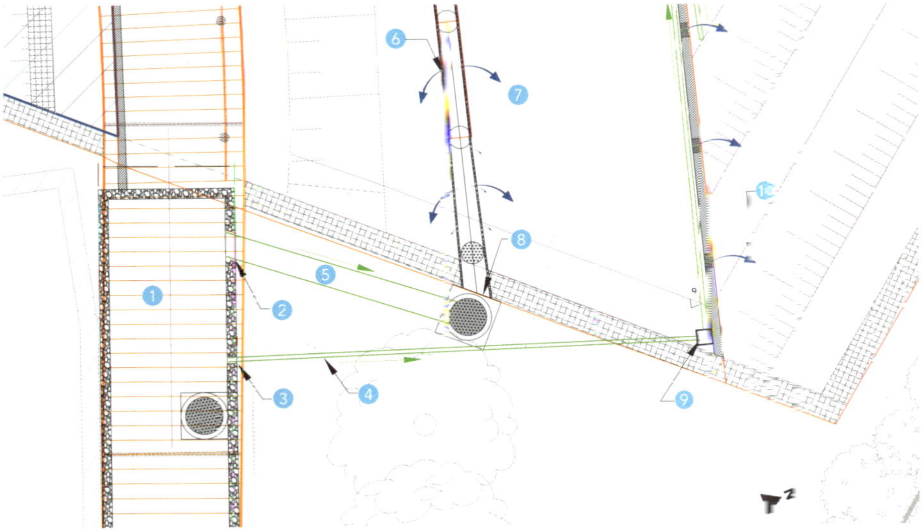

雨水经由地下水池流入芦苇床后蔓延开来

① 地下水池
② 溢流
③ 排水沟
④ 排水管道
⑤ 管道
⑥ 将雨水输送至芦苇床的管道
⑦ 芦苇床
⑧ 检修孔
⑨ 连接检修孔
⑩ 流至柳树位置的水流

菲利·福尔公园景观总体规划图

02 / 雨水管理系统赋予菲利·福尔公园醒目的特征
03 / 教学园内铺设有用来收集雨水的线形石块铺面
04 / 树荫下的步行道

连，径流穿过芦苇床蔓延开来。芦苇床起到过滤雨水和减少污染的作用，而且芦苇床水位可以上升到最大的安全高度。过滤后的雨水首先经过装置进入池塘，同时还可保证水池的水流供应。然后，水流从芦苇床溢出，流至柳树位置，进行灌溉。所有径流最终会流入地下排水系统。最后，抽水泵通过原有市政管网将径流疏散至有需要的区域。

该项目是以自然栖息地的创建和改善为基础而打造的。除了生态雨洪管理系统之外，森林的价值也因场地边界的延伸和林下植被和边缘植被的恢复得以提高。游客可以通过林下自由小径体验到成熟树冠的价值。

池塘、桥面板、芦苇床和柳树系统剖面图

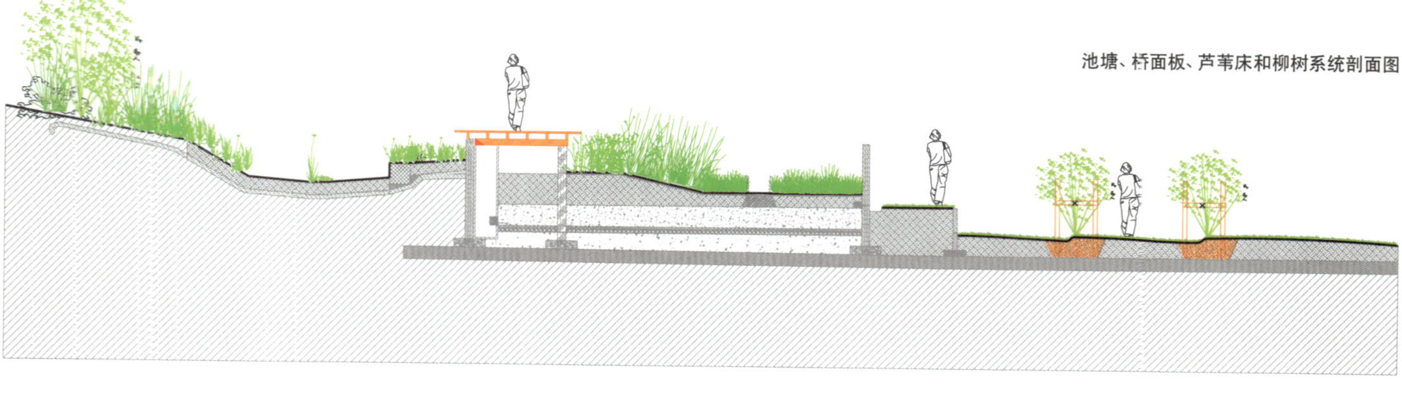

① 黏土防水剂
② 石笼
③ 水池待拆边缘
④ 水池混凝土护墙
⑤ 板式地基
⑥ 基层
⑦ 池塘溢流检修孔
⑧ 挡土墙
⑨ 过滤器
⑩ 打桩
⑪ 芦苇床
⑫ 混凝土排水沟
⑬ 排水沟
⑭ 表层土

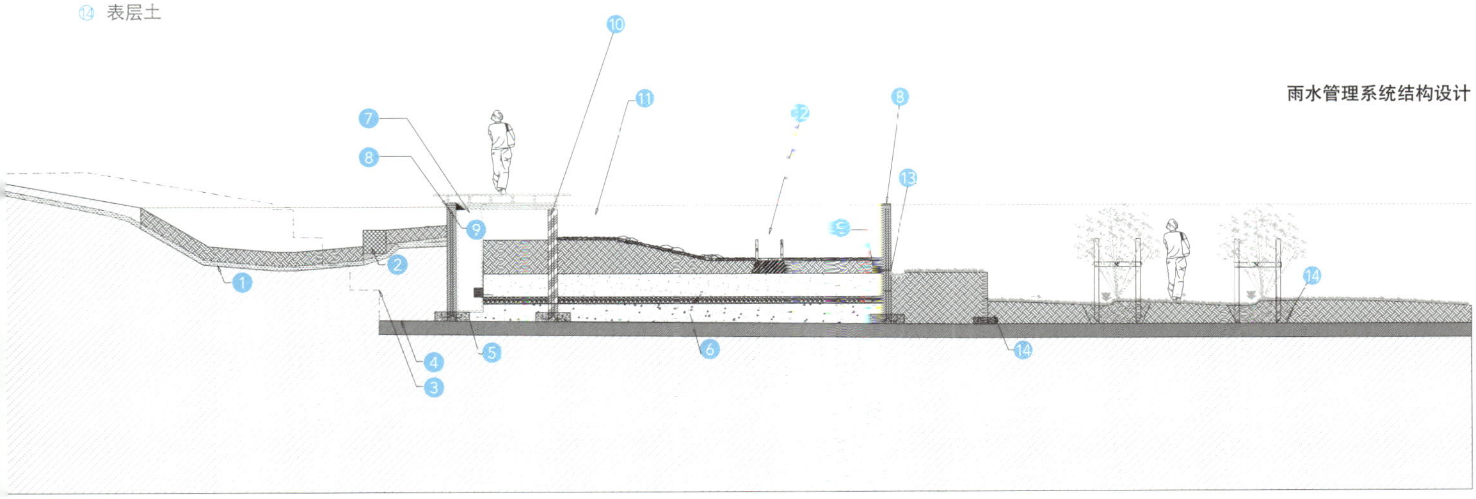

雨水管理系统结构设计

03

04

01

马卢奇
艺术与生态中心

雨洪设计特色

雨水收集槽和生物滞留池用来收集和过滤雨水

这座艺术与生态中心位于阳光海岸上的马卢奇植物园内。委托方希望将这座生态中心打造成能够帮助植物园履行其在文化、环境和经济方面的角色和责任，并可以起到培养人们日常可持续生态意识作用的设施。景观设计师与他们的建筑合作伙伴密切合作，用以巩固室内空间与户外空间之间的强大联系。总的来说，艺术与生态中心的景观规划将重点放在改善马卢奇植物园的整体性能上，这样一来便可提高植物园作为一处社会景观的价值。

建筑和景观的设计均有助于雨水收集。建筑屋檐下设有大型排水沟，可以将雨水收集到重力自动箱系统内。这种排水沟的特点是提高建筑物收集雨水的能力，用以促进可持续设计。如遇雨量较大的情况，排水沟内多余的雨水会溢出到场地内的池塘中。景观设计师负责水敏感城市设计计划举措的实施并将其纳入项目的整体水管理系统用以在雨水径流释放到下游集水区之前改善雨水径流的整体水质。景观设计在项目的整体用水管理系统中起着关键的作用。例如，模拟天然溪流系统、洼地种植和生物滞留池管控及雨水径流过滤而设置的地表径流路径。地方性植物的种植可以改善项目场地的微气候条件，同时也表明，耐寒植物品种无须经常灌溉也可健康生长。该项目对昆士兰东南部生态区和阳光海岸特有的 90 多种植物品种进行展现，对马卢奇植物园的生物多样性价值进行恢复、保护和提高，并在更为广泛的社会范围内推进地方性植物品种的恢复、保护和改良。

项目地点 / 澳大利亚，阳光海岸
项目面积 / 2500 平方米
建成时间 / 2011
景观设计 / 盖梅尔·贝利景观事务所
摄影 / 斯科特·巴罗斯
委托方 / 阳光海岸地方议会

01 / 装饰性池塘和建筑入口道路的景象

景观设计规划图

① 正门入口
② 残疾人停车位
③ 草坪开放空间
④ 雨水存储槽
⑤ 走廊办公室隔间
⑥ 特色景观庭院
⑦ 日式灵感花园
⑧ 生物滞留池
⑨ 天然停车场洼地
⑩ 特色池塘
⑪ 水景花园
⑫ 火之花园
⑬ 风之花园
⑭ 土之花园
⑮ 公共座椅
⑯ 绿墙装置

马卢奇艺术与生态中心位于马卢奇植物园内，景观设计师尽可能地减少植被清除或干扰给植物园生物价值带来的影响

装饰性池塘与入口道路平面图

水景花园采用从场地内回收的玄武岩巨石筑造而成，位于装饰性池塘和水景设施中央。项目场地内的地表径流管理也建立在池塘系统的基础之上，其中还包含池塘系统周围的说明性艺术元素。设计师在景观区内设置了 4 个 23000 公升的水槽，用以对收集到的屋顶径流进行存储。收集到的径流可以用来冲刷厕所和维护场地，经过紫外线过滤的集水可以用作饮用水使用。景观设计向艺术与生态中心的赞助商们展示了这些水槽，用以突出它们在用水管理系统中的作用及它们为整体可持续实践做出的贡献。

02 / 前景设有生物滞留植被区的建筑走廊场景图
03 / 末端开口的 “V 形” 水槽直观地显示出屋顶雨水收集
04 / 定制不锈钢排水格栅凸显出雨水管理的重要性
05 / 装饰性池塘和地方性植被设计场景图
06 / 生物滞留植被区与风俗艺术装饰

07

08

09

10

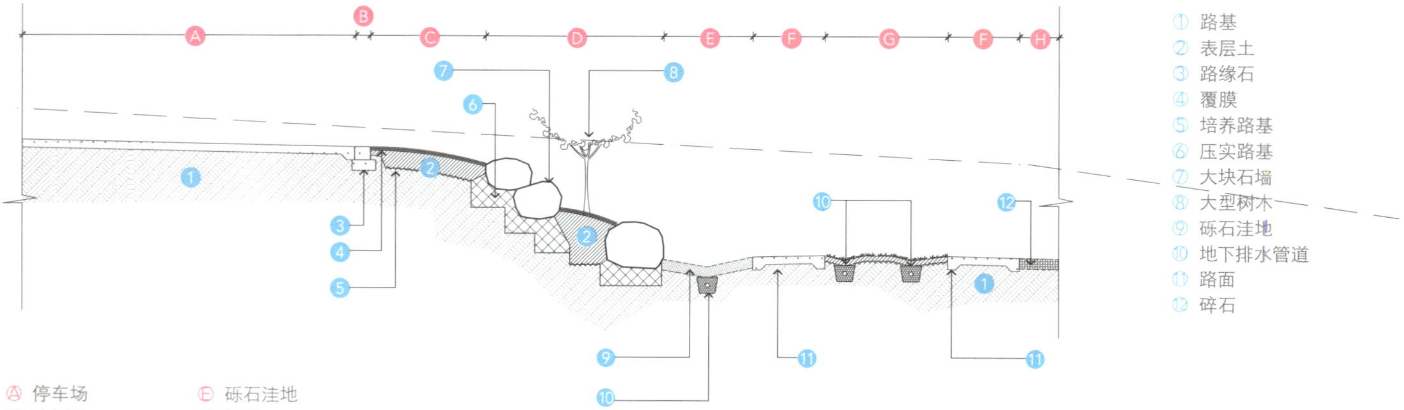

① 路基
② 表层土
③ 路缘石
④ 覆膜
⑤ 培养路基
⑥ 压实路基
⑦ 大块石墙
⑧ 大型树木
⑨ 砾石洼地
⑩ 地下排水管道
⑪ 路面
⑫ 碎石

Ⓐ 停车场
Ⓑ 路缘石
Ⓒ 植被区
Ⓓ 重力墙
Ⓔ 砾石洼地
Ⓕ 路面
Ⓖ 草皮洼地
Ⓗ 碎石

景观排水洼地剖面图

07 / 场地后方的生物滞留植被区
08 / 生物滞留植被区旁边的蜿蜒小路
09 / 绿色植生墙反映了园区植物类型的多样化
10 / 生长有原生植物的景观庭院
11 / 4 个大型混凝土水槽可以收集屋顶径流用作景观灌溉用水、饮用水和冲刷厕所用水
12 / 特色巨石上的艺术装饰
13 / 装饰性池塘内用来过滤雨水的不锈钢溢洪道

装饰性池塘剖面图

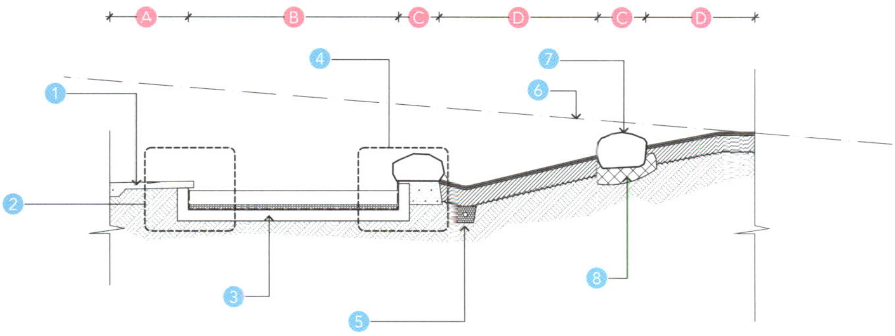

① 路面
② 池塘边缘
③ 混凝土池体
④ 池水景观
⑤ 地下排水管道
⑥ 地面基线
⑦ 巨石
⑧ 压实路基
Ⓐ 混凝土路面
Ⓑ 水景设施
Ⓒ 巨石
Ⓓ 种植区

01

北七家科技商务区

雨洪设计特色

雨水槽和线性景观用来收集雨水，景观中的水生植物用来过滤、净化雨水中的污染物以供再次利用

该项目位于北京市昌平区，隶属于北京科技商务区，同时也是总体规划发展的第一阶段。景观占地面积约为 60 公顷。该项目为多功能开发项目，由住宅、办公和零售空间组成。

该项目的景观由 3 个不同区域或特色区域组成，以满足不同规划项目的需求：商业 / 零售区、中央公园以及住宅区。商业 / 零售区包含总部周边景观、办公室庭院花园、奎北路大道和生态区。生态区位于项目场地北边，是具有生态功能的线形景观，可以对项目场地排出的雨水径流进行收集和吸收。这样一个湿度适中的场所既为游客闲坐、散步提供了便利，又为艺术性通道结构创造了空间，游客可以通过艺术性通道结构进入绿化中心——中央公园。

中央公园是一个设有“公共绿地”和“下沉式花园”的开放空间。花园向阳的一角通过栽种矮树篱、装饰性草坪以及多年生植物的高身花槽打造一处下沉式草坪。游客可以坐在座椅上享受阳光，亦可以舒服地躺在躺椅上。中央公园另一主要的组成部分是中央水景设施。此处水景设施对经过处理的雨水进行利用，不仅可以为当地居民和公众创造戏水机会，还可以将个人住宅区与公共开放空间分隔开来。

南边的住宅区是拥有高树篱或被景观墙环绕的半封闭式小型花园洋房。每一间精心设计的房间都是对生活美好瞬间的礼赞。此外，项目周边还设有健身跑道，人们可以在此运动和漫步。场地内的亲密型景观适合冥想，而具有特色游乐元素的游乐场较适合孩子。

项目地点 / 中国，北京
项目面积 / 60 公顷
建成时间 / 2014
景观设计 / Martha Schwartz Partners 事务所
摄影 / 特伦斯·张
委托方 / 北京 Ningke 房地产公司

01 / 线形地块设计将人行道、桥面板、座椅、植被和雨水径流收集 / 生物修复池等元素融入地面设计

示范区

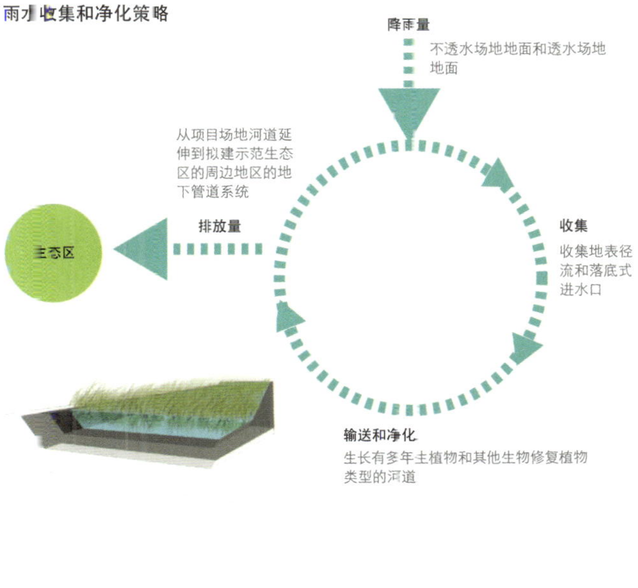

利用简单、有效的技术，使屋顶径流和地表径流经由植物得到收集、输送和净化

02

03

04

02 / 设有共享停车场、步行道、景观区和雨水收集池的一期工程鸟瞰图

03 / 场地前景的定制座椅从雨水收集池内的木质桥面铺装和植物中显露出来

04 / 定制座椅和纹理、繁茂程度及高度不一的植被带特写

05

06

07

08

05 / 设有共享停车场和步行道的一期工程鸟瞰图
06 / 被白桦树丛包围的入口空间
07 / 树木覆盖地膜以保持水分
08 / 定制座椅旁的种植床内生长着欧蓍草
09 / 场地前景处栽种有雪叶莲，后方的雨水收集池内生长有生物修复水生植物
10 / 多年生植物、灌木和树篱将空间变化和趣味所需的纹理、色彩和高度结合起来

雨水收集、处理和利用

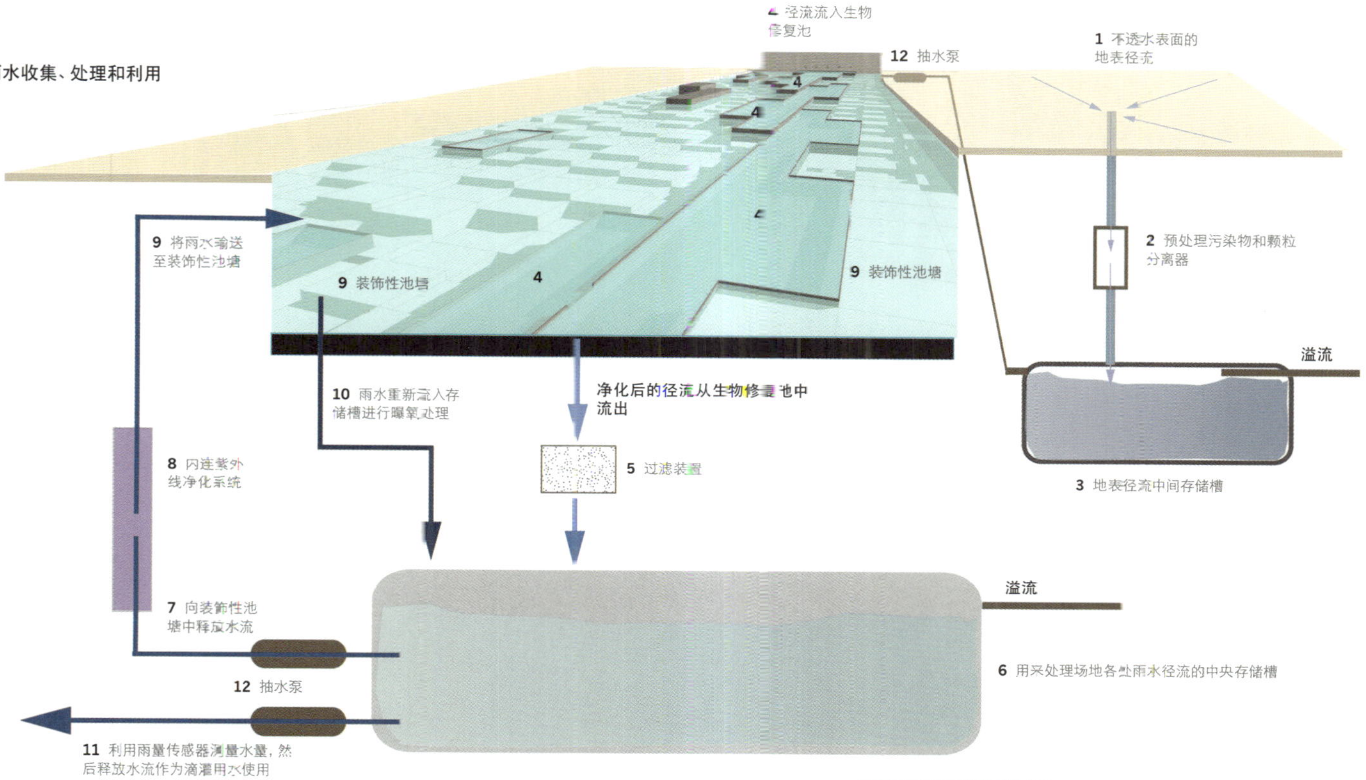

收集地表径流和落底式进水口

01

奥利弗·雷金纳德·坦博
叙事与环境教育大楼

雨洪设计特色

雨水收集槽用来收集屋顶雨水，而可渗透地表以及雨水收集池用来收集地表水

项目场地位于 Leeupan 湖两岸。“pan”一词在南非语中的意思是浅水湖泊，有时也意指季节性湖泊。Leeupan 湖曾是一种稀有鸟类的栖息地；然而，随着时间的推移，“pan”及其周边水域环境由于开发过度而逐渐恶化，因此，该项目的主要目的是对有价值的自然环境进行保护；并采用素土夯实、干草捆墙和土砖地面等绿色技术和施工方法修建建筑，用以吸引更多的游客到访奥利弗・雷金纳德・坦博文化区。

起初，环境规划和协调部门不仅需要对“pan”及其周边环境进行清理，而且还要确保其避免受到周期性退化的影响。设计策略是将该区域改造成一个环境和休闲公园。由于建筑物修设在坡地之上，挖掘作业使大量的地表渗流暴露在外，施工人员不得不将这些渗流从挡土墙中抽离。地下排水管道向沿建筑而设的水景设施输送水流，部分溢出水流用来支撑整个场地灌溉系统的天然灌溉储水池。水景设施设有两处湿地分段和一处卵石河道，可以在水流到达天然储水池之前对水流进行过滤。停车场和人行道上的雨水径流经由浅草沟流入周围景观，然后渗入土壤，最终流入 Leeupan 湖。只有主通道和停车场区域铺设有路面，集水区和溢流区铺设的是透水砾石路面或是栽种草地。

建筑屋顶上的积水也被收集到一个容积为 5000 公升的雨水槽内。这个雨水槽不仅可以为储水槽供电，还可以为卫生间供水。由于雨水槽属于低压系统，因而只能满足日常供水需要。在干旱期，可以将其切换到饮用水系统。该项目与沃特维勒历史走道相连，这条走道将公墓、改造后修设有林荫大道的公园与作为艾古莱尼市文化和历史网络一部分的道路联系起来。

项目地点 / 南非，沃特维勒
项目面积 / 196 公顷
建成时间 / 2013
景观设计 / 新城景观建筑事务所
摄影 / 鸟瞰摄影公司
委托方 / 艾古莱尼市政府

01 / 设有屋顶花园的多功能中心特写
02 / 环境中心场景图，前景设有表演台

02

1. 步道
2. 修复草籽植草
3. 树木屏障点
4. 叙事中心
5. 露天剧场
6. 过滤截水沟
7. 观景平台
8. 聚会空间
9. 多功能中心
10. 外部聚会空间
11. 环境中心
12. 设有溢流水景设施的入口空间
13. 员工停车场
14. 备用停车场
15. 入口道路
16. 灰水、雨水蓄积池
17. 下车区

场地规划图

03 / 开发场地一览图
04 / 露天剧场
05 / 环境中心左侧的灌溉堤坝和油罐区

Historic Fourth Ward 公园

雨洪设计特色

雨洪滞留池管理、储存雨水

Historic Fourth Ward 公园项目起初的设计目标并不是打造美丽的风景，而是希望解决合流制排水系统溢流这一乏味的城市问题。自 20 世纪 80 年代初以来，联邦《清洁水法案》的标准愈发严格，亚特兰大也开始需要面对诸多的环境挑战。这些挑战致使亚特兰大需要使用两项法令来解决其污水处理设施运行和合流制排水系统溢流问题。

Historic Fourth Ward 公园采用一种创新性方式将景观建筑原理与工程技术结合起来，解决雨水问题的同时，还可提高社区生活质量。在雨水流入合流制排水系统之前，公园内的区域滞留设施会对雨水径流进行拦截和存储，从而减少雨水径流对系统的需求。滞留设施最多可以存储 3271.6 万公升的雨水径流。设计师对 121.4 公顷流域范围内的雨水径流进行模拟，从而确定出滞留设施的存储容量。流域范围内的径流会直接流入公园内。

Historic Fourth Ward 公园项目利用雨水滞留池解决了一个长期存在的下水管道问题，而雨水滞留池也成为新建公园的一大特色。0.8 公顷的水池周围修建有步行道、城市广场和表演场地，并栽种有原生植物。水景设施和雕塑元素将水利工程遮掩起来，当水流从场地内的多个点位进入公园时，水景设施和雕塑元素会以一种特殊的方式“庆祝”水流的到来。Historic Fourth Ward 公园项目的开发体现了可持续协同设计的价值以及这种设计给社会带来的积极的社会、环境和经济影响。

项目地点 / 美国，亚特兰大
项目面积 / 2 公顷
建成时间 / 2011
景观设计 / HDR 事务所
工程设计 / HDR 事务所
摄影 / 史蒂夫·卡雷尔，基思·菲尔波特
委托方 / 亚特兰大贝尔特莱恩有限公司

01 / 用来滞留雨水的滞留池
02 / 原生植被可以为野生动物提供食物和庇护所

蜿蜒的走道、具有意义的广场空间、雕塑艺术品和种类繁多的植被鼓励人们在雨水池周围聚会

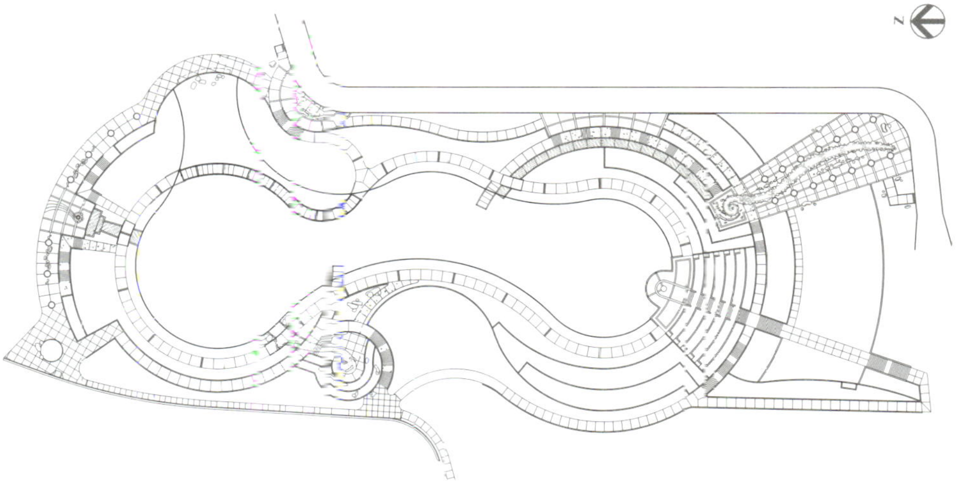

02

03 / 种类繁多的植物包括湿地栖息地、原生草地、耐旱植物和南部传统植物
04 / 南广场河槽可以作为临时性雨洪设施使用，用以对雨水进行收集
05 / 露天剧场可以俯瞰到池塘景观，并为非正式聚会和表演提供举办场地
06 / 人们可以从曲线形高架走道观赏到下游河段的独特景致

① 池塘周围的道路
② 水生植物：确保为每株植物铺设 15.2 厘米厚的草皮材料
③ 水深：最少 15.2 厘米，最多 30.5 厘米
④ 永久性池塘下方设置 2.5 厘米的椰纤桩
⑤ 硬木庄：木桩顶端应与绳圈齐平
⑥ 嵌入湖底的圆形河石
⑦ 7.6 厘米的混合料
⑧ 7.6 厘米的覆盖层
⑨ 具体的种植混合料
⑩ 修整过的坡度
⑪ 根团
⑫ 压实积土
⑬ 树木设置金属支撑板
⑭ 滴灌系统
⑮ 10.2 厘米的混合料
⑯ 用来消除气孔的具体种植混合水和黏土
⑰ 毛毡套带
⑱ 木桩

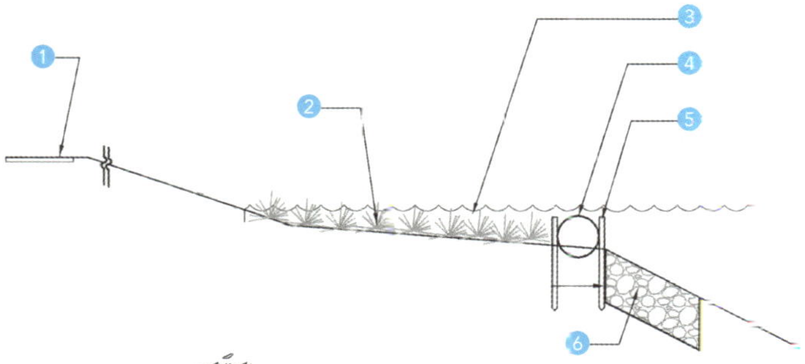

典型灌木种植细节

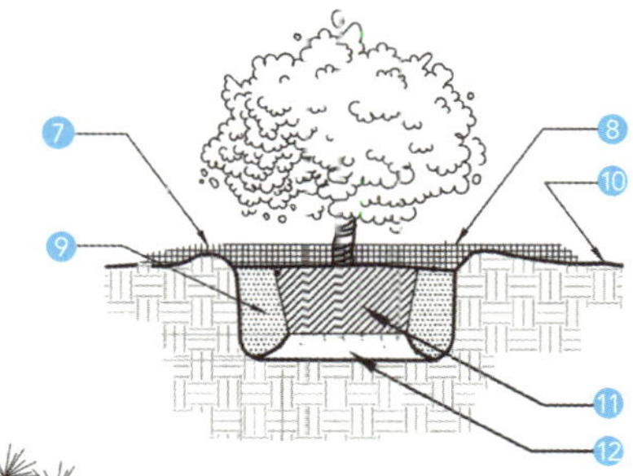

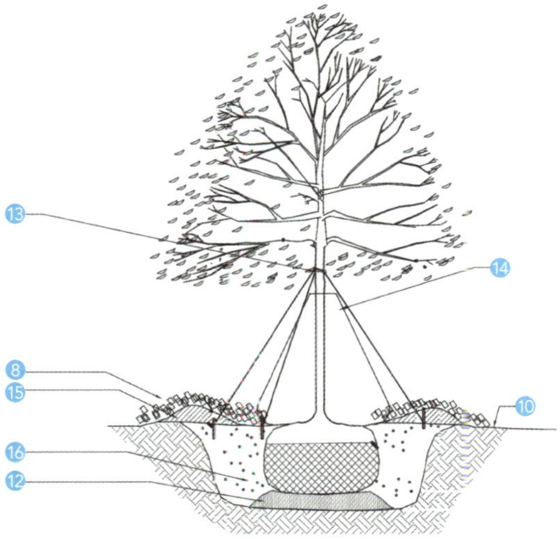

树木种植：立桩

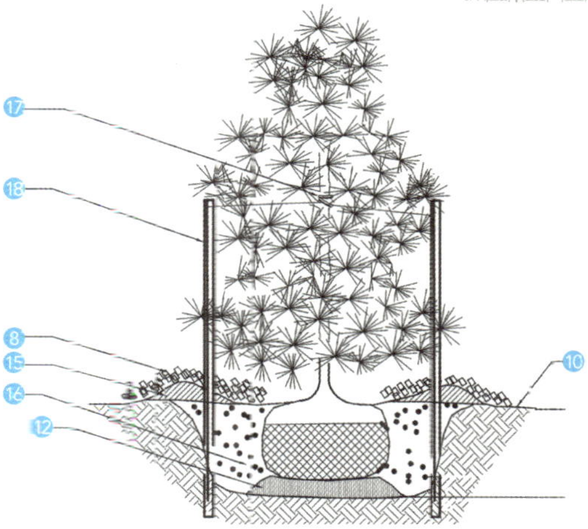

常青树种植：立桩

06

8 植被屋顶

概述

植被屋顶（也称绿色屋顶、生态屋顶）是一种可以对雨水径流进行拦截和存储，并可以利用栽培介质促进植物生长的替代性屋顶表面。

植被屋顶可以用来：

- 对场地内第一场 2.5 厘米的降雨进行管理；
- 符合地方雨水滞留标准的部分存储要求；
- 对现有开发区，特别是超大城区进行改造；
- 植被屋顶不具备额外的污染物去除能力。

植被屋顶拦截到的部分降雨会蒸发或是被植物吸收，这也有助于减少开发场地内的径流量，降低洪峰径流流速。植被屋顶通常设有一个屋顶分层系统，用以满足植物生长需要、滞留雨水供植物吸收，同时还可防止屋顶表面出现积水情况。应当对屋顶进行设计以便积水可以通过介质垂直排出，然后沿防水层朝雨水斗出水口流去。

植被屋顶系统有两种不同的类型：密集型植被屋顶的栽培介质层较厚，介质层厚度在 10 厘米—1.2 米，上面可以栽种各类植物，包括树木。粗放型植被屋顶的栽培介质层较薄（介质厚度为 10 厘米），上面可以栽种精心挑选的耐旱植物。粗放

图 8.1

在梨花女子大学项目（详见 266 页）中，设计人员将绿色屋顶作为一种可持续发展战略应用到该项目的设计中。从屋顶收集到的雨水被存储起来，然后根据需求情况进行使用。绿色屋顶不仅有助于增加空间的生物多样性、吸收颗粒污染物和气体污染物，而且有助于降低噪音。

图 8.2

除了上文提到的功能绿色屋顶也是一种用来改善景观美观性的不错选择。美国海岸警卫队总部大楼项目（详见 272）的设计人员利用绿色屋顶增加原有林地与历史园区之间景观的连续性。

型植被屋顶较为轻薄且常被用作雨洪管理措施使用。密集型植被屋顶的栽培介质层较厚，因而存储容积较大，尽管如此，植被屋顶的径流减少能力却不佳。但是，此类植被屋顶却可以带来其他辅助建筑寿命周期的成本效益，例如供热和制冷。

植被屋顶通常会被设计用来对大暴雨（例如 2 年一遇和 15 年一遇的暴雨）所产生的雨水径流进行滞留。

植被屋顶设计方案和性能

表 8.1 对植被屋顶的设计方案及植被屋顶减少场地内 2.5 厘米降雨事件所产生径流的性能进行了介绍。植被屋顶只有一个设计层级。表 8.2 对植被屋顶的总污染物负荷减少能力进行了总结。总污染物负荷减少能力可供我们在最大日负荷总量和流域规划范围内计算场地污染物负荷减少量时使用。

表 8.1 中列出了植被屋顶的径流减少数值。植被屋顶只有一个设计层级。由于植被屋顶并不具备污染物去除能力，因此，表 8.2 并未列出植被屋顶的污染物去除数值。

表 8.1 / 植被屋顶设计层级：介绍与性能

设计层级	设计变形介绍	应用领域	性能发挥以使用 2.5 cm 降雨量为标准
一个设计层级	标准设计 1 • 土壤介质厚度≥ 10.2 cm • 有机质不超过 20%	非常适用于超大型城市地区和改造项目	植被屋顶的设计容积减少 100%[2]

1 所有设计必须符合 ASTM 国际标准对植被屋顶设计的要求。
2 按照介质孔隙度（通常为 0.25—0.35）和介质厚度的定义，设计容积包括栽培介质的存储量。不会为过大的（较深的）介质存储空间分配额外的径流减少数值。

表 8.2 / 植被屋顶的总污染物负荷减少 1 能力标准

设计层级	悬浮固体总量（*TSS*）	营养盐：总磷（*TP*）/ 总氮（*TN*）
一个设计层级	*TSS* = 70%	*TP* = 45% *TN* = 45%

1 总污染物负荷减少 = 径流减少和污染物去除的综合作用。污染物去除能力指的是污染物流过基础设施时的场次降雨污染物平均浓度（*EMC*）变化，污染物去除能力会受到处理过程的影响。植被屋顶不具备污染物去除能力；因此，总污染物负荷减少至少径流减少的一个结果。

植被屋顶设计清单

这一设计清单将为设计人员在植被屋顶的必要设计步骤方面提供帮助。

- 对项目场地和建筑的可行性进行核验；
- 完成设计合规性电子表格，并对所需的植被屋顶尺寸（设计容积）、是否需要使用附加措施和场地合规性进行规划和确定；
- 对植被屋顶尺寸指导进行验证，并确保建筑具备足够的结构性能；
- 对设计调整是否适合项目场地进行核验；
- 根据设计准则和标准详图设计植被屋顶；
- 提供必要的平面图、侧面图和剖面图细部及立面图、材料规格、坡度和施工步骤及说明。

标准详图

图 8.3 / 植被屋顶的标准铺层

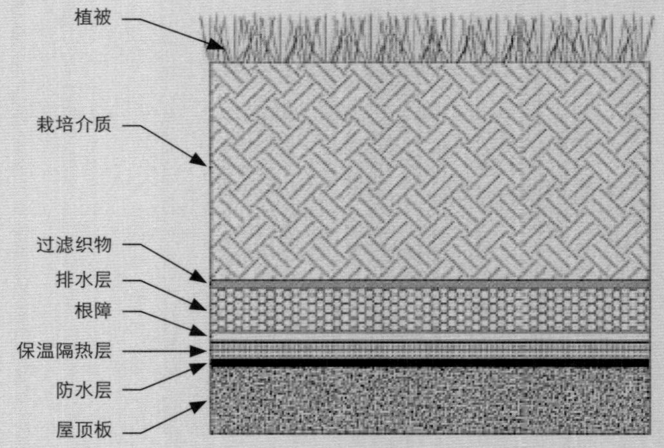

可行性标准与设计依据

商业、机构、市政和多户住宅开发项目场地内适合设置植被屋顶，尤其适合超大型城市开发场地和再开发场地。植被屋顶设置的主要限制因素包括：

屋顶的结构性能

在对植被屋顶进行设计时，设计人员不仅要考虑到屋顶的雨水存储能力，也要考虑到屋顶承受额外雨水量的结构性能。传统屋顶每平方英尺通常可以承受额外15—30 磅的雨水量。因此，应当让结构工程师、建筑师或其他有资质的专业人士参与到植被屋顶的设计中，用以确保建筑有足够的结构性能来支撑植被屋顶。如需了解更多关于结构设计考虑方面的信息，请参考屋顶结构性能一节的内容。

屋面坡度

在相对平坦（坡度为 1%—2%）的屋顶上修设植被屋顶，可以使存储量最大化。需要设置一定的倾斜度以保证正压排水、防止出现积水情况和栽培介质饱和情况。如果设有折流板、格栅或狭长地带以防介质滑动，便可在坡度为 25% 的屋顶上修设植被屋顶。应当对折流板进行设计，用以确保屋顶可以为设计暴雨提供足够的存储空间。

屋顶通道

一定要修设符合要求的屋顶通道以便施工材料输送和日常维护的需要。人们可以通过阁楼内部的楼梯或是设有升降口或天窗的交替式梯级结构进入屋顶通道，升降口或天窗的面积至少为 1.5 平方米，最小尺寸为 61 厘米。除此之外，设计人员还应对如何将施工材料送至屋顶（例如升降机或起重机）及如何在有限的空间内存放施工材料加以考虑。

屋顶类型

植被屋顶适用于大多数屋顶表面，尤以混凝土屋顶板最佳。某些屋顶材料，例如经过处理的外露木材和裸露的镀锌金属并不适合作为植被屋顶材料使用，因为污染物会从介质中析出，造成水流污染。

建筑收进

植被屋顶不得修设在屋顶电力和暖通空调系统旁边。建议在屋顶周围留出 0.6 米宽的无植被区，在屋顶渗透系统周围留出 0.3 米宽的无植被区，作为防火带使用。那些修设有护墙的小型或低矮植被屋顶，0.6 米的建筑收进要求也会相对宽松。

地方建筑法规

各地的建筑法规各不相同，应当向地方规划与分区机构咨询，以获得正当许可。除此之外，植被屋顶的设计应当遵守地方建筑法规关于雨水沟和紧急溢流装置方面的内容。

设计准则

植被屋顶系统的功能要素

植被屋顶由八种不同的系统或层面板组成，这些系统或层面板一同为保护屋顶、维护植被生长服务。设计人员应当采用多种造价不同、性能不同、结构荷载不同的材料打造层面板。整个系统一定要符合设计要求。一些制造商可以提供专用的植被屋顶系统，并可到项目场地完成系统组装系统，其中也包括植被布置。另外，设计人员或建筑师也一定要参与植被屋顶系统构件的指定和组装过程。

植被屋顶设计层面板包括：

屋顶板

屋顶板是植被屋顶的基础，可能由混凝土、木材、金属、塑料、石膏或复合材料构筑而成屋顶板材料的类型决定了植被屋顶系统的强度、承载力、寿命和潜在的保温隔热需要。通常情况下，混凝土屋顶板的效果最佳。只要配以合适的系统构件，也可以采用其他材料构筑而成的屋顶板。

防水层

所有植被屋顶系统必须设置有效、可靠的防水层，以防屋顶板浸水受损。防水材料有很多种，包括组合屋顶、改性沥青、单层和液体应用材料。防水层必须为100% 防水，且预期使用期限与植被屋顶系统其他元素的使用期限一致。

保温隔热层

很多植被屋顶都设有保温隔热层，保温隔热层通常修设在防水层上方，有时修设在防水层下方。保温隔热层可以提高建筑的能源效率，并可起到保护屋顶板的作用（特别是金属屋面）。在建筑外墙安装保温隔热层已经成为一种趋势，可以在某种程度上避免发霉问题。

根障

根障可以对防水薄膜进行保护，避免其被根系穿透。应当避免使用可能含有农药、金属或其他化学物质的化学根障或物理根障，以防雨水径流受到污染。

排水层和排水系统

排水层位于根障和栽培介质之间，可以快速地去除掉植物根系区内的多余水分。排水层的类型和厚度由屋顶所需的输送性能和结构性能决定。粗放型植被屋顶系统的排水层厚度通常在 0.6—3.8 厘米。排水层应当由合成或无机材料构成，例如 2.5—5 厘米厚的干净的水洗颗粒材料层或是能够滞留雨水并可有效排水的聚乙烯再生料层。也可以使用预制水罐或塑料模块和由保护性雨水斗、导管、屋顶落水管组成的传统系统。

屋顶透水过滤织物

半透水聚丙烯过滤织物通常位于排水层和栽培介质之间，用以防止介质移动到排水层后堵塞排水层。

栽培介质

粗放型植被屋顶铺设有一层 7.6—15 厘米厚的栽培介质。建议粗放型植被屋顶使用含有 80%—90% 轻量无机材料（例如膨胀页岩、板岩或黏土、浮石、矿渣或其他类似物质）的栽培介质。剩余介质中的有机质含量不应超过 20%，通常为陈年堆肥。有机质中含有大量的营养盐，因而应当控制有机质含量，避免营养盐析出后进入屋顶径流，堵塞透水过滤织物。

密集型植被屋顶的栽培介质成分可能各不相同。这种屋顶的栽培介质层厚度较大，多为 15 厘米—1.2 米。如果植被屋顶种植计划中包含树木，那么栽培介质的厚度至少为 1.2 米，用以为成熟树木的根系结构提供充足的土壤量。

植被

植被屋顶的顶层栽种有非原生、生长缓慢、浅根的多年生多肉植物，这种植物能够适应屋顶表面的恶劣条件。底层地被植物（通常为景天属植物）和主景植物的组合可以提高植被屋顶的视觉观赏价值。

整体尺寸

10 厘米的最小厚度和栽培介质的孔隙度决定了植被屋顶的存储量能否达成对 2.5 厘米降雨事件的设计容积进行管控的既定目标。市场上能够买到的预制植被屋顶“嵌板”在栽培介质厚度、孔隙度和渗透系数、下方排水层的几何结构和渗透系数及其他构件方面各不相同。

场地设计人员和规划人员应当向植被屋顶制造商和材料供应商寻求具体的尺寸指导。公式 8.1 可以确定植被屋顶滞留的水质处理存储量：

$$S_v = {(RA \times d \times \eta)}/{12}$$

公式 8.1

其中：
S_v = 存储容量（立方英尺）；
RA = 植被屋顶面积（平方英尺）；
d = 介质厚度——最小 10 厘米；
η = 介质孔隙度（一般为 0.25—0.3）。

最终的存储容量可以与整个屋顶（包括所有非植被区）的目标设计容积进行比较，用以确定是否满足或超过要求的存储容量。

屋顶的结构性能

屋顶用以承受结构负荷的实际性能会限制植被屋顶完全饱和土壤和植物的重量。

设计人员应当向有资质的结构工程师和项目建筑师咨询，用以确保建筑能够支撑额外的可变载荷和不变载荷并确定植被屋顶系统的最大厚度以及是否需要进行结构加固。

大部分情况下，完全饱和的粗放型植被屋顶每平方英尺可以承载 6.8—11.3 千克的负荷，与将防水层固定在石碴上的新建传统屋顶相似。

输送与溢流

植被屋顶排水层应当将栽培介质下方的水流直接输送至出水结构或溢流系统，例如传统的屋顶落水管道排水系统。植被屋顶排水层一定要在水流不会回流至屋顶或植被屋顶介质的前提下，将与溢流或落水管道系统泄水能力相当的雨水量输送出去。应当为紧邻栽培介质的雨水斗四周装上木板或是在栽培介质上方设置至少 7.6 厘米的防水板，防止出现雨水斗堵塞的情况。另外，一定要在远离栽培介质的区域设置足够数量的雨水斗，以方便屋顶排水 尽可能地减少介质上方的积水。

种植计划

植物选择、景观美化和维护对植被屋顶的性能和功能来说至关重要。因此，应当为植被屋顶制定种植计划。

一定要由景观建筑师、植物学家或其他有植被屋顶种植经验的专业人士制定种植计划。种植计划一定要经过地方开发审核机构的审核和批准。

植被屋顶的植物选择由当地的气候和设计目标决定，需要为此进行一体化的设计考虑。植被屋顶选用的地被植物多为耐寒、矮生多肉植物，例如景天属植物、露子花属植物、土人参属植物、长生草属植物或山柳菊属植物等能够适应当地气候条件并可适应建筑屋顶恶劣生长条件的植物。

• 密集型植被屋顶系统的植物选择更为多样化，可以栽种草本植物、非禾本草本植物、禾本植物、灌木甚至是树木，但是设计人员应当了解的是，这些植物有较高的灌溉、除草和景观维护需求。
• 种植计划中的植物品种和植物布局应当对建筑的位置、高度、风向、雪荷载、热应力、阳光照射情况及周围建筑的遮挡情况加以考虑。除此之外，应当选择那些耐高温并能抵御热风、寒风和狂风的植物。
• 设计人员还应根据栽培介质的预期根系深度选择植物品种，为植物根系的横向生长提供空间，从而对栽培介质表面进行稳固。种植计划通常会列出几种主景植物，用以增加屋顶植被的种类和季节色彩。
• 选定合适的植物品种后，除了在旱季里进行临时灌溉之外，多数植被屋顶无须补充灌溉。可以使用插条、插塞、垫料等材料设置种植窗。多家供应商还会出售垫料、滚轴或专用的植被屋顶种植模块。

• 植被屋顶系统的雨洪管理目标是修设茂盛的自持性低维护植被覆面，这种覆面只需进行偶尔的除草和修剪。

植被屋顶设计还应包括非植被走道（例如透水铺面砖），以便人们对屋顶进行现场维修和除草时使用。

设计调整

喀斯特地质

对于喀斯特地质区来说，植被屋顶是一种理想的雨洪管理措施。应当将落水管排放点设置在建筑地基 4.6 米开外的区域，以尽可能地减少落水洞形成的风险。

寒冷气候与冬季性能

可能需要对植被屋顶进行多项设计调整。最重要的是，应当根据植物耐寒区的情况选择植物品种。例如，美国切萨皮克湾部分流域的气候较为寒冷，应当对植被屋顶进行设计，以免栽培介质受到冻融的影响，同时还可使植被屋顶更好地发挥结构性能。

酸雨

很多城市都遭受过酸雨的侵害。研究表明，植被屋顶栽培介质可以中和酸雨，但对酸雨是否会影响植物生长或是从栽培介质中析出矿物质目前尚不清楚。

01

梨花女子大学

雨洪设计特色

大面积的植物绿色屋顶减缓雨水流速，降低洪水可能性，
并能收集一定量雨水

梨花女子大学的新校园中心可以容纳 2 万名学生。该校园中心由学习区、体育活动区、办公区、电影院和停车场组成。这所地下大学的设计理念是保护大学校园中心内的大型绿色空间。

这栋六层建筑修建在一条狭长的下坡道旁边，下坡道与缓缓上升的自然地形形成鲜明对比。这座建筑的特殊性在于它把建筑理念与可持续发展战略联系在一起。事实上，最初的建筑理念（地下建筑、绿色花园、景观断面）使建筑在可持续发展方面拥有鲜明的特点。绿色屋顶是首尔地区的可持续发展战略之一，这一发展战略不仅可以通过为首尔地区提供绿色空间的方式创造审美和心理效益，而且还可以改善雨洪管理体系。具体来说，屋顶表面快速留下的径流往往会引发洪水或是导致泄水量大量增加，而绿色屋顶的一大优势是吸收雨水，并在几个小时之内将雨水慢慢地释放出去。从屋顶收集到的雨水被存储起来，然后根据需求情况进行使用。此外，绿色屋顶还有助于增加空间的生物多样性，包括为国家级重要物种提供宝贵的栖息地、吸收颗粒污染物和气体污染物，而且还有助于降低噪音。

校园提供了田园一般的高品质景观。植物可以自由生长，校园中心覆盖有树木、花卉和草坪，为人们创造了独特的聚会空间，也可供人们开展非正式课程或是休憩放松。将校园内的不同元素紧密地编织在了一起，模糊了新与旧、建筑与景观、现在与过去之间的界限，正是这所建筑的独到之处。

项目地点 / 韩国，首尔
项目面积 / 3.1 公顷
建成时间 / 2008
景观设计 / 多米尼克・佩劳特建筑事务所
摄影 / 安德烈・莫兰，多米尼克・佩劳，盖尔・劳里奥特 - 普雷沃斯特，多米尼克・佩劳建筑事务所，法国图象及造型艺术著作人协会，Agence VU 摄影机构
委托方 / 梨花女子大学校园中心

01 / 梨花女子大学空中俯瞰图

总体规划图

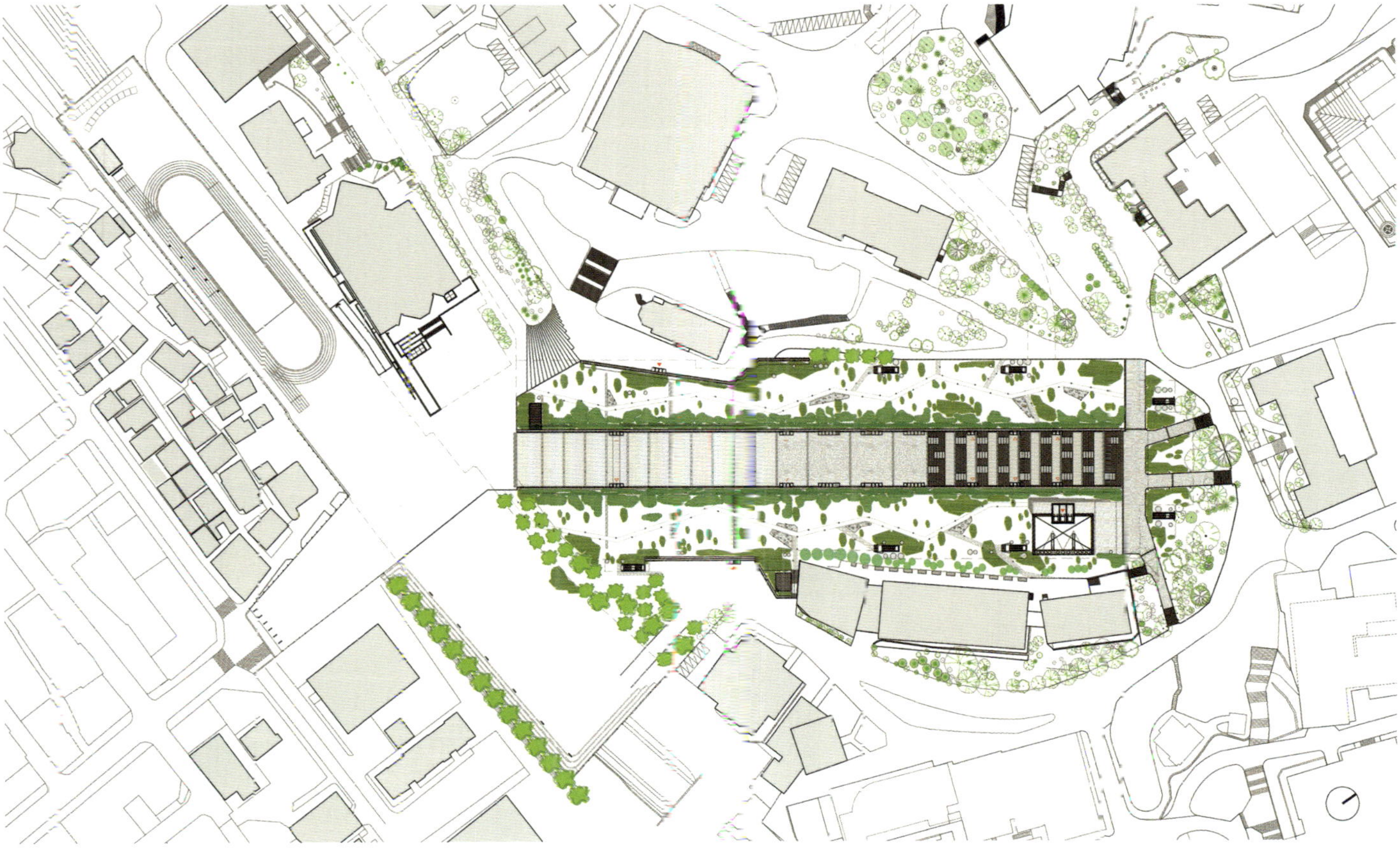

02

环境概念展示示意剖面图

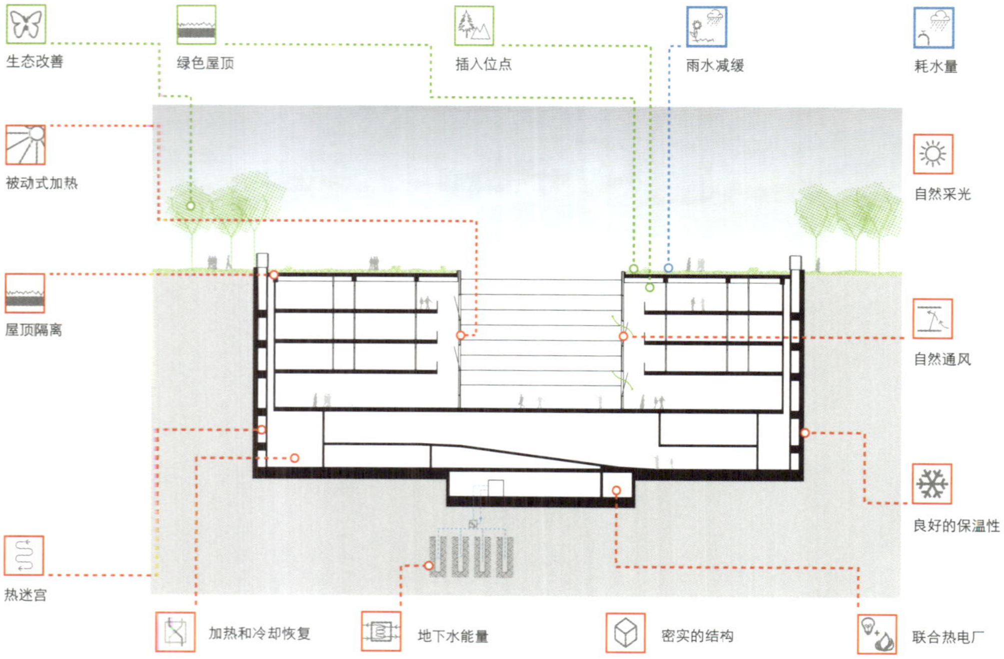

02 / 大学博物馆入口一侧的景象
03 / 凹地入口
04 / 花园正面图
05 / 凹地内的景象

06

07

06–09 / 建筑顶部生长有茂盛植被的人行漫步道和花园

雨水循环原理展示纵剖面图

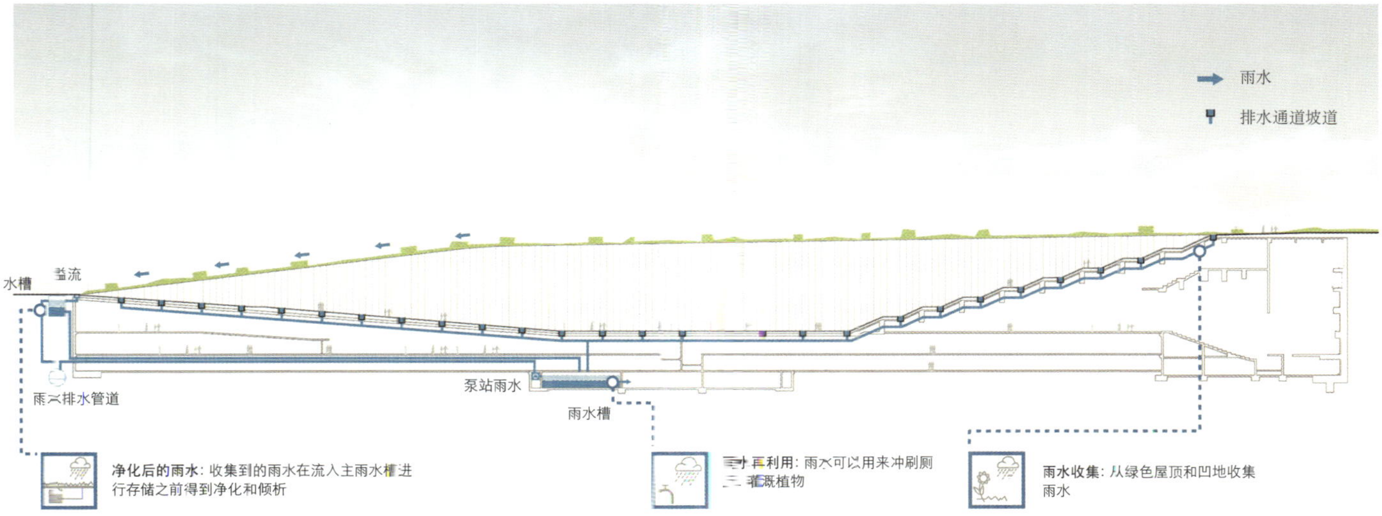

01

美国海岸警卫队总部大楼

雨洪设计特色

绿色屋顶用来收集、处理雨水

美国海岸警卫队总部大楼开发项目旨在通过巧妙的景观设计，将生态、美观、组织和教育等功能高效地整合在一起，并展现出这一历史遗迹的丰富性。该项目所面临的特殊挑战在于，需要着重考虑从华盛顿哥伦比亚特区角度观察到的国会园区和大都会区的场地景观。另外，美国总务管理局的长期目标是将可持续设计性能要求加入所有新建设项目，使生态原则融入现代设计、建设和运营方式。

新总部大楼的外部空间是与建筑系统相融合的高性能景观。这些景观的生态功能是对从项目场地和建筑内留出的雨水和废水进行收集、处理和再利用。这些景观将南向窗户遮挡起来，用以减少建筑的能量消耗，减少屋顶和铺砌面的热岛效应，还可减小冬季的风力。美国海岸警卫队庭院、边缘和绿色屋顶的景观设计可以增加建筑周围原有林地与东侧历史园区之间景观的连续性。各个庭院相互连接，同时还保留了各自的鲜明个性。

项目地点 / 美国，华盛顿哥伦比亚特区
项目面积 / 13 公顷
建成时间 / 2012
景观设计 / Andropogon 联合事务所，HOK 建筑设计事务所
摄影 / Andropogon 联合事务所
委托方 / 美国总务管理局

01 / 主庭院的设计灵感来源于北麓生态区

主庭院剖面图

美国海岸警卫队总部大楼场地规划效果图

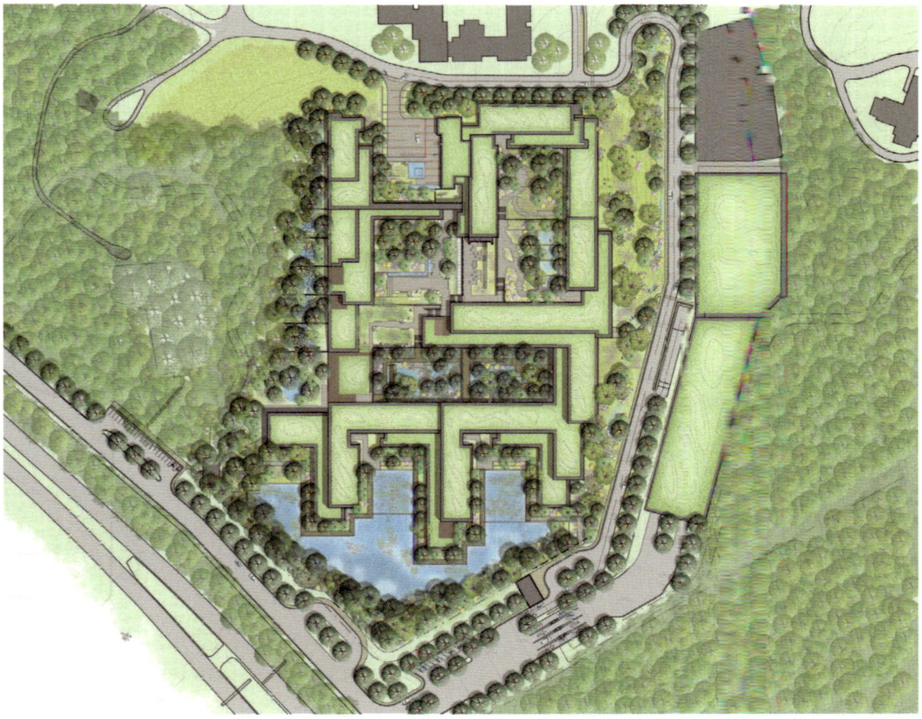

02 / 绿色屋顶沿倾斜场地构筑起一个平台
03 / 从绿色屋顶俯瞰华盛顿特区的景色
04 / 低地庭院的设计灵感来源于东南平原生态区，凸起的木栈道是庭院的一大亮点

① 马丁·路德金青年大街东南方向
② 巴里农场
③ 墓地
④ 秃鹰集缓冲区
⑤ 牧羊人大道
⑥ 州际公路 295 号阿纳科斯蒂亚高速公路

圣伊丽莎白西园区场地规划效果图

整体设计概念旨在利用植被和硬景观特征与特区各生态区及周边区域的特征产生共鸣。庭院布局与建筑一样，地势从东至西逐渐下降。这种渐进式设计将设计理念以美妙画布的形式呈现出来。自然地理区从蓝岭和贫瘠的山麓过渡到海岸平原低地，水流从几个区域中流过，建立起几个区域的联系。

雨洪管理示意图中的绿色屋顶（深绿色），滞留场地（蓝色）和再造林斜坡（浅绿色）

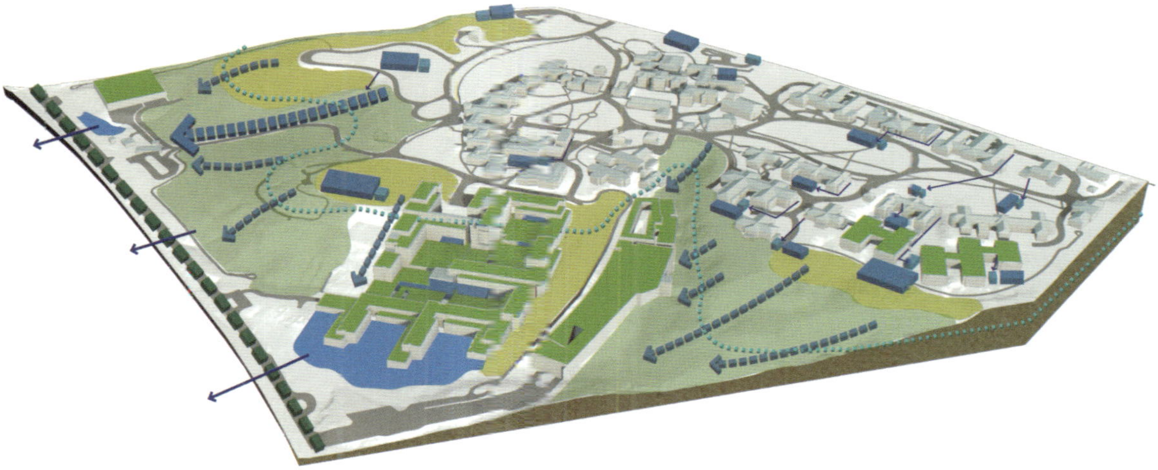

蓝岭和北麓

北麓高地

北麓低地

东南平原

大西洋中部海岸平原

主题概念：与该地区的自然遗产特征产生共鸣

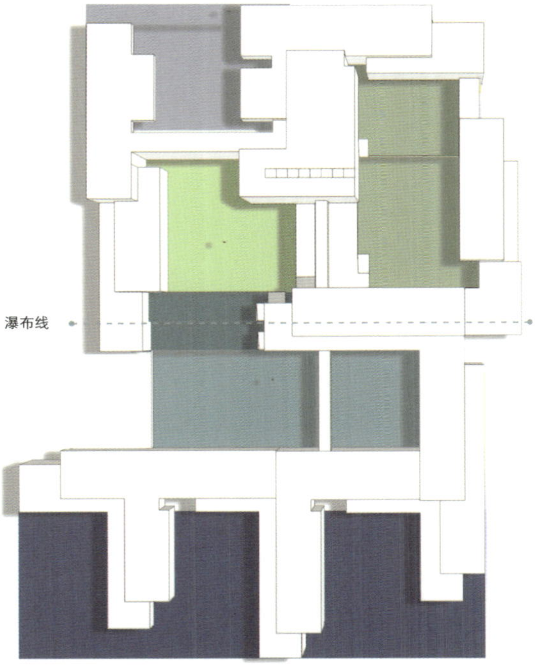

庭院及所属生态区的示意图

05、06 / 高性能景观不仅在设计中扮演着重要角色，还可以对从项目场地和建筑内留出的雨水进行收集、处理和再利用

07 / 庭院和绿色屋顶为职员们提供了休闲放松的户外空间

三层院场地规划效果图

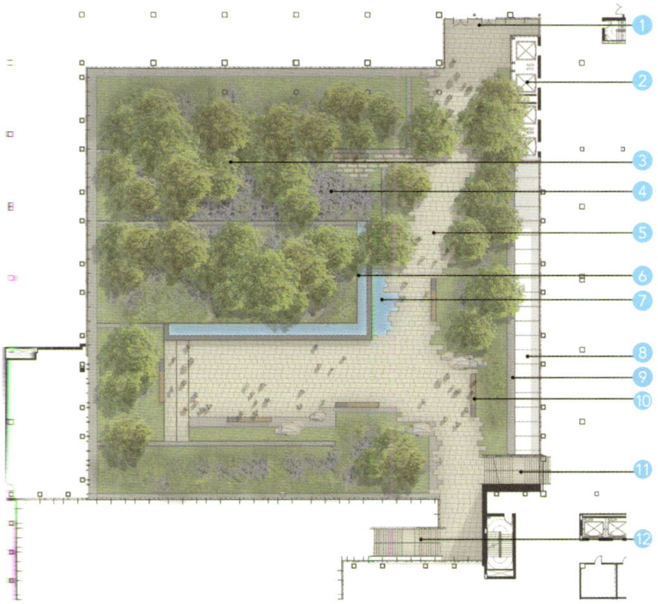

① 大楼入口
② 电梯
③ 北麓低地森林社区
④ 林区
⑤ 花岗岩铺面
⑥ 耐候钢墙面
⑦ 水景设施
⑧ 天窗
⑨ 滴灌带
⑩ 长椅
⑪ 通往 5 级平台的楼梯
⑫ 通往 7 级平台的楼梯

9 过滤措施

概述

过滤措施是一种可以对预处理沉淀池或表面集水区的部分设计容积进行拦截和临时存储，然后将水流送至砂石介质或其他介质滤床的措施。经过过滤后的径流会被收集起来，然后返回到输送系统内。

过滤措施可以用来：

- 减少污染物负荷以达到水质目标（最大日负荷总量）；
- 需要为其他需要大量预处理空间的措施提供空间，例如渗透措施；
- 通过减少污染物负荷对现有开发区进行改造，特别是高度不透水区。

过滤措施可以作为地下拱形系统或地表砂滤器使用。地表过滤措施与生物滞留池或水质低洼地措施的区别在于过滤介质为 100% 的砂石介质且不设置植被层。砂土通常被看作是一种高速率过滤器，这是因为径流会以极快的速度从介质中经过（过滤速度为 4.9 米 / 天或更快），因此，过滤措施没有指定的径流减少数值。

设计变形包括：

- 地表砂滤器；
- 三腔地下砂滤器；
- 边缘砂滤器。

过滤设计方案和性能

表 9.1 对过滤措施一级与二级设计方案及其性能标准进行了介绍。过滤措施可以

图 9.1
在南京青年奥林匹克公园项目（详见 290 页）中，设计人员利用垂直步位水平石笼内的砾石和回收碎玻璃片过滤装置对径流进行过滤。

与渗透措施（或其他径流减少措施）共同发挥作用，构成一个“高端的”预处理系统以保证渗透措施的寿命。表 9.2 对一级与二级设计的污染物去除能力标准进行了总结。需要注意的是，过滤措施在去除污染物负荷方面非常有效，可供我们在最大日负荷总量和流域规划范围内计算场地污染物负荷减少量时使用。

表 9.1 / 过滤措施设计层级：介绍与性能

设计层级	介绍	应用领域	性能发挥以减少 2.5 cm 降雨量为标准
一级	• 单池设计 • 砂石介质 • 集水区（CDA）包含透水区	有垂直限制的场地，例如基岩高、地下水位高、已被证实的喀斯特地质区、雨水热点区域及其他需要不透水衬垫的应用领域	过滤措施的设计容积减少 0%[1]
二级	• 双池设计 • 带有有机层的砂石介质 • 集水区近乎 100% 不透水	通常情况下，多数利于边缘渗透的场地——水文 C 类土壤无须设置不透水垫层。	过滤措施的设计容积减少 0%[1]

1 根据渗透措施或生物滞留池章节的内容，如果第二个水池用作渗透使用，性能会有所提高。径流减少数值应当与设计用来渗透的设计容积百分比成正比。

表 9.2 / 一级与二级设计的总污染物负荷减少能力标准

设计层级	悬浮固体总量（*TSS*）[1]	营养盐：总磷（*TP*）/ 总氮（*TN*）[1]
一级	*TSS* = 60%	*TP* = 60% *TN* = 30%
二级	*TSS* = 85%	*TP* = 65% *TN* = 45%

1 总污染物负荷减少 = 径流减少和污染物去除的综合作用。污染物去除能力指的是污染物流过措施时的场次降雨污染物平均浓度（*EMC*）变化，污染物去除能力会受到处理过程的影响。过滤措施没有指定的径流减少数值；因此，如果将渗透措施融入到一级或二级过滤设计中，总污染物负荷减少能力会得到极大的改善。

过滤措施设计清单

这一设计清单将为设计人员在过滤措施的必要设计步骤方面提供帮助。

• 确定设置过滤措施的监管环境、过滤措施如何与径流减少措施共同发挥作用，以及如何在项目场地内达到 2.5 厘米的能力标准，如何使水质处理措施与径流减少措施共同发挥作用或是取代径流减少措施。
• 对项目场地的可行性进行核验——（通常包括地下系统的有效基岩深度）；
• 确定一级或二级设计是否适用于项目场地。使用二级设计，除非场地制约因素要求使用一级基础设计；

• 完成设计合规性电子表格，对过滤措施的有限标准（污染物去除标准）是否适合及是否需要使用附加措施进行确认；
• 对过滤措施尺寸指导进行验证，并确保场地内有足够的面积设置过滤措施；
• 对设计调整是否适合项目场地进行核验；
• 根据设计准则和标准详图设计过滤措施；
• 提供必要的平面图、侧面图和剖面图细部及立面图、材料规格、坡度和施工步骤及说明。

标准详图

图 9.2 / 标准地表砂滤器的示意侧面图

平面图

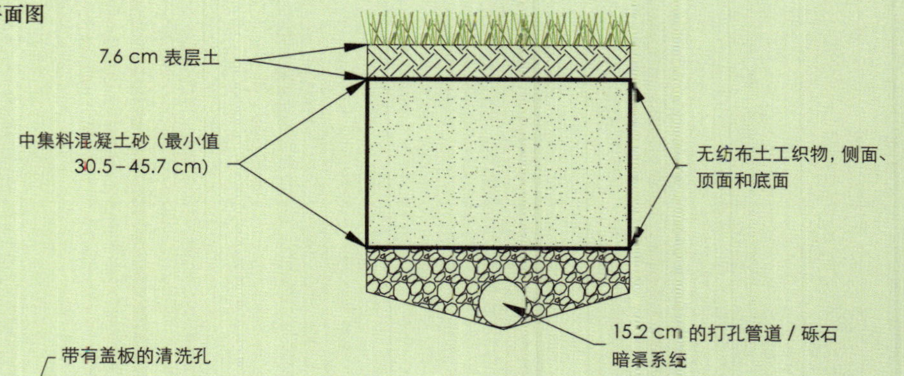

图 9.3 / 三腔地下砂滤器案例

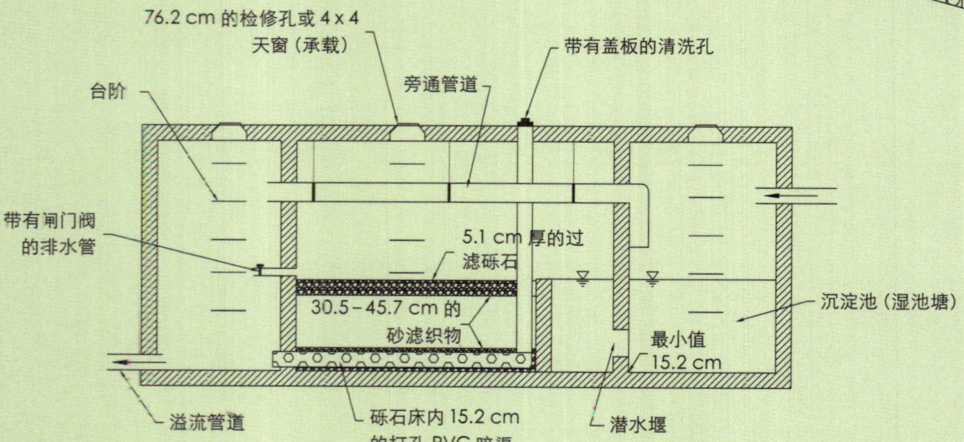

剖面图 A-A

剖面图 A-A (3D)

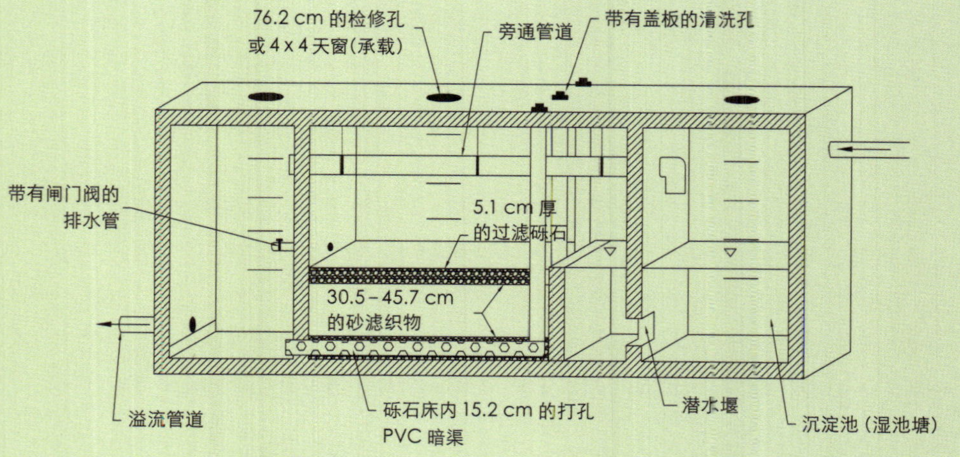

注意：
砂滤器的规模因设计而异。

图 9.4 / 边缘砂滤器案例

平面图

剖面图

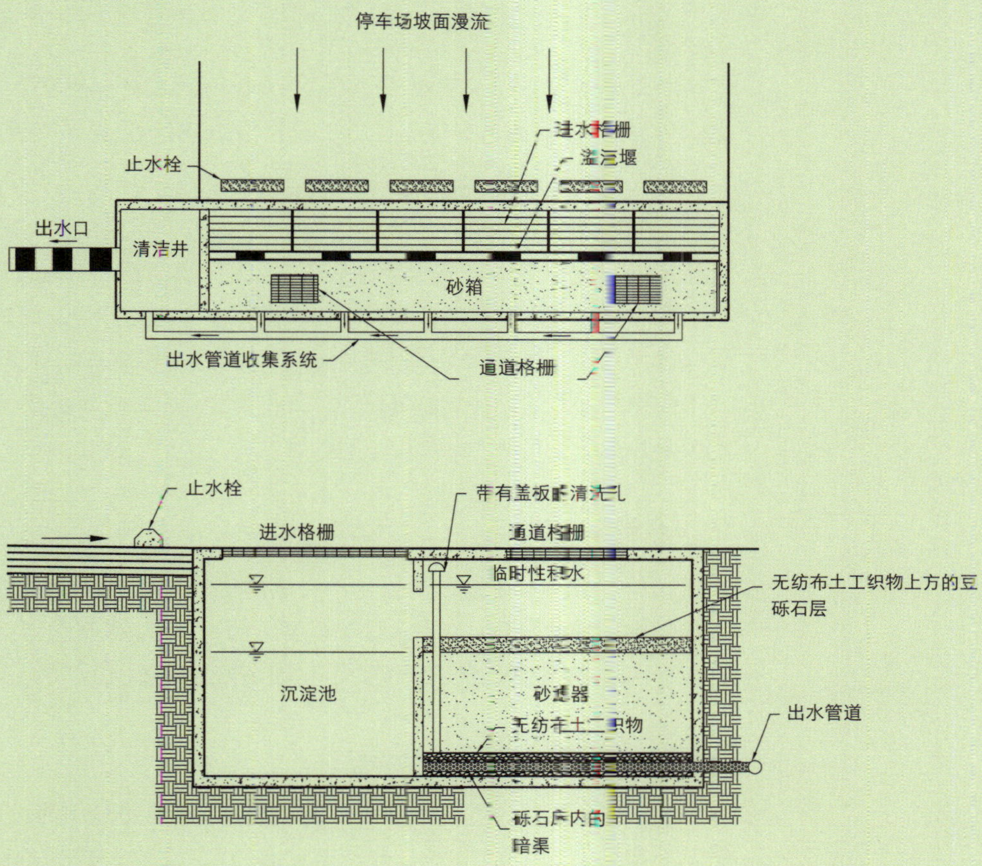

可行性标准与设计依据

过滤措施适用于多种城市用地类型。渗透措施的单位成本高、服务范围小，因而并不一定划算，但是在有些情况下，确是最佳的雨水处理措施选择，例如雨水热点区域、污染物负荷较高的高容量停车场和超大型城市地区等。过滤措施设置的主要限制因素包括：

可用空间

过滤措施所需的空间由选定的设计变形决定。地表砂滤器通常会占用1%—3%的集水区面积，边缘砂滤器的占地面积一般不超过集水区面积的1%。地下砂滤器通常不会占用任何面积（除检修孔以外）。设置在斜坡下方的边缘砂滤器配设有平行格栅、框架和盖板。

场地地势

不得将地表砂滤器设置在坡度大于 6% 的斜坡上。可以将地下砂滤器设置在陡坡上，只要检修管道设计能在陡坡上设置通道（检修孔直径与管道高度向对应）。

有效水位差

过滤措施的主要设计限制因素是有效水位差，水位差指的是过滤器预处理沉淀池的积水表面高度与用来接收排水的暴雨排水系统的仰拱高度之间的垂直距离。过滤措施所需的水位差范围在 0.6—3 米，具体水位差由设计变形决定，这也增加了在极为平坦的地势上设置过滤措施的难度。边缘砂滤器是一个例外，可以在水位差为 0.6 米的场地上设置边缘砂滤器。

地下水位和基岩

渗透结构独立于系统的过滤措施不会受到基岩或地下水位的影响，但却会受到措施可施工性的影响。地下系统可能要求深挖作业，会与基岩或地下水位交叉，因此，一定要从可施工性的角度对这些因素加以考虑。

土壤

土壤状况不会影响过滤器的使用。至少要在拟建过滤措施的场地内进行一次土壤钻孔取样，以确定地下水位和基岩高度，对可施工性进行评估。在设置地下基础设施之前，需要进行岩土工程勘察，用以对原有土壤的承载力和特殊的场地状况要求进行核实。

集水区

泥砂可能会侵蚀景观区和透水区，因此，过滤措施最适合设置在集水区面积为 100% 不透水的场地上以减少堵塞风险。集水区面积小于 1 公顷时，建议设置地表砂滤器；集水区面积在 0.4—0.8 公顷时，建议设置地下砂滤器。很多面积较大的集水区已经设有过滤措施，但通常会引发较大的堵塞问题。

边缘砂滤器只适合设置在面积小于 0.1 公顷的不透水区。但是，可以使用独立式边缘砂滤器对大片场地进行处理。

热点区域土地使用

如上文所述，过滤措施特别适合用来处理雨水热点区域和小型停车场内的径流。其他应用领域有商业场地再开发项目或现有停车场的改造或扩建项目。过滤措施可以在多数商业、工业或市政场地上正常运行，如果地面空间有限，也可以将过滤措施设置在地下。

河漫滩

除非地方政府批准豁免，否则，应当将生物滞留区修设在拥有百年历史的河漫滩界限之外。

靠近公共设施

公共设施与过滤措施之间的最小水平距离应为 1.5 米。

设施通道

应当将过滤措施设置在便于检修和维护的区域。通常会使用吸污车对地下措施进行维护，因此，场地设计初期一定要规划出合适的通道。

社会因素

地下砂滤器的维护要求具有很强的技术性（而且通常需要提供密闭空间进行基本检查），如此一来，不建议为独户家庭住宅项目设置地下砂滤器（更加适合住宅区的基础设施还有很多）。高密度住宅区可以考虑地下砂滤器或地表砂滤器，但还是应当由社区协会指定的承包商对砂滤器进行维护。

设计准则

过滤器的类型

可以应用于环境恶劣场地或是用来提高污染物去除率的基本过滤措施有几种设计变形。对于热点区域或高流量 / 高污染负荷的场地来说，渗透措施或生物滞留池这种长效减少下游径流的强大预处理措施尤为重要。

过滤器设计的选择取决于可用空间、水位差和所需的污染物去除程度。在地表空间十分有限的超级城市中，地下砂过滤器通常唯一一种可以采用设计。而当有足够的地表面积可利用时，地表砂滤器与周边砂过滤器通常是更为划算。下面介绍几种最为常见的设计变形：

地表砂滤器

地表砂滤器在地面设有滤床和储砂槽。最常见的过滤介质是砂土，也可使用泥炭 / 砂土混合物以提高系统的去除效果。过滤槽多采用预制或现浇混凝土打造而成。地表砂滤器通常会被设计成非即时措施，以便只有所需水质或径流减少量可以进入过滤器。有时也可将地表砂滤器安装在干延时滞留池的底部。

地下砂滤器

地下砂过滤器由一个多单元存放预处理措施、过滤器和出口结构的地下混凝土拱顶组成。地下砂过滤器通常设有一个可以将过滤器周围大暴雨事件所产生的径流通过旁通管道的分流器或溢流装置。 地下砂过滤器造价昂贵，但占地面积很小，非常适合超级城市使用。

地下砂过滤器最为常见的配置是重力流动三腔系统，可以是预先浇筑或现场浇筑而成混凝土拱顶。各单元内均设有检修孔。

• 第一单元可以充当预处理设施使用，其中包括一个常备水池，并配置有水下孔口，用以去除油料、油脂树叶等漂浮有机物。 这个单元也用作泥砂沉淀室，以使粗砂沉积物沉降至底部，以防堵塞过滤器介质表面。 因此，应当尽量将该单元的流入雨量设计为最小，以避免沉渣再次悬浮。 图 9.2 展示了带有两个单元的预处理设施常见配置。

• 第二单元是过滤单元，包含 3.7—5.5 米深的滤床，滤床位于平行打孔 PVC 管组成的排水系统下方。应当将放水阀安装在过滤层顶部以防出现介质失效（堵塞）或紧急情况不能释放积水。

滤床材料配置已经得到改进，在理论上可以改善过滤介质的寿命，减少维护费用;

• 一种方案是直接在砂子上铺设一层薄薄的豆砾石。砾石有助于防止海藻在反复的干湿循环环境下生长而将砂地表面封死。

• 在豆砾石设计基础上延伸出的更有助于保养的方案是将无纺土工布织物置于砂土和砾石之间，有助于定期去除砂砾。

• 另一种方案是通过将挡板和能量消散装置合并的方式提升预处理空间，并将介质厚度提高至 46 厘米或 61 厘米。这将有助于减少过滤介质的泥砂沉积负荷。此外，较厚的介质更有利于保养，考虑到需要定期刮擦和去除最上方 2.5 厘米深位置的砂土介质，留出合适的介质深度用来保持继续运转（砂土介质堵塞的深度通常仅限于第 1 个 2.5 厘米）。

• 第三单元是排水单元。 当流量超出存储容量时，可以通过旁通管道接收来自暗渠系统的排放物以及第一单元的溢出物。

边缘砂滤器

边缘砂过滤器同样包泥砂沉淀单元和滤床这些基本设计元素。边缘砂过滤器通常由两个平行的沟槽组成，沟槽通过分区墙顶端的一系列溢流堰凹口相连，使水呈坡面漫流形式进入第二沟槽；或者装载重质烃，在排水口安装水下管口并配置能量消散器。第一沟槽是用来去除泥砂颗粒、碎片或漂浮油料的预处理单元。第二沟槽由砂过滤层构成。地下排水管位于第二隔间底部，用以将经过过滤后的水流输送至受纳系统。

在这项设计中，水流通过停车场边缘处的格栅进入系统。周边砂滤器通常被设计为即时处理措施（即所有水流流入系统），而大暴雨事件所产生的径流则绕开处理区进入溢流单元。周边砂滤器设计的一大优势是需要的水位差较小，因而对于地势低洼的场地来说是不错的选择。

专用砂滤器

专用过滤器使用各种过滤介质和几何结构来实现过滤，并在封装结构内提供管理维护流程和访问。在某些情况下，这些系统可以完美地实现特定污染物的定向输送。

过滤措施的水质与流量减少标准

过滤装置的尺寸应当满足设计容积的需求。需要根据设计容积的需求对过滤装置的预处理或储砂槽容量、过滤装置表面、过滤装置上方的积水存储量进行设计。给定设计容积时，可以使用公式 9.1，达西定律，确定所需的过滤表面面积。

过滤措施的最小过滤表面面积

$$SA_{filter} = \frac{(Dv)(d_f)}{[(k)(h_{avg} + d_f)(t_f)]}$$

公式 9.1 达西定律

其中：
SA_{filter}= 过滤表面的面积（平方英尺）；
Dv = 设计容积（立方英尺）；
d_f = 过滤介质厚度（厚度，英尺）= 暗渠上方至少 1 英尺；
k = 渗透系数（砂土局部堵塞）= 每天 3.5 英尺；
h_f = 滤床上方的平均水位高度 = 最大值 5 英尺；
t_f = 设计水面下降时间（天）= 40 小时 = 1.67 天。

渗透系数（英尺 / 天）要体现最坏情况（即土壤介质使用期限内需要替换或维护）。因此，即便是存在限制因素，过滤措施仍可正常运作直至介质使用期限末期。

整个过滤处理系统（包括过滤系统上游的预处理 / 泥砂和额外存储空间）可以暂时容纳至少 75% 的过滤前所需设计暴雨量（公式 9.2）。容量减少是水位差逐渐下降带来的影响，主要由介质过滤速度的不断变化引起。

$$V_{ponding} = 0.75(D_v)$$

公式 9.2 过滤措施所需的存储容量

其中：
$V_{ponding}$ = 过滤前所需的存储容量（立方英尺）；
D_v = 设计容积。

应当在设置地表砂滤器过滤介质之前，设置干、湿预处理装置。图 9.5 为路面边缘预处理装置详图。

地下砂滤器和边缘砂滤器应当安装湿预处理装置。

应当按照下列标准设置预处理装置：

- 地表砂滤器可以使用替代性预处理措施，例如草坪过滤带、前池、砾石横隔板、拦砂坝、水平撑挡或组合措施。
  - 草坪过滤带的长度至少为 4.6 米，坡度≤ 3%。
  - 必须安装拦砂坝，可以是木质或混凝土材质，以便其延伸至过滤带上方 5 厘米处，同时设置横向槽，使径流均匀地分散在过滤表面上。
  - 替代性预处理措施应当设有一个可以使径流均匀地分散在过滤表面上的非侵蚀性流程。
  - 如果设有前池，前池至少要容纳 25% 的设计暴雨总量（包括湿水池和临时积水）。
- 地下砂滤器的储砂槽至少要容纳 25% 的设计暴雨总量（包括湿水池和临时积水）。
- 应当将地下砂滤器的储砂槽设置成水平撑挡的形式，这样一来，径流便可以近于零的流速进入滤床，然后均匀地分散在滤床上。

预处理区

图 9.5 / 路面边缘预处理装置标准详图

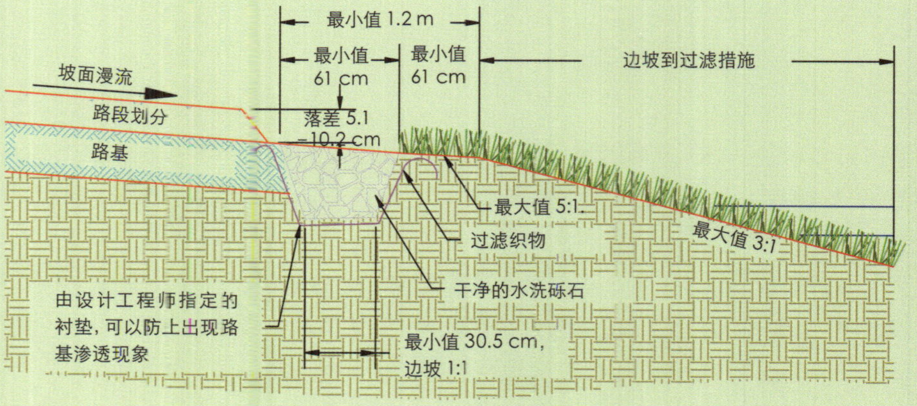

输送与溢流

多数过滤措施被设计成非即时系统，以便所有水流能够进入过滤存储单元纸质存储单元饱和为止，而此时更多未经处理的流量会被转移或是绕过过滤器进入出水单元。应当使用溢流结构或分流器量将大暴雨事件所产生的径流从旁通管道输送至别处。

部分地下砂滤器应当被设计成即时基础设施。在这种情况下，设计人员必须对装置如何安全地将暴雨事件（例如 10 年一遇降雨事件）所产生的径流安全地输送至稳固的水道并保持水域稳定以避免将之前滤下的物质重新冲到表面进行说明。所有过滤措施的设计均应以降雨过后 40 小时内排干过滤槽内的设计容积为标准，以减少不利情况发生的可能性。

设计几何结构

过滤措施属于重力流动系统，要求进水结构与出水结构之间的垂直距离为 0.6—3 米，具体情况取决于设计变形和独立过滤组件或单元的标准；因此，要求在进水结构仰拱与出水结构仰拱之间留出足够的垂直间距。

独立系统组件的标准包括积水深度和过滤介质的深度。给定介质渗透率（K 系数，与积水深度无关）、积水深度（导出过滤率）、介质厚度时，可以使用达西定律计算出过滤措施的表面积。

过滤的表面积（K 值，独立的积水深度）、积水深度（导出滤过率）和媒介深度，建立这些变量的最小和最大值对于维持设计容积和过滤表面积之间的适当关系非常重要。

- 积水深度。过滤措施的建议最大积水深度为 1.5 米。确定最大整体深度，以便以一种使用的方式实现维护。最大深度还能够防止过滤介质表面积不适当缩减，而为了达到预期的过滤水平，则需要使表面积最小化。
- 介质深度。最小建议介质深度或厚度为 30 厘米。然而，将深度设置为 46—61 厘米有助于在过滤器表面堵塞时定期刮擦和去除最上端 2.5 厘米的介质（或视需要而定）。如果介质深度增加，在不更换砂石介质的前提下，便可进行多项维护。又或者，如果介质深度过浅，可采用增加过滤介质表面积的方法。

因此，即使是较浅的媒介深度也能实现有效的过滤径流。最小的设计深度必须达到 30 厘米，而为了保证更长的维护周期，46 厘米为最佳。

滞留时间

所有过滤措施的设计均应以降雨过后 40 小时内排干过滤槽内的设计容积为标准。

结构要求

如果过滤器位于地下或是车流量高的路段，注册结构工程师应当对设计的结构完整性进行确认。

过滤介质

过滤介质的类型

常用的过滤介质有干净的水洗中级混凝土砂石，颗粒直径在 0.5—1 毫米。

过滤介质的厚度

过滤介质的厚度对雨水流过滤床的速度和滤床去除污染物的效果有一定的影响。建议滤床厚度为 46 厘米。暗渠上方滤床厚度的绝对最小值为 30 厘米。设计人员应当注意到，如果将最小厚度设置为 30 厘米，便需制定一个更为密集的维护计划，年维护费用也可能随之增加。

表层覆面

地表砂滤器上方的无纺布过滤织物上面覆有一层 7.6 厘米厚的表层土。

如果地下砂滤器由于生物结垢或表面塞堵而发生堵塞，可以在地下砂滤器维护结束后，在砂滤器上方的无纺布过滤织物上面铺设一层豆砾石。豆砾石有助于防止生物结垢或砂岩表面塞堵。过滤织物的设置有助于维护作业期间的砾石拆卸工作。那些安装有大型空调冷凝器，并向排水系统和地下砂滤器排放冷却水的场地，经常会出现生物结垢的情况。

指示标识

如需安装地表砂滤器，可以为其设置信息 / 教育指示标识。应当将地下砂滤器检修孔接入点的位置记录下来。

种植标准

可以为地表砂滤器铺设一层草皮覆面，用以吸附更多的污染物。草皮要具有抵御频发洪水和干旱的能力。

设计调整

喀斯特地质

过滤措施是喀斯特地质区的一个不错选择。过滤措施并不会与地下水相连，因而减少了落水洞形成和地下水污染的风险。施工检测时应当注意过滤器的水密性问题，同时还要防止挖掘作业扩展到喀斯特地质层。

陡坡

如果“双槽地形”设计能够消散侵蚀能量，可以将陡峭地形区的斜坡坡度增加到15% 以使径流顺利流入地表砂滤器。两槽之间的高度落差应当限制在 0.3 米，可以为斜坡铺设河石或适当的等效材料护面。

除了确认透水区积聚大量泥砂的潜能之外，地下砂滤器的性能一般不会受到集水区倾斜度的影响。

寒冷气候与冬季性能

冬天，地表砂滤器或边缘砂滤器往往无法发挥效用，主要原因在于滤床内出现了结冰情况。当春天冰雪融化之时，如果滤床仍处在冻结状态，更可能会引发洪水。为了避免上述情况发生，应当在进入冬季之前（第一次冻结之前）对砂滤器进行检查，排干砂滤器内的积水，翻松过滤表面。下面介绍其他几个可以改善砂滤器冬季性能的措施。

- 将量水堰设置在预处理装置和滤床之间以减少冰的形成；与传统的竖管孔口相比，量水堰的效果更好。
- 在冻结线以下对滤床进行扩展以防止滤床内结冰。
- 扩大暗渠尺寸，用以加快排水速率，最大限度地减少滤床冻结情况。
- 扩展储砂槽以拦截路面砂土。预处理空间应当容纳 40% 的设计容积。

雨水改造

过滤措施是一种具有中等污染物去除能力的多功能改造措施。这种措施只需占用少量地表土地，而且没有过多的场地限制因素，因而非常适合那些空间有限的场地改造项目。

01

南京青年奥林匹克公园

雨洪设计特色

用砾石、回收的碎玻璃片以及水生植物进行雨水过滤，从而改善排入到江中的水质

面向长江支流夹江而设的南京青年奥林匹克公园被打造成一座世界级滨水城市公园。该项目设计背后的战略非常简单——吸引更多的市民到访滨水区，并以此唤起人们对南京洪水易发长江岸线的关注。项目场地也因此成为有益于自然环境同时又可增强社会互动和经济活力的永久场地。如果说这座公园的目标是“吸引人们到滨水区”，那么必须做到下面两点：(1) 公园必须举办能够吸引各年龄段和不同身体状况人群的丰富多彩的活动；(2) 公园道路一定要畅通无阻，从而为行人、骑车者、驾车者和那些使用公共交通的人们提供方便。

以青年奥林匹克运动会精神为核心修建的南京青年奥林匹克公园是一座具有美观性和前瞻性的高性能公园。这座公园与相邻的城市建筑纵横相连。人们可以从周边城市建筑通过高架木栈道进入滨水区，步行道和自行车道也与公园道路和人行漫步道相连。下级通道两公里长的公路将公园和青年奥林匹克广场与滨水区联系起来。公园内可以举办多种活动，并实现了无线网络全覆盖。健身中心、活动展馆和空间、咖啡馆、餐馆、博物馆、活动空间及周边商业和住宅开发项目均可为这处城市开放空间增添活力，为公园创收、运行和维护提供机会。

项目地点 / 中国，南京
项目面积 / 70 公顷
建成时间 / 2014
景观设计 / SWA 集团和 Terrain 事务所，斯考特·斯蓝尼
摄影 / 张海，成都存在建筑摄影有限公司
委托方 / 南京河西新城区国有资产经营控股(集团) 有限责任公司

01 / 透水路面为雨水渗透设施留出了空间，人行漫步道还可作为消防通道使用

项目总体规划图

① 青年奥林匹克中心
② 青年奥林匹克村
③ 国际风情街
④ 青年奥林匹克广场
⑤ 南京国际青年广场
⑥ 公园之心
⑦ 临江公园
⑧ 南区生态公园
⑨ 拟建隧道
⑩ 夹江
⑪ 供水厂
⑫ 城南水厂

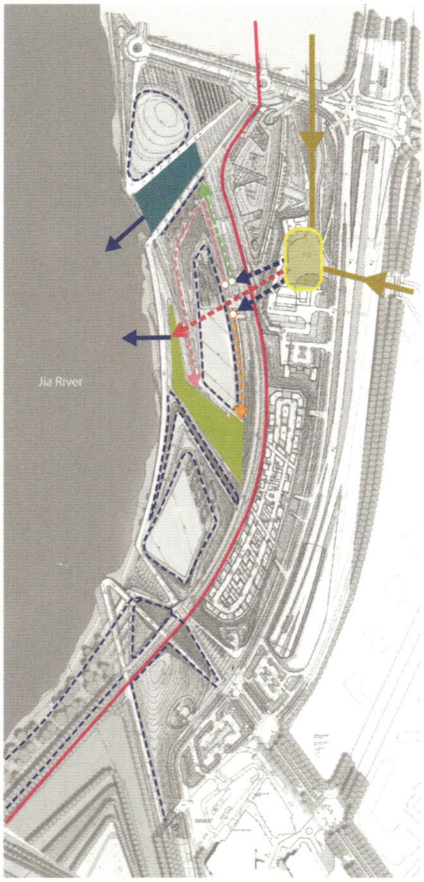

北面集水区的雨水过滤设施

- 用来排放城市雨水径流的水渠
- 将雨水径流排放至夹江的水泵站
- 城市径流排放
- 紧急溢流排放
- 预处理溪流
  - 绿溪流
  - 木兰溪流
  - 枫树溪流
- 砾石生态草沟公园排水系统和电源污染物拦截
- 长江拦洪坝
- 处理瀑布
- 处理和滞留湿地
- 干净的水流流入夹江

最佳管理措施将重点放在水质问题和雨洪管理上。从周围的基础设施和公园中流出的雨水径流被引至两处集水区，在雨水径流流入夹江（城市生活供水源头）之前，利用多种生物技术去除污染物、过滤泥砂、抑制细菌和滞留雨水径流。降雨期间，区域雨水径流通过开放式水渠流入公园北部附近的水泵站。在过去，这些含有泥砂和污染物的径流会直接注入夹江。

如今，位于公园北面湿地的三条各自独立的溪流可以在雨水径流流入夹江之前对雨水径流进行预处理。生长有鸢尾花和湿地草甸的“绿色溪流”可以在水流进入处理瀑布之前对水流进行初期过滤。“木兰与枫树”溪流也可以在水流进入处理湿地之前，利用锯齿状底部和湿地边缘对初期泥砂进行拦截和过滤，对水流进行曝氧处理。“处理瀑布”利用垂直步位水平石笼内的砾石和回收碎玻璃片过滤装置对来自“绿色溪流”的径流进行再次过滤。处理瀑布、绿色溪流和木兰与枫树溪流在雨水径流释放至夹江之前将雨水径流引入北面的湿地进行再次过滤和细砂沉积。处理湿地内栽种有油菜花、鸢尾花、芒草等多年生亲水植物。

初期处理在南面的集水区得以完成，成排的落羽杉（栽种在水面以下）和银白杨（栽种在水面以上）与林下湿地一同对初期泥砂和污染物进行处理。用风化钢和填砾式石笼修筑成的溢流堰可以对从北向南进入集水区的水流进行再次过滤。进入远程控制帆船储水池和区域性水道系统的水流均是清澈干净的。

02 / 草坪是一片大型透水区，可供人们举办表演和游乐活动

03 / 南面集水区下游处的远程控制模拟帆船特许建筑和咖啡馆

04 / 人们在人工湿地上方行走

04

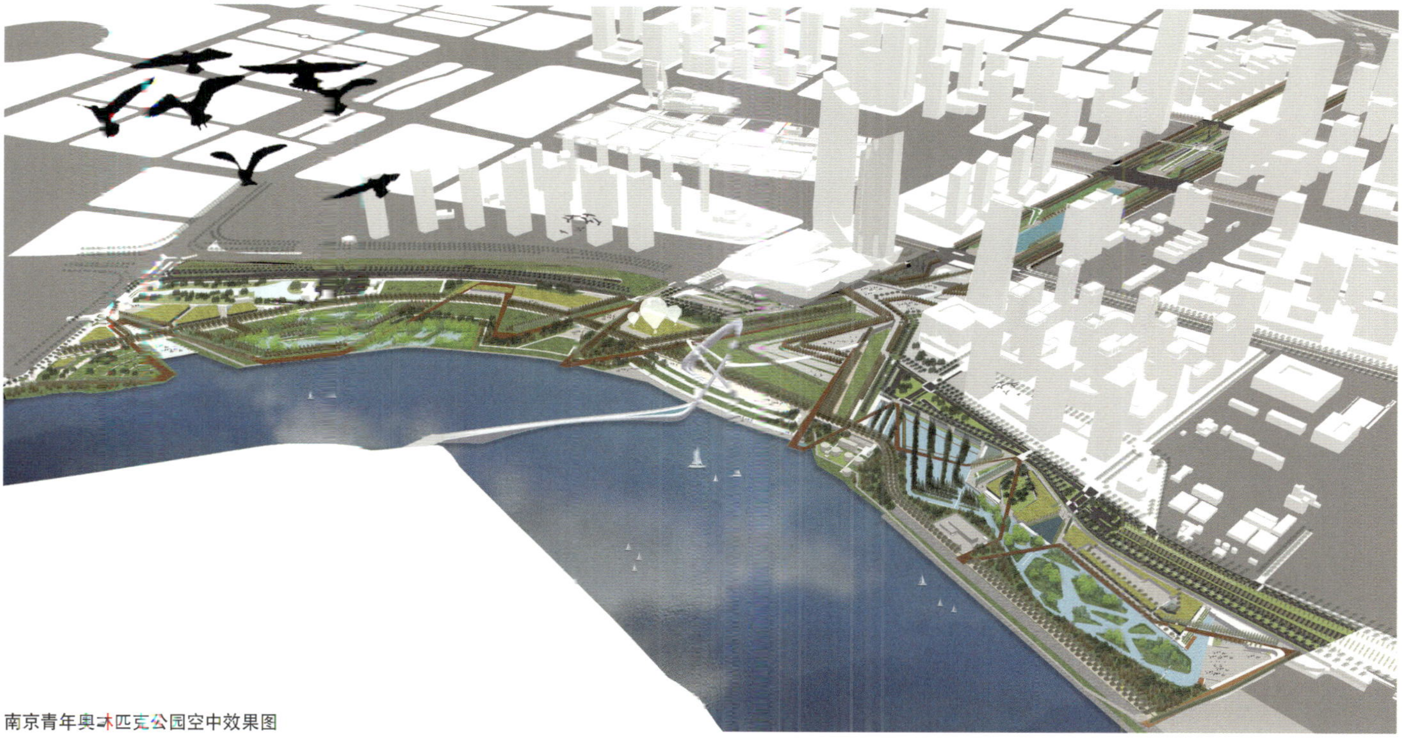

南京青年奥林匹克公园空中效果图

南面集水区雨洪管理和水质处理示意图

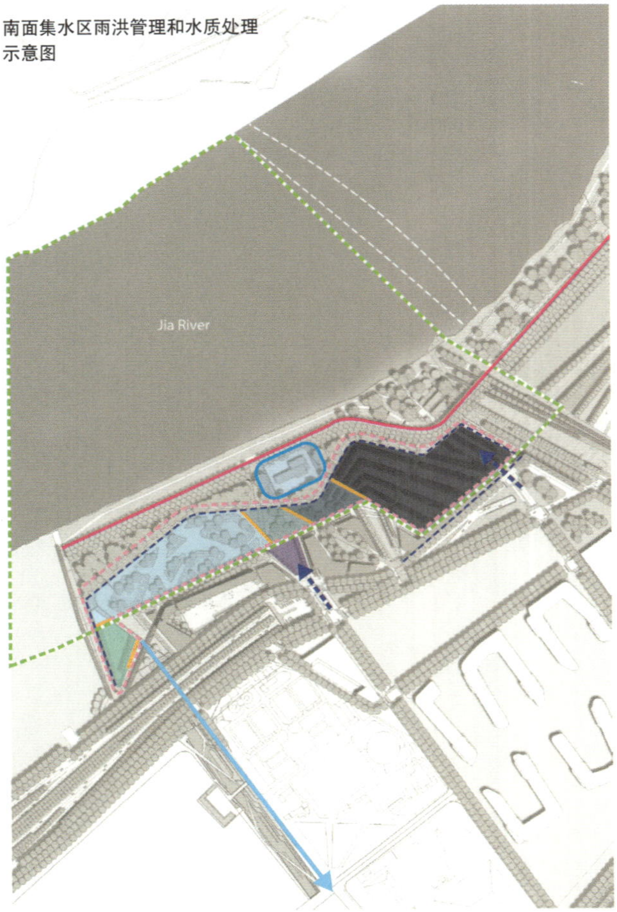

公园雨洪管理和水质处理示意图

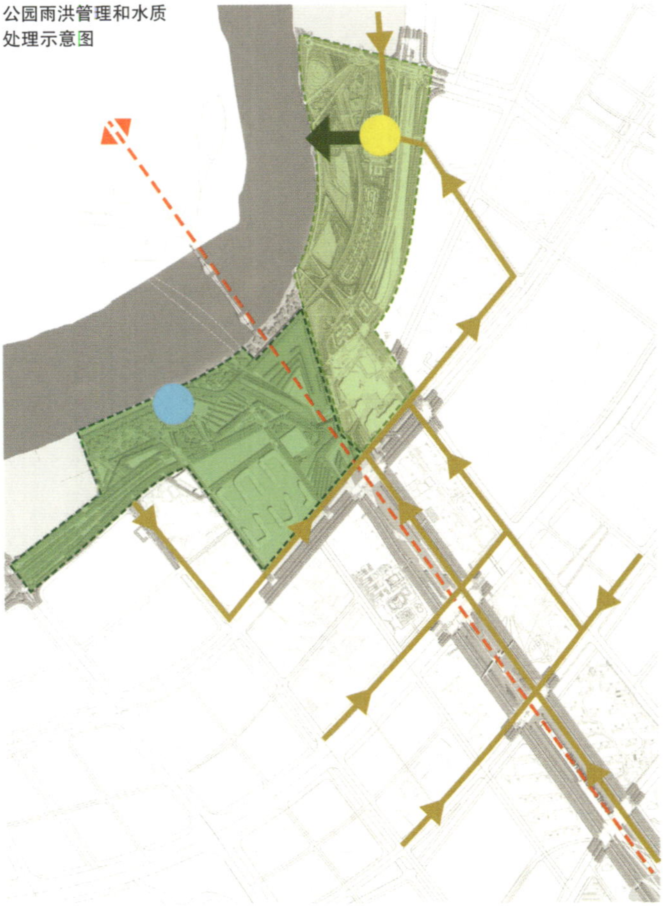

05

06

07

05 / 木兰溪流和绿色溪流汇聚点
06 / 青年奥林匹克广场
07 / 南京国际青年广场

10 雨水湿地

概述

雨水湿地，也称人工湿地，是一种可以接收雨水并进行水质处理的浅层植被洼地系统。

雨水湿地可以用来：
- 减少污染物负荷，从而达到水质目标（最大日负荷总量）；
- 达到地方雨水滞留标准的部分或全部存储要求；
- 改造现有开发场地；
- 此时，雨水湿地还无法减少年平均径流，因此无法通过使用雨水湿地达到 2.5 厘米的能力标准。然而，雨水湿地的水质能力是可靠的，它们可以作为某些环境中或其他径流减少措施下游的一种替代性雨洪管理基础设施。

雨水湿地的深度通常小于 0.3 米（虽然前池和口袋池塘内的雨水湿地很深）且拥有多变的微地貌，用以促进多种湿地植被茂盛生长。新一轮暴雨产生的径流会替代上一轮暴雨产生的径流，长时间的滞留有助于多种污染物的去除。湿地环境可以为重力沉降、生物吸收和微生物活动提供一个理想的环境。

本节内容将对雨水湿地概念的三种基本设计变量进行论述：
a. 湿地流域（一级）；
b. 多池湿地或水池 / 湿地组合（二级）；
c. 地下砾石湿地（二级改进）。

图 10.1

东谷道入口湿地项目（详见 310 页）的设计人员将多个湿地整合为一个开放空间系统，这样有助于湖泊系统的长期健康发展，并能对处理过的雨水进行再利用。湿地与湿地周边环境相互呼应，可以增加景观的体验价值。

图 10.2

圣帕特里克岛项目（详见 328 页）的设计人员将位于圣帕特里克岛和圣乔治岛之间的低地河道填实。在对河道进行修复和加深之后，设计人员在圣帕特里克岛中央打造了一处季节性河岸湿地，人们可以走行高架木栈道进入河岸湿地

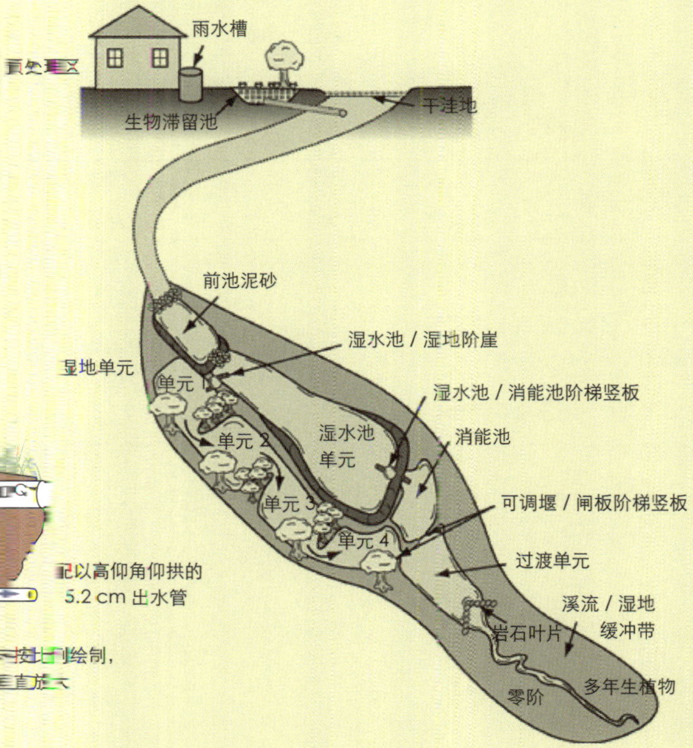

图 10.3 / 水池 / 湿地组合示意图

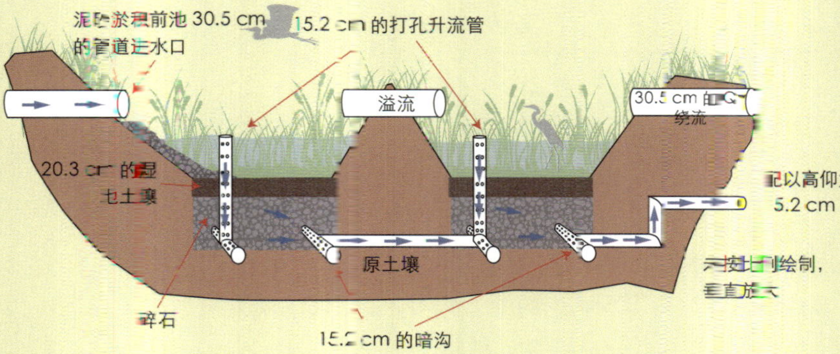

图 10.4 / 地下砾石湿地示意图

雨水湿地设计方案与性能

表 10.1 介绍了能够最大限度减少雨水湿地营养盐的两种层级设计，其中未涉及雨水湿地的径流量减少额度。表 10.2 介绍了一级和二级设计的总体污染物去除率。

1 总污染物负荷减少 = 径流减少和污染物去除的综合作用。污染物去除能力指的是污染物流过基础设施时的场次降雨污染物平均浓度（*EMC*）变化，污染物去除能力会受到处理过程的影响。雨水湿地没有指定的径流减少率，因此，*TR*= 场次降雨污染物平均浓度减少。.

表 10.1 / 雨水湿地设计层级：介绍与性能

设计层级	设计变量介绍	应用领域	性能发挥以使用 2.5 cm 降雨量为标准
一级	湿地流域 • 单池 （w/ 前池） • 统一的湿地深度 • 平均深度大于 30.5 cm • 表面面积不超过集水面积的 3% • 设计容量 = 1.0 × 目标处理量[1]	可用雨水湿地面积有限的场地和一级设计能够达到水质目标的场地	
二级	多池湿地或水池 / 湿地组合 • 多池（w/ 前池） • 可变深度 • 平均深度小于 30.5 cm • 表面面积超过集水面积的 3% • 设计容量 = 1.5 × 目标处理量[1]	可用雨水湿地面积较多的场地和强化水质能力需要达到水质标准的场地	研究对最低年平均径流减少进行了简要说明。没有指定径流减少率用以达到 2.5 cm 的标准
	地下砾石湿地 • 双池（w/ 前池） • 饱和砾石层 • 砾石平整层的最小厚度为 61 cm	需要强化营养盐（特别是氮）去除能力的场地	

表 10.2 / 雨水湿地的污染物去除能力标准

设计层级	悬浮固体总量（*TSS*）[1]	营养盐：总磷（*TP*）/ 总氮（*TN*）[1]
一级	*TSS* = 50%	*TP* = 50% *TN* = 25%
二级：多池湿地或水池 / 湿地组合	*TSS* = 80%	*TP* = 75% *TN* = 55%
二级改进：地下砾石湿地	*TSS* = 95%	*TP* = 55% 溶解无机氮 = = 95%

1 总污染物负荷减少 = 径流减少和污染物去除的综合作用。污染物去除能力指的是污染物流过基础设施时的场次降雨污染物平均浓度（*EMC*）变化，污染物去除能力会受到处理过程的影响。雨水湿地没有指定的径流减少率，因此，TR= 场次降雨污染物平均浓度减少。

雨水湿地设计清单

这一设计清单将为设计人员在雨水湿地的必要设计步骤方面提供帮助。

• 确定设置雨水湿地的监管环境、湿地如何与径流减少措施共同发挥作用，以及如何在项目场地内达到 2.5 厘米的能力标准，如何使水质处理措施与径流减少措施共同发挥作用或是取代径流减少措施。
• 对项目场地的可行性进行核验；
• 确定一级或二级设计是否适用于项目场地。使用二级设计，除非场地制约因素要求使用一级基础设计；
• 完成设计合规性电子表格，对所需的雨水湿地范围（目标处理量）及是否需要使用附加措施和场地的合规性进行规划和确认；
• 对雨水湿地分类指导进行验证，并确保场地内有足够的面积设置雨水湿地；
• 对设计调整是否适合项目场地进行核验；
• 根据设计准则和标准详图设计雨水湿地；
• 提供必要的平面图、剖面图和剖面图细部及立面图、材料规格、坡度和施工步骤及说明。

标准详图

图 10.5—10.7 为雨水湿地变体（不包括地下砾石湿地）的标准详图。

可行性标准与设计依据

雨水湿地的设计会受到下列场地限制因素的影响：

适当的水量平衡

湿地必须要有源自地下水、径流或基流的充足供水，以便在 30 天的夏季干旱期过后，永久性水池的水位下降数值不会超过 0.6 米。因此，必须使用第 303 页“水量平衡”中给出的公式，进行一个简单的水量平衡计算。

图 10.5 / 一级设计标准剖面图

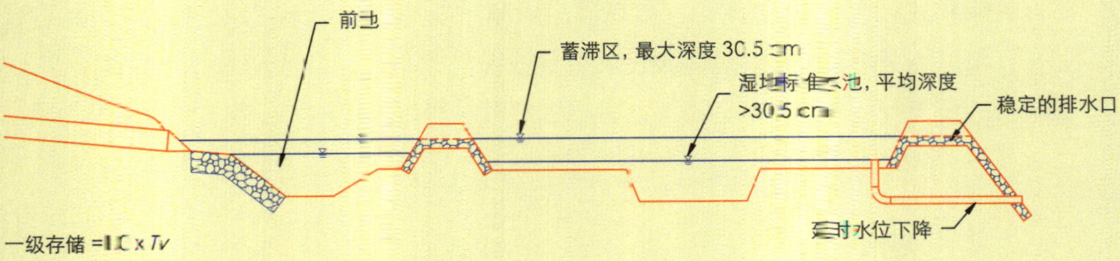

图 10.6 / 二级设计标准剖面图

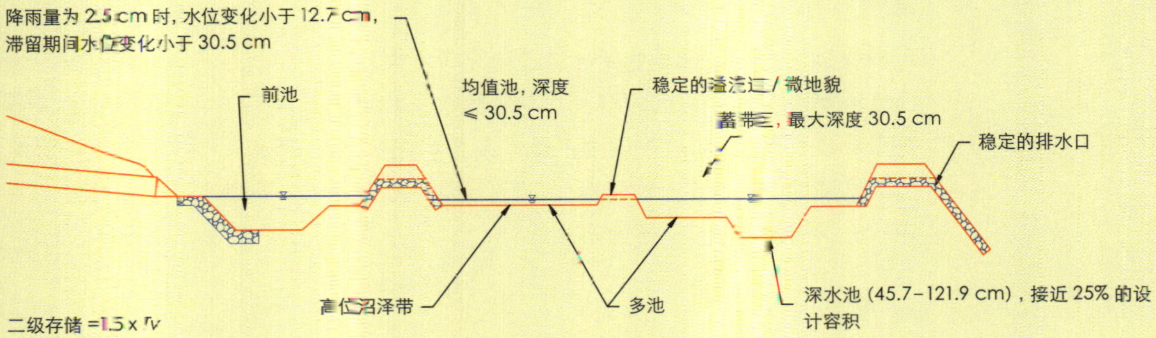

图 10.7 / 水池 / 湿地组合的标准平面图和剖面图

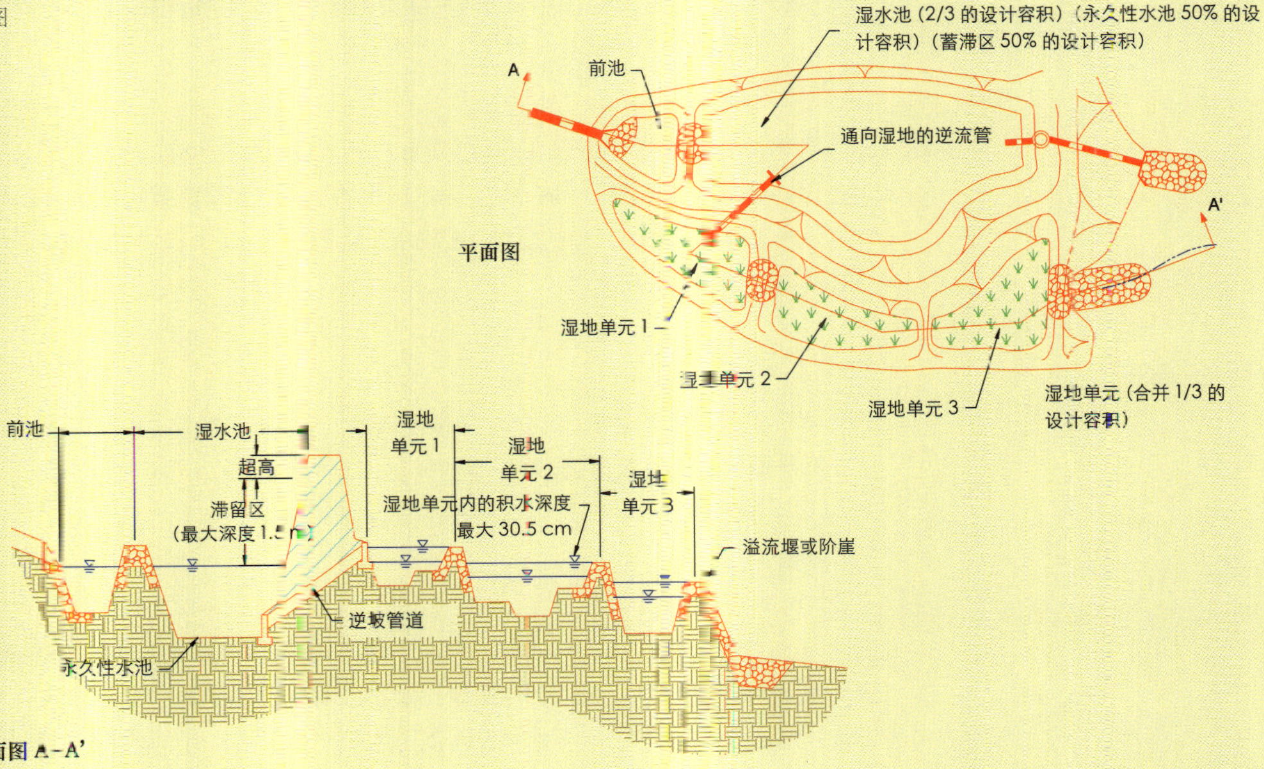

集水区 (CDA)

集水区必须够大，以维持雨水湿地内的永久水位。如果湿地水文的唯一来源是雨水径流，那么通常需要几十英亩的集水面积来维持恒定水位。如果湿地的底部截取了地下潜流，或者说如果设计人员或审批机构可以接受湿地水位周期性降低的情况，设置多个较小的集水面积也是可以的。雨水湿地的集水面积通常为 4—10 公顷。

空间要求

雨水湿地所需的占地面积，通常约占集水面积的 3%，这取决于湿地的平均深度及其深水池功能的范围。

陡坡

可替代陡坡内雨水湿地的另一种设计是再生雨水输送 (RSC) 系统。再生雨水输送系统可以通过一系列阶梯式水池让雨水从陡峭的斜坡流下。在陡降会给设计带来挑战的区域，可以采用雨水输送系统将雨水送至排水口。或者，将陡峭区域的雨水湿地分成几个不同的单元，各单元之间设有合适的输送工具，以便对场地内较为平坦的区域进行充分利用。

有效水位差

雨水湿地的深度通常会受到场地有效水位差的影响。底面标高由湿地水分的最终目的地——原有下游输送系统的高度决定。由于雨水湿地的深度通常较浅，所需的水位差 (一般至少为 0.6—1.2 米) 通常小于湿水池所需的水位差。

最小建筑收进

应当参考地方性法规和设计准则，以确定与界址线、建筑结构、公共设施以及水井的最小建筑收进距离。一般来说，雨水湿地的边缘应当位于界址线 3 米以外的区域，建筑地基 7.6 米以外的区域，化粪池系统所在地 15 米以外的区域，以及饮用水水井 30 米以外的区域。

地下水位深度

地下水位的深度并非雨水湿地的主要限制因素，因为高水位有助于维持湿地的状态。但是设计人员应当谨记，地下水的高输入量可能会降低污染物的去除率，同时也会增加挖掘费用。

土壤

应当进行土壤试验，以确定所建议湿地下土壤的渗入速率和其他地下性质。高渗透性土壤难以维持健康的永久性池塘。水文 C 类或 D 类土壤的下层土壤应当满足永久性池塘维护的需求。多数水文 A 类土壤和部分水文 B 类土壤需要安装衬垫。

鲑鱼水域

如果湿地处于含有鲑鱼水域的水域中，一般不推荐使用雨水湿地，因为存在水域变暖的可能性，除非：a. 对其他高地径流削减行为进行充分利用；b. 采用线性 / 混合型湿地设计，将树木作为种植计划中的一部分，尽量将水域变暖的可能性减少到最小。

天然湿地的使用或排放

雨水湿地不应设置在管辖水域内，包括管辖湿地。理论上，如果可以获得有关联邦管制机构的许可，这一问题是可解决，但强烈建议不要使用这种方式。此外，设计人员应当对邻近湿地的状态进行调查，用以确定雨水湿地的排放是否会改变紧邻的下游天然湿地的水文周期。

管理状况

全国大部分地区不会将为进行雨水处理而修建的雨水湿地视为管辖湿地，但设计人员还是应当向其湿地管理机构核实，以确保情况确实属实。

常年河川

如果要将雨水湿地的位置设定在常年河川沿河区域或常年河川之内，需要从管理机构处获得许可。如果涉及常年河川，应当采用非即时设计，将雨水湿地移离河道河槽。

社会与环境问题

雨水湿地的设计应当力求解决以下问题：

- 美观性与栖息地。雨水湿地不仅会成为野生动物的栖息地，还会成为引人注目的社会特征。设计人员应当认真思考下面这一问题，即湿地植物群落将如何随时间而发展，因为未来的植物群落会与植物群落的最初状态大不一样。入侵物种管控问题是雨水湿地管理长期需要关注的问题。
- 现有的森林。考虑到湿地的占地面积很大，施工过程中很有可能会移除大量的树木。设计人员应当在设施布置期间保留成年树木，同时可以考虑创建林地湿地。
- 安全风险。虽然要为前池和微型池塘设计水上平台以降低安全风险，但雨水湿地比其他类型的池塘更为安全。
- 蚊虫风险。如果雨水湿地的规模较小或是只存在小片集水区，蚊虫控制问题会是雨水湿地管理需要关注的问题。深水区为鱼类和其他捕食蚊虫幼虫的池塘生物提供栖息地，从而达到抑制蚊虫种群的效果。设计良好、规模合适以及经常维护的雨水湿地，少有蚊虫问题的报道；没有一种设计可以彻底消灭蚊虫。简单的防范措施可以将雨水湿地中的蚊虫繁殖栖息地缩减到最小，例如，持续不断的水流、为蚊虫天敌提供栖息平台，以及恒定的池塘水位。

设计准则

设计变量

雨水湿地的设计建立在三大主要因素的基础之上：a. 目标植物群落（一级设计中的挺水植物湿地；挺水植物与森林混合湿地；或者是二级设计中的挺水植物 / 池塘组合）。b. 相关水文状况（地下水、地表径流或旱季流量）。c. 景观位置（线性或流域性）。

为简化设计，在此给出以下三个雨水湿地的基本设计变量：

- 湿地流域——一级设计；
- 多池湿地或池塘 / 湿地组合——二级设计；
- 地下砾石湿地——二级改进设计。

湿地流域（一级）

由单个水池单元（包括前池）组成，水深相对统一。如果当地的雨水滞留标准有此要求，设计容积的部分容积可以以湿地池塘上方滞留存储的形式出现。但是，该存储深度不得超过 30 厘米。在应用减少径流的山地因素之后，可将湿地流域设置在雨水管道或明渠的终端处。

多池湿地或池塘 / 湿地组合系统（二级）

这类设计通过创造更长且蜿蜒的流程、更多的停留时间，以及更多与湿地植物接触机会的方式对径流进行多次处理。二级设计也可以增加湿地的设计容积。与一级设计相同的是，永久性池塘上方的滞留存储空间限制在 30 厘米。池塘 / 湿地组合设计包含与雨水湿地单元平行或是相连的湿水池单元。小型降雨（例如降雨量为 2.5 厘米的降雨）所产生的径流流经湿地单元，而将更大规模降雨所产生的径流引入湿水池单元。正是如此，湿地单元才不会受到滞洪蓄水涨落所引起的高水位波动的影响。

地下砾石湿地（二级改进）

该设计变量由组成泥砂沉积前池和为拦截和过滤整个设计容积而设计的一系列横向流通池组成。雨水流经湿地植物和土壤，再经过富含微生物的饱和砾石层后，营养盐就被去除掉了。经过短期滞留后，超出设计容积的径流会通过一条应急溢洪道溢出湿地。应当注意的是，设计规范的剩余部分应用了前两项设计变量。在进行系统设计时，应当查阅上述与地下砾石湿地相关的设计参考，因为这些系统也是雨水湿地的一个特殊分支。

雨洪湿地的水质处理标准

雨水湿地旨在对从上游径流减少措施中流出的剩余处理量进行拦截和处理。如上文文字所述，剩余处理量被称之为设计容积。

为了达到与二级设计相关的高营养盐去除率标准，雨水湿地必须要有比一级设计大 50% 的设计容积。研究表明，径流停留时间更长的大型雨水湿地，可以提高营养盐去除率。设计容积标准和计算方式如下：

湿地流域——一级设计：设计容积 = 1.0 x 处理量（上游径流减少措施处理后的处理量）

- 普通水池下方的全部水容量（包括深水池）；
- 普通水池上方的滞留存储空间为 30 厘米；
- 湿地内的暗礁、砂石或石层中的孔隙存储空间。

多池湿地或池塘 / 湿地组合——二级设计：设计容积 = 1.5 x 处理量（上游径流减少措施处理后的处理量）

- 普通水池下方的全部水容量（包括深水池）。
- 各湿地单元内的暗礁、砂石或石层中的孔隙存储空间。
- 对于池塘 / 湿地组合来说，水池单元最多可以提供 2/3 的所需总设计容积，如下：
  - 分得最少 1/2 容积的水池单元池塘位于永久性池塘内（也就是说，最多分得 1/3 的总设计容积）。
  - 分配给水池单元的剩余容积以永久性池塘上方滞留存储空间的形式出现。

地下砾石湿地——二级设计

- 前池、湿地单元，以及砾石层中的所有存储空间。

水量平衡：最小池深标准

首先，可能有必要为湿水池单元进行水量平衡计算，特别是当集水区的面积小于 4 公顷时，但是建议不要为系统设定最小集水面积的要求。

如果地下水或旱季流入量不会为雨水湿地提供水源，必须使用公式 10.1 进行简单的水量平衡计算，以确保深水池在 30 天的夏季干旱中不会彻底干涸。

$$DP = RF_m \times EF \times {}^{WS}/_{WL} - ET - INF - RES$$

公式 10.1 雨水湿地内可接受水深的水量平衡计算公式

其中：
DP = 池深（英寸）；
RF_m = 干旱时节的月降雨量（英寸）；
EF = 进入雨水湿地的降雨（CDA Rv）；
WS/WL = 集水区面积与湿地表面面积比；
ET = 夏季蒸散率（英寸；假定为 8 或符合当地情况的数字）；
INF = 月渗透损失（假定为 0.01 英寸 / 小时，总共 7.2 英寸）；
RES = 出于安全因素考虑而设置蓄水池（假定为 15 厘米）。

使用公式 10.1，将地下水和（旱季）基流设定为零，同时假设夏季最糟糕情况下的降雨量为 0 英寸，最小池深计算方法如下：

池深 (*DP*) = 0 (RF_m) – 8 (*ET*) – 7.2 (*INF*) – 6 (*RES*) = 21.2（英寸）

因此，除非有其他的水量输入，比如基流或地下水，否则，池塘的最小池深至少应为（53.3—55.9 厘米）。这种情况自动将设计归为一级设计。

雨洪湿地的几何结构设计

研究和实验表明，内部几何结构设计与深度带对于维护雨水湿地的污染物去除能力和植物多样性来说是非常关键的。当湿地有多个池塘单元、流程较长、表面面积与容积比例较高时，湿地的性能会得到增强。只要有可能，应当将雨水湿地设计成不规则形状，并为雨水湿地修设长而蜿蜒的流程。下面几项设计元素是雨水湿地必需的：

多池湿地或池塘 / 湿地组合（二级）

如果选定了二级设计，应当将湿地分为至少四个高度不一的内部子单元：一个前池、至少两个湿地单元和一个微型池塘出水口。第一个单元（前池）较深，用于接收来自池塘单元的径流或是来自管道或明渠的径流，同时将径流均匀地分散到连续的湿地单元。湿地单元可以用来打造有氧和无氧状态的交错序列，从而使营养盐去除效果最大化。第四个湿地单元位于排放点，可以用作带有出水结构或量水堰的微型池塘使用。

可以使用砂堤（两头用岩石固定）、回填的椰壳纤维原木或以楔形方式延伸并横跨湿地单元 95% 宽度的森林半岛（详见微地形一节的内容）对各湿地子单元进行区分。如果单元之间的高度落差大于 0.3 米，那么设计人员应当考虑采用带有溢洪道、混凝土堰、石笼篮的土堤或是其他可以提供足够出水高度以通过预期峰值速率的方式（这些方式也适用于前池和微型池塘）。此外，应当根据水位变化和预期峰值速率设置稳固的输送系统。

微地形特征

虽然各独立湿地单元从进水口到出水口的斜坡侧面大致上是平坦的，但是雨水湿地必须有可以创造出多变微地形的内部结构。这可解释为混合了水池上方的植被、浅水池和深水池的组合，从而形成稠密以及多样化的植被覆盖。

设计人员需要结合下面至少两种内部设计特征，才可以达到二级设计的微地形要求。

- 垂直于流程而设的树半岛、高位沼泽楔形岛或岩石过滤单元；
- 由椰壳纤维原木组成的高于普通水池标高和最高滞留区的树岛；

- 倒置的根团或大块木质碎片；
- 高位沼泽楔形岛中的砾石排隔层；
- 鹅卵石砂堰。

滞留存储空间的积水深度

如果将雨水湿地流域（一级设计）与暴雨滞留存储空间合并在一起，那么永久性池塘上方的滞留高度应为 0.3 米或很小。

如果采用二级设计，滞留存储限额如下：

- 必须设计多池湿地，以便将最大“设计容积”降雨（2.5 厘米的降雨事件）的水位起伏限制在 15—20 厘米。
- 设计暴雨期间，当地滞留要求（如适用）规定的湿地单元最大水位浮动应当限制在 30 厘米。为了达成这一要求，可以使用能够在水位差相对较低处允许大流量通过的长堰结构。如果无法在雨水湿地内达到这一标准，设计人员应当采用池塘 / 湿地组合设计或“非即时”设计，以此让湿地只接收设计容积内的径流量，将更多的径流量引入其他滞留设施中。
- 池塘 / 湿地组合的最大滞留存储空间深度可能比湿水池单元永久性池塘（但不是湿地单元）高出 1.5 米。

池深

一级湿地设计的平均池深可大于 0.3 米。二级湿地单元的平均池深必须小于或等于 0.3 米。

深水池

必须将近 25% 的湿地设计容积分配给至少三个较深的水池——位于湿地进水口的水池（前池）、位于湿地中央的水池和位于湿地出水口的水池（微型池塘）。应当将近 60% 的深水池总容积分配给前池。各深水池的深度应当在 45—122 厘米。

高位沼泽带

湿地近 70% 的表面积，必须位于高位沼泽带内（相对于普通水池高度的 −15—+15 厘米）。

过渡带

低位沼泽带（普通水池高度以下 −15—+15 厘米）不再是符合要求的湿地区，而且只能作为从深水池到高位沼泽带的短过渡带使用。一般来说，这条过渡带从深水池到高位沼泽带的最大坡度应为 5H:1V（或更为平坦）。施工期间，为了防止出现过渡带侵蚀或坍塌的情况，可以安装一些可生物降解的侵蚀控制织物或类似的材料。

流程

在流程方面，有两个设计目标：

• 从湿地中穿过的整个流程可表示为长宽比例和 / 或流程比例（详见图 10.8）。这两个比例中，如果是一级设计，必须至少要有一个比例是 2:1；如果是二级设计，必须至少要有一个比例是 3:1。

• 最短流程指的是从最近的进水口到出水口之间的距离（详见图 10.8）。如果是一级设计，最短流程与总长度比必须至少为 0.5；如果是二级设计，最短流程与总长度比必须至少为 0.8。在某些情况下——由于场地的几何特性、雨水管道基础设施或是其他因素——有些进水口可能无法满足这些比例。但是，这些“较近的”进水口所服务的集水面积，最多只占整个集水区面积的 20%。

边坡

湿地边坡的梯度通常应为 4H:1V — 5H:1V。这种缓坡能够更好地促进湿地植被的种植和生长，而且更易维护、更具自然感。

图 10.8 / 设计几何结构系数：a. 长 / 宽比（上图）；b. 流程比（中图）；c. 最短流程比。

长 / 宽比几何结构

流程几何结构

最短流程几何结构

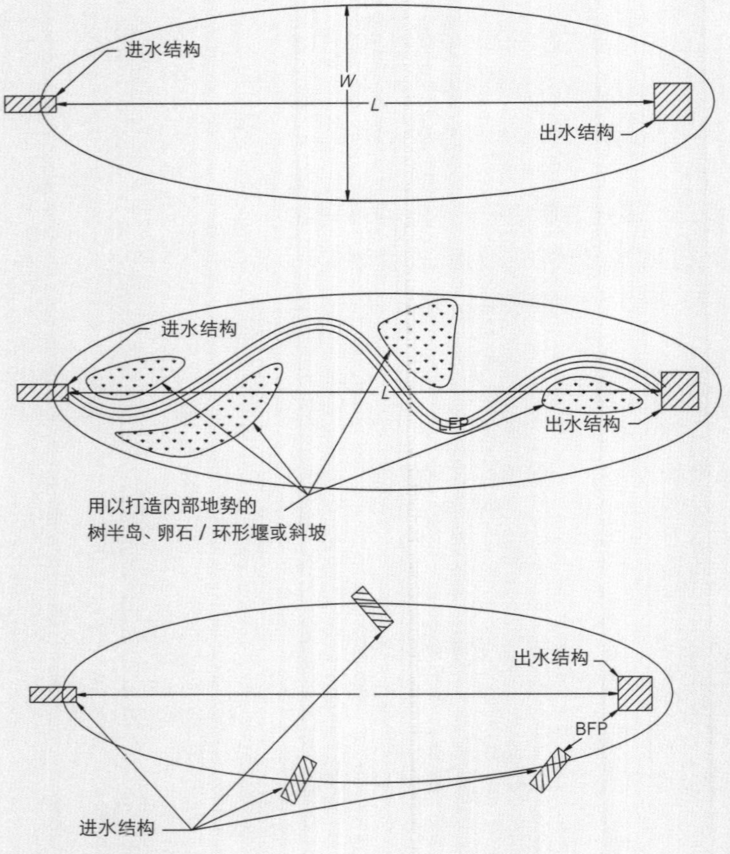

长 / 宽比 =*LW*，其中：*L*= 进水口到出水口的长度；*W*= 平均宽度。

长 / 宽比 =*LW*，其中：*L*= 进水口到出水口的长度；*W*= 平均宽度。

最短流程比 = *SFP*/*L*，其中：*sfp* = 进水口到出水口的最短流程长度；*L* = 设施总长度。

预处理前池

泥砂沉积前池是所有雨水湿地（包括一级设计）的总体设计特点。必须在每个主要的进水口处（见下文定义）设置前池，以发挥其拦截泥砂、保护主湿地处理单元的功能。其他对坡面漫流和较小流入点的集中径流进行预处理的形式应当符合生物滞留池一章中所述的预处理标准。

下面几条标准适用于前池设计：

- 主进水口被定义为独立雨水沟进水管或是用来输送雨水湿地集水区至少10%径流的明渠。
- 一级设计和二级设计的前池由独立的单元组成，并且可以由符合要求的屏障（例如土堤、混凝土堰、石笼篮等）围成。
- 靠近进水口的前池最大深度应为1.2米（或视夏季干旱水量平衡情况而定，公式10.1和公式10.2），然后过渡到第一个湿地单元进水口处约0.3米深度。
- 前池应当配备宽度可变的水上平台，这是一种围绕周界浅水植被而设的平台，不仅可以为野生动物提供栖息地，还可保证湿地的安全特性。水上平台的宽度应为1.2—1.8米，深度应为其内边缘（离深水最近处）距水面以上约0.3米，并在同一平面上过渡到零深度。
- 独立前池的相对尺寸应当与流入湿地的总流入量百分比成正比。末端或端墙的出水口保护装置均应根据州或地方设计标准进行设计。
- 可以对前池底部进行加固（例如，用混凝土、沥青或水泥浆），以便使泥砂的去除过程变得更加容易。
- 为了对泥砂沉积进行长期监测，应当借助量杆将前池设置在池塘中央（沿着枯水量流程的纵长进行测量）。

输送与溢流

由于大多数雨水湿地都是即时设施，因而需要将雨水湿地设计成能够满足最大设计暴雨径流（例如10年和100年的设计暴雨径流量）安全通过需求的措施。

虽然在设定普通水池高度时有多种不同的选择，但是强烈建议使用可移动闸板竖管，因为这种材料的操作灵活性更好，并可在施工后调整水位。另外，可在池深相对较低处设置一个量水堰，以满足较大规模暴雨径流通过的需求。

岩土工程测试

应当在拟建的路堤下、拟建出水口附近区域和规划湿地处理区内至少两个区域采集土壤土样。

土壤采集数据可以用来：a. 确定挖出材料的物理特性；b. 确定其是否可以用作结构性堆填物或弃土；c. 为出水结构的设计提供数据（例如承载量和浮力）；d. 确

定路堤的夯实或成分需求；e. 明确地下水和 / 或基岩的深度；f. 评估潜在渗流损失（以及衬垫的后续需求）。

雨水湿地植被标准

任何雨水湿地均需制定初始湿地种植计划，而且应当由工程师和湿地专家或经验丰富的景观建筑师协同设计完成。这一计划应当提出一个详细的进度安排，对何时对湿地中的植被和初始种植之后未来 10 年的缓冲区进行照料、维护和加固进行安排。

这一计划应当提出一个务实的、长期的种植策略，以种植和维护所需的湿地植被。计划应当明确，如何在各泛滥地区种植湿地植物（例如湿地植物、种子混合、自愿定植、树和灌木丛），以及是否需要添加土壤改良剂来使植物开始生长。这一计划至少应当包含下面几个方面：

• 等高线间距不超过 0.3 米的地形平面图和展现出湿地结构、不同种植带（例如高位沼泽、深水区、高地）、微地形、坡度、场地准备以及施工顺序的整个单元场地的立面图。
• 对挺水植物、多年生植物、灌木和树种、各物种的数量、种群规模、植入的根茎类型以及间距进行说明种植进度表和种植计划。雨水湿地的物种列表应尽可能地包含当地类似湿地中能够找到的植物。

当地管理机构时常会在湿地景观美化规划中提出一些更为具体的植被目标。

设计调整

喀斯特地质

实际上，喀斯特地质区中的浅水池可增加污水坑形成和污染地下水的风险。设计人员应当经常在喀斯特地质区中进行岩土工程勘察，以便在项目规划阶段对上述风险进行评估。如果确定在喀斯特地质区中建造雨水湿地，设计人员必须：

• 采用满足表 10.3 中所述要求的不渗漏衬垫。
• 与下层喀斯特基岩层之间的垂直距离至少保持在 0.9 米。
• 首选结构为地势浅、线性、多池湿地结构。
• 较深的流域结构，例如在喀斯特地质区中适用范围受限的池塘 / 湿地系统。

寒冷气候与冬季性能

当融雪水径流带来高污染物负荷量时，湿地的性能也会随之下降。地势浅的雨水湿地在冬季会结冰，这会致使径流在无任何处理的情况下从冰层上面流走。靠近地表的进水结构和出口结构也可能会结冰，这会进一步降低湿地的性能。由于冬天的路面维护，因此，寒冷气候下的盐负荷量载可能较高。高浓度氯化物的流入会给原生湿地植被带来有害影响，而且可能会改变湿地植物的构成，致使耐盐性植物增多，而香蒲等理想的物种减少。设计人员在制定种植计划时应当选择耐盐性物种。在进行实际管控操作时，应当考虑在集水区内设置具体的降盐设施。对于设置在较高海拔和较冷气候地方的湿地，建议进行下列设计调整：

- 通过永久性池塘季节性作业的方式对春季出现的较大径流量进行处理。
- 栽种耐盐性湿地植被。
- 不得将进水管浸入水中，管道倾斜度最小为 1%，以防出现结冰情况。
- 确定低流量孔的位置，将它们设置在冰层以下至少 15 厘米深的地方。
- 调整拦污栅的角度，避免出现结冰情况。
- 扩大竖管和量水堰的尺寸，避免出现结冰和管道冻结情况。
- 如果路面撒砂的行为在集水区内较为普遍，可以增加前池的尺寸，以适应额外的泥砂沉积负荷量。

线性公路场地

在某些情况下，线性湿地单元和再生输送系统可能适用于处理公路公共用地明渠中的径流。

表 10.3 / 喀斯特地质区水池所需的地下水保护衬垫

挖掘情况	标准
挖掘作业未扩展到基岩	61 cm 的砂土，最大渗透系数为 1 × 10—5 cm/sec.
挖掘作业扩展到基岩或基岩附近	61 cm 的黏土[1]，最大渗透系数为 1 × 10—6 cm/sec.
挖掘作业扩展到水源保护区内的基岩，向当地水井、泉水、已经确认的断裂带或褶皱带灌注	61 cm 的黏土[1]，最大渗透系数为 1 × 10—7 cm/sec.，人造衬垫的最小厚度为 60 密耳

1 黏土塑性指数：不小于 15%（ASTM D－423/424）；
黏土液限：不小于 30%（ASTM D－2216）；
黏土颗粒通过：不小于 30%（ASTM D－422）；
压实黏土：标准监测密度的 95%（ASTM D－2216）。

01

东谷道入口湿地

雨洪设计特色

雨水湿地可以用来收集、过滤雨水

金宁德拉湖是堪培拉最重要的开放空间资产之一，它为城镇中心提供怡人风景的同时，也为湖泊滨水区旁的区域提供了更多的发展机会。金宁德拉湖将诸多风景联系起来，将公共领域和湿地整合到一个更为广阔的堪培拉开放空间系统中。该项目还包括修设一个新的湿地，用以对进入湖泊的雨水进行过滤和清洁，并可为人们提供更多休闲娱乐的机会，也为动植物营造一个良好的栖息地。

新建湿地可以对进入湖泊的雨水进行过滤，过滤掉雨水中的泥砂和污染物，为动植物提供新的生态栖息地的同时，也为人们提供休闲娱乐的场所。人们可以在此举办多种全新的活动，重新建立起人与栖息地之间的重要关系——公共所有权。新建湿地的设计结合了其娱乐潜力及雨水质量改善两方面的因素，将湿地打造成一个综合系统。这项设计在集水区的基础上解决了雨水的水质问题。这一方法与最佳管理措施中的水敏感城市设计原则是一致的，有助于保护湖泊系统的长期健康，并能对处理过的雨水进行再利用。湿地与湖泊和上游游憩开放空间两大景观特征形成互补。湿地与湿地周边环境、步行道及周边种植管理体制的相互呼应，不仅增加了景观的体验价值，同时也可发挥改善水质的作用。

湿地通过将原有建筑和自然环境融于一体，已然成为城市开放空间网络中的一个重要的目的地。公共领域设计的进一步发展，各类人群均可到此休闲娱乐、享受生活。公共空间具有一定的功能性和安全性，它能够满足场地、气候和使用者的具体需求，与此同时，还能强化这一特殊场地的独有特质。广阔的湿地区域为人们提供了参与教育、社会和文化活动的空间。人们可以在此漫步、慢跑、玩滑板、放松、遛狗，开展水上活动、社区活动等各种被动式和主动式娱乐活动。这种可持续性丰富有生态多样性景观的打造和水资源管理的创新技术示范，以及设计团队对综合设计的深切信念，将澳大利亚首都的主要公共空间之一打造成一个真正的综合性滨河区。

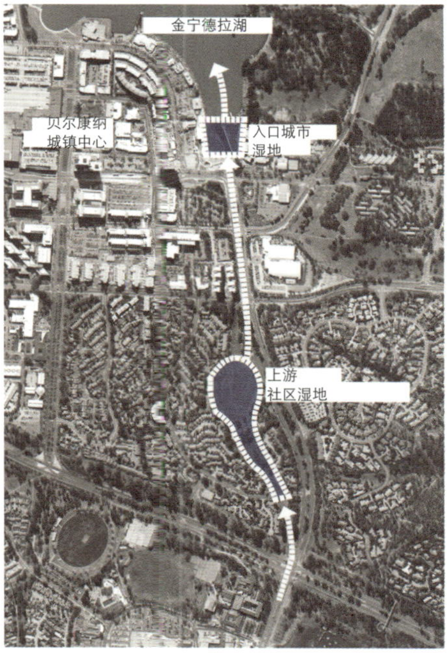

上游湿地和湖泊旁边的入口湿地

项目地点 / 澳大利亚，堪培拉
项目面积 / 1.9公顷
建成时间 / 2012
景观设计 / Oxigen 事务所，Design Flow 事务所
摄影 / Oxigen 事务所
委托方 / 澳大利亚首都特区政府

01 / 步行和自行车湿地横道
02 / 城市入口湿地对一系列“硬质”和“软质”类型边缘进行了尝试

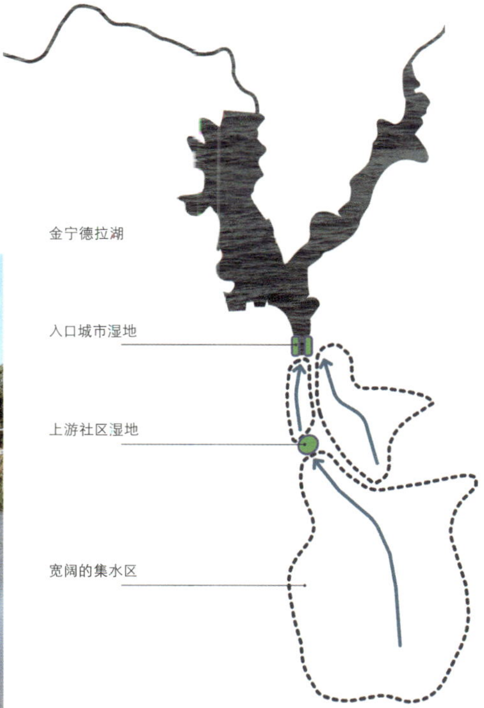

被划分为子集水区和上游湿地的集水区可以缓解进水口湿地的压力

与公共流域融为一体的上游湿地和入口湿地为人们提供教育、
休闲和游憩的机会

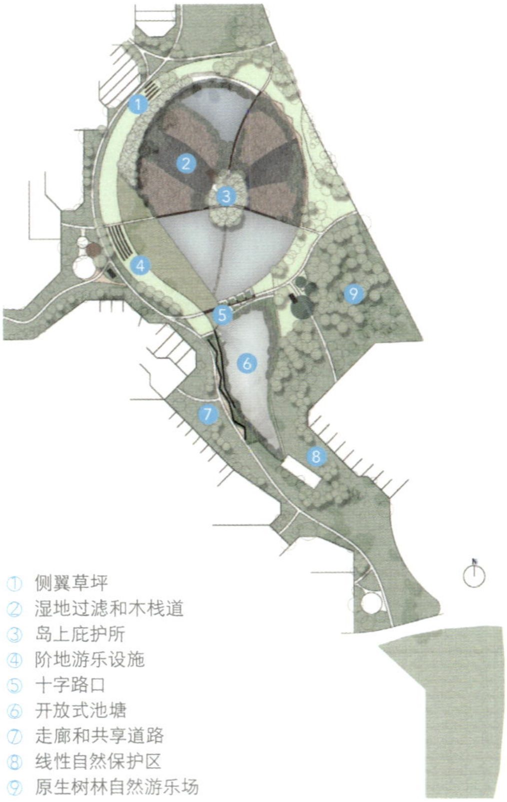

① 侧翼草坪
② 湿地过滤和木栈道
③ 岛上庇护所
④ 阶地游乐设施
⑤ 十字路口
⑥ 开放式池塘
⑦ 走廊和共享道路
⑧ 线性自然保护区
⑨ 原生树林自然游乐场

① 桥梁和大坝
② 集中水流
③ 湿地和甲板
④ 滑板公园
⑤ 散步区
⑥ 平台
⑦ 隆起区域

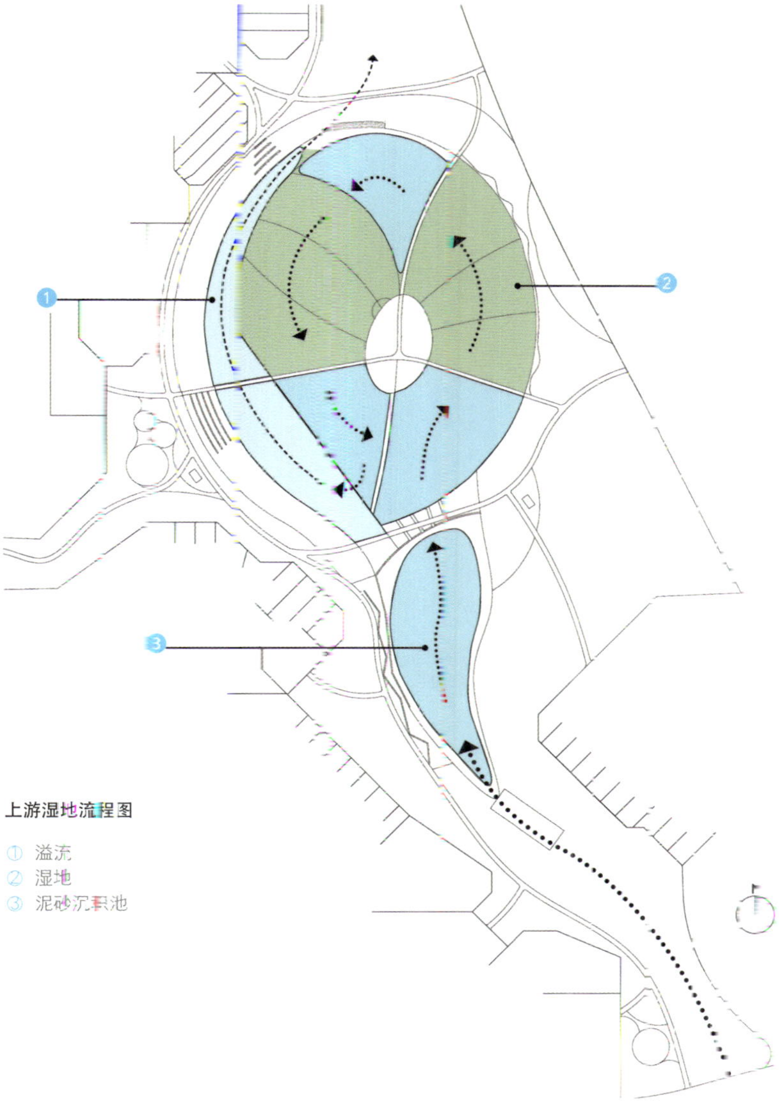

上游湿地流程图

① 溢流
② 湿地
③ 泥砂沉积池

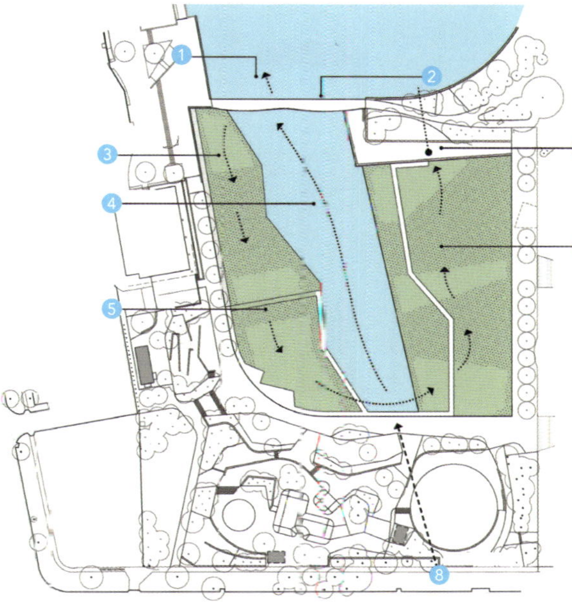

入口湿地流程图

① 溢流
② 新建低坝
③ 湿地低流程
④ 高流程
⑤ 开放水域
⑥ 出水口和管线
⑦ 植物湿地
⑧ 地下雨洪进水口

03 / 项目建设期间布设防鸟网，保护植物免受鸟类侵袭

04、05 / 东谷道入口湿地的步行和自行车横道

湿地边缘状况

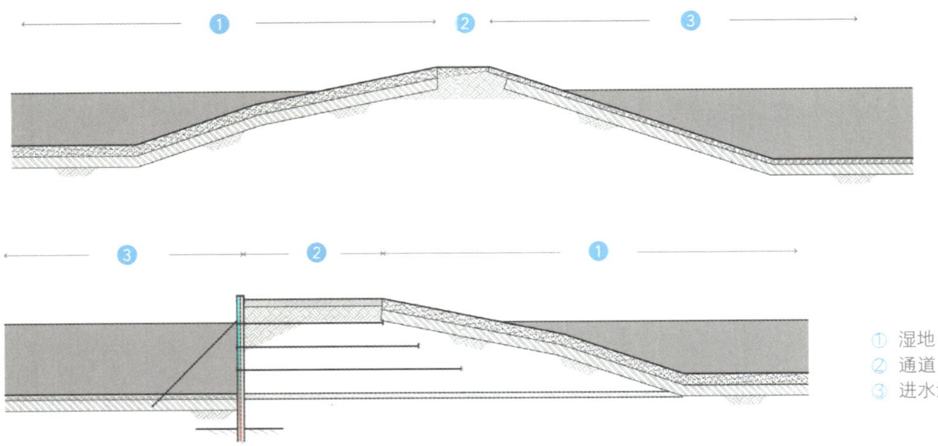

① 湿地
② 通道
③ 进水池塘

堤岸植被示意图

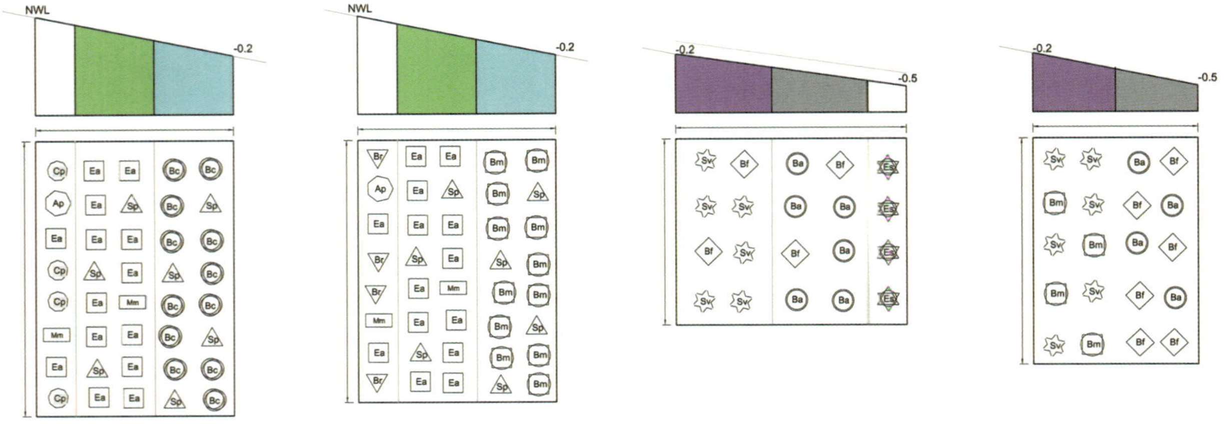

浅沼植被 1　　浅沼植被 2　　深沼植被 1　　深沼植被 2

06

07

08

06 / 钢质竖柱和板桩搭建起“高流量”河道的边缘

07 / 从澳大利亚最大的滑板公园可以俯瞰到新建湿地的景象

08 / 人们可以走步行道、前滩漫步道和桥梁进入入口湿地

01

幸福中心

雨洪设计特色

一系列人工湿地被用来净化，改善生活污水

“幸福中心”是一座生态社区公园，位于泰国国家石油公司的油料库旁边。该项目旨在构建一个能够使工厂与当地社区和谐共存的环境。这座公园是一个天然珍稀植物品种的集聚地，同时还可为当地的学校和再造林地提供树苗。

在雨洪管理方面，公园本身就是一个大型的水流滞留区，可以帮助吸收住降雨期间形成的多余径流溢流。分级设计与委托方协同配合，旨在提供足够的存储容量，这样一来，便可减轻每年的洪水事件造成的影响。公园内的原有池塘也接收来自公共流域（Mae-Poon 河）的水流，流入公共河流的生活污水污染了池塘。因此，该项目引入了人工湿地，以便修复和改善水质。除此之外，出于教育方面的考虑，游客们在木栈道上漫步之余，可以观看到整个水处理的过程。

具体来说，抽水泵将受到污染的水流抽取至污水处理系统，然后将水流分配到 4 个处理组内的第一序列池塘。总共有 10 个人工湿地池塘，各个池塘的面积在 60 平方米—65 平方米，这些池塘作为一个整体，覆盖了近 700 平方米的修复湿地面积。水流通过过滤层慢慢渗透，过滤层的水生根系和土层在水流进入下一个池塘之前对水流进行过滤，使水质得到改善。最后，经处理过的水流会通过地下管道流入池塘内，然后流回到公共流域，从而达到改善周边水体整体水质的效果。

项目地点 / 泰国，兰邦
项目面积 / 1.3 公顷
建成时间 / 2014
景观设计 / 曼谷景观建筑事务所
摄影 / 隆基特・乍龙瓦
委托方 / 泰国国家石油公司

01 / 水流滞留区内生长着多种水生植物

总体规划图

① 公共车道
② 公共流域
③ 池塘
④ 正门入口
⑤ 停车场
⑥ 低坝
⑦ 小径
⑧ 草坪
⑨ 泰式凉亭
⑩ 木栈道
⑪ 滞留池
⑫ 石笼
⑬ 草带
⑭ 草本植物园
⑮ 水生植物群落
⑯ 露天剧场
⑰ 生态森林
C1-C10: 人工湿地池塘

02

水流循环示意图

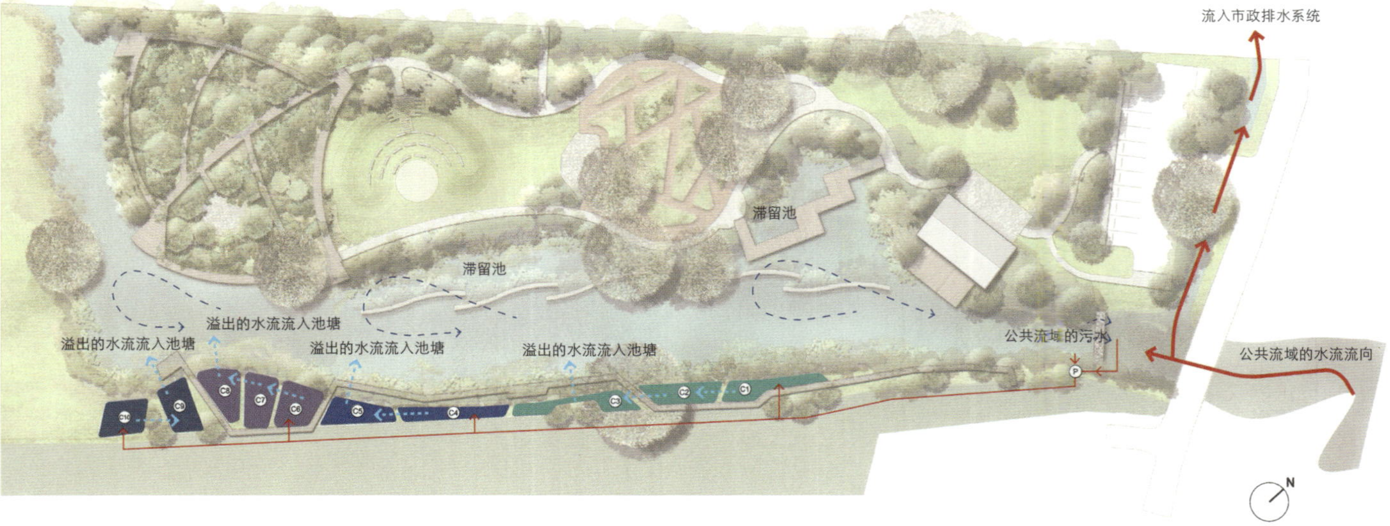

人工湿地池塘组 i : C1, C2,C3

人工湿地池塘组 ii : C4, C5

人工湿地池塘组 iii : C6, C7, C8

人工湿地池塘组 iv : C9, C10

水流循环

03

04

02 / 供人们观察水生植物的木栈道
03 / 反映南邦府乡土建筑的门亭
04 / 当地社区一同参与建造的草本植物园
05 / 生物滞留池和边缘

05

06

06 / 花园小径
07 / 户外露天剧场
08 / 门亭前的多孔渗水广场
09 / 用于减缓和过滤径流的石笼过滤墙与由泰国皇太后基金会研制的水力涡轮机一同发挥作用

08

09

07

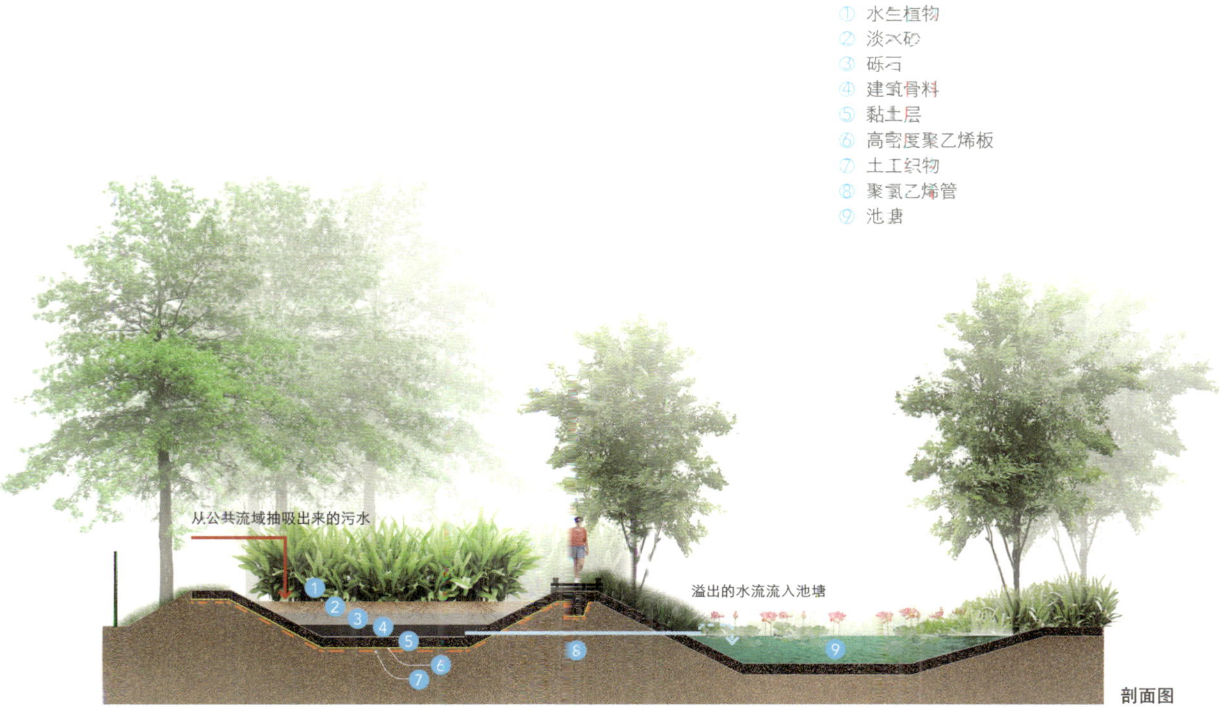
① 水生植物
② 淡水砂
③ 砾石
④ 建筑骨料
⑤ 黏土层
⑥ 高密度聚乙烯板
⑦ 土工织物
⑧ 聚氯乙烯管
⑨ 池塘
从公共流域抽吸出来的污水
溢出的水流流入池塘

剖面图

01

泰国王权免税购物中心

雨洪设计特色

种植有水生植物的人工湿地过滤污水

委托方要求设计师在位于北榄邦帕利郊区的大型免税店周围设计一个可以自我维持的景观——项目场地曾经遍布农田，如今仍然为泰国现有的农业产业和文化所环绕。整个项目场地占地 9.7 公顷，其中近一半的面积——4.2 公顷需要被景观植被所覆盖。

项目场地的景观美化需要消耗大量水资源。购物中心会产生和处理大量的“灰”水——那些洗手盆、洗碗机、淋浴器、厨房水槽和洗衣房中产生的废水——每天的废水量预计可达 320 立方米。由于大量的灰水可以被回收利用，同时也为设计师打造特色景观提供了机会，设计师设计了一个灰水处理蓄水池，用以借助各种水生植物和人工修复河岸对灰水进行过滤和净化。

灰水处理蓄水池由两个池塘组合而成，大约占景观区总面积的 22%。从购物中心设施中流出的灰水先是流入生长有各种水生植物的人工湿地，然后行进 200 米，最终到达溢流输出结构边界，也正是在此地，经过处理的灰水经由地下管道流入荷塘蓄水池，多余的水流会被输送至雨洪污水管道。人工湿地的容量约为 3170 立方米，而荷塘的最大容量约为 1920 立方米。总容量超过 5000 立方米的存储空间足够供应整个项目景观场地平均每天 220 立方米的灌溉用水。

项目地点 / 泰国，北榄
项目面积 / 9.7 公顷
建成时间 / 2014
景观设计 / 曼谷景观建筑事务所
建筑设计 /49 建筑事务所
摄影 / 隆基特・乍龙瓦
委托方 / 泰国王权国际集团

01 / 从荷塘一角望向免税购物中心正门入口的景象

① 正门入口
② 活动草坪
③ 盛大的喷泉
④ 乘客下车区
⑤ 免税购物中心
⑥ 汽车停车场
⑦ 中庭
⑧ 绿色走廊
⑨ 公共设施建筑
⑩ 公共汽车停车场
⑪ 喷泉
⑫ 乘客搭乘区
⑬ 过滤截水沟
⑭ 人工湿地（天然池塘）
⑮ 泵房
⑯ 莲花池

总体规划图

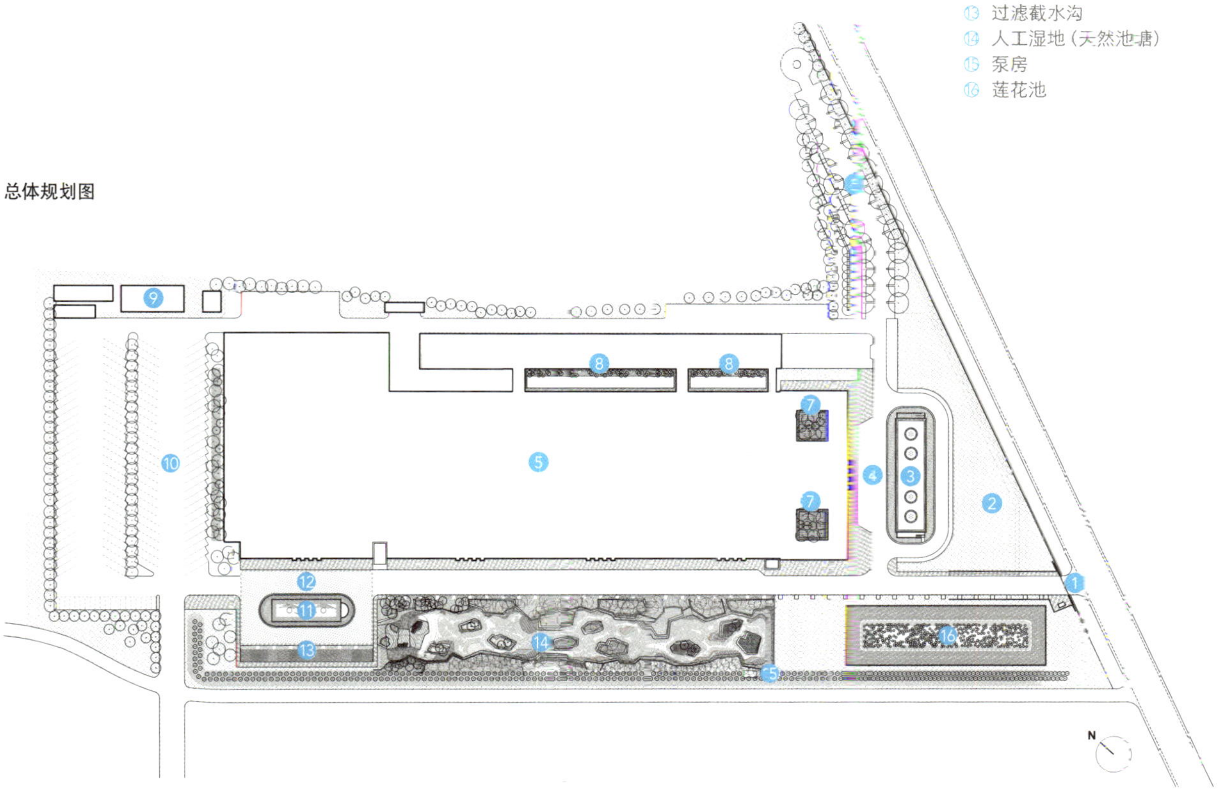

设计团队主要希望将荷塘打造成蓄水池，供项目场地景观灌溉使用；灰水流动系统使得蓄水池内的植物长势茂盛，因此，荷塘也成为项目场地主入口处的一大特色景观。循环水经过湿地系统过滤后得到净化。尽管如此，经过处理的灰水中仍然含有丰富的植物所需营养物。除此之外，巨大的睡莲反映出项目场地的农业历史，这些优雅的植物曾经因其有许多可食用的部分而被广泛种植。因此，该项目不仅打造了一处令人赏心悦目的景观，而且还将文化元素与水生植物过滤的自然过程结合起来，用以达到节约用水的效果。

02 / 免税购物中心前盛大喷泉的水面映像和流动喷水器
03、04 / 免税购物中心大厅侧面是由多种蕨类植物打造而成的具有热带特点的中庭

02

03

04

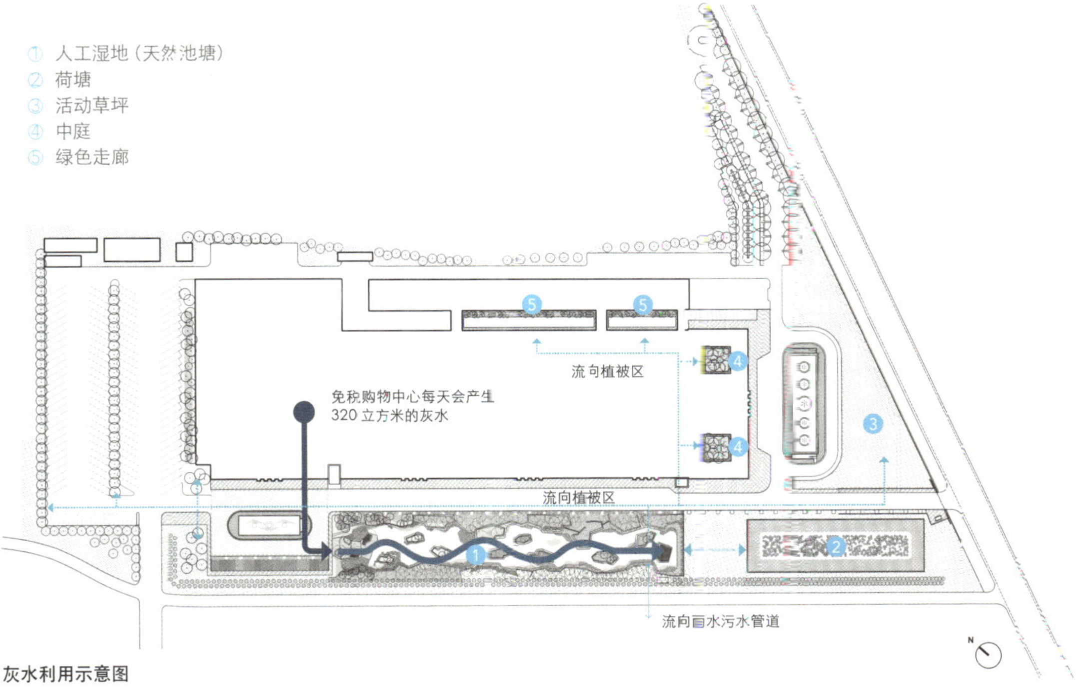
① 人工湿地（天然池塘）
② 荷塘
③ 活动草坪
④ 中庭
⑤ 绿色走廊
流向植被区
免税购物中心每天会产生
320 立方米的灰水
流向植被区
流向雨水污水管道
N

灰水利用示意图

美人蕉

芦苇

人工湿地剖面图

① 天然池塘
② 表层土
③ 土工合成材料黏土垫层
④ 压实土
⑤ 水位
⑥ 池塘底部标高
⑦ 芦苇
⑧ 美人蕉

荷塘剖面图

① 车道
② 检修孔
③ 混凝土边缘
④ 水位
⑤ 压实土
⑥ 土工合成材料黏土垫层
⑦ 草坪
⑧ 走道
⑨ 鸡蛋花
⑩ 睡莲

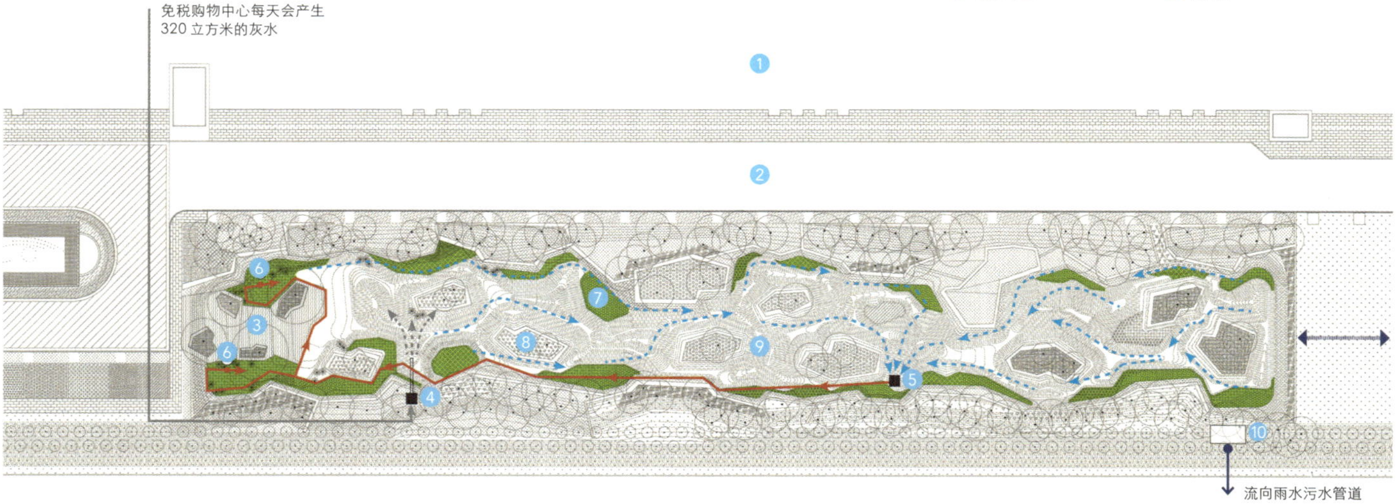

水生植物群落可以对灰水进行过滤

美人蕉，美人蕉属植物

芦苇，香蒲属植物

刺果泽泻

桃金娘科植物

塔利亚属竹芋

天然池塘平面图

① 免税购物中心
② 车道
③ 甲板区
④ 灰水出水口
⑤ 进水口
⑥ 过滤装置出水口
⑦ 水生植物群落
⑧ 植物岛
⑨ 人工湿地（天然池塘）
⑩ 泵房

05、06 /人工湿地(天然池塘)内栽种有多种水生植物，用以对再生灰水进行修复

人工湿地详图

① 乘客搭乘区
② 走道
③ 检修孔
④ 甲板
⑤ 植物池座椅
⑥ 过滤装置
⑦ 水生植物群落
⑧ 植物岛
⑨ 人工湿地（天然池塘）

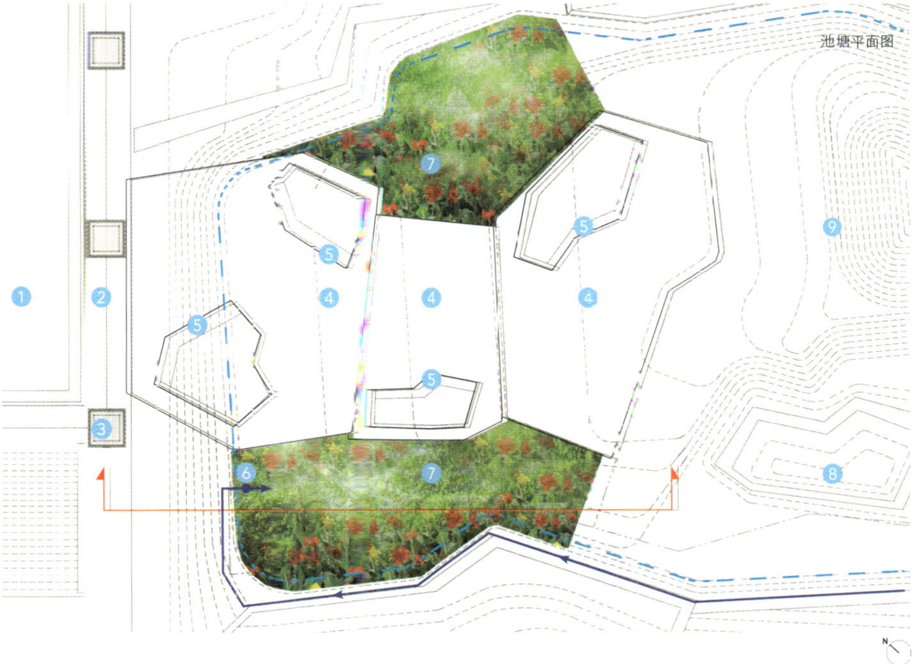

截面图

① 车道
② 走道
③ 进水口
④ 过滤出水口
⑤ 水生植物群落
⑥ 甲板

01

圣帕特里克岛

雨洪设计特色

河岸湿地降低洪水发生的可能性，而其他自然景观基础设施的一并利用也增加了城市生态多样性与人际互动

项目地点 / 加拿大，卡尔加里
项目面积 / 12 公顷
建成时间 / 2015
景观设计 / W 建筑与景观建筑有限公司，Civitas 景观建筑公司
摄影 / 科林・韦・芭芭拉・威尔克斯
委托方 / 卡尔加里市政土地公司

01 / 初秋时节的季节性波浪

一百二十五年前，圣帕特里克岛和卡尔加里城堡曾是该地区的中心。但是，在随后的几年间，铁路、公路和产业逐渐覆盖了这片区域，这里也渐渐从周边地区中分离出来。大约在五十年前，占地 12 公顷的圣帕特里克岛还位于城市边缘地带乃至城市后身。一个多世纪以后，卡尔加里中心完全被遗忘的宝藏有望重新以设有多种便利设施、适合家庭生活的公园身份出现在使用者面前。

该项目的设计理念非常简单——借助圣帕特里克岛的生态历史恢复岛屿生态、增加生物多样性，增设便利设施以吸引更多的游客到此领略鲍河的风采。“充满活力的岛屿”这一设计理念以一种独特的可持续体验将生态与城市生活统一起来。该项目的设计不仅可以恢复和提高圣帕特里克岛自然栖息地的生物多样性，还可以增加岛屿地块的洪水适应力。在再开发过程中，填实了两条河道。这两条河道如今已被挖开用以打造两种独特的体验。低地河道是一片位于圣帕特里克岛中央的河岸湿地。人们可以走行高架木栈道进入湿地和附近的走廊林。另一条河道，Seasonal Breach，是一条缓缓流淌于圣帕特里克岛的河流，人们可以沿着溪流进入鲍河水域。游览体验会随着季节的变化而改变，夏季结束后，很多岩滩会裸露出来。

两条河道的挖掘工程形成了一座可以观赏城市风景的小山丘和露天剧场，人们还可以在这里举办社会庆祝活动、演出活动或是电影放映活动。位于圣帕特里克岛东边的瞭望广场紧邻动物园，是圣帕特里克岛东侧的入口，这里设有座椅区和小型露天广场，人们可以在此一览市中心和低地河道的风景。

圣帕特里克岛的重新设计是卡尔加里东村再开发战略的核心所在。“充满活力的岛屿”这一理念不仅为自然景观基础设施带来了生机与活力，也为人们打造了一个位置极佳的社会资源和城市休闲目的地。全新的滨水体验区让圣帕特里克岛回归河流，同时还增加了岛上的生物多样性，使先前受到影响的区域恢复原有的自然功能，也使这片区域的动植物更加多样化。这一独特的场景营造设施与景观弹性相结合，为卡尔加里市的未来打造一座全新的公园。

鲍河之上的卡尔加里和圣帕特里克岛的所在位置

鲍河流域

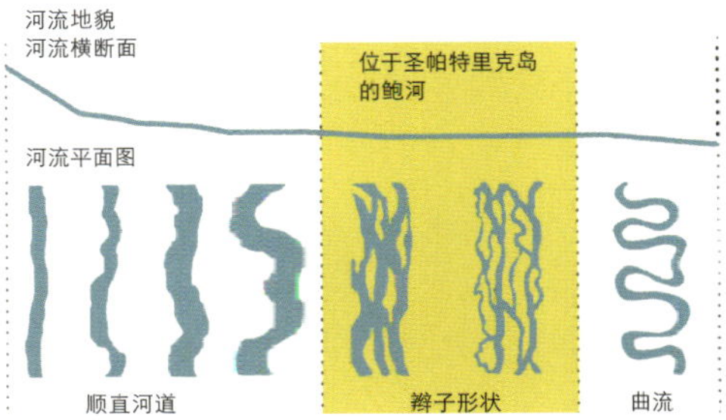

圣帕特里克岛平面图

02

03

02 / 登上高地
03 / 季节性波浪上方的桥面
04 / 低地河道上方的木栈道
05 / 低地河道旁边的野餐区

圣帕特里克岛的形态演变

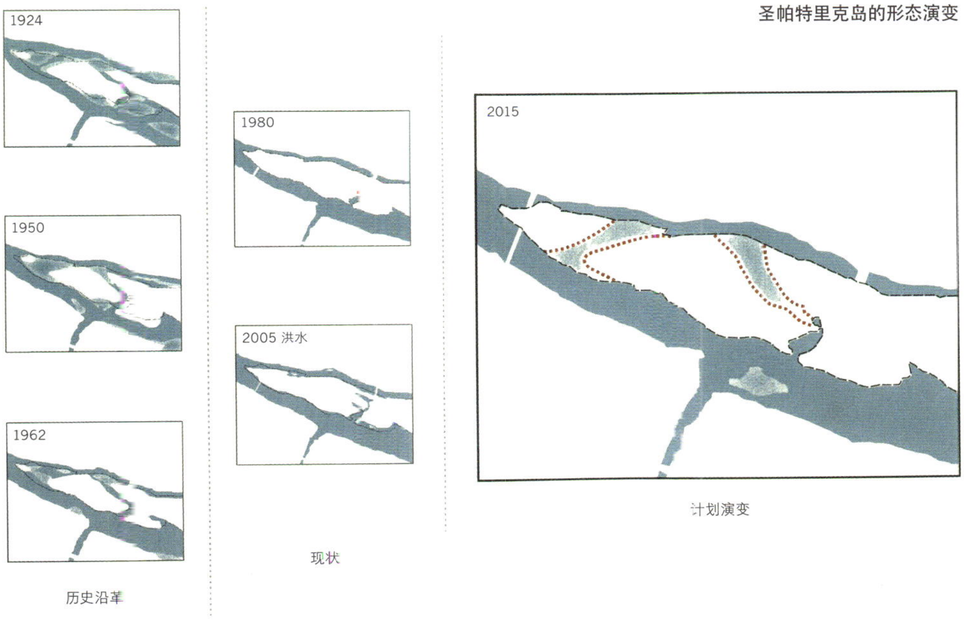

历史沿革

现状

计划演变

06

07

06 / 瞭望广场和左侧的低地河道
07 / 从高地望向河道景观
08 / 圣帕特里克岛上的典型道路
09 / 瞭望广场上的凉亭

08

09

01

23° Escape 景观

雨洪设计特色

利用带有人工湿地的蓄水池过滤雨水

23° Estate 景观是一个综合利用开发项目，由公寓、别墅和酒店组成。该项目位于曼谷市以北 205 千米的"考艾度假小镇。""考艾"的字面意思是"大山"，暗指一种独特的石灰岩山地地形。该项目的设计灵感是从自然侵蚀过程的特点中产生的，这也成为该项目设计的独到之处。

该项目坐落于山脚下，周围有纵横交错的自然河流和水库。这种自然环境成为设计理念和区域规划的主要参数，旨在将全新的规划与现有条件融合起来，并尽量减少该项目给当地生态环境带来的可能影响。受石灰岩山地锯齿状形状的影响，这处地形对强有力的不规则线条进行了巧妙运用，使山间水流经由项目场地流入人工蓄水池，并在水流汇入邻近河流之前借助湿地对水流进行过滤。设计师还利用地形划定出各功能区和人行道的范围，从而创造出展现周围美丽景观的风景和旅程。为了尽量减少用水，设计师选择种植耐旱的植物品种。

该项目奠定了该地区未来可持续发展的基础，而这些景观也将成为自然环境的一部分。因此，当场地与周围景观的界限渐渐变得模糊起来时，也达到了人与自然合二为一的设计效果。

项目地点 / 泰国，考艾
项目面积 / 1.5 公顷
建成时间 / 2014
景观设计 / Shma 有限公司
摄影 / 惠生·东通亚
委托方 / 上思睿股份有限公司

01 / 天然水道
02 / 石灰岩山地将项目场地包围，为项目场地供了独特的地形和景观设计概念灵感

02

03–07 / 不规则四边形景观墙面向房屋而设，勾勒出护堤的轮廓

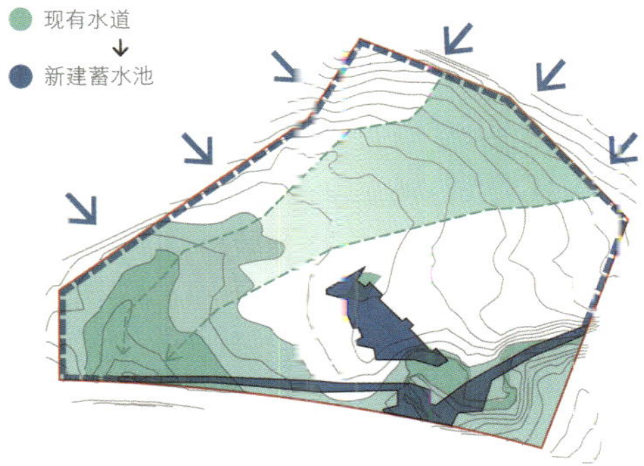

保留下来的水道

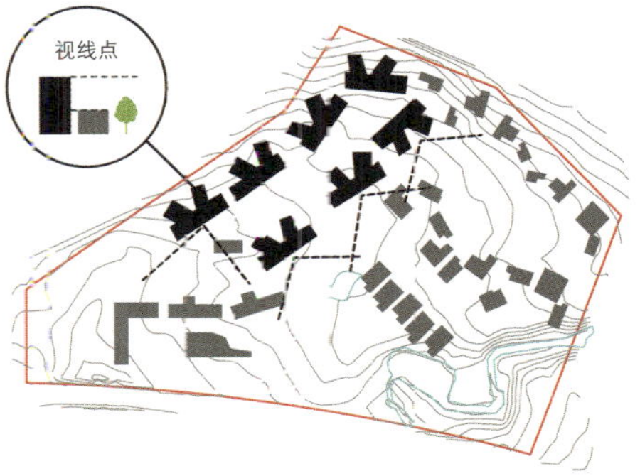

面向自然风景而设的建筑

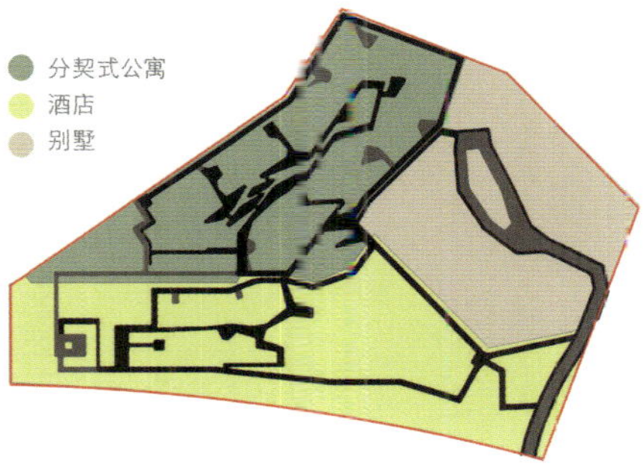

分区与流通

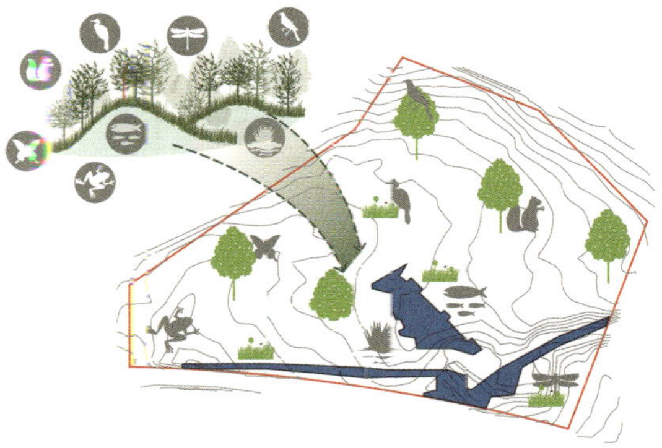

保留现有树木，引入山地生态学

06

07

场地剖面图

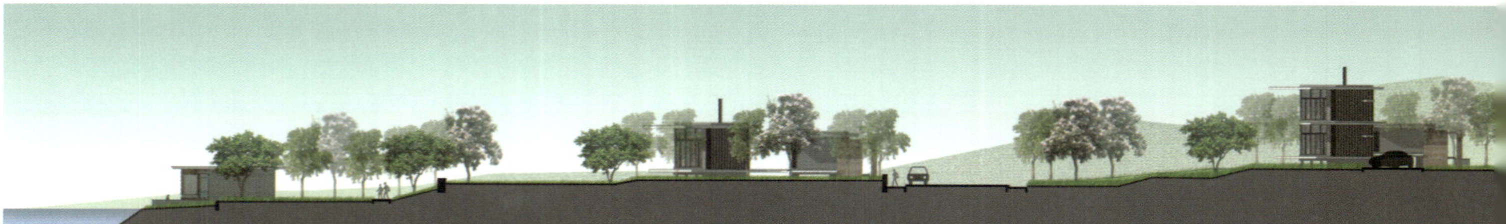

总体规划图

① 入口
② 抵达庭院
③ 大厅
④ 壁炉
⑤ 山谷小径
⑥ 游泳池
⑦ 上游蓄水池
⑧ 泳池别墅
⑨ 俱乐部会所
⑩ 纪念场所
⑪ 功能草坪
⑫ 下游蓄水池
⑬ 有机农场

08、09 / 该项目将奠定了该地区未来可持续发展的基础，而这些景观也将成为自然环境的一部分。因此，当场地与周围景观的界限渐渐变得模糊起来时，也达到了人与自然合二为一的设计效果

10 / 入口详图

11 / 酒店游泳池的简化几何形状是以项目场地内常见的天然锯齿状石灰岩为灵感设计的

01

贝尔瓦尔水道阶梯景观

雨洪设计特色

天然的湿地生态系统减缓雨水流速，减缓暴雨期间洪水发生的可能性

该项目位于法国边境附近卢森堡城区内。早些时候，卢森堡南部曾是钢铁行业的聚集地，如今已被改造成颇具魅力的工业和生活环境。这里最终设置了四个生活和工作区。绿色主干网和雨水滞留漫步道建立起四个区域之间的联系。

在设计过程中设计师意识到湿地栖息地的修复和水资源的保护具有重要的生态意义。为了对曾经一度遭到工业活动破坏的湿地生态系统进行改造，应当尽可能地修复溪流水域。如果无法修复溪流水域，可以修设一条人工溪流。

由于无法实现雨水的即时、局部渗透，因而对雨水的滞留需求有所增加。设计师为此在修复溪流水域内设置了 26 根欧洲橡木杆拦水矿柱，这些拦水矿柱反过来可以创建不同的水位高度，使之成为绿色"雨水滞留梯道"，暴雨期间的雨水输送速度也会下降。雨水滞留梯道旁边修设有一条步行、骑行长廊，这条长廊以一种自然的方式将项目场地内的生活区、办公区和购物区联系起来。这条长廊上修设有 33 条溢洪道，石笼护墙上标有数字的耐候钢清晰可见，这是参照先前带有设备编号的钢高炉设计而成的。溢洪道将长廊上的雨水输送至雨水滞留梯道。

项目地点 / 卢森堡，贝尔瓦尔
项目面积 / 27.1 公顷
建成时间 / 2015
景观设计 / ELYPS 景观 + 城市设计公司
摄影 / ELYPS 景观 + 城市设计公司，AGORA 开发公司，迪桑托
委托方 / 卢森堡 AGORA 开发公司

01 / 水质控制查验点构成了一个清晰的景观设计元素

贝尔瓦尔北部生活区、雨水滞留梯道及沿途林荫大道的鸟瞰图

雨水滞留梯道及连接贝尔瓦尔北部生活区、贝尔瓦尔南部和 Square Mile 区的林荫大道设计草图

桥梁、长椅和平台由欧洲橡木和钢材打造而成，非常坚固耐用。三座桥梁构成了一个清晰的景观设计元素，同时突出原有的湿地生态系统。夜间，LED 照明设施照亮了桥梁和溢洪道，并营造出一种童话般的梦境，人们可以从旁边的建筑结构望见项目场地内的景象。场地内栽种有 86 棵多枝干欧洲赤杨，这是一种能够适应富水环境的原生物种。这些树木的有趣外观与林荫大道的规范化设计形成很好的对比。

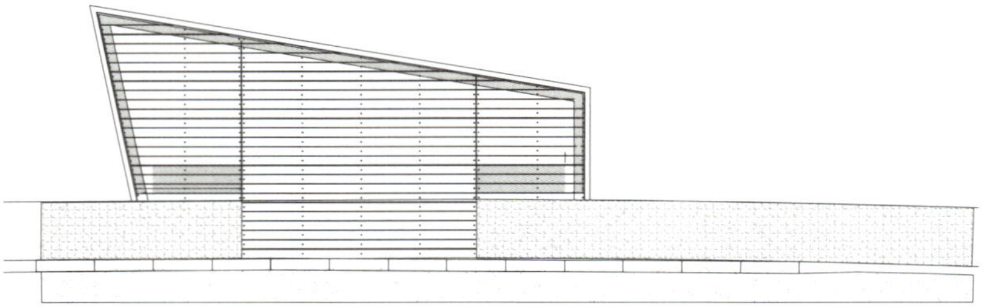

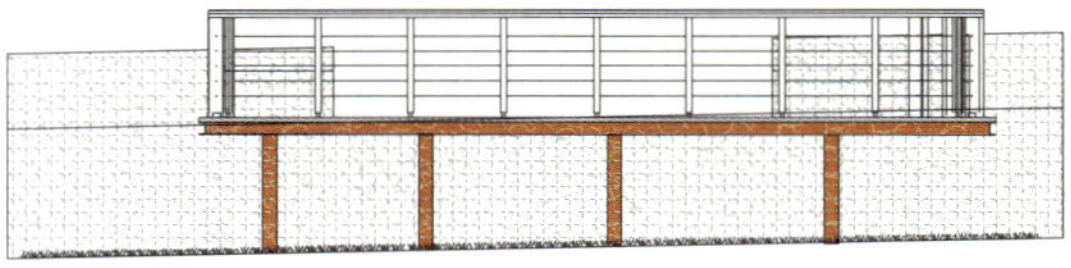

观景平台详图

02

03

02 / 从贝尔瓦尔公园望向雨水滞留梯道和步行道的景象
03 / 这些桥梁采用欧洲橡木和耐候钢制成
04 / 三座桥梁的总体效果
05 / 有休闲功能的水质控制查验点

04

05

06

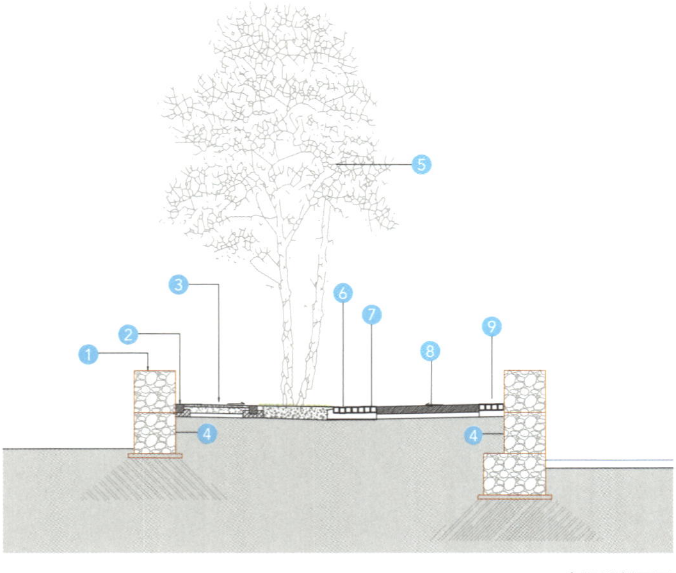

步行道剖面图

① 石笼
② 暖灰色的水泥板
③ 设有“稳定装置”的易耐特透水道路
④ 土工织物
⑤ 树木：
欧洲桤木
⑥ 带有天然石排的排水沟
⑦ 带有天然花岗岩的替代性狭长地带
⑧ 步道与自行车道
⑨ 4 排天然花岗岩

07

08

06 / 设有步行、骑行长廊的林荫大道上种植有多树干欧洲桤木

07、08 / 透明的观景平台采用橡木制成，骑自行车的人和行人可以从这里观赏到周围的景象

09 / 水元素设计可以将雨水引入水道阶梯

10 / 水元素真实地反映了老钢铁行业的场景

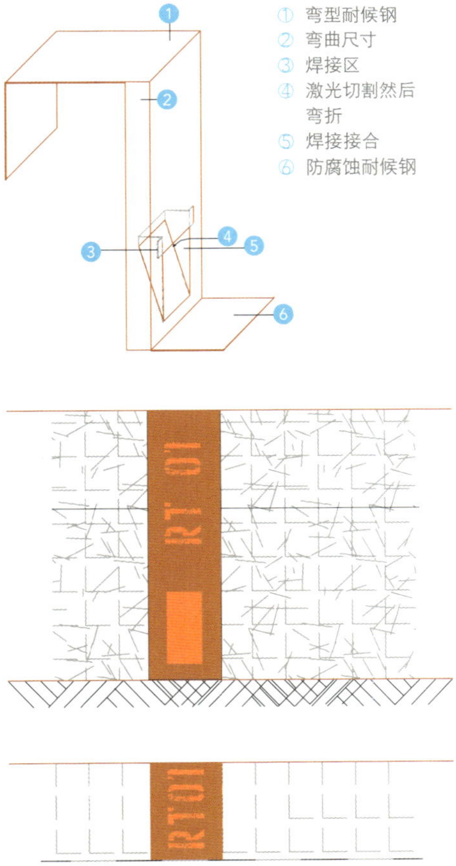

溢洪道耐候钢

水道阶梯的最大水位高度由雨水量决定

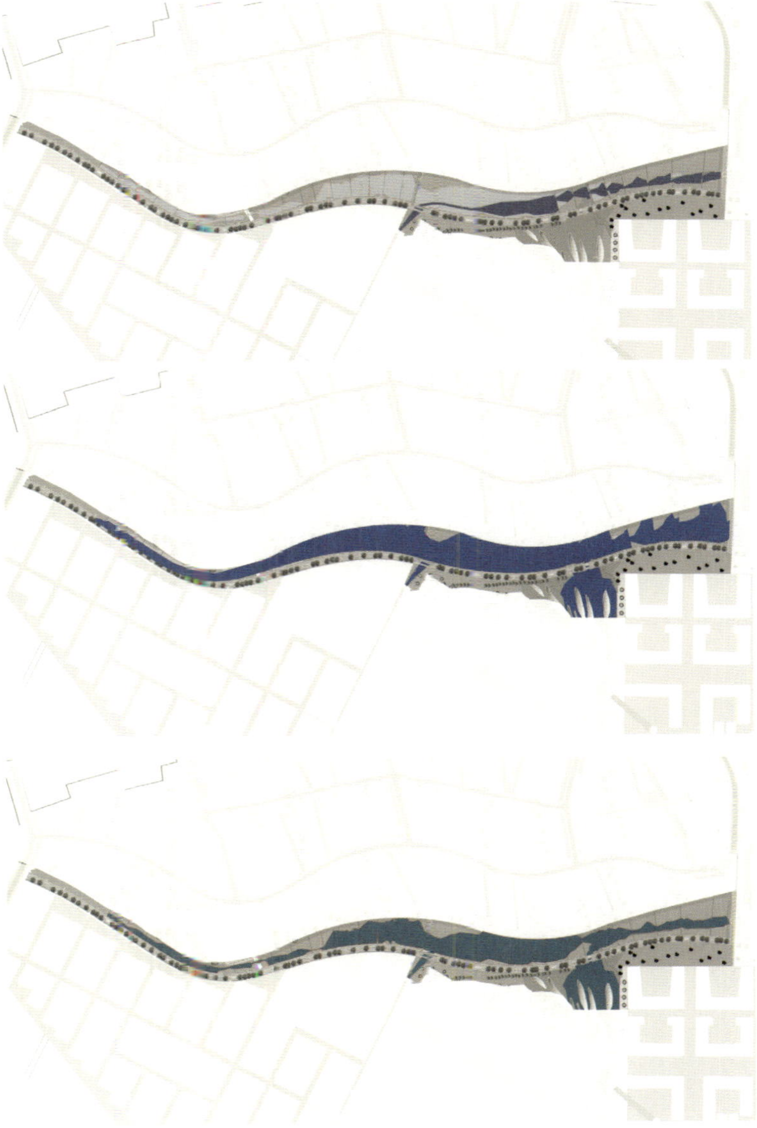

Abbreviations and Terms

缩略词和术语

A

AASHTO（美国国家公路与运输协会）
American Association of State Highway and Transportation Officials

ACPA（美国混凝土铺面协会）
American Concrete Pavement Association

ASTM（美国试验材料协会）
American Society for Testing Material

B

BMP(s)（最佳管理措施）
Best management practice(s)

BOD（生化需氧量）
Biochemical oxygen demand

BR（基岩）
Bedrock

BSD（更为有效的场地设计）
Better site design

C

CBR（加利福尼亚土壤承载比）
California bearing ratio

CDA（集水区）
Contributing drainage area

CEC（阳离子交换量）
Cation exchange capacity

CN (s)（曲线数值）
Curve number(s)

COD（化学需氧量）
Chemical oxygen demand

D

Dv（设计容积）
Design volume

E

EMC（场次降雨污染物平均浓度）
Event mean concentration

ESAL (s)（当量标准轴次）
Equivalent single axle load(s)

G

GI（绿色基础设施）
Green infrastructure

GIS（地理信息系统）
Geographic information system

H

HDPE（高密度聚乙烯）
High-density polyethylene

HSG (s)（水文土壤类型）
Hydrologic soil group(s)

HVAC（供暖通风与空气调节）
Heating ventilation air-conditioning

L

LID（低影响开发）
Low impact development

M

Min. hyd. head（最低水位差）
Minimum hydraulic head

Mr（回弹模量）
Resilient modulus

MS4（西弗吉尼亚州城市独立雨水排放系统）
Municipal Separate Storm Sewer System (for West Virginia)

N

NRCS（自然资源保护服务）
Natural Resources Conservation Service

NRCS TR-55（自然资源保护服务技术发布 55）
Natural Resources Conservation Service Technical Release 55

P

PAH (s)（多环芳烃）
Polycyclic aromatic hydrocarbon(s)

R

RSC（雨水再生水输送系统）
Regenerative stormwater conveyance

Rv（径流量）
Runoff volume

S

SPD（标准普式密度）
Standard proctor density

SUDS（可持续城市排水系统）
Sustainable urban drainage systems

T

TCC（美国堆肥委员会）
The Composting Council

TMDL(s)（最大日负荷总量）
Total maximum daily load(s)

TN（总氮）
Total nitrogen

TP（总磷）
Total phosphorus

TPLR（总污染物负荷减少）
Total pollutant load reduction

TSS（悬浮固体总量）
Total suspended solids

Tv（处理量）
Treatment volume

U

UNHSC（新罕布什尔大学雨水中心）
University of New Hampshire Stormwater Center

USDA（美国农业部）
United States Department of Agriculture

USEPA（美国环境保护署）
The United States Environmental Protection Agency

W

WSUD（水敏性城市设计）
Water sensitive urban design

WT（地下水位）
Water table

References

参考文献

American Concrete Institute. 2008. 522.1-08 *Specification for Pervious Concrete Pavements*. ACI Committee 522.

ASTM International. 2006. *Standard Guide for Selection, Installation and Maintenance of Plants for Green Roof Systems*. Standard E2400-06. ASTM, International. West Conshohocken, PA.

Atlanta Regional Commission (ARC). 2001. *Georgia Stormwater Management Manual*, First Edition.

Barrett, Michael E., Michael V. Keblin, Patrick M. Walsh, Joseph F. Malina, Jr., and Randall J. Charbeneau. 1998. "Evaluation of the performance of permanent runoff controls: summary and conclusions." Center for Transportation Research Bureau of Engineering Research. The University of Texas at Austin.

Berhage, R., A. Jarrett, D. Beattie et al. 2007. "Quantifying evaporation and transpiration water losses from green roofs and green roof media capacity for neutralizing acid rain." Final report. National Decentralized Water Resource Capacity Development Project Research Project. Pennsylvania State University.

Bilkovic, D.M., M. Roggero, C. H. Hershner, K. H. and Havens. 2006. "Influence of land use on macrobenthic communities in nearshore estuarine habitats." *Estuaries and Coasts*, 29(6B), 1185–95.

Cabell Brand Center. 2009. *Virginia Rainwater Harvesting Manual*, Version 2.0. Salem, VA. (Draft Form)

Cabell Brand Center. 2007. *Virginia Rainwater Harvesting Manual*. Salem, VA.

Cappiella, K., T. Schueler, J. Tasillo and T. Wright. 2005. "Adapting watershed tools to protect wetlands." Wetlands and Watersheds Article No. 3. Center for Watershed Protection. Ellicott City, MD.

Cappiella, K., T. Schueler, and T. Wright. 2006. *Urban Watershed Forestry Manual. Part 2: Conserving and Planting Trees at Development Sites*. NA-TP-01-06. USDA Forest Service, Northeastern Area State and Private Forestry. Newtown Square, PA.

Cappiella, K., L. Fraley-McNeal, M. Novotney and T. Schueler. 2008. "The next generation of stormwater wetlands." Wetlands and Watersheds Article No. 5. Center for Watershed Protection. Ellicott City, MD.

Center for Watershed Protection, Inc (CWP). 1998. Better Site Design: *A Handbook for Changing Development Rules in Your Community*. Center for Watershed Protection. Ellicott City, MD.

Center for Watershed Protection (CWP). 2003. *Impacts of IC on Aquatic Systems*. CWP. Ellicott City, MD.

Center for Watershed Protection (CWP). 2005. *Urban Subwatershed Restoration Manual Series, Manual 8, Pollution Source Control Practices*, Version 2.0. CWP, Ellicott City, MD.

Center for Watershed Protection (CWP). 2007. *National Pollutant Removal Performance Database* Version 3.0. CWP, Ellicott City, MD.

Center for Watershed Protection and Chesapeake Stormwater Network. 2008. "Memorandum: The runoff reduction method." CWP, Ellicott City, MD.

Center for Watershed Protection (CWP). 2008. *Draft Virginia Stormwater Management Nutrient Design System*. Prepared for Technical Advisory Committee and Virginia DCR. CWP, Ellicott City, MD.

Chesapeake Stormwater Network (CSN). 2009. *Technical Bulletin No. 1: Stormwater Design Guidelines For Karst Terrain In The Chesapeake Bay Watershed*, Version 2.0. CSN, Baltimore, MD.

Chesapeake Stormwater Network (CSN). 2011. *Technical Bulletin No. 5: Stormwater Design for High Intensity Redevelopment Projects in the Chesapeake Bay Watershed* Version 3.0. CSN. Baltimore, MD.

City of Portland, Environmental Services. 2004. Updated August 2008. *Portland Stormwater Management Manual*. Portland, OR.

City of Tucson, AZ. 2005. *Water Harvesting Guidance Manual*. City of Tucson, AZ. Tucson, AZ.

Clark, S., B. Long, C. Siu, J. Spicher and K. Steele. 2008. "Early-life runoff quality: green versus traditional roofs." Low Impact Development 2008. Seattle, WA. American Society of Civil Engineers.

Claytor, R., and T. Schueler. 1996. *Design of Stormwater Filtering Systems*. The Center for Watershed Protection. Silverspring, Maryland. 6–14.

Claytor, R.A. Presentation. 2006. *Tips for Plan Review & Submittal*. Massachusetts Association of Conservation Commissions Fall Conference. Pittsfield, MA.

Coombes, P. 2004. *Water Sensitive Design in the Sydney Region*. Practice Note 4: Rainwater Tanks. Water Sensitive Design in the Sydney Region Project.

Credit Valley Conservation. 2008. *Credit River Stormwater Management Manual*. Mississauga, Ontario.

Dunnett, N. and N. Kingsbury. 2004. *Planting Green Roofs and Living Walls*. Timber Press. Portland, OR.

FISRWG 1998. Federal Interagency Stream Restoration Working Group. *Stream Corridor Restoration: Principles, Processes and Practices*. PB98-158348LUW.

Forasté, J. Alex and David Hirschman. 2010. *A Methodology for using Rainwater Harvesting as a Stormwater Management BMP. ASCE International Low Impact Development Conference. Redefining Water in the City*. San Francisco, CA.

Forasté, J. Alex and Sarah Lawson. 2009. Cistern Design Spreadsheet, McKee-Carson, Rainwater Management Systems, Inc., and Center for Watershed Protection, Inc.

Gowland, D. and T. Younos. 2008. *Feasibility of Rainwater Harvesting BMP for Stormwater Management*. Virginia Water Resources Research Center. Special Report SR38-2008. Blacksburg, VA.

Haan, C. T., B. J. Barfield, and J. C. Hayes. 1994. *Design Hydrology and Sedimentology for Small Catchments*. Academic Press, New York, NY.

Hansen, K. 2008. *Porous Asphalt Pavements for Stormwater Management*, National Asphalt Pavement Association, Information Series 131, Lanham, MD.

Hathaway, J. M. and W. F. Hunt. 2006. *Level Spreaders: Overview, Design, and Maintenance*. Urban Waterways Design Series. North Carolina Cooperative Extension Service. Raleigh, NC.

Henrico County, Virginia. No date. *Henrico County Environmental Program Manual*.

Hirschman, D. and J. Kosco. 2008. *Managing Stormwater in Your Community: A Guide for Building An Effective Post-Construction Program*. EPA Publication No: 833-R-08-001.

Hirschman, D., K. Collins and T. Schueler. 2008. *Technical Memorandum: The Runoff Reduction Method*. Center for Watershed Protection and Chesapeake Stormwater Network. Ellicott City, MD.

Hunt, W., M. Burchell, J. Wright and K. Bass. 2007. "Stormwater wetland design update: Zones, vegetation, soil and outlet guidance." Urban Waterways Series. North Carolina State Cooperative Extension Service. Raleigh, NC.

Hunt, W. and K. Collins. 2008. "Permeable pavement: Research update and design implications." *North Carolina Cooperative Extension Service Bulletin*. Urban Waterways Series. North Carolina State Cooperative Extension Service. Raleigh, NC.

Hyland, S. 2005. "Analysis of sinkhole susceptibility and karst distribution in the Northern Shenandoah Valley (Virginia): impacts for LID site suitability models." M.S. Thesis. Virginia Polytechnic Institute and State University. Blacksburg, VA.

Jackson, N. 2007. *Design, Construction and Maintenance Guide for Porous Asphalt Pavements*. National Asphalt Pavement Association. Information Series 131. Lanham, MD. www.hotmix.com

Koch, Paul R. 2005. "A Milwaukee model for LID hydrologic analysis." Proceedings from Managing Watersheds for Human and Natural Impacts: Engineering, Ecological, and Economic Challenges, American Society of Civil Engineers, Reston, VA.

Law, N.L., K. Cappiella and M.E. Novotney. 2008. "The need to address both impervious and pervious surfaces in urban watershed and stormwater management." *Journal of Hydrologic Engineering*.

Legg, A. R. Bannerman and J. Panuska. 1996. *Variation in the relation of runoff from residential lawns in Madison, Wisconsin*. USGS Water Resources Investigations Report 96-4194.

Leming, M. L., H. R. Malcom and P. D. Tennis. 2007. *Hydrologic Design of Pervious Concrete*, EB303, Portland Cement Association, Skokie, Illinois, and National Ready Mixed Concrete Association, Silver Spring, MD, 2007.

Lichter J. and P. Lindsey. 1994. "Soil compaction and site construction: assessment and case studies." The Landscape Below Ground. International Society of Arboriculture

Mar, B. W., R. R. Horner, J. F. Ferguson, D. E. Spyridakis and E. B. Welch. 1982. "Summary C Highway Runoff Water Quality Study, 1977" C 1982. WA RD 39.16. September, 1982.

Minnesota Stormwater Steering Committee (MSSC). 2005. *Minnesota Stormwater Manual*. Emmons & Oliver Resources, Inc. Minnesota Pollution Control Agency. St. Paul, MN.

National Oceanic and Atmospheric Administration (NOAA). 2004. *NOAA Atlas 14 Precipitation-Frequency Atlas of the United States*, Volume 2, Version 3.0. Revised 2006. Silver Spring, MD.

North Carolina Division of Water Quality. 2008. *Technical Guidance: Stormwater Treatment Credit for Rainwater Harvesting Systems*. Revised September 22, 2008. Raleigh, NC.

North Carolina Department of Environment and Natural Resources, Division of Water Quality. January 2007. *Level Spreader Design Guidelines*.

North Carolina State University. *Level Spreader Design Worksheet*.

North Carolina State University (NCSU). 2007. *Stormwater BMPs for Trout Waters*. Matthew P. Jones, E.I., William F. Hunt, Ph.D., P.E. Biological and Agricultural Engineering, North Carolina State University, Raleigh, NC.

Northern Virginia Regional Commission. 2007. *Low Impact Development Supplement to the Northern Virginia BMP Handbook*. Fairfax, Virginia.

Northern Virginia Regional Commission (NVRC). 2007. "Vegetated Roofs." In *Low Impact Development Manual*. Fairfax, VA.

Osvaldo, "Management of rainwater: who is innovating in the area?"

Ocean County Soil Conservation District (OCSCD), Schnabel Engineering Associates, Inc. and US Department of Agriculture (USDA) Natural Resources Conservation Service. (2001). *Impact of Soil Disturbance During Construction on Bulk Density and Infiltration in Ocean County, New Jersey*. OCSCD, Forked River, NJ.

Pitt, R., J. Lantrip and R. Harrison. 1999. "Infiltration through disturbed urban soils and compost-amended soil effects on runoff quality and quantity." Research Report EPA/600/R-00/016. Office of Research and Development. U.S. EPA. Washington, D.C.

Pitt, R., S. Chen, S. and Clark. 2002. "Compacted urban soils effects on infiltration and bioretention stormwater control designs." Proceedings of the Ninth International Conference on Urban Drainage: Global Solutions for Urban Drainage, American Society of Civil Engineers, Reston, VA.

Pitt, R., S. Chen, S. Clark and J. Lantrip. 2005. "Soil structure effects associated with urbanization and the benefits of soil amendments." World Water and Environmental Resources Congress. Conference Proceedings. American Society of Civil Engineers. Anchorage, AK.

Rhode Island Department of Environmental Management (RIDEM). 2010. Rhode Island *Stormwater Design and Installation Standards Manual*. Providence, RI.

Robbins, P. T. and Birkenholtz. 2003. "Turfgrass revolution: measuring the expansion of the American lawn." Land Use Policy, 20, 181–94.

Roseen, R. M. and T. P. Ballestero. 2008. *Porous Asphalt Pavements for Stormwater Management*

Roseen, R. M., T. P. Ballestero, J. J. Houle, P. Avellaneda, J. Briggs, G. Fowlerand R. Wildey. 2006. *Seasonal Performance Variations for Storm-Water Management Systems in Cold Climate Conditions*

Schueler, T. 1987. *Controlling Urban Runoff: A Practical Manual for Planning and Designing Urban Best Management Practices*. Metropolitan Washington Council of Governments. Washington, DC.

Schueler, T. 1992. *Design of Stormwater Wetland Systems: Guidelines for Creating Diverse and Effective Stormwater Wetlands in the Mid-Atlantic Region*. Metropolitan Washington Council of Governments. Washington, DC.

Schueler, T. 2000a. "The compaction of urban soils." In *The Practice of Watershed Protection*, edited by T.R. Schueler and H.K Holland. Center for Watershed Protection, Ellicott City, MD.

Schueler, T. 2000b. "Can urban soil compaction be reversed?". In *The Practice of Watershed Protection*, edited by T. R. Schueler and H. K. Holland. Center for Watershed Protection, Ellicott City, MD, 215–18.

Schueler, T., D. Hirschman, M. Novotney and J. Zielinski. 2007. *Urban stormwater retrofit practices*. Manual 3 in the Urban Subwatershed Restoration Manual Series. Center for Watershed Protection, Ellicott City, MD

Shuster W.D., J. Bonta, H. Thurston, E. Warnemuende and D. R. Smith. 2005. "Impacts of impervious surface on watershed hydrology: A review." *Urban Water Journal*, 2(4), 263–75.

Smith, D. R. 2011. *Permeable Interlocking Concrete Pavement-Selection Design, Construction and Maintenance*. Fourth Edition. Interlocking Concrete Pavement Institute. Herndon, VA.

Snodgrass, E. and L. Snodgrass. 2006. *Green Roof Plants: a Resource and Planting Guide*. Timber Press. Portland, OR.

State of West Virginia, Department of Environmental Protection, Division of Water and Waste Management. 2009. *National Pollution Discharge Elimination System Water Pollution Control Permit, Stormwater Discharges From small Municipal Separate Storm Sewer Systems*, Permit No. WV0116025, Issue Date: June 22, 2009, Effective Date: July 22, 2009.

Texas Water Development Board (TWDB). 2005. *The Texas Manual on Rainwater Harvesting*, Third Edition. Austin Texas.

The Composting Council (TCC). 1997. *Development of a Landscape Architect Specification for Compost Utilization*. Alexandria, VA.

US Department of Agriculture (USDA) Natural Resource Conservation Service. (1986). *Urban Hydrology for Small Watersheds*

US Environmental Protection Agency. 2008. Memorandum: Clarification of which stormwater infiltration practices/technologies have the potential to be regulated as "Class V" wells by the Underground Injection Control Program. From: Linda Boornazian, Director, Water Permits Division (MC 4203M) Steve Heare, Director, Drinking Water Protection Division (MC 4606M).

VADCR 1999. *Virginia Stormwater Management Handbook, Volumes 1 & 2*. Virginia Department of Conservation and Recreation.

USDA. 1954. *Handbook of Channel of Design for Soil and Water Conservation*. Stillwater Outdoor Hydraulic Laboratory and the Oklahoma Agricultural Experiment Station. SCS-TP-61, Washington, DC.

Van Der Wiele, C. F. 2007. *Level Spreader Design Guidelines*. North Carolina Division of Water Quality. Raleigh, NC.

Virginia Department of Transportation (VDOT). 2003. *Guidelines for 1993 AASHTO Pavement Design*. VDOT Materials Division, Pavement Design and Evaluation Section. Richmond, VA.

Walsh, C. J. 2004. "Protection of in-stream biota from urban impacts: minimize catchment imperviousness or improve drainage Design?" *Marine and Freshwater Research*, 55(3), 317–26.

West Virginia DEP, 2006. *Erosion and Sediment Control Best Management Practices Manual*

Washington State Department of Ecology. 2005. *Stormwater Manual for Western Washington*. State of Washington Department of Ecology.

Weiler, S. and K. Scholz-Barth. 2009. *Green Roof Systems: A Guide to the Planning, Design, and Construction of Landscapes over Structure*. Wiley Press. New York, NY.

Wisconsin Department of Natural Resources. 2004. "Vegetated infiltration swale (1005)." Interim Technical Standard, Conservation Practice Standards. Standards Oversight Council, Madison, Wisconsin.

Wisconsin Department of Natural Resources. 2007. "Vegetated infiltration swale (1005)." Interim Technical Standard, Conservation Practice Standards. Standards Oversight Council, Madison, Wisconsin.

Index
索引

p126------------------------------------

Agence L'Anton & Associés

Website / www.agencelanton.com
Email / agence.lanton@wanadoo.fr
Telephone / +33 1 49 12 10 90

p166, 272--------------------------------

Andropogon Associates Ltd.

Website / www.andropogon.com
Email / careers@andropogon.com
Telephone / +1 215 487 0700

p234------------------------------------

Composante Urbaine

Website / www.eddiepineau.com
Email / pineaueddie@yahoo.fr
Telephone / +33 6 09 08 04 29

p266------------------------------------

Dominique Perrault Architecture

Website / www.perraultarchitecture.com
Email / dpa@d-p-a.fr
Telephone / +33 1 44 06 00 00

p114------------------------------------

ecosistema urbano

Website / www.ecosistemaurbano.com
Email / info@ecosistemaurbano.com
Telephone / +34 911 73 14 20

p340------------------------------------

ELYPS Landscape + Urban Design

Website / www.elyps.nl
Email / info@elyps.nl
Telephone / +31 0 243481320

p132------------------------------------

Grant Associates

Website / www.grant-associates.uk.com
Email / info@grant-associates.uk.com
Telephone / +44 0 1225 332664

p238------------------------------------

Guymer Bailey Landscape

Website / www.guymerbailey.com.au
Email / phil@guymerbailey.com.au
Telephone / +61 07 3870 9700

p254------------------------------------

HDR

Website / www.hdrinc.com
Email / reasonableaccommodations@hdrinc.com
Telephone / +1 800 366 2701

p206------------------------------------

L+A Landscape Architecture

Website / www.lplusa.net
Email / henderson.lplusa@gmail.com
Telephone / +1 401 849 3651

p210------------------------------------

Landscape Architects 49

Website / www.l49.co.th
Email / L49@L49.CO.TH
Telephone / +66 2 661 2618

p108, 316, 322--------------------------

Landscape Architects of Bangkok

Website / www.landscapebangkok.com
Email / info@landscapebangkok.com
Telephone / +66 2 2481142

p244

Martha Schwartz Partners

Website / www.marthaschwartz.com
Email / mail@marthaschwartz.com
Telephone / +44 20 7549 7497

p250

Newtown Landscape Architects

Website / www.newla.co.za
Email / johan@newla.co.za
Telephone / +27 011 462 6967

p310

Oxigen

Website / www.oxigen.net.au
Email / design@oxigen.net.au
Telephone / +61 8 7324 9600

p160

Rain Dog Designs

Website / www.raindogdesigns.com
Email / David@raindogdesigns.com
Telephone / +1 253 389 2060

p120

Ramboll Studio Dreiseitl

Website / www.dreiseitl.com
Email / ueberlingen@dreiseitl.com
Telephone / +49 7551 9288 0

p184

reMIX

Website / www.remixstudio.org
Email / info@remixstudio.org
Telephone / +86 10-84083174

p334

Shma Company Limited

Website / www.shmadesigns.com
Email / admin@shmadesigns.com
Telephone / +66 2 390 1977

p138

Studio Marco Vermeulen

Website / www.marcovermeulen.eu
Email / studio@marcovermeulen.nl
Telephone / +31 10 225 0030

p230, 230

Terrain Studio

Website / www.terrain-studio.com
Email / info@terrainstudio.net
Telephone / +1 415 979 0788

p200

University of Arkansas Community Design Center, Marlon Blackwell Architects

Website / www.uacdc.uark.edu, www.marlonblackwell.com
Email / uacdc@uark.edu, info@marlonblackwell.com
Telephone / +1 479 575 5772, +1 479 973 9121

p328

W Architecture and Landscape Architecture, LLC

Website / www.w-architecture.com
Email / info@w-architecture.com
Telephone / +1 212 981 3933

图书在版编目(CIP)数据

海绵城市基础设施:雨洪管理手册/(美)斯考特·斯蓝尼(Scott Slaney)编;潘潇潇译. —桂林:广西师范大学出版社,2017.1
ISBN 978-7-5495-6493-4

Ⅰ. ①海… Ⅱ. ①斯… ②潘… Ⅲ. ①基础设施建设-研究-中国 Ⅳ. ①F299.24

中国版本图书馆 CIP 数据核字(2016)第 247135 号

出 品 人:刘广汉
责任编辑:肖 莉 李海英
版式设计:张 晴

广西师范大学出版社出版发行
(广西桂林市中华路 22 号 邮政编码:541001
网址:http://www.bbtpress.com)
出版人:张艺兵
全国新华书店经销
销售热线:021-31260822-882/883
恒美印务(广州)有限公司印刷
(广州市南沙区环市大道南路 334 号 邮政编码:511458)
开本:889mm×1 194mm 1/16
印张:22 字数:400 千字
2017 年 1 月第 1 版 2017 年 1 月第 1 次印刷
定价:298.00 元